ATLAS ARCHÄOLOGIE

MICK ASTON · TIM TAYLOR

ATLAS ARCHÄOLOGIE

DIE FASZINIERENDE WELT UNSERER VORFAHREN

WILHELM HEYNE VERLAG
MÜNCHEN

DK

Die Originalausgabe erschien unter dem Titel
The Atlas of Archaeology
bei Dorling Kindersley Ltd., London.

Projekt Editor
Joanna Warwick

Editor
David Williams

Senior Editor
Christine Winters

Senior Managing Editor
Sean Moore

Designer
Joanne Mitchell

Art Editor
Paul Greenleaf

Senior Designer
Heather McCarry

Deputy Art Director
Tina Vaughan

Special Photography
Steve Gorton

Kartographie
John Plumer, Dale Buckton

Produktion
Sarah Coltman

Bildbeschaffung
Jo Carlill

Contributing Consultant
Jenni Butterworth

Altsteinzeitlicher Faustkeil

Mittelalterliche Schnalle

Aus dem Englischen von Wolfgang Hensel
Redaktion: Ulrike Pichler, München

Umschlaggestaltung: Atelier Adolf Bachmann, Reischach
Satz: KortSatz GmbH, München
Druck und Bindung: Mondadori, Italy
Printed in Italy

ISBN 3-453-14321-3

Inhalt

Mohenjo-Daro

RÖMISCHER WASSERSPEIER

DIE ALHAMBRA, GRANADA

UNTERWASSERARCHÄOLOGIE

TEIL ZWEI

EINLEITUNG

DIE GEHEIMNISVOLLEN SPUREN und Zeugnisse, die unsere Ahnen hinterließen, erlauben uns einen verlockenden Blick in die Vergangenheit und kommen unserem instinktiven Verlangen entgegen, etwas über jene zu erfahren, die vor uns da waren. Überall auf der Welt sind Archäologen mit der faszinierenden Aufgabe beschäftigt, diese Zeugnisse zu interpretieren. Die folgenden Kapitel werden Sie auf einer Entdeckungsreise zu einigen typischen archäologischen Fundstätten führen. Manche dieser Fundstätten wurden deshalb ausgewählt, weil sie die archäologische Alltagsarbeit verdeutlichen –, Archäologie besteht nicht nur im Ausgraben von reichhaltigen Grabstätten und wertvollen Schätzen –, und wir hoffen, daß Sie dieses Buch dazu anregt, archäologische Stätten in Ihrer Umgebung aufzusuchen und vielleicht sogar einer archäologischen Gesellschaft beizutreten.

FRÜHE SPUREN
Die 3,8 Millionen Jahre alten Fußabdrücke von Laetoli (Tansania) symbolisieren die Faszination, die von der Vergangenheit der Menschen ausgeht

DIE VERGANGENHEIT LESEN

Archäologie heißt, die Welt durch die Überreste zu begreifen, die uns vergangene Kulturen hinterlassen haben. Ein Archäologe, der in tausend Jahren eine der heutzutage allgegenwärtigen Coca-Cola-Flaschen findet, wird aus diesem simplen Fund bestimmte Schlüsse über unsere Herstellungstechniken, unseren Umgang mit der Umwelt und unsere Ernährung ziehen können. Auch andere typische Objekte können so »gelesen« werden, und die daraus gewonnene Erkenntnis kann mit anderen Funden derselben Region in Beziehung gesetzt werden. Die für dieses Buch ausgewählten Fundorte decken eine große zeitliche und geographische Bandbreite ab – beginnend mit einem Fundort altsteinzeitlicher Jäger und Sammler (Momente nach dem Tod eines Mammuts) über den Glanz des klassischen Altertums bis hin zu den Erfindungen des Industriezeitalters.

PRÄHISTORISCHES LEBEN
Manche Fundstätten geben mehr als 200 000 Jahre alte Zeugnisse preis, wie diesen Bärenzahn aus England.

ARCHÄOLOGISCHE THEMEN

Die Fundorte werden hier in chronologischer Reihenfolge vorgestellt, für eine archäologische Analyse kann es jedoch sinnvoll sein, Fundstätten thematisch nach kulturellen und physikalischen Merkmalen zusammenzufassen. Einige der eindrucksvollsten Stätten sind durch Zeugnisse an der Erdoberfläche deutlich sichtbar: Gebäude, Gräber und Monumente. Vielfach fehlen jedoch eindeutige Hinweise auf die Nutzung eines Bauwerks. So war Avebury in England aufgrund der physikalischen Erscheinung für Archäologen als typischer Steinring erkennbar. Sie waren jedoch auf einige kleine, aber entscheidende Bodenfunde angewiesen, um Aussagen über die tatsächliche Nutzung der Stätte machen zu können.

Manchmal sind die Spuren ganzer Städte oder Dörfer sichtbar. Solche Fundstätten stellen für Archäologen eine besondere Herausforderung dar. Temporäre Siedlungen der Altsteinzeit hinterlassen nur wenige Zeugnisse, die aufwendig erbauten ersten Städte geben dagegen meist zahlreiche Fundstücke preis. Hier werden auch die modernen Analysetechniken erfolgreich eingesetzt. Mit der aussagekräftigen geophysikalischen Sondierung lassen sich Grundrisse von Gebäuden aufspüren; sie kann auch traditionelle Techniken wie Ausgrabung ergänzen. Am Beispiel solch komplexer Fundorte werden wir deutlich machen, wie selbst kleinste Fundstücke entscheidende Hinweise liefern – ein Stück geschnitztes Elfenbein aus Palaiokastron (Griechenland) beweist dessen

MYSTERIÖSE MONUMENTE
Zu den berühmtesten archäologischen Fundstätten der Erde gehören geheimnisvolle Steinmonumente, wie Carnac in Frankreich oder Avebury in England (rechts), die beide rituellen Zwecken dienten.

Handelskontakte zur Außenwelt, und Knochenfunde in einer jungsteinzeitlichen Siedlung in Çatal Höyük (Türkei) belegen, welche Nutztiere die Menschen dort hielten.

Mit Hilfe solcher Funde können wir ein detailliertes Bild einer Stadt und ihrer Einwohner rekonstruieren. Jedes Fundstück läßt auf den Stand der Entwicklung und die Art der Kultur einer Gesellschaft schließen. Die wahrscheinlich bemerkenswertesten Informationen über solche komplexen Gesellschaften stammen aus schriftlichen Quellen. Für die eigentliche geschichtliche Periode (nach Erfindung der Schrift) können Archäologen auf Dokumente zurückgreifen, die den Forschungs- und Interpretationsprozeß ergänzen, manchmal sogar erst anregen. Bei Industriedenkmälern etwa liefern Baupläne oder Inventarverzeichnisse wichtige Schlüsseldaten, wie das Beispiel der Soho-Werke in diesem Buch beweist. Da sich allein aus dem Studium von Quellen niemals eine umfassende Aussage treffen läßt, bleiben Archäologen auch auf Funde von Überresten angewiesen. Diese unterscheiden sich jedoch beträchtlich: Tierknochen, kleinste Spuren von organischem Material, Keramik, Steine, Glas, Metall und menschliche Gebeine. Grabstätten erweisen sich für Archäologen oft als besonders aussagekräftig, denn sie stellen einen geschlossenen Zusammenhang, eine Art »Momentaufnahme«, dar (alle Gegenstände beziehen sich auf einen bestimmten Zeitpunkt), und sie liefern Hinweise über die Kultur, Religion und das Wissen der Zeit. Die Entdeckung von Skeletten, wie in Winterbourne Gunner in England, macht deutlich, daß Vergangenheit durchaus real ist, und liefert gleichzeitig einen Gegenstand wissenschaftlicher Analyse. Grabfunde sind fast immer Nahtstellen, denn sie enthalten den Körper, Kleidung, Hinweise auf Riten und den Gesamtzusammenhang der Grablegung. Diese Begräbnisplätze sind häufig in rituelle Landschaften eingebettet, in denen sich

Grabmäler, Erdaufschüttungen oder Bauwerke finden, die im Zusammenhang mit der Beerdigung stehen. Das rituelle Element in der Menschheitsentwicklung ist komplex und häufig schwierig zu interpretieren. So ließ ein Hügel in Navan (Nordirland) ein eisenzeitliches Bauwerk erkennen, das offensichtlich für ein einziges rituelles Ereignis errichtet worden war.

Solche Fundstätten sind ebenso selten wie faszinierend. Sie werfen stets eine Reihe von Fragen auf, deren Beantwortung spekulativ bleiben muß.

DIE FUNDSTÄTTEN

Jedes Kapitel dieses Buches beginnt mit einer illustrierten Karte, in der zahlreiche Fundorte der jeweiligen Epoche eingetragen sind. Archäologen beziehen sich bei der Interpretation neuer Funde stets auf ähnliche oder sonstwie relevante Stätten, die sie kennen oder über die sie zumindest nachlesen können. Diesen Wissensgrundstock verdanken wir der sorgfältigen Arbeit vorhergehender Generationen von Archäologen. Was sie in mühevoller Kleinarbeit zusammengetragen haben, bildet die Basis jeglicher zukünftiger archäologischer Forschung.

Diesen Übersichten folgt jeweils die detaillierte Beschreibung eines möglichst typischen Fundortes. Manchmal beruhen unsere Kenntnisse darüber auf Ausgrabungen, aber auch auf anderen Techniken, wie geophysikalische Sondierungen und Bodenradar. Dann folgt eine zeichnerische Rekonstruktion des Fundortes, die sich aus der Gesamtschau und Interpretation der einzelnen Funde ergibt. Selbstverständlich erhebt eine solche Interpretation, insbesondere bei prähistorischen Stätten, niemals den Anspruch auf absolute Richtigkeit; gestützt auf derzeit verfügbare Techniken und den augenblicklichen Wissensstand, versuchen wir dieser aber so nahe wie möglich zu kommen.

Die große Vielfalt jüngst freigelegter Funde erfordert Archäologen, die über ein breites Spektrum an Interpretationsfertigkeiten verfügen. Sehen Sie, wie es die sorgfältige Analyse organischer Materialien, wie Samen und Überreste von Pflanzen, den Archäologen ermöglicht, das genaue Bild einer Landschaft zu rekonstruieren, wie sie vor 200 000 Jahren existierte. Außerdem erfahren Sie, wie man mit dem Magnetometer die genauen Grundrisse von Mauerzügen aufspürt und mit Hilfe der Satellitenortung (auch GPS = Global Positioning by Satelite) eine Karte der umgebenden Landschaft entwirft.

DIE FUNDE IM ZUSAMMENHANG

Mit fortschreitender Geschichte ändert sich auch die Art der Funde, und die Palette der Überreste wird zunehmend komplexer. Die Ergebnisse menschlicher Erfindungsgabe und Technologie zwingen die Archäologen dazu, Typologien aufzu-

ZEICHEN DER ZIVILISATION
Häufig wird das Interesse für Archäologie durch ein Bauwerk geweckt, das von einer großen, vergangenen Kultur stammt, wie die Celsusbibliothek in Ephesos (links). Solche Fundstätten bilden einen ausgezeichneten Ausgangspunkt für eine Untersuchung, da sie gewöhnlich gut dokumentiert sind.

Ausgrabungsfunde
Die meisten ausgegrabenen Objekte zeigen Zeichen von Verfall. Metallgegenstände, wie dieser Dolch, zerfallen besonders leicht.

Archäologen bei der Arbeit
Ausgraben bedeutet auch Zerstörung, daher kommt es wesentlich darauf an, alle Funde detailliert zu dokumentieren.

stellen, anhand deren Einzelfunde interpretiert werden. So kann man etwa Tonscherben mit zeitlich eingeordneten Keramikstilen und -typen vergleichen und auf diese Weise einen Fundort anhand einer einzigen Tonscherbe datieren. Persönliche Beigaben, wie Schmuck, halfen zum Beispiel bei der Datierung der sächsischen Grabstätte Winterbourne Gunner: Durch Hinweise auf Stilveränderungen, die typisch für eine bestimmte Zeit sind, konnte die Beisetzung datiert werden. Um archäologische Funde zu interpretieren, muß man häufig wissen, mit welcher Technik ein bestimmtes Objekt hergestellt wurde. Kennt der Archäologe die charakteristischen Merkmale einer in Handarbeit hergestellten Keramik oder einer gegossenen Bronze, die Bearbeitung von Feuerstein oder den Vorgang der Glasherstellung, kann er die Funde weitaus sicherer interpretieren. Nach der detaillierten Beschreibung eines Fundortes folgt in jedem Kapitel eine Zusammenstellung weiterer Fundstätten auf der Erde. Damit erhalten Sie die Möglichkeit, die behandelten Hauptfundorte im weltweiten Zusammenhang zu sehen und mit ähnlichen Stätten unterschiedlicher Kulturen zu vergleichen.

Nachdem Sie ausführlich in einen typischen Fundort und weitere Fundstätten eingeführt wurden, finden Sie in einem zusammenfassenden Ortsverzeichnis zahlreiche archäologische Fundorte überall auf der Erde – in Ihrer Heimat oder in Ländern, die Sie besuchen möchten. Vielleicht werden Sie auch zu eigenen Forschungen angeregt. Wir hoffen, Sie mit diesem Buch auf eine faszinierende archäologische Entdeckungsreise mitzunehmen – von geophysikalischer Sondierung, ausgegrabenen Fundstücken und vergleichender Analyse bis hin zum ausführlich rekonstruierten Bild unserer gemeinsamen Vergangenheit. Viele der Techniken und Fertigkeiten, die in diesem Buch besprochen werden, könnten auch in der historischen Landschaft in Ihrer Nähe zum Einsatz kommen. Wir hoffen, daß dieses Buch Sie dazu anregt, mit Faszination sowohl auf die Gegenwart als auch auf die Vergangenheit zu blicken.

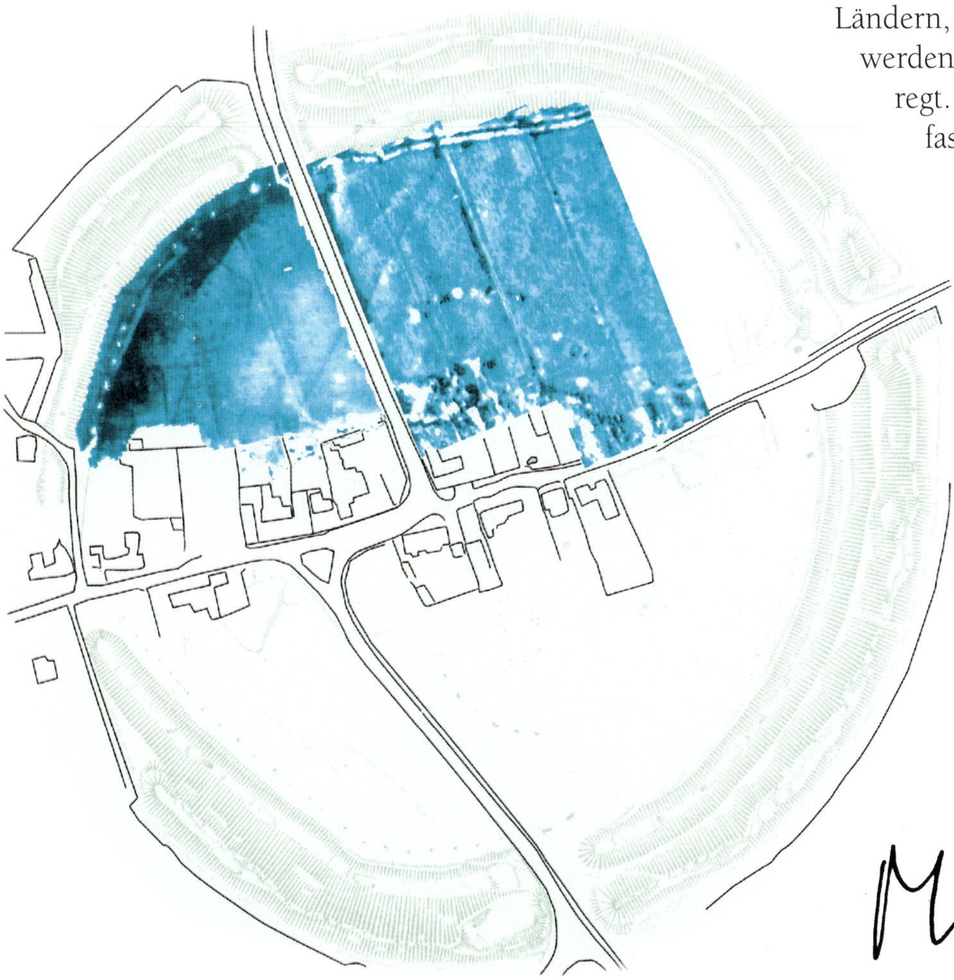

Moderne Techniken
In Avebury (oben) gewinnt man wichtige Erkenntnisse mit Hilfe geophysikalischer Sondierungen, die keine Zerstörungen anrichten.

Mick Aston & Tim Taylor

TEIL EINS

ARCHÄOLOGISCHE FUNDSTÄTTEN

GENERATIONEN VON ARCHÄOLOGEN haben mit fachlichem Geschick, Hingabe und Geduld die wesentlichen Fundstätten der Welt ans Licht gebracht. Die für dieses Buch ausgewählten Beispiele spiegeln einerseits die erstaunliche Vielfalt menschlichen Lebens auf der Erde wider, und sie offenbaren andererseits die aufregende Entdeckerfreude, die jeglicher archäologischen Forschung zugrunde liegt. Im Kern ist Archäologie das Trachten nach Wissen über uns und unsere gemeinsame Vergangenheit. Obwohl eine Ausgrabung nur auf der Basis sorgfältiger wissenschaftlicher Methodik möglich ist, wäre sie ohne die kreative Vorstellungskraft und den Enthusiasmus der Archäologen zum Scheitern verurteilt. Gerade diesen Enthusiasmus möchten wir Ihnen vermitteln, wenn wir Sie im folgenden auf eine Entdeckungsreise zu den Schlüsselmomenten der Menschheitsentwicklung mitnehmen.

DER MANN VON LINDOW

Diesen Körper eines jungen Mannes fand man 1984 in einem Moor in Cheshire (England). Offensichtlich hat man ihn auf den Kopf geschlagen, erdrosselt und seine Kehle durchschnitten. Mit Hilfe der Radiokarbonmethode konnte man seinen Tod auf das 1. oder 2. Jahrhundert n. Chr. datieren. Wie die Männer von Grauballe und Tollund in Dänemark, wurde er wahrscheinlich rituell geopfert.

JÄGER UND SAMMLER

DIE LÄNGSTE ZEIT ihres Daseins waren Menschen Jäger und Sammler. Sie jagten, suchten aber auch nach verendeten Tieren, fischten und sammelten Eier und Schalentiere sowie – je nach Jahreszeit – eßbare Pflanzenteile, etwa Beeren, Wurzeln, Knollen, Nüsse und andere Früchte. Diese Jäger und Sammler lebten als Nomaden. In kleinen Gruppen zogen sie wandernden Tieren hinterher und zu Ressourcen pflanzlicher Nahrung. Obwohl wir dazu neigen, sie als »Höhlenmenschen« zu bezeichnen, bewohnten sie auch temporäre Unterkünfte und Lagerstätten im Freien.

Aus dieser sehr frühen Zeit haben sich nur wenige archäologische Zeugnisse erhalten, die jedoch von afrikanischen Faustkeilen bis zu den Harpunenspitzen arktischer Jäger reichen. Daneben fand man frühe Kunst, darunter überwältigende Höhlenzeichnungen und Knochen, die zu Tierformen geschnitzt wurden. Solche Funde spiegeln die wesentlichen praktischen und spirituellen Elemente einer menschlichen Kultur wider, die mehr als eine Million Jahre überdauert haben.

① **HEALY LAKE**
Die unterste Schicht dieses Fundortes ist 11 000 Jahre alt und enthielt viele Mikroklingen (kleine Steinklingen).

② **L'ANSE AMOUR**
Hier fand man Geweihknochen (siehe oben). Daraus wurden Harpunen für die Jagd auf Land- und Meerestiere hergestellt.

③ **DANGER CAVE**
Die Werkzeuge aus dieser guterhaltenen Höhle erzählen uns von dem Leben der Menschen vor 11 000 Jahren.

④ **BLACKWATER DRAW**
Diese 12 000 Jahre alten Werkzeuge gehören zu den ältesten Zeugnissen von Menschen in Amerika.

⑤ **GUILÁ NAQUITZ**
Etwa 6400 v. Chr. gingen die Menschen hier zu einer bäuerlichen Lebensweise über.

⑥ **TAIMA-TAIMA**
Die Überreste eines ausgeschlachteten Elefanten beweisen, daß die Jäger hier vor 15 000 Jahren große Tiere jagten.

⑦ **TAPERINHA**
Hier fand man Abfallhaufen von über 7000 Jahre alten Muschelschalen – ein Beweis, daß Jäger und Sammler auch das Meer als Nahrungsquelle nutzten.

⑧ **MONTE VERDE**
Vor 13 000 Jahren lebten in dieser Region Chiles Menschen in Holzhütten und verwendeten Holz, Knochen und handförmige Steinwerkzeuge.

STEINZEITLICHE HÖHLENMALEREI
In der Valltorta-Schlucht in Spanien gibt es mehrere Höhlen mit steinzeitlicher Kunst. Die ursprünglich weißen Malereien wurden vielmals in Rot und Schwarz übermalt. Man verwendete Pigmente und Asche, die wahrscheinlich mit Pflanzensäften oder Tierfett vermischt wurden. Die Malerei in der Cueva del Civil (links) entstand wahrscheinlich während des Übergangs von einer Jagd- in eine Ackerbaugesellschaft.

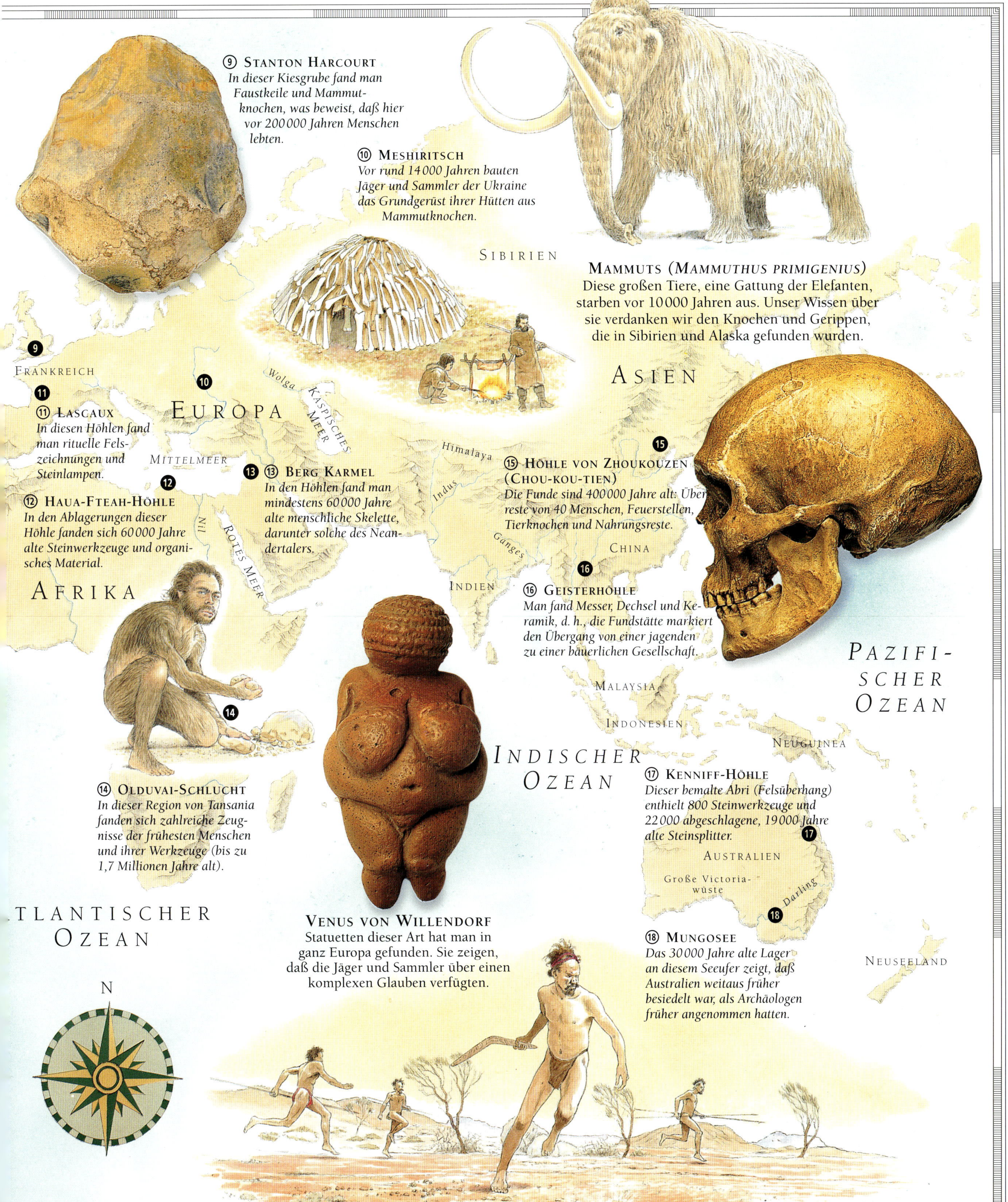

⑨ STANTON HARCOURT
In dieser Kiesgrube fand man Faustkeile und Mammutknochen, was beweist, daß hier vor 200 000 Jahren Menschen lebten.

⑩ MESHIRITSCH
Vor rund 14 000 Jahren bauten Jäger und Sammler der Ukraine das Grundgerüst ihrer Hütten aus Mammutknochen.

MAMMUTS (*MAMMUTHUS PRIMIGENIUS*)
Diese großen Tiere, eine Gattung der Elefanten, starben vor 10 000 Jahren aus. Unser Wissen über sie verdanken wir den Knochen und Gerippen, die in Sibirien und Alaska gefunden wurden.

⑪ LASCAUX
In diesen Höhlen fand man rituelle Felszeichnungen und Steinlampen.

⑫ HAUA-FTEAH-HÖHLE
In den Ablagerungen dieser Höhle fanden sich 60 000 Jahre alte Steinwerkzeuge und organisches Material.

⑬ BERG KARMEL
In den Höhlen fand man mindestens 60 000 Jahre alte menschliche Skelette, darunter solche des Neandertalers.

⑮ HÖHLE VON ZHOUKOUZEN (CHOU-KOU-TIEN)
Die Funde sind 400 000 Jahre alt: Überreste von 40 Menschen, Feuerstellen, Tierknochen und Nahrungsreste.

⑯ GEISTERHÖHLE
Man fand Messer, Dechsel und Keramik, d. h., die Fundstätte markiert den Übergang von einer jagenden zu einer bäuerlichen Gesellschaft.

⑭ OLDUVAI-SCHLUCHT
In dieser Region von Tansania fanden sich zahlreiche Zeugnisse der frühesten Menschen und ihrer Werkzeuge (bis zu 1,7 Millionen Jahre alt).

VENUS VON WILLENDORF
Statuetten dieser Art hat man in ganz Europa gefunden. Sie zeigen, daß die Jäger und Sammler über einen komplexen Glauben verfügten.

⑰ KENNIFF-HÖHLE
Dieser bemalte Abri (Felsüberhang) enthielt 800 Steinwerkzeuge und 22 000 abgeschlagene, 19 000 Jahre alte Steinsplitter.

⑱ MUNGOSEE
Das 30 000 Jahre alte Lager an diesem Seeufer zeigt, daß Australien weitaus früher besiedelt war, als Archäologen früher angenommen hatten.

TAL DER ALTSTEINZEIT

STANTON HARCOURT, GROSSBRITANNIEN

KARTE SEITE 144 – G7

BELEGE

- Bei der Kiesgewinnung wurden zahlreiche Tierknochen, -zähne und Stoßzähne zutage gefördert, was nahelegt, daß hier prähistorische Tiere lebten.
- Im Flußbett fand man organisches Material, wie Insekten, Pollen, Weichtiere und Pflanzenreste.
- Geophysikalische Sondierungen und Ausgrabungen deckten den Verlauf eines prähistorischen Flußbettes auf.

WÄHREND DER ALTSTEINZEIT richtete das vordringende und wieder zurückweichende Eis überall auf der Nordhalbkugel verheerende Verwüstungen an. Während einiger Zwischeneiszeiten (Interglaziale), in denen sich das Eis zurückzog, konnte sich der Boden ausbilden, und das wärmere Klima ließ die Entwicklung von Pflanzenwuchs zu. Unter diesen günstigeren Bedingungen vermehrten sich die Tiere, die wiederum von den Menschen gejagt wurden. Die Bewegungen des Eises erschweren die Suche nach menschlichen Überresten aus dieser Periode. Es ist schwierig zu entscheiden, ob die wenigen Fundstücke von siedelnden oder nomadischen Gruppen stammen. Eis und Wasser haben eine Fundstätte oft stark verändert. Die Ausgrabung von Stanton Harcourt warf daher eine Grundfrage archäologischer Forschung auf: Gingen die Funde auf eine Flutwelle zurück, die dem Schmelzen eines Gletschers folgte, oder lebten hier Menschen, Pflanzen und Tiere in einem breiten Stromtal?

DER FUNDORT
Die Förderung von Kies in Stanton Harcourt brachte als Nebenprodukt zahlreiche Forschungsobjekte für Archäologen ans Licht, und seit vielen Jahren sind Untersuchungen im Gange. Da die Stelle wieder gefüllt werden sollte, blieb den Ausgräbern nur wenig Zeit. Die Grabung beschränkte sich auf die tiefste, älteste Kiesschicht, oberhalb der vorzeitlichen Flußlehme.

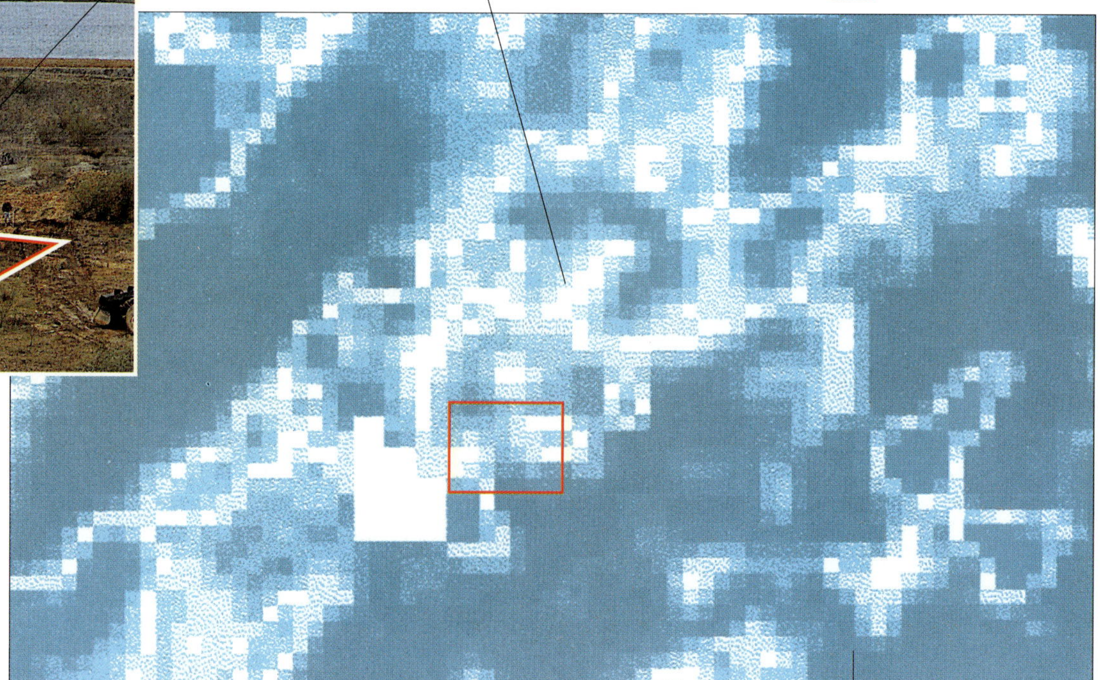

GEOPHYSIKALISCHE KARTE
Die geophysikalische Sondierung diente der Lokalisierung von »Paläokanälen« – verborgenen Überresten alter Flußsysteme –, in denen datierbares Material vermutet wurde. Die Ufer wiesen einen höheren elektrischen Widerstand auf als das stärker durchfeuchtete, alte Flußbett.

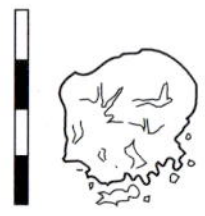

Breite: 10 cm

BODENPROBE
Aus Gräben und Kanälen wurden Bodenproben entnommen und auf organisches Material (pflanzlich und tierisch) geprüft. Dieses wurde untersucht, und die biologischen Arten wurden bestimmt. Mit Hilfe der so gewonnenen Informationen ließ sich das Klima und die Landschaft der Region recht genau rekonstruieren.

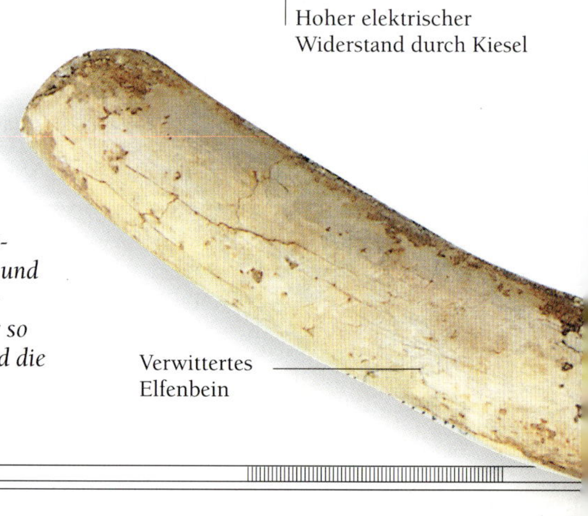

Länge: 40 cm

Elefantenzahn

Zahlreiche Elefantenzähne konnten identifiziert werden. Sie stammen wohl von einem ausgestorbenen Vorfahren der heutigen Elefanten.

Faustkeil

Faustkeile waren die gebräuchlichsten Werkzeuge der Altsteinzeit. Hier fand man mehrere, z.T. gut erhaltene Faustkeile, über die Fundstätte verteilt.

Länge: 12 cm

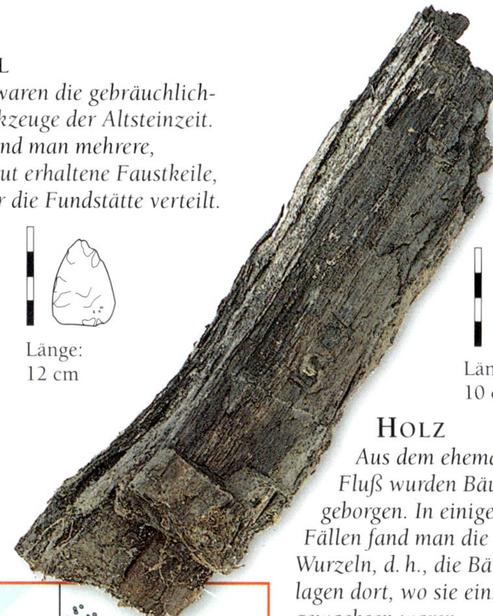

Länge: 10 cm

Holz

Aus dem ehemaligen Fluß wurden Bäume geborgen. In einigen Fällen fand man die Wurzeln, d. h., die Bäume lagen dort, wo sie einst gewachsen waren.

Länge: 3 cm

Süsswassermuscheln

Die Muscheln aus der altsteinzeitlichen Uferschicht waren intakt und hervorragend erhalten. Muscheln reagieren empfindlich auf ihre Umgebung, und jede Art ist an spezielle Lebensräume angepaßt. Diese Muschel wurde als Corbicula fluminalis bestimmt und gab klare Hinweise auf die damaligen Umweltbedingungen.

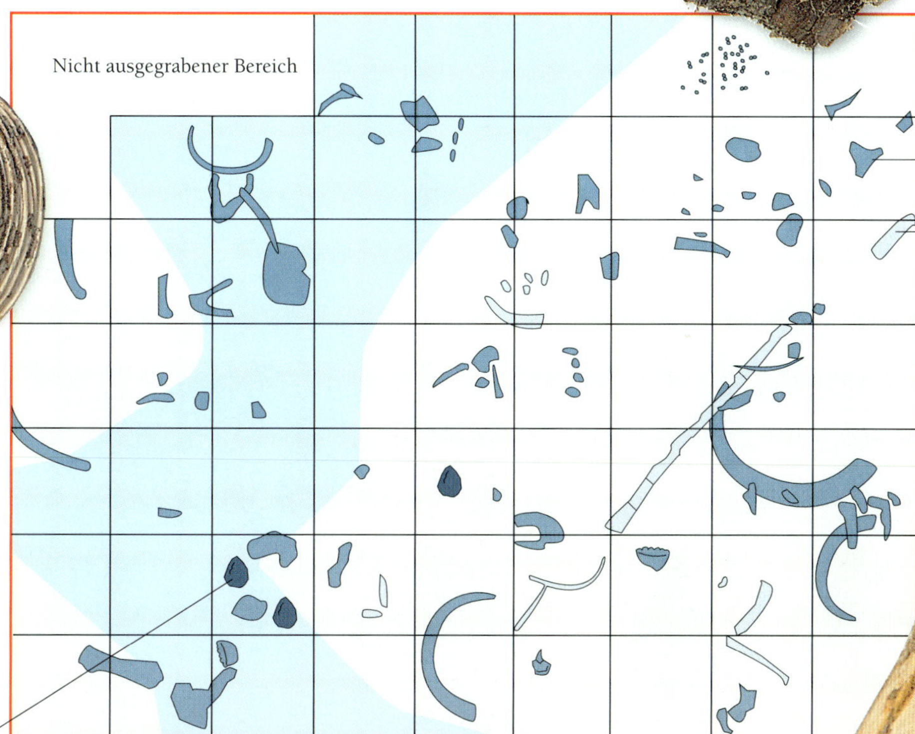

Grabungsplan

Dieser Plan, in den die Lage aller Funde eingetragen wurde, zeigt auch die Position der Mammutstoßzähne und Elefantenknochen. Er ist Bestandteil der gesamten Funddokumentation und half den Archäologen, Verteilungsmuster aufzudecken und die Wirkung des Flusses auf seine Umgebung zu bestimmen.

Legende

Ton

Kies

1 m

Länge: 7 cm

Bärenzahn

Der aufgefundene Kieferknochen eines Bären mit Eckzahn weist darauf hin, daß die Umgebung teilweise bewaldet war.

Länge: 1 m

Mammutstosszahn

Man fand viele Mammutstoßzähne, manche waren über einenhalb Meter lang. Die meisten lagen entlang dem alten Flußufer und befanden sich nicht mehr an Schädeln. Einige waren noch stabil, die meisten waren jedoch sehr brüchig und mußten mit Hilfe von Schaumstoff und Gips gestützt werden, ehe sie gehoben werden konnten

TAL DER ALTSTEINZEIT

INTERPRETATION DER FUNDE

DIE WICHTIGSTEN ARTEFAKTE, die unsere steinzeitlichen Ahnen hinterließen, waren ihre Steinwerkzeuge. Doch auch Überreste von Pflanzen und Tieren, die ihre Umgebung und Nahrung ausmachten, sind aufschlußreich. Direkte Überreste von Menschen und ihren Lagerstätten sind selten. Als die Archäologen diese altsteinzeitliche Fundstätte entdeckten, galt es wesentliche Fragen zu klären: Lagen die Objekte dort, wo sie sich vormals befanden, oder waren sie von Gletschern oder Flüssen hierher getragen worden? Wie nah lag somit der Fundort an einer menschlichen Siedlung? Weisen Tierknochen oder andere Funde Anzeichen menschlicher Aktivität auf?

Die große Menge an organischem Material machte es möglich, ein Bild von Stanton Harcourt zu entwerfen. Dabei wurde vorausgesetzt, daß die hier bestimmten Tier- und Pflanzenarten damals unter denselben Bedingungen existierten wie heute. So ließen sich Klima, Vegetation und Tierwelt der alten Landschaft rekonstruieren.

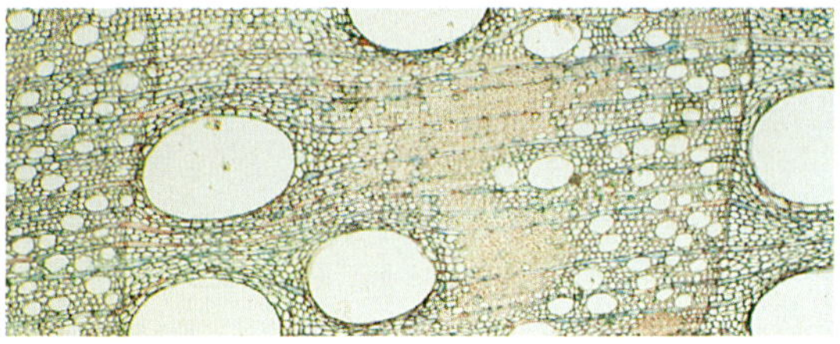

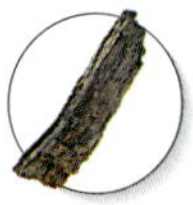

VOLLGESOGENES HOLZ
Unter dem Mikroskop können Archäologen die Baumart bestimmen. Wie diese Eiche zeichnet sich jede Art durch eine charakteristische Größe und Anordnung der Gefäße aus.

Teilweise bewaldete Landschaft

Höhlen in der umliegenden Landschaft

Pflanzliche und tierische Abfälle im Schilf

Schilfrohr als Uferbewuchs

ZEICHNERISCHE REKONSTRUKTION
Aufgrund der Funde können wir uns einen breiten, schilfgesäumten Fluß vorstellen, der durch Grasland mit lockerem Baumbestand floß. Überreste von Mammuts und anderen Tieren wurden abgetrieben und verfingen sich, vor allem in den Flußmäandern, in Baumwurzeln und umgestürzten Bäumen.

BRAUNBÄR
Braunbären leben hauptsächlich von Beeren und Früchten, fressen aber auch das Fleisch toter Säugetiere. Ihr Vorkommen deutet auf lockeren Baumbestand und reichlich Nahrung hin.

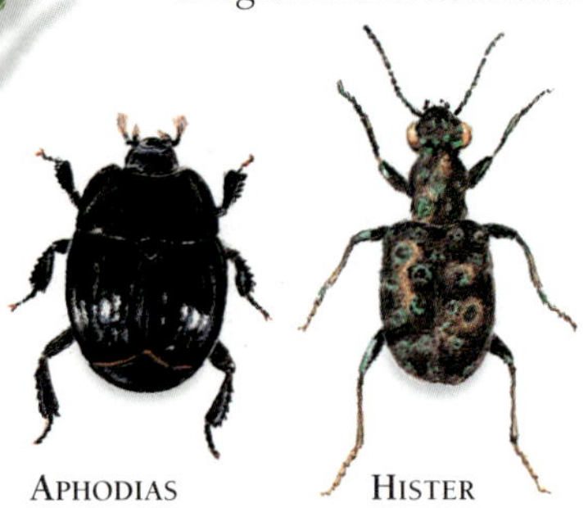

APHODIAS FASCIATUS — HISTER QUADRINACULATUS — DERMESTES MURINUS

KÄFER
In den Bodenproben fand man mehrere Käferarten, die auf einen bestimmten Lebensraum hinwiesen. Dazu gehört Hister quadrinaculatus, *der von toten, fliegenbefallenen Tierkörpern lebt, und* Aphodias fasciatus, *der sich vom Dung großer Pflanzenfresser ernährt.*

Charakteristische Blätter

BALDRIAN
Eine der hier gefundenen Pflanzen war der Baldrian (Valeriana spec.). *Diese weitverbreitete Blütenpflanze wächst überall in Europa. Die verschiedenen hier gefundenen Pflanzen deuten auf eine reichhaltige, blühende Wiese hin.*

Samen, unterschiedlich in Art und Größe

SAMEN
Durch Sieben der Proben konnten zahlreiche Pflanzensamen bestimmt werden. Form und Größe sind unverwechselbar und arttypisch.

ZAHNVERGLEICH

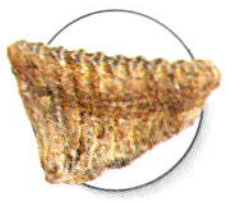

In Stanton Harcourt sind Mammuts und Elefanten vertreten, die sich mit Hilfe von Zahnmerkmalen auseinanderhalten lassen. Beim Mammut stehen die Leisten auf der Kaufläche enger – eine Anpassung an grobe Pflanzen, die typisch für kaltes Klima sind. Die Leisten auf den Elefantenzähnen dagegen stehen, in Anpassung an weichere Pflanzen, weiter auseinander. Aus den Zähnen läßt sich schließen, daß die Mammuts, die für sehr kalte Regionen ausgerüstet sind, im zunehmend wärmeren Klima gefangen wurden, als zum Ende der Eiszeiten der Meeresspiegel stieg und so die britischen Inseln entstanden.

FAUSTKEILE

Die Menschen von Stanton Harcourt dürften hervorragende Werkzeughersteller gewesen sein. Man fand in der Nähe mehrere Faustkeile vom Acheuléen-Typ (siehe Seiten 18–19). Da keine Abschläge gefunden wurden, die bei der Herstellung entstehen, und die Werkzeuge in gutem Zustand waren, müssen Menschen sie mitgebracht haben. Vom Eis oder dem Fluß transportierte Faustkeile hätten stärkere Beschädigungen aufgewiesen.

MAMMUTKADAVER

Es gibt Hinweise darauf, daß sterbende oder tote Tiere vom Fluß angetrieben wurden. Für Menschen, die nahe am Fluß lebten, bildeten solche Kadaver eine sichere Fleischquelle. Mit Steinwerkzeugen schnitten sie das Fleisch heraus.

SÜSSWASSERMUSCHELN

Diese kleinen Muscheln (Corbicula fluminalis) lagen noch in kleinen Familiengruppen zusammen. Offensichtlich handelt es sich bei dem freigelegten Fundort um ein ungestörtes prähistorisches Flußufer. Allerdings blieben nur sehr kleine Flächen im Urzustand erhalten.

SCHLUSSFOLGERUNGEN

- Die organischen Funde geben Hinweise auf Klimaveränderungen in diesem Tal der Altsteinzeit.
- Die Pflanzenarten weisen auf pflanzliche Lebensgemeinschaften in Flußnähe, umliegende Ebenen und Waldland hin.
- In dem Tal weideten und jagten zahlreiche Tierarten, die anhand von Knochen, Zähnen und Stoßzähnen bestimmt werden konnten.
- Die Faustkeile legen nahe, daß Menschen die Gegend nutzten, aber nicht hier siedelten.

Werkzeuge zur Faustkeilherstellung
In einigen Fällen fand man die Hämmer, die zum Herstellen von Faustkeilen benötigt wurden. Hämmer aus Stein erhalten sich gut, während Geweihhämmer rascher zerfallen. Mit letzteren spaltete man unter Druck – ohne zu schlagen – Steinsplitter ab.

Steinwerkzeuge

Durch den Vergleich von Werkzeugen aus unterschiedlichen Zeiten können sich Archäologen ein Bild über die technischen Fähigkeiten der jeweiligen Gesellschaften machen. Bei Steinwerkzeugen vergehen oft mehr als 100000 Jahre, ehe sich ein neuer Werkzeugtyp entwickelt. Den Stand der Entwicklung spiegelt die zunehmend verfeinerte Herstellungstechnik wider, insbesondere die Fähigkeit, aus einem einzigen Stück Feuerstein eine möglichst lange Schnittkante zu erzeugen. Eine andere Möglichkeit, Werkzeuge zu bewerten, ist die Abschätzung des Arbeitsaufwandes. Ein Chopper der Olduvai-Periode entsteht durch wenige, kräftige Schläge gegen einen Stein. Es dauert jedoch weitaus länger, eine Steinaxt zu schlagen und zu schleifen. Eine der wichtigsten Veränderungen in der Entwicklung von Steinwerkzeugen war, daß nicht mehr nur der Steinkern verwendet wurde, (die abgeschlagenen Splitter wurden verworfen), sondern auch die Abschläge.

Chopper aus Olduvai

Vor 1,9 Millionen Jahren

Einige der ältesten Steinwerkzeuge, die bisher gefunden wurden, stammen aus der Olduvai-Schlucht in Tansania und sind 1,9 Millionen Jahre alt. Es handelt sich um einfache Geröllsteine, von denen man einige Splitter abschlug, um eine scharfe Kante zu erhalten. Die Abschläge benutzte man wahrscheinlich zum Schneiden und Schaben. Die Chopper stammen vom *Homo habilis*, einem der Vorfahren des modernen Menschen. Wegen ihrer Einfachheit lassen sich solche Werkzeuge nur schwer von natürlich zerbrochenen und gespaltenen Steinen unterscheiden. Sie wurden aus verschiedensten Materialien hergestellt, etwa aus Quarzit und Vulkangestein.

1,9 Millionen Jahre

Typische Merkmale
Geröllstein als Ausgangsmaterial.
Das glatte Ende liegt in der Handfläche.
Die Schnittfläche ist abgeschlagen und abgespalten.

Acheuléen-Faustkeil

Vor 1,5 Millionen Jahren

Etwa um diese Zeit tauchte mit *Homo erectus* eine neue Menschenart auf, die sich von Afrika aus weltweit verbreitete (außer nach Amerika). Diese Menschen benutzten eine neue Art Steinwerkzeug, heute als Acheuléen-Typ bezeichnet. Charakteristisch für diese Faustkeile ist, daß von zwei Seiten her Splitter abgespalten wurden.

Typische Merkmale
Scharfe Schneide.
Beidseitig abgeschlagen.
Charakteristische länglich-ovale Form.

Levallois-Faustkeil

Vor 200000 Jahren

Vor rund 200000 Jahren taucht *Homo sapiens* auf, der eine neue, typische Werkzeugart für die Zeit benutzte (nach dem französischen Levallois benannt, wo man sie erstmals entdeckte). Durch die neue Technik erhielt man einen schildkrötenförmigen Steinkern mit rund um die Kante laufenden Facetten. Von diesem Kern wurde sorgfältig ein großer Abschlag entfernt. Dieser war muschelförmig – knollig in der Mitte, mit scharfen Kanten – und sehr stabil. Dank dieser Technik, die noch bis vor rund 35000 Jahren eingesetzt wurde, konnte man die Form des Werkzeuges genau bestimmen und kontrollieren.

Typische Merkmale
Schildkrötenform des Kernsteins.
Vom Kern abgeschlagene Klinge (Abschlag).
Die Schnittkante wird zur Verstärkung abgesplittert.

Altsteinzeitlicher Faustkeil

Einen Faustkeil herzustellen erfordert viel Übung und Geduld. Nur wer erfahren genug ist, wird den Kernstein (ein ausgesuchter Stein von richtigem Ausmaß und Gewicht) jedesmal an genau der richtigen Stelle treffen, so daß ein Abschlag der erwünschten Größe und Form abspringt. Selbst nach Tausenden von Jahren sind an einzelnen Werkzeugen diese Arbeitsspuren noch sichtbar, da der Aufschlagpunkt und die Schlagwellen, die der Schlag erzeugt, häufig gut erhalten blieben.

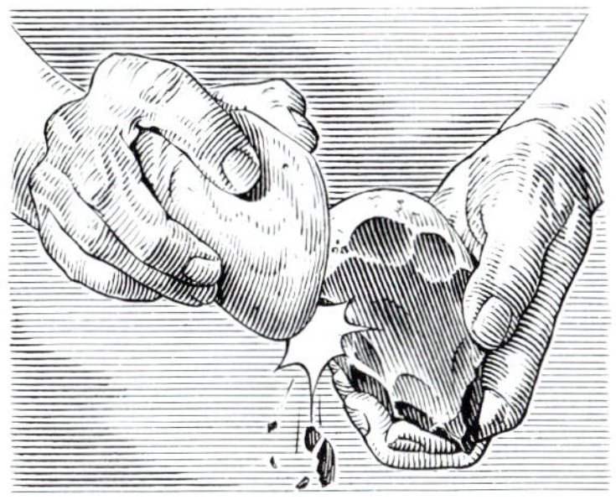

1 Man wählt einen glatten, fehlerfreien Stein, der sich leicht spalten läßt. Mit einem harten Hammerstein wird der Kern herausgearbeitet: Durch Schläge werden große Splitter abgespalten – die grobe Form des Faustkeils entsteht.

2 Hat der Stein in etwa die richtige Form, schlägt man mit einem weichen Knochenhammer gezielt bestimmte Stellen ab. Dieses »Retuschieren« erfordert Präzision und Geduld.

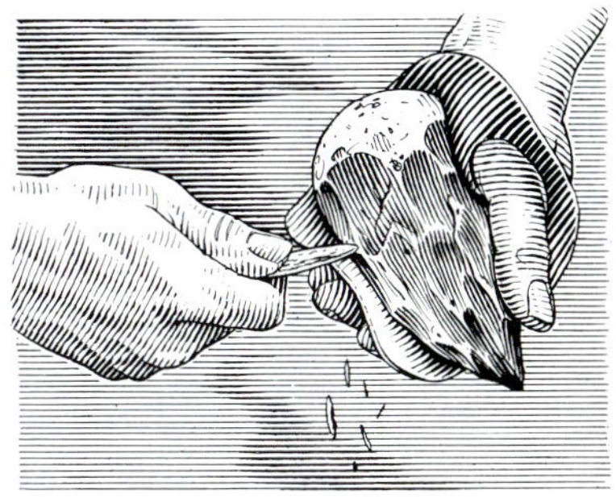

3 Sobald der Faustkeil die endgültige Form hat, wird er mit einem Meißel durch Druck – nicht durch Schläge – weiter bearbeitet. Zum Schutz der Hand wird ein Lederstück untergelegt.

Altsteinzeitliche Klingen

VOR 40 000 JAHREN

Vor rund 40 000 Jahren entstand eine verbesserte Technik, bei der mehrere Klingen von einem Kernstein abgeschlagen wurden. Nach dem Retuschieren (Splitter werden von den Kanten entfernt) stellte man aus den Klingen Messer und Schaber her. Mit dieser Methode lieferte ein Kernstein eine maximale Schneidenlänge.

TYPISCHE MERKMALE

Klingen mit parallelen Seiten.
Zugespitzte oder meißelartige Enden.
Aus einem Kernstein entstehen viele Klingen.

Mikrolithe

VOR 10 000 JAHREN

Vor rund 10 000 Jahren waren Mikrolithe in Gebrauch. Diese viel kleineren Klingen wurden von einem Kernstein abgeschlagen und dienten als Teile von zusammengesetzten Geräten, wie Harpunen, Sicheln und Speeren. Zu mehreren konnten solche Klingen zu Sägen werden. Stichel – größere Klingen mit meißelartigen, dickeren Enden – dienten wohl für Gravuren.

TYPISCHE MERKMALE

Kleine Werkzeuggröße.
Lange, dünne Klingen.
Verwendet in zusammengesetzten Werkzeugen.

Jungsteinzeitliche Axt

4000 V. CHR.

In der Jungsteinzeit (siehe S. 24–33) tauchen geschliffene und polierte Äxte auf. Diese größeren Werkzeuge, deren Schneiden durch Schleifen mit einem anderen Stein sehr stabil wurden, erfordern großen Aufwand an Zeit und Mühe und hatten daher auch symbolischen Wert.

TYPISCHE MERKMALE

Regelmäßige Form.
Scharfe, geschliffene Schneide.
Glatte, polierte Oberfläche.

4000 v. Chr.

VERGLEICHBARE STÄTTEN

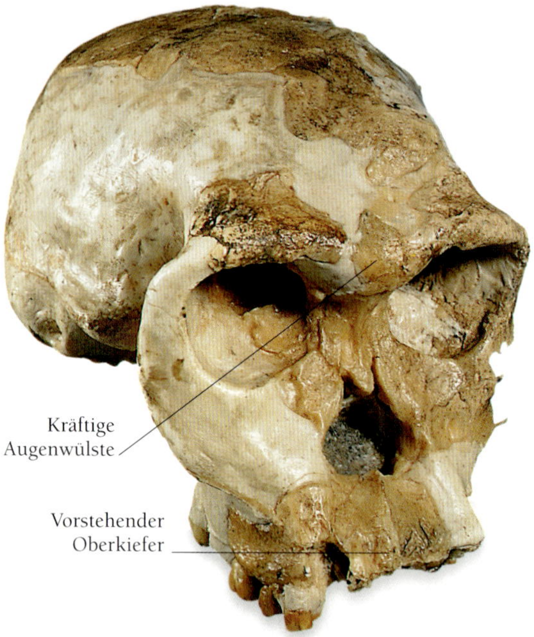

SCHÄDEL EINES FRÜHMENSCHEN
Er gehört zu Homo habilis, der ersten menschlichen Art, die Werkzeuge herstellte. Der Hirnschädel ist im Verhältnis zum Gesichtsschädel klein, der Oberkiefer steht vor, und über den Augen sitzen breite Wülste.

OLDUVAI-SCHLUCHT

SERENGETI, TANSANIA

KARTE SEITE 142 – F5

DIE OLDUVAI-SCHLUCHT ENTSTAND vor 500 000 Jahren durch eine geologische Verwerfung. Ein Fluß schnitt sich in die Serengeti ein und legte Schichten aus Sediment und vulkanischer Asche frei. Dabei kamen Spuren menschlichen Lebens an den Ufern eines heute nicht mehr bestehenden Sees zu Tage. Mit Hilfe der Kalium-Argon-Datierung konnten die Wissenschaftler nachweisen, daß die archäologischen Überreste mehr als 1,7 Millionen Jahre alt sind und daß der Ort bis vor 100 000 Jahren genutzt wurde. 1959 fand man die ersten eindeutig hominiden Knochen, und bis heute wurden mehr als 60 Skelette und riesige Mengen von Steinwerkzeugen und Tierknochen ausgegraben. Die ältesten fossilen Zeugnisse gehören zu *Australopithecus boisei* und *Homo habilis*. Sie stellten als erste Hominiden Werkzeuge aus Geröllsteinen (Chopper) her (siehe unten). Vor etwa 1,5 Millionen Jahren erschien der fortschrittlichere *Homo erectus*, und mit ihm nahm die Entwicklung komplizierterer Faust- und Schneidenkeile ihren Anfang.

ANSICHT DER SCHLUCHT
Olduvai ist eine Y-förmige Schlucht. Die Abbildung zeigt den Bereich, in dem die meisten Ausgrabungen durchgeführt wurden. Die steilen Wände entstanden durch Auswaschung, und hier sind die besten Fundstellen.

GEBURTSORT DES HOMO HABILIS

Für Archäologen, die Jäger- und Sammlergesellschaften untersuchen, ist die Olduvai-Schlucht von großer Bedeutung. Hier finden sich, eingebettet in den vielen Ablagerungsschichten, Spuren der biologischen Evolution des Frühmenschen und parallel dazu der Veränderungen in der Werkzeugherstellung. 1964 fand man die ersten Spuren von *Homo habilis*, und Louis Leakey (Archäologe, 1903–1972) und sein Team gruben schon bald weitere Überreste aus, die 1,7 Millionen Jahre zurückreichen. Wegen der vielen Werkzeuge, die man hier fand (bis zu 1,9 Millionen Jahre alt), nannte Leakey diese Menschenart den »Geschickten« (habilis). Die Werkzeuge wurden mit Sicherheit zum Zerschneiden von Fleisch verwendet, das aber wahrscheinlich von verendeten, nicht von gejagten Tieren stammte. Die Steinsplitter, Tierknochen und menschlichen Fossilien aus der Olduvai-Schlucht sind schwer zu interpretieren.

CHOPPER
Abgeschlagene Geröllsteine sind typische Werkzeuge. Durch Absplittern entstand eine scharfe Schneide.

MESHIRITSCH

DNJEPR, UKRAINE

KARTE SEITE 147 – M5

DIE HÜTTEN AUS MAMMUTKNOCHEN, die in Meshiritsch (Ukraine) gefunden wurden, standen in einer weitläufigen Siedlung nahe des Flusses Dnjepr und dürften die ältesten Bauwerke der Welt darstellen. Wahrscheinlich diente die Siedlung als Basislager für eine kleine Gruppe von Jägern und Sammlern, die in der Gegend umherzogen. Je nach Jahreszeit benutzten sie andere Lager, kehrten aber regelmäßig nach Meshiritsch zurück. Die Funde wurden mit der Radiokarbonmethode auf ein Alter von über 18 000 Jahren datiert. Archäologen gruben fünf Hütten aus. Sie waren aus Mammutknochen erbaut und enthielten Feuerstellen, Arbeitsplätze und große Mengen Abfall. Die Knochen bildeten ein stabiles Grundgerüst, das wahrscheinlich mit Häuten bedeckt wurde. Eigentlich handelte es sich daher eher um stabile Zelte als um Hütten. Die sorgfältig gesetzten Knochen waren von außen nicht sichtbar.

AUSGRABUNG VON MAMMUTKNOCHEN
Bei der Ausgrabung fand man Haufen aus Mammutknochen (oben). Die Knochen wurden Stück für Stück sorgfältig entfernt und ihre relative Lage zueinander aufgezeichnet. Daraus konnte jede Hütte so rekonstruiert werden, wie sie vor ihrem Einsturz aussah.

SAISONALE UNTERSTÄNDE

Jede Hütte von Meshiritsch weist eine einzigartige Bauweise auf. Die Erbauer setzten die Knochen unterschiedlich zusammen, um die Kuppelform zu erzielen. Die große Menge von Knochen und der erforderliche Arbeitsaufwand weisen darauf hin, daß diesen Bauten eine besondere Bedeutung zukam. Für ein Haus wurden die Unterkiefer von 95 Mammuts verwendet, und die Archäologen schätzen, daß zehn Menschen fünf bis sechs Tage an einer solchen Hütte gebaut haben müssen. Zahlreiche weitere Objekte sprechen gleichfalls für ein Basislager oder eine wichtige Siedlung. Verzierte Gegenstände und Figurinen weisen auf eine hochentwickelte Kultur und vielleicht auf rituelle oder symbolische Bräuche hin. Man fand auch Schmuckstücke, wie versteinerte Muscheln mit kleinen Löchern zum Tragen, die aus 300 km Entfernung stammten, sowie Bernstein aus dem Baltikum (über 1000 km entfernt). Auch die Steine, aus denen die Werkzeuge hergestellt wurden, stammten von weither.

Der Aufbau der Hütten und die gefundenen Artefakte erlauben eine weitaus bessere Rekonstruktion der Lebensumstände dieser Menschen, als es sonst bei Jägern und Sammlern möglich ist. Die Hütten sprechen für eine sozial organisierte Gruppe, die zu bemerkenswerten architektonischen Leistungen fähig war. Die gefundenen Artefakte werfen Licht auf eine Gesellschaft, die über Riten und künstlerische Fähigkeiten verfügte. Die entfernte Herkunft der Artefakte belegt weitreichende Kontakte.

GESCHNITZTE FIGURINE
Diese Elfenbeinfigurine stammt aus Meshiritsch. Ähnliche weibliche Figurinen fand man überall in Europa.

HAUS AUS MAMMUTKNOCHEN
Diese Rekonstruktion zeigt die sorgfältige und systematische Anordnung der Mammutknochen. Wahrscheinlich waren sie mit Tierhäuten bedeckt.

BERG KARMEL

BEI HAIFA, ISRAEL

KARTE SEITE 148 – E4

SEIT IN DEN 20ER JAHREN des 20. Jahrhunderts am Berg Karmel erstmals menschliche Überreste in den Höhlen von Skhul und Tabun entdeckt wurden, haben sich neue und kontroverse Belege für die Evolution des Menschen ergeben. Die Neandertaler waren eine frühe Menschenart, die speziell an das kalte Klima von Europa und Westasien angepaßt war. In welcher Beziehung sie zur Entwicklung des modernen Menschen stehen, wurde lange diskutiert: Manche Forscher halten sie für unsere Vorfahren, andere stellen sie in eine parallele Entwicklungslinie, die schließlich vom modernen Menschen verdrängt wurde. Die Höhlen am Berg Karmel steuerten wesentliche Erkenntnisse zu dieser Frage bei, denn hier fand man Skelette und Steinwerkzeuge sowohl von Neandertalern wie modernen Menschen. Die Datierung ergab, daß sie eine beträchtliche Zeit nebeneinander lebten. Die Schädel der Höhle von Tabun gehören zum Neandertaler-Typus, die von Skhul zum modernen Typ.

BEGRÄBNISSTÄTTE DES NATOUFIEN
Während der späten Altsteinzeit lebten in Israel die Menschen der Natoufien-Kultur, die ihre Toten feierlich bestatteten. Dieses Grab enthielt typische Beigaben des Natoufien, etwa einen Kopfschmuck aus Meeresmuscheln.

HÖHLENBEWOHNER

Die kleinste Höhle liegt bei Skhul. Dort wurden mindestens zehn Körper an einer Stelle begraben. In Tabun gab es weitere Ausgrabungen, doch das dort gefundene Material – Gebeine und hochentwickelte Steinwerkzeuge – ist seltener und breiter verstreut. Zunächst war unbekannt, ob Neandertaler und moderne Menschen gleichzeitig dort lebten, oder ob sich die modernen Menschen aus den Neandertalern entwickelt hatten.

Erst mit neuen Datierungsmethoden konnte die Streitfrage gelöst werden: ESR (Elektronen-Spin-Resonanz) zur Datierung von Zähnen und Thermolumineszenz, um verbrannte Feuersteine und Felsen zu datieren. Sie klärten die Verwandtschaftsverhältnisse der Höhlenbewohner auf und bewiesen, daß die Menschen weitaus älter waren, als ursprünglich vermutet. Die menschlichen Funde von Skhul waren zwischen 100 000 und 80 000 Jahre alt, die von Tabun wurden mit ESR auf 200 000 bis 90 000 Jahre datiert. Eines der Skelette von Tabun hatte ein Alter von 110 000 Jahren, d. h., diese frühe Neandertalerin lebte zur gleichen Zeit wie die modernen Menschen, die die Höhlen vor 90 000 Jahren zu nutzen begannen, während die Neandertaler vor etwa 45 000 Jahren verschwanden. Hier zeigt sich, welch entscheidende Rolle einer genauen Datierung zukommt.

HÖHLENFUNDE
In der Höhle fand man, neben den Knochen, eine Reihe von Artefakten, darunter auch Kunst der Altsteinzeit, wie dieser zu einer Tierform geschnitzte Knochen. In Europa und Westasien sind solche Funde häufig.

DANGER CAVE

UTAH, USA

KARTE SEITE 137 – J7

DIESE HÖHLE LIEGT IM BUNDESSTAAT UTAH in einem Hang, 34 m oberhalb des Großen Salzsees, wo sich die Aktivität der prähistorischen Jäger und Sammler des Großen Beckens konzentriert haben dürfte. Sie spielt eine wichtige Rolle bei der Rekonstruktion der Lebensweise von Jägern und Sammlern im amerikanischen Westen. Mit Unterbrechungen ist sie über viele tausend Jahre genutzt worden – Datierungen reichen von 9000 v. Chr. bis zum 1. Jahrtausend n. Chr., daher liefert sie eine lange Folge von datierbaren Artefakten und organischem Material. Anhand dieser Überreste können Archäologen bestimmen, wie sich die Lebensweise archaischer Gruppen änderte und im Laufe der Zeit an die Umweltbedingungen anpaßte, an das Ödland und die schwankende Verfügbarkeit von Nahrung. Da die Höhle sehr trocken ist, erhielten sich, neben den üblichen Steinwerkzeugen, auch andere Gegenstände. Diese zeigen die Bedeutung pflanzlicher und tierischer Produkte für frühe Gemeinschaften.

AUSGRABUNG DER HÖHLE
Bei der Ausgrabung von Höhlen werden präzise dreidimensionale Meßmethoden verwendet. Die tiefen Ablagerungen – in der Danger-Höhle über 3 m – haben eine komplexe Schichtung aus vielen Lagen von Erde und Abfällen. Hier wird die Tiefe jeder Schicht vermessen.

ANPASSUNG AN DIE UMWELT

Die Ausgrabungen in der Danger-Höhle haben unser Verständnis der archaischen Jäger und Sammler im Großen Becken revolutioniert. Die Radiokarbonmethode belegte einen langen Zeitraum menschlicher Nutzung. Zum ersten Mal wurde bewiesen, daß die hier lebenden Menschen, viel früher als ursprünglich vermutet, eine eigene Kultur ausbildeten. Sie entwickelten sich unabhängig von den weiter im Süden lebenden Gruppen, die Archäologen bislang als dominant einschätzten.

Die erste menschliche Nutzung reicht bis 9000 v. Chr. zurück. Geringe Reste von Steinabschlägen belegen, daß diese Gruppen Herden von Großwild folgten und die Höhle als temporären Unterschlupf nutzten. Um 8300 v. Chr. richteten die Jäger Feuerstellen in der Höhle ein.

Um 7500 v. Chr. tauchen die ersten größeren Veränderungen in der Lebensweise auf. Das Klima wurde wärmer und trockener; die Jäger jagten nun kleinere Tiere wie Rehe und Antilopen und sammelten Pflanzen von Sumpfland und Buschgebiet. Viele Artefakte sind erhalten, etwa Werkzeuge aus Holz und Stein, Tierhäute, Felle, Flechtwerk, Matten, sowie Knochen und Abfall, darunter sogar menschliche Fäkalien, die eine Analyse der Nahrung und des Gesundheitszustandes erlaubten.

Während der Trocken- und der darauffolgenden feuchteren Periode entwickelten die hier lebenden Menschen neue Werkzeugformen und verarbeiteten Pflanzensamen.

DAS ÄUSSERE DER HÖHLE
Die Höhle liegt in den Hügeln westlich des Großen Salzsees. Die Landschaft ist sehr rauh und öde, daher dürfte die Höhle einen willkommenen Unterschlupf geboten haben.

MOKASSIN
Normalerweise zerfallen Fundstücke, wie dieser Schuh (6000 v. Chr.), zu Staub. Dank der trockenen Umgebung blieb er hier über Tausende von Jahren erhalten. Er besteht aus Tierhaut und wurde mit Tiersehnen genäht.

JUNGSTEINZEIT

VOR ETWA 10 000 JAHREN gingen einige jagende Gemeinschaften dazu über, Pflanzen anzubauen und Tiere zu domestizieren. Damit sicherten sie ihre Versorgung, hielten aber an den traditionellen Aktivitäten der Jäger und Sammler fest. Ihre Werkzeuge und Waffen stellten sie immer noch aus Stein her. Dieser Übergang zu Ackerbau und Viehzucht zog sich über viele Generationen hin, und die Haustiere und Nutzpflanzen der frühen Bauern unterschieden sich von Region zu Region – wie die Hauptnahrungsmittel noch heute. Nachdem es gelungen war, eine dauerhafte Nahrungsgrundlage zu schaffen, begannen viele jungsteinzeitliche Gesellschaften mit dem Bau fester Siedlungen. Nun wurden auch neue Gebrauchsgegenstände erforderlich, wie Keramik zum Kochen und als Vorratsbehälter, und es entwickelte sich ein Handel zwischen den Kulturen. Diese dauerhaften Bauten und Artefakte haben sich weitaus besser erhalten als die vergänglichen Spuren der früheren Jäger und Sammler. Daher können wir den Einfluß des Ackerbaus auf die Landschaft und auf die entstehenden städtischen Gesellschaften besser nachvollziehen.

MAIS
Mais wurde erstmals in Mittelamerika angebaut und entwickelte sich dort zum Hauptnahrungsmittel. Die Kolben waren deutlich kleiner als heute.

① **TAMAULIPAS**
Neben einigen Steinwerkzeugen fand man in dieser trockenen Höhle auch Hinweise auf den Anbau von ersten Kulturpflanzen, etwa Mais, Kürbisse, Bohnen und Flaschenkürbisse.

② **TAL VON TEHUACÁN**
In diesem Tal gibt es die ersten Belege für den Anbau von Mais in Mittelamerika (7000 v. Chr.).

③ **VALDIVIA**
Die älteste Form von Keramik in Amerika (datiert um 3200 v. Chr.) trägt den Namen dieses Fundortes.

LAMAS
Lamas hatten in Südamerika eine große Bedeutung. Sie wurden um 3000 v. Chr. domestiziert und dienten als Lasttiere, lieferten aber auch Wolle und Fleisch.

KARTOFFELN
Die Bewohner der Anden bauten viele Pflanzen an, darunter auch die Kartoffel, die zum Hauptnahrungsmittel wurde.

SCHÄDEL VON JERICHO
Zu den besonders bemerkenswerten Funden dieser Siedlung am Toten Meer gehören zahlreiche mit Gips überzogene Schädel, die unter den Fußböden der Häuser lagen. Die Schädel waren bemalt und die Augen durch Kaurischnecken ersetzt. Manche Archäologen schreiben die Schädel einem komplexen Ahnenkult zu.

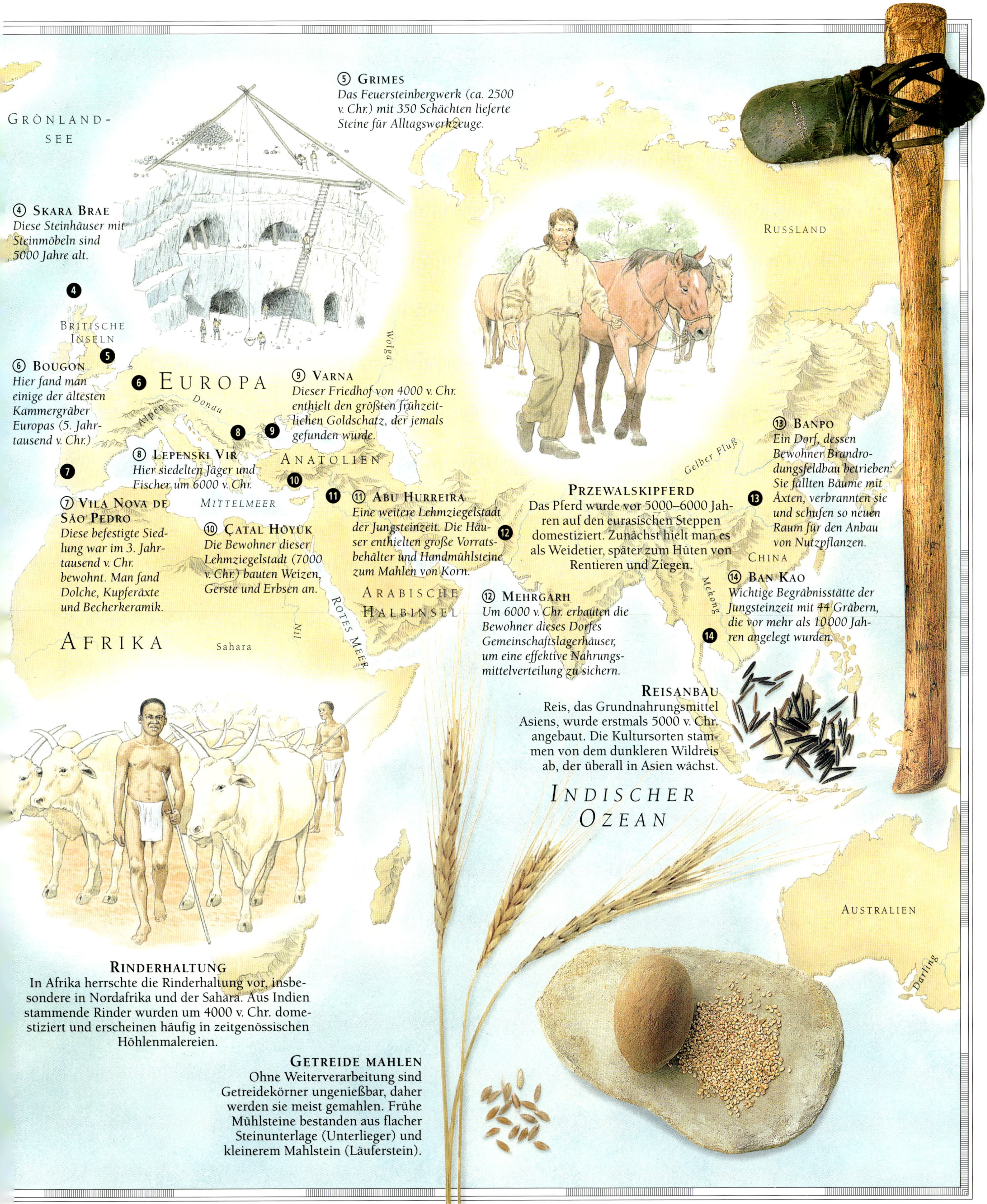

⑤ **GRIMES**
Das Feuersteinbergwerk (ca. 2500 v. Chr.) mit 350 Schächten lieferte Steine für Alltagswerkzeuge.

④ **SKARA BRAE**
Diese Steinhäuser mit Steinmöbeln sind 5000 Jahre alt.

⑥ **BOUGON**
Hier fand man einige der ältesten Kammergräber Europas (5. Jahrtausend v. Chr.)

⑨ **VARNA**
Dieser Friedhof von 4000 v. Chr. enthielt den größten frühzeitlichen Goldschatz, der jemals gefunden wurde.

⑧ **LEPENSKI VIR**
Hier siedelten Jäger und Fischer um 6000 v. Chr.

⑦ **VILA NOVA DE SÃO PEDRO**
Diese befestigte Siedlung war im 3. Jahrtausend v. Chr. bewohnt. Man fand Dolche, Kupferäxte und Becherkeramik.

⑩ **ÇATAL HÖYÜK**
Die Bewohner dieser Lehmziegelstadt (7000 v. Chr.) bauten Weizen, Gerste und Erbsen an.

⑪ **ABU HURREIRA**
Eine weitere Lehmziegelstadt der Jungsteinzeit. Die Häuser enthielten große Vorratsbehälter und Handmühlsteine zum Mahlen von Korn.

PRZEWALSKIPFERD
Das Pferd wurde vor 5000–6000 Jahren auf den eurasischen Steppen domestiziert. Zunächst hielt man es als Weidetier, später zum Hüten von Rentieren und Ziegen.

⑬ **BANPO**
Ein Dorf, dessen Bewohner Brandrodungsfeldbau betrieben: Sie fällten Bäume mit Äxten, verbrannten sie und schufen so neuen Raum für den Anbau von Nutzpflanzen.

⑭ **BAN KAO**
Wichtige Begräbnisstätte der Jungsteinzeit mit 44 Gräbern, die vor mehr als 10000 Jahren angelegt wurden.

⑫ **MEHRGARH**
Um 6000 v. Chr. erbauten die Bewohner dieses Dorfes Gemeinschaftslagerhäuser, um eine effektive Nahrungsmittelverteilung zu sichern.

REISANBAU
Reis, das Grundnahrungsmittel Asiens, wurde erstmals 5000 v. Chr. angebaut. Die Kultursorten stammen von dem dunkleren Wildreis ab, der überall in Asien wächst.

RINDERHALTUNG
In Afrika herrschte die Rinderhaltung vor, insbesondere in Nordafrika und der Sahara. Aus Indien stammende Rinder wurden um 4000 v. Chr. domestiziert und erscheinen häufig in zeitgenössischen Höhlenmalereien.

GETREIDE MAHLEN
Ohne Weiterverarbeitung sind Getreidekörner ungenießbar, daher werden sie meist gemahlen. Frühe Mühlsteine bestanden aus flacher Steinunterlage (Unterlieger) und kleinerem Mahlstein (Läuferstein).

Stadt der Jungsteinzeit

ÇATAL HÖYÜK, TÜRKEI

KARTE SEITE 148 – D3

Belege

- Noch andauernde Ausgrabungen brachten eine komplexe Stadt zu Tage. Die Tonziegelwände waren verputzt und mit einzigartigen religiösen Motiven bemalt.
- Die reichhaltige Sammlung von Artefakten und Dekorationen in den Häusern weist auf eine komplexe und kultivierte Lebensweise hin.
- Zahlreiche Belege erschließen die ökonomische Grundlage der Siedlung und die Art der bäuerlichen Arbeitsweisen.

AUF DEN FRUCHTBAREN EBENEN DER ZENTRALTÜRKEI entstand etwa 7000 v. Chr. eine bäuerliche Stadt mit dicht stehenden Häusern, die um kleine Innenhöfe angeordnet waren. In der Umgebung des Ortes baute man Weizen, Gerste, Linsen und Erbsen an, sammelte aber auch Wildfrüchte und Nüsse. Als Ergänzung zum Wildfleisch hielt man Rinderherden. Im Laufe einer langen Zeit entstand durch den fortwährenden Zerfall und Neubau der Lehmziegelhäuser ein Hügel, ein sogenannter Tell. Archäologen haben diesen Tell untersucht. Obwohl bisher nur etwa drei Prozent des Fundortes freigelegt wurden, erlauben die archäologischen Funde Rückschlüsse auf diese frühe bäuerliche Siedlung – von der Ernährung bis hin zum kulturellen Leben der Einwohner. Çatal Höyük liegt in einer die Landwirtschaft begünstigenden Region der Erde. Daher eignet sich der Ort hervorragend, um die Entwicklung des Ackerbaus (»neolithische Revolution«) zu untersuchen.

DER FUNDORT
Çatal Höyük liegt auf der Ebene von Konya in der Zentraltürkei. Das Photo zeigt die laufenden Ausgrabungsarbeiten im Tell (Hügel) hoch über der Ebene. Der große Hügel in der Mitte des Hintergrundes entstand aus Erdresten der Ausgrabung. In Terrassen am Hügelhang erstrecken sich mehrere ausgegrabene Räume. Der hier gezeigte Grabungsbereich repräsentiert nur einen kleinen Teil des Tell, der sich über die Grenzen des Bildes hinaus erstreckt.

GRUNDRISS DER GEBÄUDE
Dieser Grundriß eines kleinen Teils der Stätte zeigt die wesentlichen Merkmale der Siedlung. Die Stadt scheint mit einem Gitternetzplan entworfen worden zu sein. Es gibt keine Hinweise auf Straßen oder Wege, die Einwohner betraten ihre Häuser wohl mit Hilfe von Leitern über die Dächer. Ein durchschnittliches Haus ist 25 m² groß, hat einen Haupt- und umliegende Nebenräume.

Raum mit Stieraltar

In über 40 Räumen fanden sich Stierköpfe aus Gips und echte Hörner. Außerdem waren diese und andere Räume überall in der Siedlung mit reicher Wandbemalung verziert, die Leoparden, Widder und Göttinnen darstellten.

Grundriss eines Hauses

In jeder Wohneinheit gab es Räume für bestimmte Tätigkeiten. Das hier im Plan gezeigte Haus enthielt einen Stieraltar, einen Backofen und Herd sowie separate Wohn- und Lagerräume. Das Städtchen bestand aus Hunderten ähnlicher kleiner Familienwohnstätten.

Menschliche Gebeine

Die Bewohner dieser Siedlung begruben ihre Toten nicht auf einem Friedhof. Sie ließen die Leichen im Freien liegen und von den Geiern vom Fleisch befreien. Die Gebeine bettete man dann in den Häusern unter die Schlafstätten. Offensichtlich betrieb man einen Ahnenkult – mehrere Generationen wurden im selben Raum begraben.

Tonsiegel

Man fand zahlreiche gebrannte Tonsiegel mit eingravierten Mustern. Wahrscheinlich dienten sie als Stempel, um Wände oder Stoffe mit Farbe zu dekorieren. Jedes Muster ist einzigartig; vielleicht stand jedes für eine bestimmte Person.

Muttergottheit

Die Fundstätte gab über 50 Figurinen schwangerer Frauen aus Terrakotta, Kreide, Alabaster, Marmor, Kalkstein oder vulkanischem Gestein preis. Vielleicht waren sie Bestandteil einer Fruchtbarkeitszeremonie.

Feuersteinmesser

Im Ort wurden zahlreiche Waffen aus Feuerstein oder Obsidian ausgegraben, darunter Dolche von hoher Qualität. Man steckte die Klingen auf hölzerne Handgriffe und bewahrte sie in Lederscheiden auf.

Verkohltes Getreide

Verbrannte Körner und Samen erhalten sich sehr gut und geben Hinweise auf die Nahrung in der Siedlung. Außerdem kann verkohltes Getreide für eine Radiokarbondatierung (siehe S. 126) verwendet werden.

Stoffetzen

Viele Skelette waren in Tücher eingeschlagen; sind die Körper verbrannt, erhielten sich verkohlte Stoffstücke. Man konnte mehrere hochwertige Stoffe identifizieren, darunter Wolle und wahrscheinlich Leinen.

STADT DER JUNGSTEINZEIT

INTERPRETATION DER FUNDE

DIE AUSGRABUNGEN VON ÇATAL HÖYÜK ergaben, daß der Hügel künstlich aufgetürmt wurde. Er entstand durch aufeinanderfolgende Siedlungen am selben Ort, von etwa 7000 v. Chr. bis über 1000 Jahre später. Die Gebäude und zahlreichen Artefakte erlauben eine genaue Rekonstruktion des Alltagslebens. Die Menge des verkohlten organischen Materials macht deutlich, daß unsere Ackerbau betreibenden Ahnen vielleicht weitaus mehr Produkte und Gegenstände nutzten, als archäologische Methoden jemals werden aufdecken können. Die wunderbar erhaltenen Wandbilder und Skulpturen rufen uns lebhaft das spirituelle Leben der Gesellschaft ins Gedächtnis, und die vielen aufgefundenen Skelette erlauben Rückschlüsse auf die Gesundheit und die Dynamik des Familienlebens. Çatal Höyük erscheint als hochentwickelte, Ackerbau und Handel betreibende Gesellschaft mit komplexen Ritualen.

MUSTER AUS TONSIEGELN
Möglicherweise hat man mit den Tonstempeln farbige geometrische Muster auf die Wände übertragen. Viele dieser Verzierungen blieben erhalten: etwa parallele horizontale oder vertikale Linien, konzentrische Kreise und Schachbrettmuster.

WANDMALEREI

Weltweit blieben nur wenige jungsteinzeitliche Wandbilder erhalten. Die meisten bestanden aus Ruß und mineralischen Pigmenten, die mit Ei oder Öl vermischt und dann mit Pinseln oder Tüchern auf die verputzen Wände aufgetragen wurden. Hauptsächlich waren Erdtöne vertreten – Rot, Braun, Gelb und Schwarz. Für die Einwohner von Çatal Höyük waren diese Bilder sicher nicht nur reine Dekoration, sondern von tiefer symbolischer Bedeutung.

ÜBERRESTE VON WANDMALEREI
Viele Wandbilder waren beschädigt, doch konnte man einige Darstellungen noch gut erkennen, bevor die Konservierungsarbeiten begannen.

ZEICHNUNG DES GESAMTEN BILDES
Das Bild zeigt deutlich kopflose Figuren und Greifvögel. Vielleicht stellt es die den Geiern ausgesetzten Toten dar.

ZEICHNERISCHE REKONSTRUKTION
Da viele Mauern bis in beträchtliche Höhe erhalten blieben, sind reichlich architektonische Details erhalten. Nur die oberen Zonen und die Dächer mußten rekonstruiert werden. Links ist der Wohnbereich mit erhöhten Schlafstellen und einer Vorratskammer für Getreide. Rechts sieht man einen Altar mit aufgereihten Stierkopfskulpturen, Stierhörnern und eine Begräbnisstätte. Das Dach wurde aus Bruchstücken rekonstruiert. Es bestand wahrscheinlich aus Holzpfählen, die mit Lehm und Schilf verkleidet waren. Über eine Leiter gelangte man in die Häuser.

EINKORN (WEIZENART)

EMMER (WEIZENART)

GETREIDE
Die gefundenen verkohlten Körner beweisen, daß man Getreide (Weizen und Gerste) anbaute. Daneben fand man Hinweise auf Hülsenfrüchte, Linsen und Wicken (eine Pflanze mit bohnenähnlicher Frucht). Außerdem gab es wilde Nüsse und Früchte, wie Äpfel, Pistazien, Zürgelbeeren, Mandeln und Eicheln. Links sind zwei frühe Sorten von Weizen abgebildet – Emmer und Einkorn.

STOFFE

Die Einwohner der Stadt scheinen geschickte Weber gewesen zu sein, daher trugen sie sicher auch anspruchsvoll gefärbte Kleidung. Gefunden wurden aber nur einfache Stücke verkohlten Gewebes, in das man wohl die Körper der Toten einschlug.

MUTTERGOTTHEIT

Solche Figurinen einer Muttergottheit mit übertriebenen weiblichen Merkmalen fand man oft zusammen mit Tieren dargestellt oder in Vorratsbehältern. Daher vermutet man, daß sie Bestandteil eines Fruchtbarkeitskultes waren, der Jagd, Tierhaltung und Ackerbau einschloß.

Gebärende Frau auf einem Leopardenthron

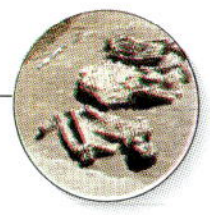

BESTATTUNGEN

Nach der Lagerung im Freien bewahrte man die zusammengefügten, fleischlosen, ausgetrockneten Knochen wahrscheinlich in einer Art Leichenhalle auf. Dann wickelte man sie in Stoff, Häute, Körbe oder Matten, band sie mit Schnur oder Lederstreifen zusammen und legte sie unter die Plattformen in den Altarräumen oder Häusern.

STIERSCHREINE

Die Schreine bestanden aus unterschiedlichen Teilen, darunter Stierkopfreliefs an den Wänden und Bänke mit Reihen von Hörnern (links). Daneben gab es gehörnte Säulen (Bukranien), von denen hier zwei abgebildet sind. Die Köpfe waren häufig von mehreren Farbschichten bedeckt. Wahrscheinlich wurden die Farben regelmäßig erneuert und das Innere der Schreinräume häufig neu ausgeschmückt.

WAFFEN UND WERKZEUGE

Einige der Messer, insbesondere jene aus hartem importiertem Feuerstein, waren Statussymbol und dienten wahrscheinlich zeremoniellen Zwecken. Der hiesige Obsidian wurde zu Schabern, Schneidewerkzeugen, Speeren und Pfeilspitzen verarbeitet.

SCHLUSSFOLGERUNGEN

- Offensichtlich war die Stadt eine dichtbesiedelte bäuerliche Siedlung inmitten eines rohstoffreichen Hinterlandes, das landwirtschaftlich genutzt wurde. Dafür sprechen die aufgefundenen organischen Materialien.
- Die guterhaltenen Lehmziegelgebäude erlauben tiefe Einblicke in Bauweise, Verzierungen und Nutzung.
- Der Glaube der Einwohner ist in Form von Wandbildern, Figurinen, Begräbnissen und Skulpturen gut dokumentiert.

Vergleichbare Stätten

Skara Brae

ORKNEY-INSELN, GROSSBRITANNIEN

KARTE SEITE 144 – F1

DIE ORKNEY-INSELN, WO DIE ÜBERRESTE der jungsteinzeitlichen Siedlung Skara Brae gefunden wurden, zeichnen sich durch kaltes, windiges Klima aus. Etwa 3000 v. Chr. war das Klima jedoch deutlich milder, sogar Weizen wurde angebaut. Die Bauern, die in kleinen Siedlungen lebten, hielten auch Rinder und Schafe. Trotz ihrer bäuerlichen Lebensweise waren die Bewohner der Siedlung auf Fischfang und Sammeln angewiesen, um ihre Ernährung zu verbessern. Außerdem lieferten die Tiere Rohstoffe für eine Reihe von Werkzeugen und Haushaltsgegenständen.

Die Häuser von Skara Brae lagen viele tausend Jahre unter Sand, bis 1850 ein schwerer Sturm sie erstmals freilegte. Bevor Gordon Childe (1892–1957) 1928 die Siedlung vollständig freilegte, gab es mehrere Ausgrabungsversuche. Childe dokumentierte den Fundort zwar detailliert, sah sich aber außerstande, ihn zufriedenstellend zu datieren. Skara Brae ist eine einzigartige und isolierte Siedlung, und er konnte keine Vergleiche mit ähnlichen Fundorten bekannten Datums ziehen. Dennoch war er überzeugt, daß hier Menschen mit jungsteinzeitlicher Technologie und Lebensweise gelebt hatten, und die modernen Datierungsmethoden haben ihm recht gegeben.

DIE SIEDLUNG

In Skara Brae haben sich sechs komplette Häuser erhalten. Weitere Häuser dürften wegen der Küstenlage vom Meer weggespült worden sein. Sie alle gleichen sich in Größe und Aufbau: Man höhlte Räume in Erdhügel und kleidete sie mit Trockenmauern aus Steinplatten aus. Die Insel ist öde und windig, daher gab es keine Bäume. Also sammelten die Einwohner aus der Umgebung große Mengen von Steinplatten als Baumaterial. Sie ließen sich leicht in große, flache Platten spalten und so zu Wänden aufschichten. Die Wände wurden zur besseren Isolierung mit Ton verputzt, von dem sich einige Überreste erhalten haben. Heute sind die Räume offen, ursprünglich waren sie jedoch mit Stroh oder Grassoden gedeckt, die vielleicht auf Dachbalken aus Walknochen lagen. Jedes Haus besteht aus einem einzelnen quadratischen Raum mit abgerundeten Ecken. Durch Gänge gelangt man in einige steinerne Kammern. Irgendwann in der Geschichte dieser Gemeinschaft hat man wohl die Wege zwischen den Häusern mit Steinplatten überdacht und zu Tunneln umgestaltet. Die meisten Möbelstücke bestanden aus Stein, eine große Feuerstelle in der Mitte, ein Schrank oder Borde für die Vorräte sowie Betten – jedes aus einer Steinkiste, die mit Pflanzenmaterial gefüllt werden konnte. Daneben findet man in jedem Haus drei bis vier kleine steinerne Becken, deren Wände mit Ton verschmiert wurden. Darin speicherte man entweder Wasser oder lagerte Schalentiere, die als Köder dienten. Außerdem gibt es noch immer bis zu 3 m hohe Wandschränke. Pfosten an den Betten dürften einen Baldachin getragen haben, vielleicht als Schutz oder um von der Decke tropfendes Wasser abzuhalten. Die Einwohner von Skara Brae haben neben Holz vielleicht Dung sowie Wal- und Seehundfett verbrannt. Möglicherweise dienten die Kammern als Lagerräume; da einige jedoch Abflüsse haben, die in ein zentrales Abflußsystem außerhalb der Siedlung münden, handelt es sich vielleicht um Toiletten. In einer der Kammern fand man Hunderte von Perlen und andere Schmuckstücke sowie Gebrauchsgegenstände.

KÜSTENSIEDLUNG
Diese Ansicht zeigt, wie nah die Häuser am Meer liegen. Man sieht, daß alle Häuser durch ein Gangsystem untereinander in Verbindung stehen. Offensichtlich war die Gemeinschaft von starker Zusammengehörigkeit geprägt.

Trockenmauern aus Steinplatten der Umgebung

DAS INNERE EINES RAUMES
Man sieht die Trockenmauern des Hauses und die noch vorhandenen Möbel. Wahrscheinlich war der Raum ursprünglich von einem Grassoden- oder Strohdach bedeckt, das etwa in der Höhe der heutigen Graslinie ansetzte.

Bei den meisten frühen Siedlungen auf den nördlichen Inseln, wie Skara Brae, gibt es ein Gebäude, das sich deutlich von allen anderen unterscheidet. Hier liegt dieses Gebäude etwas westlich des Dorfes; es ist eher oval geformt, hat einen Vorbau und enthält eine Feuerstelle und Kammern, aber keine Schränke oder Betten. In den Wänden befinden sich Nischen, und Teile des Gebäudes wurden durch Steinplatten abgetrennt. In diesem Gebäude fanden sich andere Artefakte als in den übrigen Häusern, insbesondere verbranntes Material und Abschläge von Feuerstein. Offensichtlich handelte es sich nicht um ein Wohnhaus, sondern um eine Werkstatt. Da der Raum jedoch fast frei von Abfall war, könnte es sich auch um eine rituelle Stätte gehandelt haben; dann wäre die Werkzeugherstellung Teil der Religion oder Magie gewesen.

Alle ausgegrabenen Häuser waren untereinander durch Gänge verbunden und bildeten ein einziges verschachteltes System innerhalb eines riesigen Haufens aus Erde und Abfall von Dung, Asche, Ton und Tierresten. In diesem Abfallhaufen fand man viele Artefakte, die zumeist im Zusammenhang mit Tierhaltung standen. Außerdem wurden verkohltes Getreide, Werkzeuge und Geräte aus Feuerstein und Hornstein sowie hölzerne Artefakte (manche aus Treibholz von zum Teil nordamerikanischen Arten) gefunden. Es gab Knochen von Seehunden und Walen, von kleinen Schafen und großen Rindern. Die hier gefundenen Artefakte zeigen, daß die Einwohner ihre üppige und vielgestaltige Umwelt effektiv und anpassungsfähig auszunutzen verstanden. Es gab gute Weidegründe auf den Inseln, die Sandböden ließen sich leicht pflügen, und es stand – als Ausgleich zu fehlenden Landtieren – reichlich Nahrung aus dem Meer zur Verfügung.

STEINMÖBEL
Das kastenartige Gebilde an der Rückwand diente als Schrank. Das Bett steht links, und die Feuerstelle befindet sich in der Mitte des Raumes. Die Bedeutung der von Steinen umgebenen Gruben vor dem Schrank ist unbekannt.

Wahrscheinlich fischten die Siedler in Küstennähe von kleinen Booten aus, griffen aber auch auf größere Meerestiere zurück, sofern sie lebend oder tot am Ufer strandeten. Kleine Fische und Weichtiere – insbesondere Napfschnecken (sie dienten wohl als Fischköder), Austern, Krabben und andere kleine Küstentiere – waren ebenso häufig wie Schwertwale und Walrosse.

Die meisten Artefakte bestanden entweder aus Stein, Ton oder Knochen. Feuerstein, der hier sehr selten ist, wurde kaum verwendet. Man brauchte Feuersteinwerkzeuge wohl nur, um damit Werkzeuge und Objekte aus Holz oder Knochen herzustellen. Aus den Funden läßt sich schließen, daß die Menschen von Skara Brae Anhänger und Perlen trugen, die sie aus den Markknochen von Schafen und den Zahnwurzeln von Kühen und Schwertwalen herstellten. Knöchel dienten wohl zum Spielen. Die merkwürdigsten Artefakte sind gravierte Kugeln unbekannter Funktion, die auch von anderen Orten Schottlands bekannt sind. Daneben fand man Nadeln und Gefäße aus Stein und Knochen.

EINE AUTARKE GEMEINSCHAFT

Durch Childe und spätere Archäologen wissen wir heute sehr viel über die jungsteinzeitlichen Einwohner von Skara Brae. Die Siedlung bestand 600 Jahre lang. In den verschachtelten Häusern und Gängen lebten stabile Familiengruppen. Sie nutzten die wechselnden natürlichen Ressourcen, ohne sie zu stark auszubeuten. Dennoch wurde Skara Brae rund 2500 v. Chr. verlassen und war schon bald von Sand bedeckt. Die heftigen Stürme, die die Siedler vertrieben, sorgten auch für die Erhaltung der intaktesten jungsteinzeitlichen Siedlung in Nordeuropa.

KNOCHENWERKZEUGE
Knochen sind das häufigste in Skara Brae vorkommende Material, meist für Werkzeuge und Nadeln (siehe links). Die Vogel-, Rinder- und Walknochen wurden wahrscheinlich mit Feuersteinwerkzeugen bearbeitet.

BOUGON

DEUX-SEVRES, FRANKREICH

KARTE SEITE 146 – G6

BOUGON WURDE IN DEN 40ER JAHREN des 19. Jahrhunderts von Altertumsforschern als eine von mehreren megalithischen Grabstätten in Westfrankreich entdeckt und teilweise ausgegraben. Damit war sie eine der ersten jungsteinzeitlichen Fundstätten, die in diesem Gebiet archäologisch erforscht wurden. Seit 1972 wird Bougon im Rahmen eines Langzeitprojektes systematisch ausgegraben. In fünf Hügeln liegen acht Grabkammern, sogenannte Ganggräber, die während der gesamten Jungsteinzeit genutzt wurden. Bei jüngsten Ausgrabungen untersuchte man auch Bodenproben und Pollen, um Umgebung und Landschaft zur Bauzeit der Gräber zu rekonstruieren. Auch Radiokarbondatierungen lieferten Informationen über zwei der »Cairns« in Bougon – sie werden auf etwa 3800 v. Chr. datiert. Wie die Untersuchung von Tonscherben und Steinmaterial ergab, wurde der Friedhof noch in der späten Jungsteinzeit, bis zum 3. Jahrtausend v. Chr., genutzt. Die stabilen Megalithgräber sind unersetzlich für Archäologen, die jungsteinzeitliche Kulturen in Westeuropa untersuchen.

KAMMERGRAB
Hier ist der Eingang in den Gang zur Grabkammer zu sehen. Man erkennt die regelmäßigen Trockensteinmauern und das gewölbte Dach. Diese Merkmale sind typisch für die in Westfrankreich üblichen megalithischen Bauwerke. In der frühen Bronzezeit (circa 3200–1950 v. Chr.) wurden die meisten Grabkammern Bougons erneut benutzt.

TOTENBESTATTUNG

Die sechs Cairns von Bougon wurden annähernd auf einer Ost-West-Linie errichtet. Jedes Grab weist andere Konstruktionsmerkmale auf, und die meisten entstanden in mehreren Phasen. Einige gehören zum »atlantischen« Typ, d. h., ein großer, runder oder ovaler Hügel aus Trockensteinmauern enthält eine oder mehrere Kammern, die man vom Eingang durch enge Gänge erreicht. Daneben gibt es in Bougon sehr gute Beispiele für megalithische Gräber mit mehr rechteckigem Cairn aus großen Steinblöcken statt Trockenmauern.

Die Funde von Bougon sind typisch für viele jungsteinzeitliche Stätten, bei denen Tonscherben zur Datierung und Interpretation herangezogen werden. Die Frühphase der Bougongräber zeichnet sich durch Scherben von runden, unverzierten Schalen aus. Daneben wurden einige Objekte, sogenannte »Vasenständer«, ausgegraben. Sie sind durch eingeritzte Linien, Punkte und Dreiecke reichhaltig verziert und könnten eine Art Plinthe darstellen. Ähnliche Objekte, die man in Kammergräbern überall in Frankreich fand, haben wahrscheinlich rituelle Bedeutung. In eine spätere Zeit gehören Gefäße mit geraden Seiten in einem anderen Stil. In einigen der Gräber lagen – neben Feuersteinwerkzeugen, Pfeilspitzen und kleinen Steinäxten – kleine Perlen und Anhänger.

Menschliche Gebeine der späten Jungsteinzeit sind in Bougon besonders zahlreich. In einem der Gräber wurden 200 Menschen während zweier Phasen begraben, die mehr als 1000 Jahre auseinanderlagen. In einem anderen Grab entdeckte man 38 Skelette. Zwei der Schädel wiesen Zeichen von Trepanation auf, d. h., man hatte sie aus medizinischen oder rituellen Gründen angebohrt. Leider sind inzwischen viele der Knochen verschwunden, so daß sie nicht mehr mit modernen Methoden analysiert werden können. Neben Bougon gibt es in Westfrankreich zahlreiche weitere Kammergräber, es fehlen jedoch jegliche Spuren nahegelegener Siedlungen.

TREPANATION
Aus diesem Schädel wurden Knochenscheiben entfernt. Solche »Trepanationen« führte man aus medizinischen oder spirituellen Gründen in vielen frühen Gesellschaften durch. Manche Menschen überlebten diese Eingriffe.

DIE SCHALE
Diese runde, kürbisförmige, knapp 15 cm hohe Schale wurde während der ersten Ausgrabungen in Bougon freigelegt. Zwei runde Eindrücke sind deutlich sichtbar.

Daher wissen Archäologen weit mehr über die Begräbnisse der frühen Bauern als über ihre landwirtschaftlichen Methoden oder die Art ihrer Siedlungen. Wahrscheinlich bestanden Dörfer und Höfe aus Holz und hinterließen keine Spuren im Boden, während Gräber und Cairns dank ihrer stabilen Steinkonstruktion und ihrer Auffälligkeit in der Landschaft erhalten blieben. Die Gräber waren, neben ihrer Funktion als Grablegen, für die hier lebenden jungsteinzeitlichen Gesellschaften sicher auch sichtbare Marksteine und dienten dem Ahnenkult der entstehenden bäuerlichen Gesellschaften. Megalithische Bauwerke liefern Archäologen wichtige Hinweise über regional unterschiedliche Bauweisen und damit über die Entwicklung räumlich getrennter Kulturen.

VARNA

SCHWARZES MEER, BULGARIEN

KARTE SEITE 147 – L7

KUPFER UND GOLD waren die ersten Metalle, die in der Jungsteinzeit verwendet wurden. Beide kommen natürlich vor und konnten ohne Schmelze oder Erhitzen leicht in Form gehämmert werden. Die frühesten Beispiele für Metallbearbeitung in Europa stammen vom Balkan, etwa um 5000 v. Chr. Archäologen bezeichnen diese Übergangsperiode gewöhnlich als Kupfersteinzeit (Chalkolithikum), nicht als Bronzezeit, denn Stein war noch immer das wichtigste Material. Außerdem hatten die wenigen Metallgegenstände wahrscheinlich eher Status- und Symbolbedeutung. Dennoch gehört Varna (5. Jahrtausend v. Chr.) zu den bemerkenswertesten Friedhöfen in Osteuropa. Seit der Entdeckung (1972) gruben Archäologen in Varna mehr als 2000 goldene Artefakte aus – die Endphase der Jungsteinzeit mußte neu überdacht werden.

GOLDENE ARMREIFE
Viele der Armreife aus Gold oder Muscheln lagen in der Nähe der Ellbogen, wahrscheinlich wurden sie am Oberarm getragen. Regelmäßige geometrische Formen in einer Standardgröße herzustellen erfordert viel Erfahrung.

DIE ÜBERGANGSPERIODE

Der große Friedhof in Varna am Ufer des Schwarzen Meeres wurde 1972 zufällig entdeckt. Bis heute hat man 204 Gräber freigelegt, die riesige Mengen an Objekten enthielten, darunter menschliche Skelette, goldene Ornamente, Keramik, Stein- und Kupferwerkzeuge, sowie Tonfigurinen und Masken. Daß bereits zu diesem frühen Zeitpunkt solch große Mengen an Metallgegenständen genutzt wurden, zwang die Archäologen dazu, ihre Vorstellung vom Übergang zwischen Jungsteinzeit und den bronzezeitlichen Gesellschaften zu überdenken.

Für Archäologen ist die Metallurgie deshalb besonders wichtig, weil sie häufig die Entstehung von Klassengesellschaft und Statusdenken dokumentiert, was beides in den komplexeren Gesellschaften der Bronzezeit noch augenscheinlicher zutage trat. In Varna wurden so viele und unterschiedliche Artefakte gefunden, daß die Archäologen aus der Art der Grabstätten auf die Organisation der Gesellschaft rückschließen können.

Man identifizierte mehrere Formen von Gräbern, die sich durch Körperlage der Leichen (auf dem Rücken oder der Seite), Verzierungen und Menge an Metallbeigaben unterscheiden. So enthielten nur wenige Gräber goldene Szepter, die sich als Symbol für Macht und hohen Rang interpretieren lassen, während einige Gräber keinerlei Gold enthielten.

DIE GRABBEIGABEN
Das Bild oben rechts zeigt eines der Gräber mit der typischen Anordnung von Beigaben um den Körper. Über der rechten Schulter liegen Steinäxte, um den Ellbogen Armreife und um die Brust Perlen und Schmuckstücke.

Die Untersuchung der Knochen lieferte Hinweise auf die Art der Begräbnisriten und die Gesundheit der Toten. Viele der männlichen Leichen lagen auf dem Rücken, während man Frauen seitlich in Hockstellung begrub. Tote mit Anzeichen von Epilepsie oder gebrochenen Gliedern wurden auf andere Weise begraben. Die Schlußfolgerungen der Archäologen – daß Varna eine komplexe Gesellschaft mit sozialer Schichtung, ausgeprägten Riten und kunstvollen Begräbnissitten war – beruhen allein auf den Grabfunden.

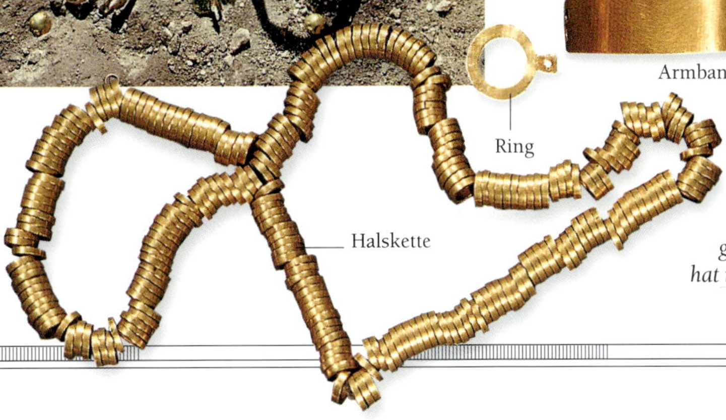

GOLDENE ORNAMENTE
In den Gräbern fand man Hunderte von dünnen gehämmerten Goldplatten – Scheiben oder Tierformen – mit eingestanzten Löchern. Vielleicht hat man sie auf die Kleidung genäht.

MONUMENTALBAUTEN

MONUMENTALBAUTEN, VON DEN PYRAMIDEN des alten Ägypten bis zu den Steinkreisen und Grabhügeln Europas, gehören zu den größten und eindrucksvollsten Zeugnissen früherer Zeiten. Sie entstanden ab dem 4. Jahrtausend v. Chr. und dienten wahrscheinlich unterschiedlichen religiösen und öffentlichen Zwecken oder als Grabstätten. Dennoch repräsentieren sie eine in der Entwicklung vieler Gesellschaften stattfindende Phase. Ein solch großes Bauwerk zu errichten, beweist die wachsende Fähigkeit einer Gemeinschaft, große Mengen an Material und Arbeitskräften zu mobilisieren. Außerdem spiegelt es häufig die Macht einer Herrscherpersönlichkeit und die kulturelle Tradition einer Gesellschaft wider. In manchen Regionen gehen Monumentalbauten mit der Entwicklung der ersten Städte einher, während wir von anderen Gebieten nur wenig über das tägliche Leben und die Siedlungen der Erbauer wissen.

Archäologen, die solche Bauwerke und zugehörige Artefakte untersuchen, erfahren gewöhnlich sehr viel über Bauweise, Technologie und verwendete Materialien. Weitaus schwieriger ist es jedoch, etwas über die Funktion solcher Bauten herauszubekommen und sie dahingehend zu vergleichen.

Rocky Mountains
Missouri
NORD-AMERIKA
MESOAMERIKA
ATLANTISCHER OZEAN
PAZIFISCHER OZEAN
Anden
Tocantins
BRASILIEN
SÜDAMERIKA
PERU
Anden
Paraná
CHILE
ARGENTINIEN

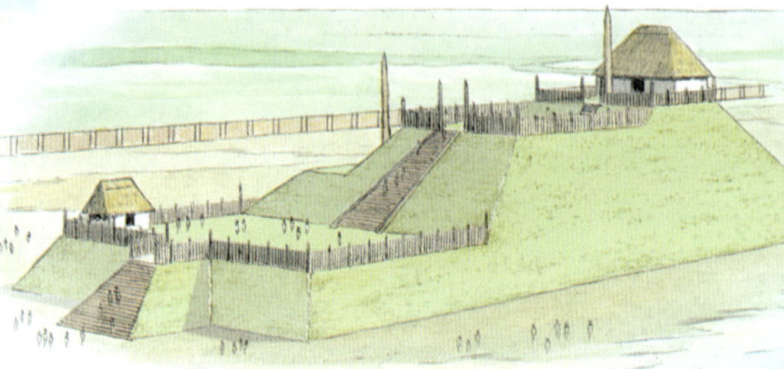

① CAHOKIA
Der Mönchshügel, der größte Hügel von Cahokia, entstand 900 n. Chr. und erhebt sich 35 m hoch. Einige der anderen rund 100 Hügel enthielten Gräber.

② TEOTIHUACÁN
Dieses kulturelle und politische Zentrum Mexikos hatte seine Blütezeit von 100–800 n. Chr. Es wird von großen Tempelpyramiden beherrscht und ist für seine kunstvoll gestalteten Masken berühmt.

③ CHAVÍN DE HUANTAR
Dieser Tempelkomplex war bereits 900 v. Chr. ein Wallfahrtsort der Chavín-Kultur.

④ TIAHUANACO
Von dieser Stadt aus dem 7. Jahrhundert n. Chr. stehen noch eindrucksvolle Ruinen, etwa der Kalasasaya-Komplex und das Sonnentor.

SERPENT MOUND
Der »Schlangehügel«, eine große, 382 m lange Erdaufschüttung, wurde von den Menschen der Hopewell-Kultur zwischen 200 v. Chr und 400 n. Chr. erbaut. Er entstand als Grabmonument mit eiförmigem Grabhügel zwischen den Kiefern der Schlange. Im Ohiotal gibt es viele solcher Hügel (etwa 200 000 Arbeitsstunden). Darin fand man zahlreiche Objekte, etwa Haifischzähne und Ornamente aus Silber.

⑤ Newgrange
Dieses Kammergrab entstand circa 3100 v. Chr. Viele der Steine sind mit Spiralmustern verziert.

⑥ Avebury
Der Henge besteht aus einem guterhaltenen Wall mit Graben und mehreren Steinkreisen.

⑦ Stonehenge
Dieser berühmte Steinkreis wurde als Tempel eines Sonnen- oder Himmelskultes gedeutet.

⑧ Carnac
Eine eindrucksvolle Stätte (3000 v. Chr.) mit drei Gruppen paralleler Steinreihen aus Tausenden von Steinen.

⑩ Lchashen
Dieser Friedhof enthält von steinernen Cairns überdeckte Grabkammern, in denen ganze Wagen gefunden wurden.

⑬ Anyang
Diesen Bronzekessel (ding) fand man im Grab einer Königin der Shang-Dynastie.

⑪ Ur
König Ur-Nammu ließ die Zikkurat (Tempel) von Ur um 2000 v. Chr. aus Lehmziegeln erbauen.

⑫ Theben
Westlich von Theben hat man überwältigende Grabmäler in die Wände eines steilen Tales hinein gebaut.

⑭ Ban Na Di
Dieses Dorf auf einem Hügel war seit 1500 v. Chr. besiedelt. Es gibt mehrere Grabstätten, meist mit Beigaben.

⑨ Gizeh
Die Pyramiden wurden um 2600 v. Chr. als Grabstätten der ägyptischen Könige erbaut. Um die großen Gräber lagen kleinere für die Frauen und Diener der Könige.

Ägyptische Götter
Die ägyptische Gesellschaft kannte Götter und Göttinnen für jeden Bereich des Lebens und Todes. Einige wurden als Tiere dargestellt, Anubis, Bewacher des Totenreiches, als Schakal.

Symbolische Figuren
Vielen Monumentalbauten und öffentlichen Bauwerken lassen sich Figurinen und andere symbolische Artefakte zuordnen. Diese weibliche Terrakottafigur aus Mohenjo-Daro (Pakistan) war entweder Votivgabe oder Spielzeug.

HENGE-MONUMENT

AVEBURY, GROSSBRITANNIEN

KARTE SEITE 144 – F8

BELEGE

- Erhaltene Erdwälle und aufrechtstehende Steine lieferten den direkten Beweis für eine prähistorische Technikleistung großen Stils.

- Ältere Ausgrabungen brachten zahlreiche Objekte zutage; die meisten standen im Zusammenhang mit dem Bau des Henge.

- Moderne archäologische Methoden, wie geophysikalische Sondierung und Luftbildarchäologie, erbrachten jüngst neue Erkenntnisse über den Henge.

DAS WEITE KREIDEHÜGELLAND SÜDENGLANDS birgt eine Reihe rätselhafter Bauwerke, die von der hervorragenden technischen Leistungsfähigkeit der jungsteinzeitlichen und bronzezeitlichen Menschen zeugen. In Avebury (Wiltshire) steht ein großer Henge – eine von Graben und Wall umgebene Fläche mit Steinkreisen –, der auf etwa 2600 v. Chr. datiert wurde. 1910 legte man zuerst den Graben frei, und in den 30er Jahren, als man viele der umgefallenen und verschütteten Steine aufrichtete, wurden diese erneut untersucht. Archäologen unserer Tage glauben, daß Avebury noch immer viele Geheimnisse birgt. Seit neuestem werden daher bewahrende Techniken, wie geophysikalische Sondierung, angewandt. Dadurch ergaben sich bereits einige neue Erkenntnisse, wie auch durch die Luftbildphotographie, die durchgeführt wurde, als die Grasfläche stark ausgetrocknet war. Dank der neuen Daten wissen wir heute mehr über diesen Henge.

DER FUNDORT

Ausgrabungen zu Beginn des 20. Jahrhunderts und jüngste Untersuchungen der vier Quadranten wurden durchgeführt, um die ursprünglichen Standorte der 247 aufrechtstehenden Steine aufzuklären. Außerdem lieferten diese Studien Informationen über Grabenprofil und Wallkonstruktion.

Ausgrabungsbereich im Graben

GEOPHYSIKALISCHE SONDIERUNG

Die geophysikalische Sondierung erwies sich als besonders hilfreich beim Aufspüren der ursprünglichen Standorte von Steinen. Die Sondierung der beiden nördlichen Quadranten ergab die genaue Lage des nördlichen inneren Steinkreises.

DIE STEINE

Alle erhaltenen Steine bestehen aus einem lokalen Quarzit-Sandstein. Offensichtlich wurden sie, ohne weitere Bearbeitung, so aufgestellt, wie man sie aus einem Steinbruch schlug. Doch lassen sich zwei typische Formen unterscheiden: lange, säulenartige und breite, rautenförmige Steine.

Ausgrabungen im Graben

Im zweiten Jahrzehnt des 20. Jahrhunderts wurde der Graben, der die Steinkreise umgibt, freigelegt. Arbeiten am südlichen Damm ergaben, daß der Graben verfüllt worden war und ursprünglich eine Tiefe von 7–10 m hatte. Darin fand man verschiedene Objekte wie Geweihe und Stierknochen, Becherkeramik und den Körper eines Zwerges – vielleicht ein rituelles Opfer. Große Teile des Grabens waren bereits zur Zeit der römischen Besatzung (43–400 n. Chr.) verschüttet.

Schulterblatt

In dem Graben fand man Schulterblätter von Stieren, die wahrscheinlich während eines Rituals beidseitig des Dammes niedergelegt worden waren. Vielleicht dienten sie als Werkzeuge, um das Geröll aus dem Graben zu entfernen.

Tonscherbe einer Becherkeramik

Im Graben fand man mehrere Typen von Keramik, darunter bronzezeitliche Becherkeramik. Diese fand sich erst in der zweiten Schicht, was belegt, daß der Graben noch vor dem Auftreten der Becherkultur (circa 2600–2200 v. Chr.) angelegt worden war.

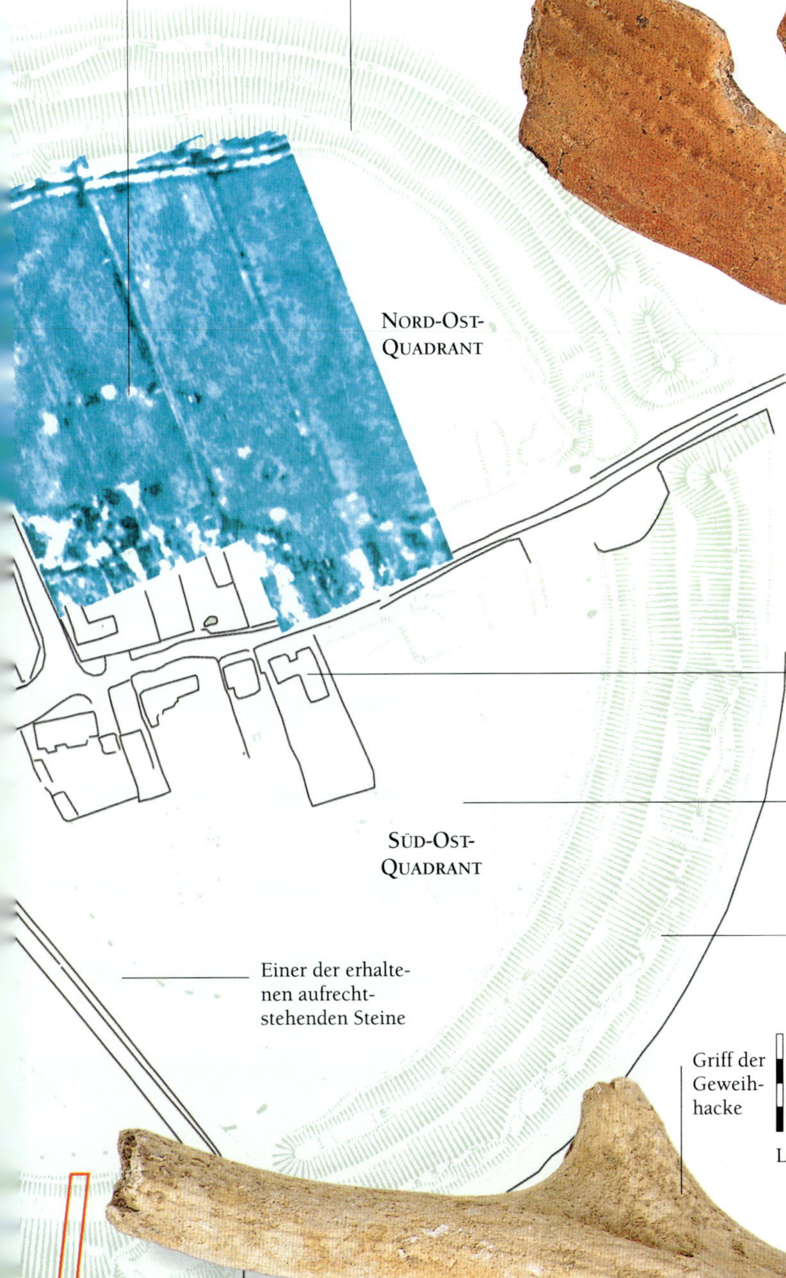

Schneide einer Axt

In Avebury fand man zahlreiche polierte Äxte, jedoch nur eine innerhalb des Walles. Sie stammten von weither, aus Nordengland, Wales und Frankreich.

Hacke aus Geweih

Hacken aus Geweih bilden die häufigsten Fundstücke im Graben am Eingang des Walles. Man verwendete sie als Grabwerkzeuge, vielleicht wurden sie aber auch im Rahmen eines Rituals dort niedergelegt.

HENGE-MONUMENT

INTERPRETATION DER FUNDE

DURCH DIE AUSGRABUNGEN, Sondierungen und die sichtbaren Überreste läßt sich der Bau des Henge von Avebury nachvollziehen – vom Ausheben des Grabens und dem Transport der Steine bis hin zur Errichtung der Steinkreise. Mit Hilfe der experimentellen Archäologie ist es außerdem möglich, Arbeitsaufwand und Planung abzuschätzen, die zum Bau des Henge nötig waren, und seine Beziehung zur umgebenden Landschaft zu bewerten. Es gibt jedoch nur wenige direkte Hinweise auf die zweite Grundfrage aller Archäologen: Wozu diente das Bauwerk? Außer Bauwerkzeugen fand man im Henge selbst nur wenige Artefakte, daher müssen Archäologen auf andere Methoden zurückgreifen, um seine Funktion zu enthüllen. Ohne Zweifel beherrschte Avebury jedoch die Landschaft und war über viele Generationen ein Anziehungspunkt für die Bewohner dieser Gegend.

BECHER DER BRONZEZEIT
Setzt man die Scherben zusammen, ergeben sie einen typisch geformten Becher der Bronzezeit mit Muster und Glanzton – Überzug aus geschlämmtem (hier hämatithaltigem) Ton. Vermutlich handelt es sich um ein Trinkgefäß.

GEOPHYSIKALISCHE INTERPRETATION

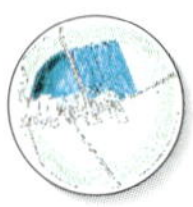

Die geophysikalische Sondierung war insofern erfolgreich, als sie viele bereits bekannte Merkmale von Avebury bestätigen konnte und einige neue erbrachte. Da viele der ursprünglichen Steine fehlen, war es von Bedeutung, den Kreis mit Hilfe der Abdrücke vervollständigen zu können. Die Sondierung deckte außerdem nordöstlich des Steinkreises eine runde, ungewöhnliche Struktur im Boden auf, die mit bloßem Auge nicht mehr sichtbar ist. Archäologen sind unsicher, welchem Zweck sie diente. Wahrscheinlich existierte sie bereits vor dem Bau des Henge.

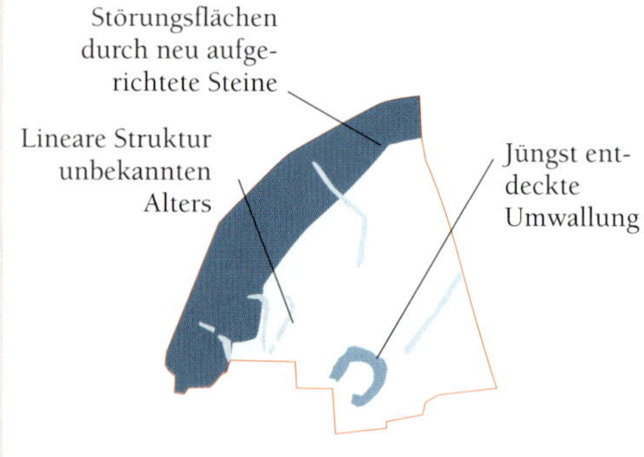

NORD-WEST-QUADRANT

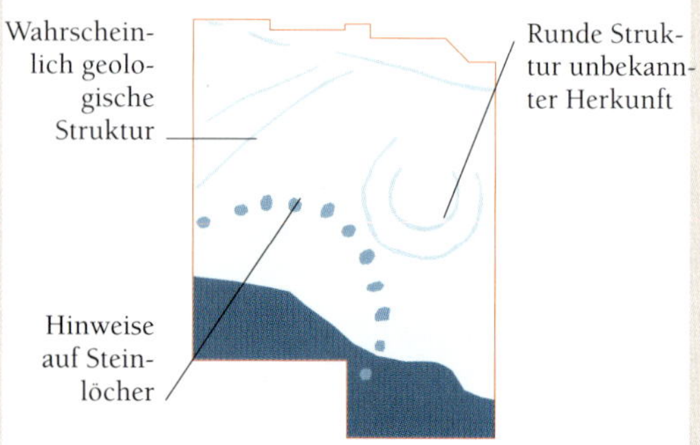

NORD-OST-QUADRANT

ZEICHNERISCHE REKONSTRUKTION

Mit Hilfe der Aufzeichnungen und physikalischen Daten können Archäologen Hypothesen über den Bau des Henge aufstellen. Alles weist darauf hin, daß Graben und Wall älter sind als die Steinsetzungen des Henge. In dieser Zeichnung sind jedoch alle Arbeitsgänge ohne chronologische Unterscheidung dargestellt. Mit Hilfe von Holzrollen, Seilen und Baumstämmen richtete man die Steine auf.

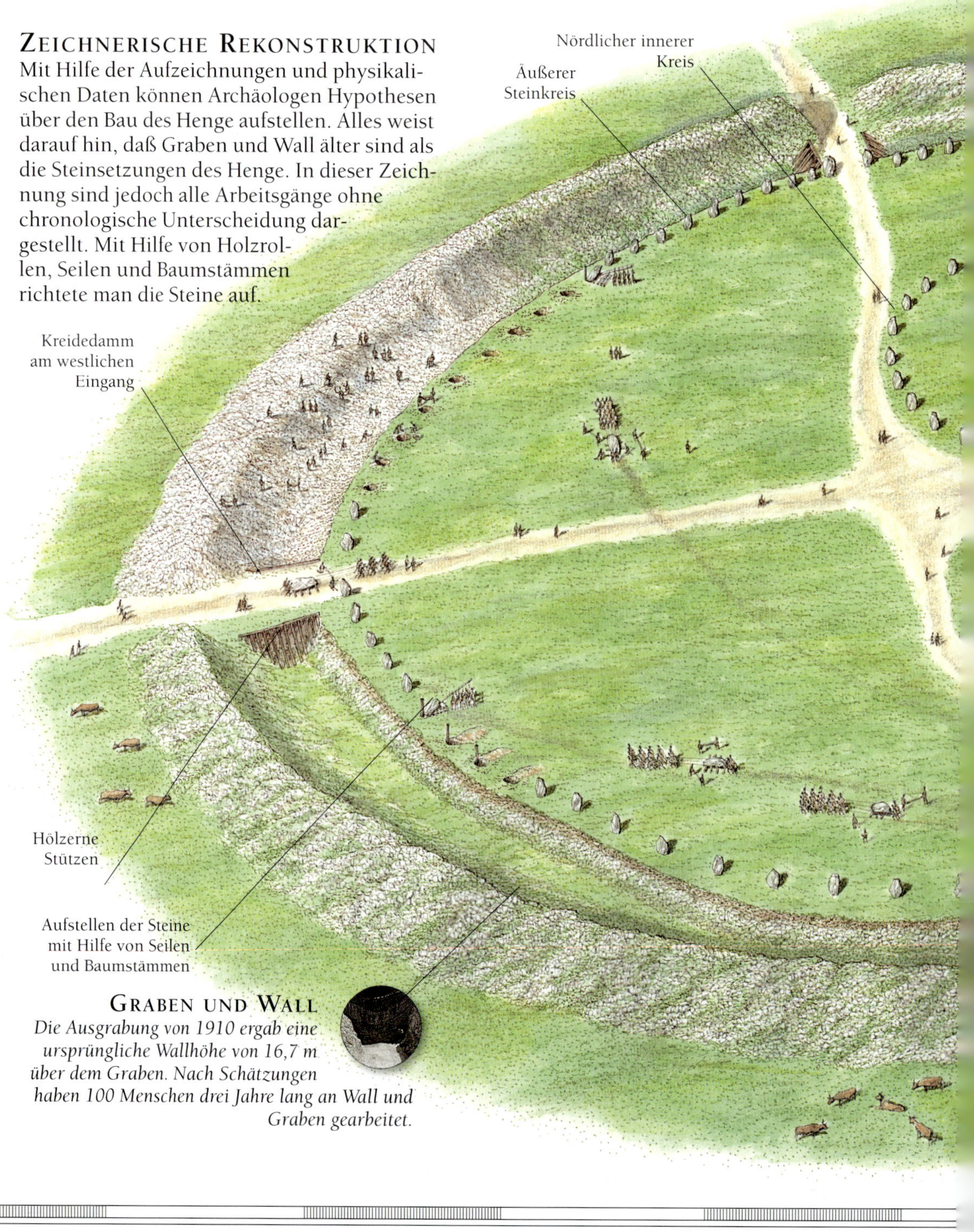

GRABEN UND WALL
Die Ausgrabung von 1910 ergab eine ursprüngliche Wallhöhe von 16,7 m über dem Graben. Nach Schätzungen haben 100 Menschen drei Jahre lang an Wall und Graben gearbeitet.

Die rituelle Landschaft

Betrachtet man die Gegend um Avebury, wird deutlich, daß der Henge Bestandteil einer zusammenhängenden Gruppe von Steinkreisen, Grabhügeln und Erdwällen ist, die über Steinalleen miteinander in Verbindung stehen. Von Süden verläuft eine mehrere Kilometer lange Steinallee bis zum Heiligtum (Sanctuary), einem weiteren Steinkreis. Auch nach Westen scheint eine Allee verlaufen zu sein. In der Nähe liegt Silbury Hill, der größte künstliche Hügel des prähistorischen Europas. Überall findet man die Langhügelgräber der Jungsteinzeit sowie – weitaus häufiger – Hügelgräber der Bronzezeit. Der große Arbeits- und Materialaufwand verweist auf eine besondere, vielleicht rituelle Bedeutung Aveburys.

Die Steinkreise

Der äußere Kreis bestand ursprünglich aus 98, im Abstand von 11 m gesetzten Steinen. Nord- und Südkreis enthielten 27 bzw. 29 Steine. Mitten im Südkreis stand ein Obelisk, während sich der Nordkreis um eine Kammer aus drei riesigen Steinen schloß.

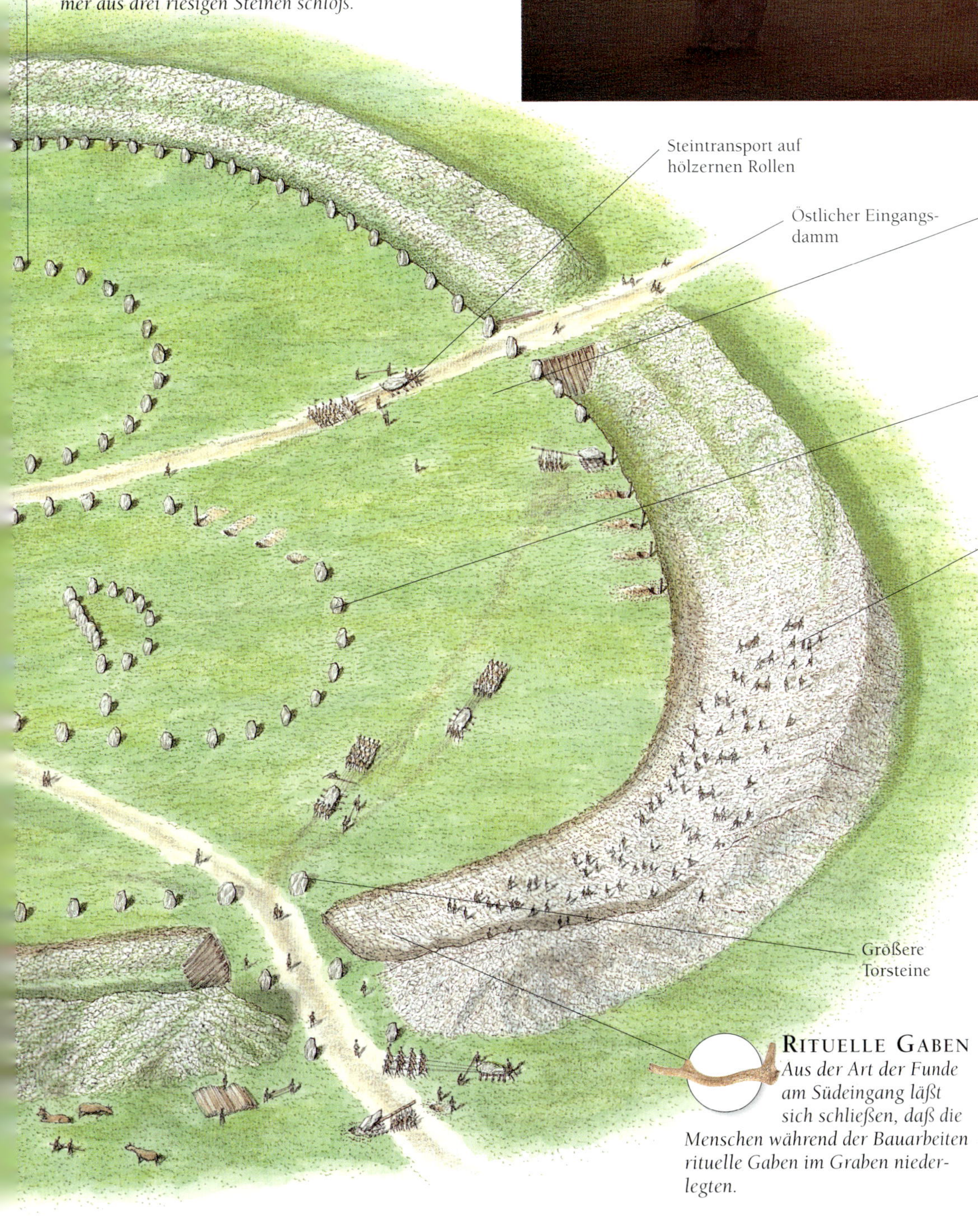

Wertvoller Besitz

Innerhalb des Kreises fand man nur eine Axtschneide, ein Hinweis darauf, daß die Menschen, die Avebury erbauten, keine Gebrauchsgegenstände mit ins Innere nahmen. Mit Axtschneiden wurde Fernhandel betrieben, daher waren sie ein wertvoller Besitz, den man sorgfältig behandelte.

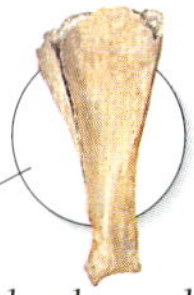

Werkzeuge

Die meisten Werkzeuge fand man bei den Eingangsdämmen, wo die Ausgrabungen durchgeführt wurden. Mit den Geweihhacken schlug man Brocken aus der Kreide und schaufelte das Geröll mit den Schulterblattschaufeln heraus (vielleicht in Körbe). Den Aushub trug oder zog man an die Oberfläche und erhöhte damit den Wall.

Rituelle Gaben

Aus der Art der Funde am Südeingang läßt sich schließen, daß die Menschen während der Bauarbeiten rituelle Gaben im Graben niederlegten.

Schlussfolgerungen

- Die gefundenen Artefakte liefern zwar Hinweise auf den Bau des Henge, erlauben aber kaum Rückschlüsse auf die Nutzung des Bauwerkes.
- Die Umgebung wie auch Größe und Art des Henge lassen vermuten, daß er Bestandteil einer monumentalen Landschaft war.
- Neue archäologische Methoden zeigten, daß es noch viele ungelöste Fragen um Avebury gibt. Daher wird es nötig sein, weitere Informationen zu sammeln.

Zusatzstoffe zum Ton
Für einen erfolgreichen Brand werden dem Ton bestimmte Zusatzstoffe (Zuschläge) beigemischt. Das kann organisches Material wie Spreu oder Gras, aber auch zerstampfter Quarz und Feuerstein (oben) sein.

Keramik

Keramik gehört bei allen archäologischen Grabungen auf der Erde zu den häufigsten Funden und läßt sich vielen Kulturen zuordnen. Wegen ihres Gewichtes, ihrer Größe und Zerbrechlichkeit stehen Tongefäße meist in Verbindung mit Seßhaftigkeit und bäuerlichen Gesellschaften. Nur unter diesen Bedingungen wurde es möglich, größere Mengen von Behältern und Vorräten zu lagern. Bei der Produktion von Keramik gibt es drei wichtige Arbeitsschritte: Herstellen und Formen des Gefäßes, Verzieren (Relief, Glanzton, Glasur) und Brennen. Jeder dieser Teilprozesse erfuhr im Laufe der Zeit technische Fortschritte, entscheidend war jedoch die Entwicklung besserer Brenntechniken. Die Keramik wurde haltbarer und daher vielfältig verwendbar. Da sich die Herstellungstechniken und Stile je nach Region unterschiedlich entwickelten, eignet sich Keramik gut für die Datierung einer Fundstätte: Die gefundenen Tonscherben werden in eine Typologie eingeordnet.

Jungsteinzeitliche Schale

3700–3000 v. Chr.

Tongefäße tauchen zu unterschiedlichen Zeiten überall auf der Welt auf, das älteste Beispiel stammt jedoch aus Japan (vor 12 000 Jahren). Sehr frühe Tongefäße, wie diese etwa 5700 Jahre alte Schale aus der Ukraine, stellte man auf sehr einfache Weise her: Ton aus einer Pfütze wurde zu einem Klumpen geknetet, ausgehöhlt und zu einer Schale von ebenmäßiger Gestalt und Struktur geformt. Dann brannte man die Schale bei niedriger Temperatur, wahrscheinlich in einem offenen Feuer. Das entstehende Gefäß war weder besonders hart noch haltbar.

3700 v. Chr.

Typische Merkmale

Mit der Hand gearbeitete, unregelmäßige Form.
Gefäße sind aus einem einzigen Tonklumpen hergestellt.
Weder Glasur noch Verzierungen.

Becher

2500–1800 v. Chr.

Mit Hilfe der Tonwulst-Technik entstanden Gefäße von gleichmäßigerer und glatterer Form. Dieser Becher der frühen englischen Bronzezeit wurde mit dieser Technik hergestellt. Das Muster drückte man mit Hilfe einer gedrehten Schnur ein. Die Oberfläche ist mit Hämatitglanzton überzogen, und viele Becher wirken glatt poliert.

Typische Merkmale

Gleichmäßige, glatte Formen.
Viele Arten von Verzierungen.
Manchmal sind die Vertiefungen der Wülste erhalten.

Griechischer Krug

900–700 v. Chr.

Da die Griechen die Töpferscheibe verwendeten, konnten sie gleichmäßigere und komplizierte Formen herstellen. Große Gefäße wurden häufig aus Einzelteilen zusammengesetzt. Die farbigen geometrischen Muster trug man mit Glanzton auf – einer sehr dünnen Lage aus Ton.

Typische Merkmale

Aufgemalte geometrische Muster.
Meist rot, cremeweiß oder schwarz.
Polierte, aber nicht glasierte Oberfläche.

Die Tonwulst-Technik

Vor der Erfindung der Töpferscheibe stellte man Gefäße häufig mit der Tonwulst-Technik her. Damit konnte ein Töpfer ohne große Hilfsmittel ziemlich gute und regelmäßige Gefäße verschiedenster Art (z. B. Wasserkrüge, Becher) herstellen. Selbst als die Töpferscheibe schon bekannt war, dürfte man mit dieser Methode noch immer die Grundform der Gefäße gefertigt und diese anschließend auf der Töpferscheibe ausgeformt haben. Vor allem größere Töpfe waren zu schwer, um direkt auf der Scheibe gedreht zu werden.

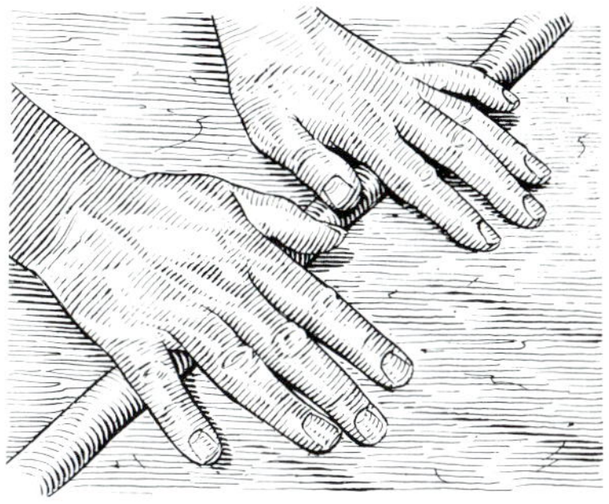

1 Der ausgegrabene Ton wird in einer Grube mit Wasser vermischt. Dabei fallen gröbere Partikel aus, und die feine Restmasse wird getrocknet und zu einem weichen Tonklumpen verarbeitet. Dann wird der Ton zu langen Wülsten gerollt.

2 Aus den Tonwülsten werden Ringe geformt und übereinandergeschichtet, bis die gewünschte Form entsteht. Dann verschmiert man den noch feuchten Ton; so entsteht eine glatte Wand und die Nahtstellen werden stabilisiert.

3 Sobald der Ton ledrig wird, reibt man das Gefäß ab und poliert es mit einem Stück Tuch oder Leder. Die entstandene glatte Oberfläche kann mit Stempeln verziert, eingeritzt oder glasiert werden. Dann wird gebrannt.

Terra Sigillata

1. Jahrhundert v. Chr.

Während der römischen Kaiserzeit stellte man in Italien und Nordeuropa rotes Tischgeschirr von hoher Qualität her, das in ganz Europa gehandelt wurde. Diese in Modeln hergestellte Terra sigillata wurde in Massenproduktion gefertigt und erreichte hohe Stückzahlen. Dünn auf die Oberfläche aufgetragener Glanzton sorgte für Glanz und verlieh ihr die typische Farbe. Schalen und Teller aus Terra sigillata findet man überall im ehemaligen Römischen Reich. Im 3. Jahrhundert n. Chr. ging die Produktion zurück.

Typische Merkmale

Charakteristisches Rot bei Ton und Glanzton.
Standardisierte Formen und Muster durch Modeln.
Manchmal mit dem Stempel des Herstellers versehen.

Grüne Keramik

13. Jahrhundert n. Chr.

Nach der Einführung der Glasur – ein glasiger, mineralischer Überzug – waren neue Farben und Muster möglich. Außerdem waren Gefäße damit weniger porös. Die Glasuren des mittelalterlichen Europas basierten meist auf Blei, man gab aber Kupfer zu, um grüne Farbe zu erzeugen.

Typische Merkmale

Grüne Farbe, häufig gefleckt und ungleichmäßig.
Häufigste Funde sind Kannen und Wasserkrüge.
In der Regel grobe Alltagsware.

Wedgwoodsteinzeug

19. Jahrhundert n. Chr.

Beeinflußt durch Importe aus China, entstanden in Europa ab dem Ende des 18. Jahrhunderts neue Formen und Stile. Man verwendete blaue und weiße Muster, die häufig, wie bei diesem Wedgwoodkrug, mit Schablonen aufgetragen wurden. Neue Brennöfen und Tonmischungen führten zu härteren und dünneren Gefäßen.

Typische Merkmale

Blaue und weiße, orientalische oder englische Motive.
Verzierungen von Hand oder mit Schablonen.
Herstellung dünnerer und härterer Gefäße.

VERGLEICHBARE STÄTTEN

CARNAC

BRETAGNE, FRANKREICH

KARTE SEITE 146 – F6

ÜBERALL IN NORDWEST-EUROPA haben sich megalithische Bauwerke erhalten, das bekannteste ist wohl Stonehenge (Wiltshire, England). Die jungsteinzeitlichen, rituellen Monumente von Carnac entstanden über einen Zeitraum von mehreren hundert Jahren. Spiegelbildlich zur hiesigen Kultur änderte sich dabei ihre Art, Form und Gestalt. Carnac, das aus mehreren unterschiedlichen Stätten und Monumenten besteht, erstreckt sich über mehrere Quadratkilometer. Es ist Bestandteil einer umfassenden Gruppe ritueller Bauwerke um den Golf von Morbihan (Bretagne). Man findet einzelne Menhire, lange Steinreihen (Alignements), Langhügel mit Grabkammern und Ganggräber mit megalithischer Kunst. Trotz zahlreicher Theorien wird der wahre Zweck der Steine wohl auf immer verborgen bleiben.

AUFRECHTSTEHENDE MEGALITHEN
Die für megalithische Monumente verwendeten Steine sind weder beschlagen noch geformt. Man wählte sie aber nach Größe, Form und Typus aus. In Carnac gibt es noch immer fast 3000 solcher aufrechtstehenden Steine.

ALIGNEMENT VON MÉNEC
Viele Steine in Carnac sind in Reihen (Alignements) ausgerichtet. Ménec (über 1 km lang) ist eines der besten Beispiele. Es besteht aus elf parallelen Reihen aus Steinen abgestufter Größe, die in einem ovalen Ring (Cromlech) zusammenlaufen.

MEGALITHEN UND HÜGEL

Megalithen tauchen als Einzelsteine (Menhire), Gruppen einzelner Steine (Reihen oder Kreise) und als megalithische Komplexe in Form von Kammern auf (Ganggräber, Kammergräber oder Tumuli). Die riesigen eiförmigen Grabhügel entstanden oft im Zusammenhang mit Ganggräbern und werden mit großem Reichtum in Verbindung gebracht. Der mächtige Tumulus Saint-Michel (10 m hoch und 125 m lang) wurde im frühen 20. Jahrhundert ausgegraben. Er enthielt eine Reihe kleiner Steinkisten unter einem riesigen Steinhaufen. Alles war mit einer dicken Lage Ton und einer weiteren Steinschicht bedeckt.

Die größten Megalithen von Carnac sind die Menhire. Der Grand Menhir Brisé wiegt mehr als 300 Tonnen. Möglicherweise brach er bereits auf dem Transport auseinander und erreichte nie seinen Bestimmungsort. Er könnte aber auch Bestandteil eines Mondkalenders für religiöse Zeremonien oder eines astronomischen Kalenders gewesen sein.

AXTSCHNEIDE AUS JADE
Im Tumulus von St. Michel fand man eine Kammer, die eine Reihe fein polierter Axtschneiden enthielt, darunter einige aus Jade. Ihr ausgezeichneter Zustand spricht dafür, daß sie nur zeremoniellen Zwecken dienten.

TEOTIHUACÁN

HOCHLAND VON MEXIKO, MEXIKO

KARTE SEITE 138 – D5

WÄHREND SEINER HAUPTBLÜTEZEIT, ZWISCHEN 200 BIS 650 N. CHR., war Teotihuacán mit bis zu 250 000 Einwohnern die größte Stadt Mesoamerikas, wahrscheinlich sogar der ganzen vorindustriellen Welt. Trotz des endgültigen Untergangs um 750 n. Chr. verehrten die Azteken diesen Ort später als den Ursprung des Kosmos. Die Stadt wurde auf dem fruchtbaren Boden des mexikanischen Beckens gegründet. Mit Hilfe intensiven Ackerbaus avancierte sie zum Zentrum eines riesigen Staatsgebildes. Dank der hervorragenden strategischen Lage kontrollierte Teotihuacán den Handel, vor allem den Obsidianhandel. Überall in Mesoamerika findet man Artefakte aus dieser Stadt. Ein unbarmherziges und effizientes System aus militärischer Kontrolle und alles beherrschenden religiösen Kulten sorgte für den Zusammenhalt des Staates, in dem grausame Riten (Menschenopfer) die Macht der Herrscher zeigten und festigten.

DIE STRASSE DER TOTEN
Der Blick führt von der Spitze der Mondpyramide nach Süden auf die »Straße der Toten«, die Hauptachse der Stadt. Links ist die riesige Sonnenpyramide zu sehen. Die Straße wurde genau in Nord-Süd-Richtung angelegt, und Luftaufnahmen ergaben, daß sie eine große, in Ost-West-Richtung verlaufende Straße kreuzte.

DIE STADT DER MONUMENTE

Im Rahmen eines archäologischen Projektes hat die Universität von Rochester (New York) begonnen, die Stadt durch Luftbilderkundung und Oberflächensondierung zu untersuchen. So konnte eine Karte der alten Stadt entworfen werden. Neben den riesigen Bauwerken und Straßen des zeremoniellen Zentrums erstreckte sich ein großer Bezirk mit Verwaltungs- und Wohngebäuden.

Der Straßenplan dieser Großstadt beruhte auf einem Gitternetz, das nach astronomischen Kriterien erstellt wurde. Genau durch die Mitte der Stadt verläuft die 5 km lange »Straße der Toten«, die von religiösen und zeremoniellen Bauwerken flankiert wird. Die sicher eindrucksvollsten Bauwerke sind die 75 m hohe Sonnenpyramide – das höchste Bauwerk im präkolumbischen Amerika – und die Mondpyramide. Beides waren Stufenpyramiden von hoher ritueller Bedeutung, auf deren abgeflachten Gipfeln Tempel standen. Die Größe dieser Bauwerke zeigt die Macht der Herrscher von Teotihuacán und ihre Fähigkeit, enorme Mengen von Arbeitskräften für den Bau zu mobilisieren.

Die Herrscher der Stadt wohnten in einstöckigen Palastkomplexen mit kunstvoll bemalten Wänden. In anderen Stadtteilen standen rechteckige Blöcke, in denen die zahlreichen Kaufleute lebten. Teotihuacán hatte das Monopol auf Abbau und Verarbeitung von Obsidian – allein in der Stadt gab es über 300 Werkstätten. Zur Stadt gehörten eine Reihe weiterer Viertel, darunter eines, in dem sich die Fremden zusammenfanden und ihre eigenen Götter verehrten.

Warum Teotihuacán zerstört wurde, ist unbekannt. Wahrscheinlich drangen fremde Truppen ein, oder es gab innere politische Unruhen. Dennoch behauptete die mächtige Stadt auch in der späteren Mythologie der Azteken einen zentralen Rang, und ihre Ruinen faszinieren die Archäologen seit über einem Jahrhundert.

DIE SONNENPYRAMIDE
Diese drittgrößte Pyramide der Erde entstand durch die Arbeit Tausender von Arbeitern, die Millionen von Körben mit Geröll herbeischleppten. Darunter liegt eine natürliche Höhle, die man für rituelle Zwecke erweitert hatte.

GEFÄSS AUS ONYX
Die geometrische Form und das glatte Gesicht erinnern an die Steinmasken, die viele Wände der Stadt verzieren. Diese einmalige Arbeit stellt einen Ozelot dar – eine leopardenähnliche Wildkatze.

THEBEN

OBERÄGYPTEN, ÄGYPTEN

KARTE SEITE 143 – E7

DIE ALTE STADT WESET, die von den antiken Griechen Theben genannt wurde, liegt am Nil, etwa 640 km südlich von Kairo. Sie nahm ihren Anfang als unbedeutender Handelsort im Alten Reich (circa 2700–2160 v. Chr.) und entwickelte sich zur neuen Hauptstadt des Neuen Reiches (circa 1550–1070). Die Stadt bestand aus zwei Bezirken – einem Wohnbezirk am Ostufer des Nils bei Luxor und den riesigen Zeremonien- und Begräbnisstätten der Pharaos auf dem Westufer. Große Teile der alten Stadt liegen unter den neuen Siedlungen begraben, und die erhaltenen Tempel und Denkmäler sind weit verstreut. Während seines Feldzuges begann Napoleon Bonaparte sich als einer der ersten für die Bauwerke des alte Ägyptens zu interessieren. Seither haben Forscher aller Nationalitäten kontinuierlich historische und archäologische Erkenntnisse zusammengetragen. Heute geht die archäologische Forschung mit der Erhaltung und Restaurierung der Bauwerke einher, die unter Luftverschmutzung und Tourismus zu leiden haben.

DIE TOTENTEMPEL
Die Tempel von Theben waren die wichtigsten und kostbarsten des dynastischen Ägypten. Sogar als Avaris zur Hauptstadt avancierte, blieb Theben Grabstätte der Pharaos. Auch nach ihrem Tod wurden sie in den Tempeln, die in ihrem Namen erbaut worden waren, weiter verehrt, so hoch war ihr Status.

RITUELLE STADT DER PHARAONEN

In der antiken Welt war Theben durch die Pracht seiner rituellen Bauwerke berühmt. Unter der Herrschaft von Thutmosis I. (circa 1500 v. Chr.) und seiner Nachfolger begann der Aufstieg der Stadt. Sie ließen prächtige Tempel, Schreine und Paläste errichten. Die ausgedehnte Nekropole – eine riesige Ansammlung von Tempeln und Gräbern – liegt am Westufer des Nils. Im Tal der Könige und im Tal der Königinnen tiefte man königliche Gräber in die Felswände ein und baute Begräbniskomplexe in die schmalen Wüstenebenen.

Das berühmteste Grab gehörte Tutanchamun, einem unbedeutenden König, dessen ungestörte Grabstätte zahlreiche kostbare Beigaben preisgab, als es Howard Carter in den 20er Jahren ausgrub. Dank der ägyptischen Praxis, den Toten Beigaben für das spätere Leben mitzugeben, konnte aus vielen Gräbern eine beeindruckende Sammlung von Artefakten zusammengetragen werden. Leider waren aber viele Gräber ausgeraubt worden, und auch frühe Archäologen, die stark an Schätzen interessiert waren, zerstörten wertvolle Informationen.

Heute konzentrieren sich die Archäologen auf Grabstätten, die weiter vom Westufer entfernt liegen. Da immer deutlicher wird, wie empfindlich insbesondere die zarten Wandgemälde im Innern vieler Gräber sind, ist die Konservierung freigelegter Stätten inzwischen genauso wichtig wie die Entdeckung neuer Funde.

TOTENTEMPEL DER HATSCHEPSUT
Dieser prachtvolle Totentempel in Deir el-Bahri enthielt den Körper der Königin Hatschepsut. Nach dem Tod ihres Mannes (ihr Halbbruder Thutmosis II.) übernahm sie anstelle ihres Stiefsohnes (Thutmosis III.) die Herrschaft. Sie wollte Pharao werden, nicht Königin, und beanspruchte die männlichen Titel und Kleider.

MEMNONKOLOSSE
Diese beiden massiven Statuen des sitzenden Amenhotep III. bildeten einst den Eingang zu seinem Totentempel der 18. Dynastie. Mit 21 m Höhe beherrschen sie die umgebende Landschaft. Nach Erdbebenschäden erzeugt eine der beiden bei Anbruch des Tages angeblich Töne.

ERSTE STÄDTE

WÄHREND DER BRONZEZEIT entstanden in der Alten Welt (Europa, Asien und Afrika) und etwas später auch in der Neuen Welt (Amerika) große, städtische Zentren fast ausschließlich im Einzugsbereich weiter, fruchtbarer Flußebenen, wie an Nil, Indus, Euphrat und Tigris. Eine stabile Landwirtschaft, häufig auf Bewässerung basierend, sorgte für Bevölkerungszuwachs, effektive Nahrungversorgung und Herausbildung spezialisierten Handwerks. Allen städtischen Zentren waren bestimmte Eigenschaften gemeinsam. Die meisten waren befestigt, hatten ein geplantes Straßennetz, wohldurchdachte öffentliche Einrichtungen und große Tempelkomplexe (siehe vorheriges Kapitel), die für die Stadtbewohner zum Anziehungspunkt wurden. Von hier kennt man die frühesten Schriften, die wohl zur Abwicklung von Verwaltung und Fernhandel nötig wurden. Politische und administrative Macht wurden rasch zentralisiert, und komplizierte soziale Hierarchien bildeten sich aus. So entstanden unabhängige Stadtstaaten, die von mächtigen Herrschern regiert wurden. Sie verwalteten zunächst die engere Umgebung, kontrollierten jedoch bald riesige Reiche.

KEILSCHRIFT
In Mesopotamien entstand etwa 3000 v. Chr. die erste Form der Schrift, zur Buchführung und um Vorräte und Besitzstände zu registrieren. Die Zeichen drückte man mit Schilf in feuchte Tontafeln.

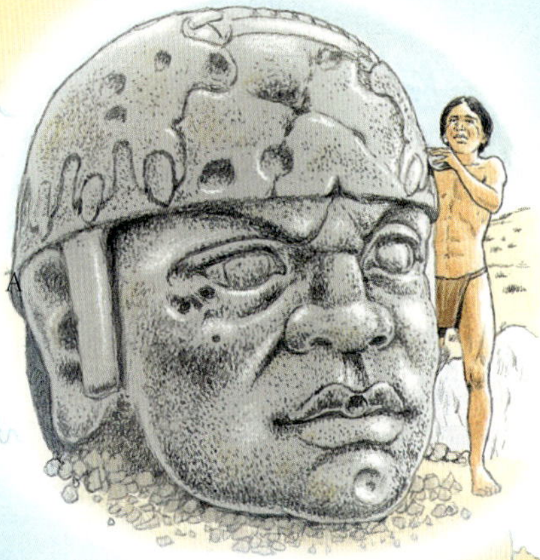

① LA VENTA
Im frühen 1. Jahrtausend gehörten die Olmeken zu den ersten Amerikanern mit städtischer Lebensweise. Ihre Kultur zeichnet sich durch monumentale Architektur aus, wie dieser Basaltkopf eines Herrschers verdeutlicht.

② CAHUACHI
Die wegen ihrer ungewöhnlichen Keramik berühmten Nazca lebten in Küstensiedlungen wie Cahuachi und bauten große zeremonielle Zentren.

DELPHINFRESKO
Die minoische Kultur, die sich in den fruchtbaren Tälern Kretas entwickelte, war die erste städtische Zivilisation in Europa. Die königlichen Paläste mit Hunderten von Räumen um große Innenhöfe dienten auch als handwerkliche, religiöse und administrative Zentren. Die Wände des Palastes waren mit Malereien verziert.

ORAKELKNOCHEN
In Anyang (China) fand man mehr als 10 000 Orakelknochen. Sie wurden von den Shang-Herrschern zu Weissagungen über religiöse, politische und wirtschaftliche Fragen verwendet.

③ SIEDLUNG IM FEDERSEE
Die Siedlungen in Nordeuropa waren nicht so fortschrittlich wie anderswo. Diese entstand im 12. Jahrhundert v. Chr. auf einer Insel im Federsee.

⑦ BABYLON
Eine der größten mesopotamischen Städte. Sie war mit Bauten aus Lehmziegeln und Kacheln befestigt.

④ AKROTIRI
Stadt auf der Insel Thera, die etwa 1600 v. Chr. unter vulkanischer Asche begraben wurde.

⑤ KNOSSOS
Ein minoischer Palast; der wichtigste in einer Reihe von Stadtstaaten auf der Insel Kreta.

⑥ PALAIOKASTRON
Ein minoischer Hafen mit wichtigen Handelsverbindungen nach Asien, Afrika und in den ganzen Mittelmeerraum.

⑨ HARAPPA
Eine der größten Städte der Induskultur (2750–2250 v. Chr.)

⑪ ZHENGZHOU
Eine Shang-Hauptstadt, in der Palastgebäude und ausgedehnte Vorstädte ausgegraben wurden.

⑩ SANXINGDUI
Zentrum einer geheimnisvollen Kultur, die gleichzeitig mit der Shang-Dynastie existierte.

⑧ MOHENJO-DARO
Die größte Stadt der Harappa-Kultur im Industal. Sie war von einer Wehrmauer aus gebrannten Tonziegeln umgeben und hatte ein geplantes Straßennetz.

SCHADUF
Viele der frühen Städte waren von Bewässerungslandwirtschaft abhängig. In Ägypten schöpfte man das Nilwasser mit Schadufs – Geräten aus einem Eimer und einem Gegengewicht – in Bewässerungskanäle.

SARGON VON AKKAD
In Mesopotamien existierten viele unabhängige Stadtstaaten, bis Sargon von Akkad (links) die Region unter seiner Führung (2350–2295 v. Chr.) einte. Sein Reich erstreckte sich von Syrien bis zum Arabisch-Persischen Golf.

STADT DER BRONZEZEIT

PALAIOKASTRON, GRIECHENLAND

KARTE SEITE 147 – L9

BELEGE

- Mit Hilfe von Oberflächenfunden und Sondierungen wurde die Lage der Stadt bestimmt.
- Ausgrabungen enthüllten die Anordnung von Häusern und Straßen.
- Anhand der Funde konnte man das tägliche Leben der Einwohner rekonstruieren.
- Exotische Fundstücke, wie Elfenbein, weisen darauf hin, daß die Stadt ein Fernhandelszentrum war.

ÜBERRAGT VON HOHEN BERGEN, entwickelte sich in einer halbmondförmigen Bucht an der Ostküste Kretas die bronzezeitliche Stadt Palaiokastron, umgeben von Bauernhöfen, Weinbergen und Olivenhainen. Belebte Straßen führten zu anderen Orten des Binnenlandes, wie dem prächtigen Palast in Knossos, oder zum Hafen hinab; von hier legten die Handelsschiffe ab, die das Mittelmeer befuhren.

Seit 1901 arbeiten Archäologen an den Ausgrabungen, doch erst in jüngerer Zeit konzentrierten sie sich auf bestimmte Gebäude und legten dabei zahlreiche unterschiedliche Funde frei. Anhand dieser Artefakte datierten sie Palaiokastron auf ein Alter von 4000 Jahren. Wahrscheinlich war der Ort während der minoischen Bronzezeit die Hauptstadt von Ostkreta. Mit dem Untergang der minoischen Kultur begann auch der Niedergang von Palaiokastron; um 1200 v. Chr. war es verlassen. Danach stand hier nur ein isoliertes Zeusheiligtum.

DER FUNDORT
Das alte Städtchen Palaiokastron, wegen der verwendeten Lehmziegel auch Roussolakkos (rotes Feld) genannt, war seit vielen Jahren bekannt. 1901 führte man die erste und seit 1986 weitere Ausgrabungen durch. In der Umgebung spürte man Befestigungsanlagen und Bauernhöfe aus derselben Zeit auf.

Grabungsbereich

Sichtbare Reste

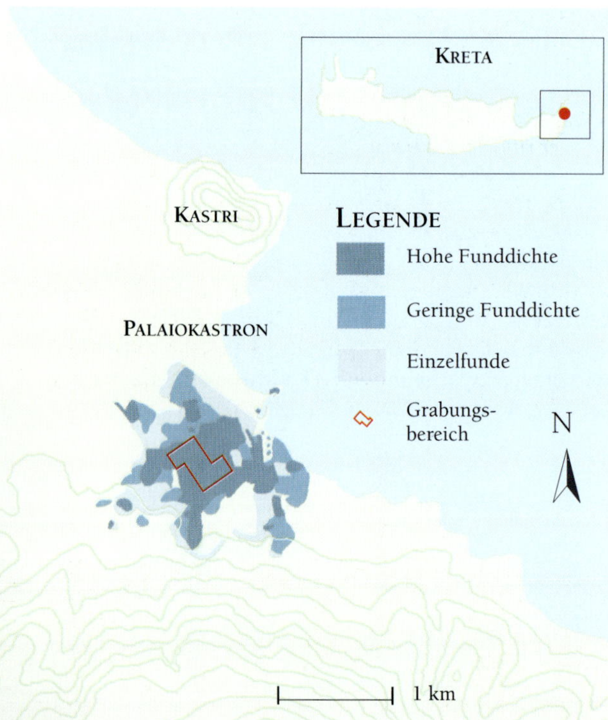

PLAN DER STADTGRENZEN
Bisher wurde nur ein kleiner Teil der Stadt ausgegraben, doch lassen sich ihre Grenzen aus Tonscherben und Steinen an der Oberfläche erschließen; sie war mindestens 1 km² groß. Durch die unterschiedliche Funddichte (von hoch bis gering) ist das Stadtzentrum erkennbar, das etwa 500 m von der Küste entfernt lag.

GEBÄUDE
Einige der Mauern blieben bis 1 m hoch erhalten, daher lassen sich die Gebäude genau rekonstruieren. Viele wurden auf Steinfundamenten aus Lehmziegeln erbaut, einige aus großen, behauenen Sandsteinblöcken.

Vorratsgefässe

Einige der Räume, die sogenannten Magazine, dienten als Vorratslager. In ihnen standen riesige Krüge (Pithoi), in denen man Nahrung und Handelsware aufhob, etwa Wein oder Öl. In einigen Räumen fand man bis zu 500 unterschiedliche Gefäße.

Breite: 7 cm

Scherbe mit Linear-A-Schrift

Diese Scherbe zeigt eine Inschrift in Linear-A, dem minoischen Schriftsystem. Solche beschriebenen Tontafeln enthielten keine Literatur, sondern dienten der Buchführung und Erfassung des Warenbestandes.

Höhe: 6 cm

Terrakottakopf

Dieser Tonkopf lag neben zwei großen Krügen in einem als Schrein gedeuteten Komplex. Er ist weiß bemalt, und die Gesichtsmerkmale sind rot hervorgehoben. Wahrscheinlich diente er rituellen Zwecken.

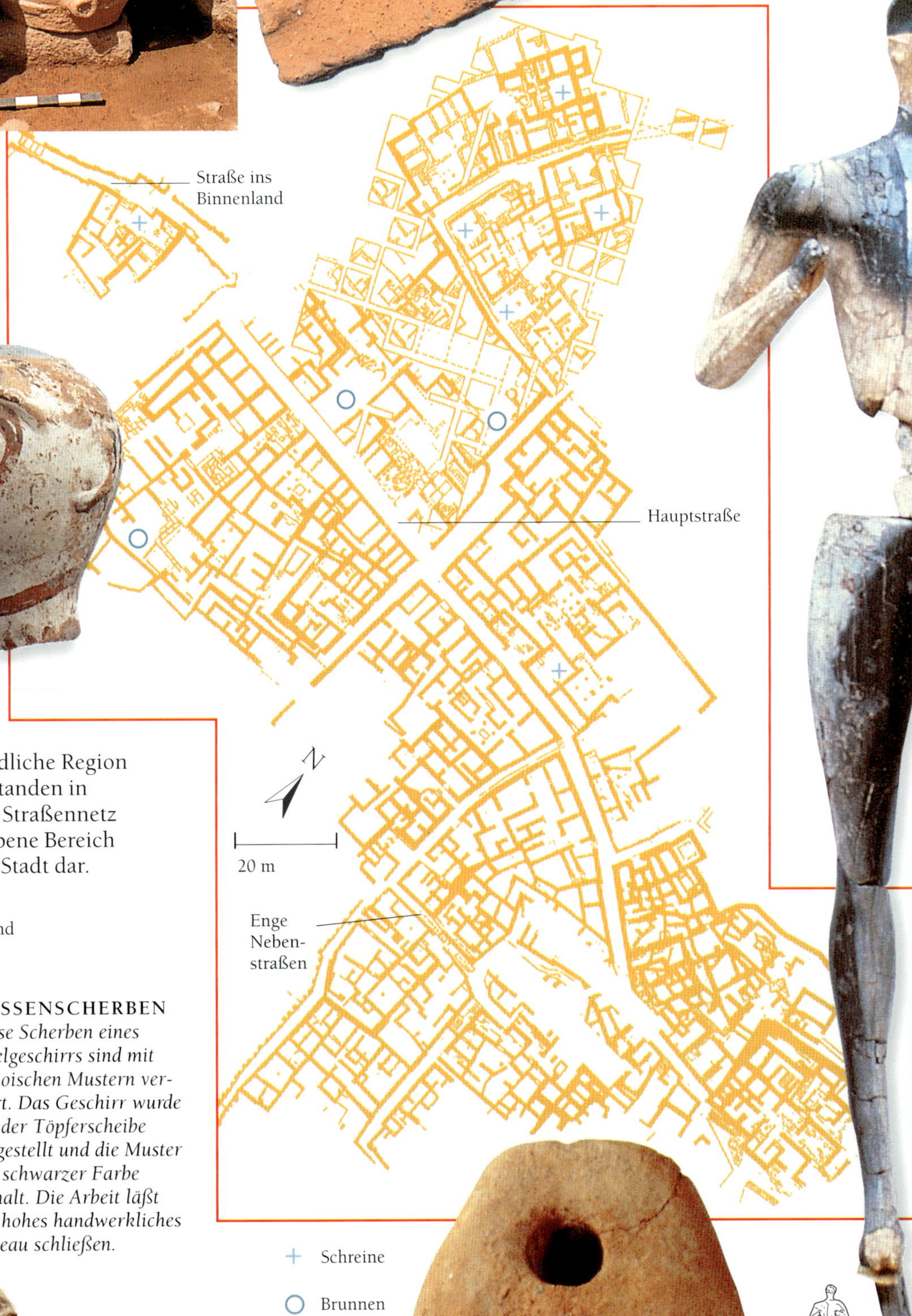

Plan der Ausgrabung

Dieser Plan zeigt den ausgegrabenen Bereich der Stadt. Die größte Fläche wurde 1901, die genauer dargestellte, nördliche Region jedoch erst jüngst freigelegt. Die Häuser standen in Blöcken und waren über ein gutgeplantes Straßennetz und enge Wege zugänglich. Der ausgegrabene Bereich stellt nur einen kleinen Teil der gesamten Stadt dar.

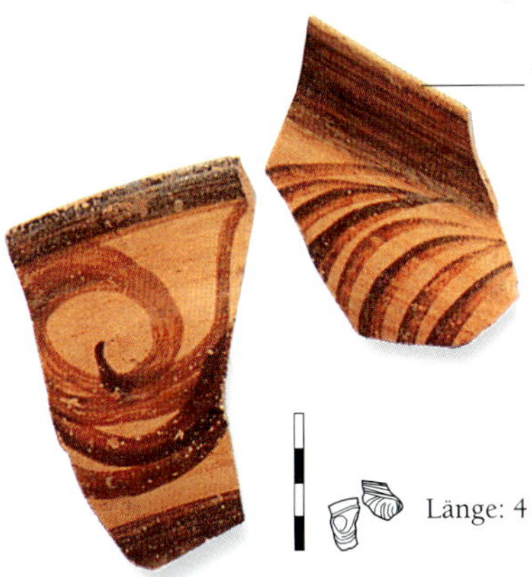

Tassenrand

Länge: 4 cm

Tassenscherben

Diese Scherben eines Tafelgeschirrs sind mit minoischen Mustern verziert. Das Geschirr wurde auf der Töpferscheibe hergestellt und die Muster mit schwarzer Farbe gemalt. Die Arbeit läßt auf hohes handwerkliches Niveau schließen.

Breite: 5 cm

Geschnitztes Elfenbein

Es wurde aus Westasien oder Afrika importiert. Es stammt wahrscheinlich von einer Brosche und trägt ornamentale Meereswellen

Länge: 9 cm

Webstuhlgewicht

Solche aus Ton hergestellten, durchbohrten Gewichte fand man überall. Sie dienten als Gegengewichte für Webstühle.

Höhe: 50 cm

Figurine

Diese Elfenbeinfigurine eines jungen Mannes (Kouros oder Kuros) fand man in zwei Einzelteilen.

Stadt der Bronzezeit

INTERPRETATION DER FUNDE

DANK DER ARCHÄOLOGISCHEN UNTERSUCHUNGEN wissen wir recht gut über die Lebensweise dieser bronzezeitlichen Stadtbewohner Bescheid. Lieferten die architektonischen Reste ein detailliertes Bild der Straßen und Häuser, so erlaubten andere Funde einen Einblick in das Innere der Gebäude mit ihren verputzten Böden und Wänden und ihren Schränken und Herden. Wieder andere Fundstücke erlaubten einen Blick auf das rituelle Leben der Einwohner, die Produkte und Waren, von denen sie lebten, und die Luxusgüter und Bronzeobjekte, mit denen sie handelten. Die breite Palette der Handelswaren, das Straßennetz und der (noch nicht ausgegrabene) Hafen belegen, daß Palaiokastron in Kreta und im Mittelmeerraum eine Schlüsselrolle spielte. Offensichtlich lebte hier eine hochentwickelte, hierarchisch organisierte und religiöse Gemeinschaft mit weitverzweigten Handelsbeziehungen.

Haus mit Schrein

Einige der Gebäude wurden als Teil eines städtischen Kultzentrums interpretiert. Im Hof eines Steinhauses, dessen Balkon mit Hörnern aus Sandstein verziert war, fand man eine Kourosfigurine, die wahrscheinlich bei kultischen Zeremonien Verwendung fand.

Zeichnerische Rekonstruktion

So etwa könnte sich einem Betrachter des Jahres 1500 v. Chr., der vom Hügel von Petsofa auf die Bucht von Palaiokastron blickte, die Stadt gezeigt haben. Das Bild basiert auf Ausgrabungen, Oberflächensondierungen und dem, was wir von ähnlichen Bauwerken aus anderen, guterhaltenen minoischen Fundstätten (z. B. Knossos) wissen. Die offenen, geräumigeren Viertel liegen weiter im Landesinnern, die dichter besiedelten, älteren in Hafennähe. Die Durchgangsstraßen führen ins Hinterland, zu nahegelegenen Bauernhöfen und hinab zum sandigen Hafen.

Lagerhäuser

Einige Ruinen der Lagerhäuser lassen vermuten, daß die Einwohner ihre Stadt plötzlich verließen. Die Ablagerungen um die Vorratskrüge weisen auf langsam sich ansammelnden Abfall und den späteren Einsturz des Daches hin.

Tafel mit Linear-A-Schrift

Linear-A repräsentiert eine frühe Form der Schrift. Sie ist Vorläufer von Linear-B und dem klassischen Griechisch. Das System besteht aus Bild- und Silbenzeichen und konnte noch nicht entziffert werden. Man drückte die Zeichen in feuchte Tontafeln, die an der Sonne getrocknet wurden; nur später gebrannte Tafeln blieben erhalten.

Webstoffe

Wahrscheinlich kannten die Minoer Wolle und Leinen. Die Webstuhlgewichte, die man überall fand, weisen darauf hin, daß die Stoffe nicht in Webereien, sondern in Heimarbeit entstanden.

Häuser

Aus der Art der Häuser läßt sich auf den sozialen Status der Bewohner schließen. Geräumige Häuser um Innenhöfe liegen weiter im Landesinneren. In Hafennähe, in den älteren, dichter besiedelten Vierteln stehen Häuser und Werkstätten viel enger beisammen.

Handelsschiffe

Die Stadt entwickelte sich an dieser Stelle wegen des Naturhafens. Die Schiffe der Bronzezeit transportierten Waren über das Mittelmeer und führten Metalle und exotische Produkte, wie Elfenbein, aus Vorderasien und Afrika ein. Kreta exportierte eine Reihe von Nahrungsmitteln, darunter Öl und Wein. Palaiokastron entwickelte sich dank dieser fortschrittlichen Handelsbeziehungen zu einem reichen und lebendigen Gemeinwesen.

Keramikgefäße

Neben Scherben fand man in Palaiokastron viele intakte Gefäße, einige standen noch in Schränken und Lagerräumen. Die Herstellung von Keramik war im Kreta der Bronzezeit eine gut organisierte Industrie. Es gab spezielle Werkstätten, in denen Gefäße auf Töpferscheiben hergestellt wurden. Zu den Gefäßen für Trankopfer gehörten konische Tassen, Pithoi *und ein* Rhyton.

Der Kouros

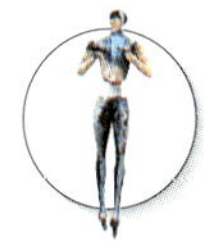

Aus den gefundenen Verzierungen und durch Vergleich mit ähnlichen Statuen konnte das Aussehen der Kourosfigurine genau rekonstruiert werden. Frisur und Kleidung der Figur waren sehr kunstvoll, und sie trug goldene Schuhe und einen Dolch.

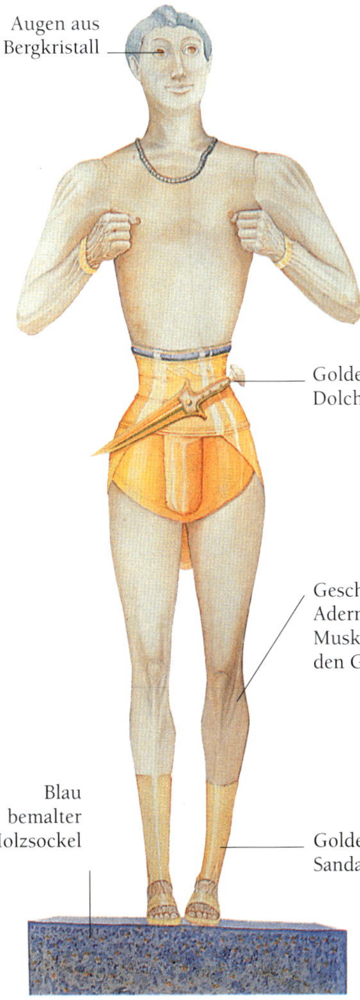

Schlussfolgerungen

- Die ausgegrabenen Überreste weisen auf eine gutentwickelte, dichtbesiedelte Stadt hin.
- Die breite Palette der ausgegrabenen Objekte belegt einen hohen Lebensstandard.
- Die Produkte weisen auf Kontakte mit dem östlichen Mittelmeerraum und Afrika hin.
- Keramik und Figuren zeigen hohes Niveau des Handwerks.
- Die beiden Formen der Steinbauten lassen auf Wohn- und Kultarchitektur schließen.

BRONZE

DIE ROHSTOFFE
Da man Kupfer und Zinn nur in bestimmten Gegenden der Erde findet, wurden diese Metalle in der Bronzezeit zu einer gängigen Handelsware. Wegen des begrenzten Angebotes schmolz man Metallabfälle ein und recycelte sie immer wieder.

IHRE ERSTEN ERFAHRUNGEN MIT METALLARBEITEN sammelten die Menschen, als sie natürlich vorkommende Metalle, wie Kupfer und Gold, kalt hämmerten. In der frühen Bronzezeit begann man, Metalle zu erhitzen und sie zu vermischen. Bronze ist eine Legierung aus Kupfer und kleinen Mengen Arsen oder Zinn. Sie ist härter und widerstandsfähiger als reines Kupfer und daher vielfältiger zu verwenden. Um das Erz zu fördern und die Holzkohle herzustellen, die man für die hohen Schmelztemperaturen des Metalls benötigte, war ein enormer Aufwand an Zeit und Arbeit notwendig. Da die Metalle selten waren, stellte Bronze ein wertvolles Handelsgut dar. Man schätzte Bronzeobjekte wegen ihrer Schönheit und ihres praktischen Nutzens. In einigen Regionen der Erde, wie Teilen von Afrika, Südamerika und Australien, gab es keine Bronzeverarbeitung. Die dortigen Gesellschaften blieben bei Steinwerkzeugen oder gingen direkt zur Bearbeitung von Eisen über.

ARMREIF UND MEISSEL

1000–500 V. CHR.

Diesen Armreif der mittleren Bronzezeit fand man in Ebbesbourne Wake (Wiltshire, England). Er gehörte zu einem größeren Schatz von Metallgegenständen, der wohl zur Sicherheit vergraben und nicht mehr gefunden wurde. Der Meißel der späten Bronzezeit stammt aus Oldfield (Wiltshire, England). Solche Objekte belegen, daß man während dieser Periode nur wenige Bronzegegenstände herstellte und sich auf einige Grundformen beschränkte. Schmuck aus Metall, wie Nadeln, Halsbänder, Armband und -reife, galten als sichtbarer Ausdruck von Reichtum.

TYPISCHE MERKMALE
Sehr einfache Formen.
Wertvoller persönlicher Besitz.
Belegt die Kenntnis von Gießverfahren.

GEGOSSENE SCHNEIDE

2000 V. CHR.

Die flache Form ist typisch für frühe Metallbeile, die in Einzelformen gegossen wurden. Wahrscheinlich goß man das geschmolzene Metall in beilförmige Gußformen aus Ton oder Stein. War das Metall erkaltet, wurden Oberflächen und Kanten geglättet und die Schneide poliert und geschärft. Anschließend befestigte (»schäftete«) man die Beilschneiden an hölzernen Schäften (auch Holmen) als Handgriff. Die scharfen Metallbeile schnitten effektiver als Steinwerkzeuge, mußten aber ständig nachgeschliffen werden.

TYPISCHE MERKMALE
Einfache Formen.
Scharfe Schneiden.
Flacher Querschnitt; hergestellt in Einzelformen.

TÜLLENBEIL

UM 1000 V. CHR.

Als man während der Bronzezeit dazu überging, zweiteilige Gußformen zu verwenden, wurden die Beilformen komplizierter und die Schäftungen effektiver. In der späten Bronzezeit erscheinen die gegossenen Tüllenbeile. In ihrem hohlen Hinterende konnte man den Holzgriff sicher verankern. Eine Schnur, die durch eine seitlich angebrachte Öse gezogen wurde, verband die Schneide fest mit dem Schaft.

TYPISCHE MERKMALE
Schaft in einem Hohlraum der Schneide verankert.
Verdicktes Hinterende zur Verstärkung.
Auch Wachsausschmelzverfahren wurden angewandt.

2000 V. CHR.

Das Wachsausschmelzverfahren

Die ältesten Modeln für Bronzeobjekte waren einfache, flache Gußformen aus einem oder zwei Teilen, in die man das geschmolzene Metall goß. Objekte, die mit dieser Methode hergestellt wurden, hatten zwangsläufig einfache Formen. Mit Hilfe des Wachsausschmelzverfahrens (Guß in verlorener Form) konnte man jedoch weitaus kompliziertere Formen gießen. Die Gußform wurde aus sehr feinem Ton hergestellt, der sich dem Wachs anschmiegte. Das geschmolzene Metall einzugießen, ohne Luftblasen einzuschließen, erforderte große Erfahrung.

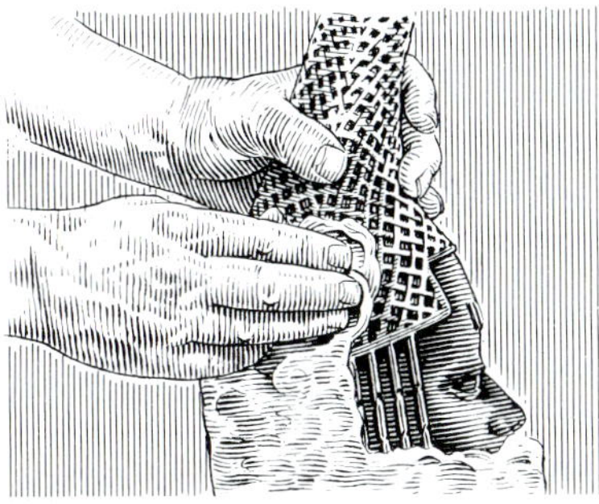

1 Zunächst stellte man ein genaues Modell des Bronzeobjektes aus Wachs her, das sorgfältig mit Ton zu einem Block verkleidet wurde. Eine kleine Öffnung führte von dem innen liegenden Wachsmodell nach außen.

2 Beim Brennen des Tons schmolz das Wachs und floß aus der Öffnung heraus. Die so entstandene Tongußform bettete man in Sand ein, goß das flüssige Metall in den Hohlraum und ließ es erkalten.

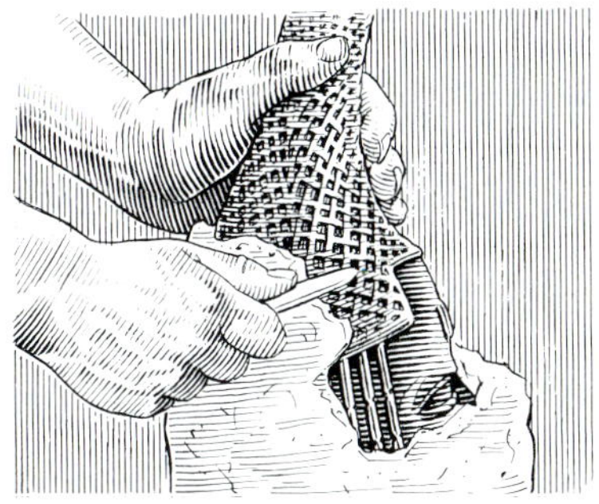

3 Sobald das Metall abgekühlt und hart war, schlug man die tönerne Gußform vorsichtig mit Hammer und Meißel auf. Metallreste aus dem Einfülloch und Kanten wurden abgefeilt, dann polierte man das Bronzeobjekt.

Verzierter Schild

1. Jahrhundert v. Chr.

Der Battersea-Schild, der in der Themse (London, England) gefunden wurde, dürfte eine rituelle Opfergabe der Eisenzeit gewesen sein. Die Verzierungen wurden getrieben, d. h. in das Metall gehämmert, und mit Glas dekoriert.

Typische Merkmale

Intarsien aus Glas und Stein.
Mit getriebenen Verzierungen versehen.
Wahrscheinlich eine rituelle Opfergabe.

Chinesische Statue

Circa 6. Jahrhundert v. Chr.

Die Bronzekunst der Chinesen war hoch entwickelt, und im 2. Jahrtausend v. Chr. stellten sie rituelle Objekte und Gefäße in Massenproduktion her. Komplizierte Statuen, wie dieses Phantasiewesen aus der südlichen Henanprovinz, entstanden in mehrteiligen Gußformen oder mit dem Wachsausschmelzverfahren. Wahrscheinlich diente sie als Trommelständer. Eine genaue Deutung für die Verwendung solcher Objekte steht noch aus. Um sie herzustellen, waren enorme Mengen von Bronze erforderlich.

Typische Merkmale

Reste von Edelsteinintarsien.
Komplizierte, verschlungene Form.
Hohe Kunstfertigkeit erforderlich.

Gegossener Kopf

15. Jahrhundert n. Chr.

Dieser Kopf aus Nigeria gehört zu einer berühmten Reihe von Bronzeobjekten, die als Beninbronzen bekannt sind. Obwohl sie in Wirklichkeit aus Messing (einer Legierung aus Kupfer und Zink) bestehen, zählt man sie zu den Bronzeobjekten. Sie wurden mit der Wachsausschmelzmethode hergestellt.

Typische Merkmale

Hergestellt mit dem Wachsausschmelzverfahren.
Meist ist eine Königsfigur dargestellt.
Oft aus eingeschmolzenen Münzen hergestellt.

VERGLEICHBARE STÄTTEN

MOHENJO-DARO

INDUSTAL, PAKISTAN

KARTE SEITE 151 – 14

MOHENJO-DARO, EINE DER GROSSEN STÄDTE des Industales, hatte seine Blütezeit während des 3. und 2. Jahrtausends v. Chr. Damals gehörte das Industal zu den fortschrittlichsten Regionen der Erde. Aus bäuerlichen Siedlungen entwickelten sich, dank der Bewässerungslandwirtschaft, große städtische Zentren. Mohenjo-Daro wurde aus Lehmziegeln nach einem Gitternetzplan erbaut; Zuwege verbanden die Häuser. Es gab umfangreiche öffentliche Einrichtungen, wie Brunnen, Abwasserkanäle und Toiletten für die schätzungsweise 40 000 Einwohner. Man erkennt noch eine Reihe unterschiedlicher Bauten, von Handelshäusern mit geräumigen Innenhöfen bis hin zu einräumigen Wohnhäusern. Offensichtlich war die Stadtkultur des Industales ebenso weit entwickelt wie jene in Mesopotamien und dem alten Ägypten.

STATUE EINES PRIESTERKÖNIGS
Diese 7,6 cm hohe Specksteinstatue, die einen der herrschenden Priesterkönige darstellt, gehört zu den wenigen erhaltenen Skulpturen der Stadt. Man fand sie in einem Haus der Unterstadt. Wahrscheinlich war sie rot angemalt.

LUFTAUFNAHME DER RUINEN
Diese Luftaufnahme zeigt einige der ausgegrabenen Ruinen. Man erkennt, wie dicht die Häuser standen und den – dank des trockenen Klimas – guten Zustand.

DIE HARAPPA-KULTUR

Mohenjo-Daro wurde 1922 bei den archäologischen Ausgrabungen eines buddhistischen Tempels entdeckt. Die Stadt liegt 640 km südlich von Harappa (1856 entdeckt). Wie andere Wohnstätten der Harappa-Kultur wuchs Mohenjo-Daro um eine Zitadelle herum, die sich 15 m über ihre Umgebung erhob. Im Osten lagen Häuser und Werkstätten. Die Straßen – mit sehr breiten Hauptstraßen – folgen einem Gitternetzplan. Die Ausgrabungen ergaben, daß die Städte des Industales zu einer sorgfältig geplanten und geordneten Welt gehörten. Die Harappa-Kultur zeichnete sich durch Fernhandel aus, der sich entlang dem Arabisch-Persischen Golf und nach Zentralasien ausdehnte – von Mesopotamien, wo Siegel der Harappa-Kultur gefunden wurden, bis nach Indien. Wertvolle Güter wie Gold, Edelsteine, Elfenbein und Gewürze tauschte man gegen Öl, Feigen, Stoffe, Keramik und Perlen ein. Genormte Gewichte und Maße belegen, daß die Wirtschaft gut organisiert war. Auch die Lehmziegel der Stadt waren genormt, sie sind überall im Industal gleich groß.

Einer der ersten ausgegrabenen Hauptbauten war das Große Bad (12 m lang und 7 m breit). Es wurde aus Ziegeln erbaut und mit Asphalt ausgekleidet. Wahrscheinlich diente es rituellen Zwecken. Die zentrale Lage unterstreicht seine wichtige Rolle, und auch das umfassende Abwassersystem (jedes Haus verfügte über ein Bad und einen Brunnen) weist auf die hohe Bedeutung von Bädern und sanitären Anlagen in der Gesellschaft von Mohenjo-Daro hin. In der Tat belegen die Ausgrabungen eine Wertschätzung öffentlicher Einrichtungen, die erst wieder im Römischen Reich, 2000 Jahre später, erreicht wurde.

DIE ZITADELLE

Einer der berühmtesten englischen Archäologen, Sir Mortimer Wheeler (1890–1976), grub in Mohenjo-Daro 1950 mit der Hilfe von Einheimischen. Zunächst gruben sie einen riesigen Ziegelsteinhaufen aus. Was sie zuerst für eine befestigte Zitadelle hielten, gab schon bald große Mengen an Funden preis. Vier Wochen nach Beginn der Ausgrabungen schickte man zwölf Wagenladungen ausgewählter Keramik an das Hauptquartier. Sobald die Wände frei lagen, erkannte man in dem Gebäude mit seinen zahlreichen Durchgängen einen ungeheuren öffentlichen Kornspeicher. Unter dem Boden dieser vermutlich aus Holz gebauten Scheune verlief ein Netz von Luftkanälen. Wahrscheinlich dienten sie als Belüftung, um ein Verschimmeln des Korns zu verhindern. Man identifizierte Laderampen und Zufahrten für Wagen. Die Zitadelle war das ökonomische Zentrum der Stadt – eine Art städtische Schatzkammer. Leider verhinderte der hohe Grundwasserspiegel tiefer reichende Ausgrabungen. Dennoch können wir aus den archäologischen Hinweisen die genaue Nahrungsgrundlage der Einwohner erschließen. Hauptnahrungsmittel waren Weizen und Gerste, dazu wurden Erbsen, Datteln, Melonen und Baumwolle angebaut. Man hielt Vieh wegen der Milch, des Fleisches und als Zugtiere, während der Dung Brennstoff und Dünger lieferte. Andere Hinweise zeigen, daß man Wasserbüffel, Schafe, Hunde, Schweine und sogar Elefanten hielt.

Etwa 1900 v. Chr. begann der Niedergang von Mohenjo-Daro, möglicherweise aus Wassermangel, doch ist der genaue Grund dafür noch immer unbekannt. Trotz der reichen archäologischen Information stellt die Harappa-Kultur ein ungelöstes Rätsel dar. Es gibt zwar reichlich Belege für das städtische Leben und die Handelsverbindungen (alles deutet auf eine hochstehende Zivilisation hin), da die Schrift jedoch noch nicht entziffert wurde und zuwenig Belege über den Glauben vorliegen, kann man über Kultur, Politik und Religion nur spekulieren.

DETAIL DES FUNDORTES
Hier sind die sorgfältig gemauerten, dicken Ziegelwände und die dazwischen verlaufenden Verbindungswege zu sehen. Während die Straßenfronten der Häuser glatt waren, öffneten sich die Zimmer zu den zentralen Innenhöfen.

DER ZITADELLENHÜGEL
Die Zitadelle diente als Verwaltungs- und Zeremonienzentrum der Stadt und enthielt das Große Bad. Die »Schule« im Vordergrund beherbergte vielleicht die Priester.

SIEGEL
Man fand mehr als 2000 solcher Siegel. Wahrscheinlich dienten sie städtischen Beamten als Wachsstempel. Die Bedeutung der über 400 verschiedenen Bildzeichen ist noch nicht bekannt.

SANXINGDUI

PROVINZ SICHUAN, CHINA

KARTE SEITE 152 – F6

BRONZEKOPF

DIE PROVINZ SICHUAN gilt schon lange als archäologisch interessante Region. Jüngste Ausgrabungen und Radiokarbondatierungen in Sanxingdui weisen auf eine große Stadt hin, die von 2800–1000 v. Chr. existierte. Wahrscheinlich war sie Hauptstadt eines alten Staates, der von chinesischen Archäologen vorläufig als Shu-Reich bezeichnet wird und sich über weite Teile des heutigen Sichuan erstreckt haben soll. Über seine Kultur ist nur wenig bekannt, da der Staat weder in Shang- noch in späteren Schriften erwähnt wird. Daher basieren alle Schlußfolgerungen ausschließlich auf archäologischen Funden, deren Reichtum allerdings auf die enorme Bedeutung von Sanxingdui hinweist.

BRONZEOBJEKTE IN GRUBE 2
Viele Objekte fand man in großen Opfergruben, darunter surreale Masken und menschenähnliche Figuren – die größte wog über 180 kg. Diese Aufnahme zeigt Artefakte in Grube 2, von denen viele absichtlich zerbrochen worden waren.

RITUELLE MASKE
Eine von drei Masken, die in Grube 2 gefunden wurden. Die Löcher beidseitig des Gesichtes dienten wohl zur Befestigung an einer Wand oder einem Gegenstand. Die verzerrten Gesichtszüge (lange Nase, vorspringende Augen) deuten auf ein mystisches Wesen hin.

DIE OPFERGRUBEN

Die befestigte bronzezeitliche Stadt Sanxingdui bedeckte eine Fläche von etwa 12 km^2 und war entlang einer Nord-Süd-Achse ausgerichtet. Seit den 80er Jahren wird hier archäologisch geforscht, obwohl bereits 1929 eine erste Grabung einzelne Bronze- und Steinfunde zutage brachte. Schon sie ließ auf die hier verborgenen Reichtümer schließen.

Die Sondierung der Erdaufschüttungen und die Ausgrabungen ergaben, daß die Stadt von hohen Mauern aus Erde und Holz umgeben war – offensichtlich hatte man den Ort stark befestigt. Die Hauptachse lag erhöht; hier entdeckte man auch die wertvollsten archäologischen Funde. Die Stadt enthielt viele unterschiedlich große Gebäude verschiedenster Formen, die im Laufe von Hunderten von Jahren übereinander aufgebaut worden waren, so daß noch viele Siedlungsschichten der Entdeckung durch die Archäologen harren. Die Häuser bestanden aus Holz und Ton, und die enge Bebauung weist darauf hin, daß die Stadt eine hohe Einwohnerdichte hatte. Ein 200 m^2 großes Gebäude hob sich von den übrigen ab – vielleicht ein öffentliches Gebäude oder eine Art Versammlungsort. Außerdem fand man Handwerkerviertel mit Spezialwerkstätten großen Stils, was – zusammen mit Menge und Qualität der Artefakte – darauf hinweist, daß die Stadt nicht nur ein dichtbevölkerter Wohnort, sondern auch rituelles Zentrum und vielleicht Ziel von Pilgerfahrten war. Die großen Mengen an Gold, Jade und Bronze, aus denen man kunstvolle Werkzeuge, Skulpturen und rätselhafte Objekte herstellte, scheint diese Deutung zu bestätigen.

Vier Opfergruben in Sanxingdui wurden wissenschaftlich ausgegraben – eine 1929 und drei in den 80er Jahren des 20. Jahrhunderts. Alle waren groß, rechteckig (bis zu 5 m lang) und enthielten zahlreiche wertvolle Artefakte. Die unterschiedlichen Fundstücke, die bewußt zerbrochen oder verbrannt worden waren, lagen in deutlich getrennten Schichten. Man fand vorwiegend Bronzen – von rituellen Masken, Skulpturen von Vögeln und Landtieren bis hin zu einer lebensgroßen, männlichen Figur. Grube 2 (oben) enthielt eine außerordentlich hohe Zahl von Gegenständen aus Bronze.

GEHEIMNISVOLLE FIGUR
Diese lebensgroße Bronzefigur mit den markanten Zügen lag – absichtlich zerstört – in einer der Opfergruben. Die riesigen Hände und ihre besondere Anordnung legen nahe, daß die Figur einen großen, gebogenen Gegenstand festhielt. Dieser könnte den Schlüssel zur Deutung der Figur liefern.

Auch Jadeobjekte gehörten zu den häufigen Fundstücken in den Gruben, besonders kleine Scheiben, Szepter und Waffen. Verbrannte Tierknochen, vorwiegend von Elefanten, stammten wahrscheinlich von Opferungen. Grube 2 enthielt über 60 Elefantenstoßzähne, ein Hinweis auf die große kulturelle Bedeutung dieser Tiere hier. Außerdem lagen Muschelschalen, Goldobjekte und Tongefäße in den Gruben. Man fand allerdings weder menschliche Gebeine noch Gegenstände des täglichen Gebrauches. Was die Theorie unterstützt, daß die Stadt hauptsächlich rituellen Zwecken diente.

ALTES RITUELLES ZENTRUM

Die Ausgrabung der Stadt (vor allem der bemerkenswerten Opfergruben) beweist, daß Sanxingdui ein wichtiges rituelles Zentrum gewesen sein muß. Zur Herstellung der komplizierten Bronze- und Jadeobjekte waren zahlreiche kunstfertige Handwerker erforderlich. Menge und Qualität der Opfergaben deuten auf Liebe zum Detail und eine enorm wohlhabende Gesellschaft hin. Viele der rituellen Objekte kann man durch Vergleich mit dokumentierten Artefakten der Shang-Kultur bestimmen. Da jedoch zahlreiche Gegenstände nur hier gefunden wurden, scheint diese Kultur gänzlich eigenständig und unabhängig von anderen zeitgenössischen Staaten gewesen zu sein.

AKROTIRI

SANTORIN, GRIECHENLAND

KARTE SEITE 147 – L9

IN DER MITTE DES 2. JAHRTAUSENDS V. CHR. brach der Vulkan im Zentrum der ägäischen Insel Thera (heute Santorin) aus und begrub die blühende minoische Küstenstadt Akrotiri 4 m hoch unter Bimsstein. Bei noch laufenden Ausgrabungen wurden über 10 000 m² hervorragend erhaltener Straßenzüge mit zwei- bis dreistöckigen Häusern freigelegt – schätzungsweise weniger als die Hälfte der Stadt. Erst weitere Grabungen werden zeigen, ob man bisher typische Häuser oder luxuriöse Residenzen ausgegraben hat. Menschliche Gebeine wurden nicht gefunden – wahrscheinlich flohen die Einwohner bei einem Erdbeben unmittelbar vor dem Vulkanausbruch und nahmen ihr bewegliches Hab und Gut mit auf eine andere kykladische Insel oder das benachbarte Kreta. Die schmalen, gewundenen, gepflasterten Straßen des Ortes ähneln denen im nahegelegenen modernen Städtchen Fira. Die Gebäude verfügten über ein ausgezeichnetes Abwasser- und Kanalsystem. Aus der Bandbreite der Funde, den wertvollen Fresken und der erhaltenen Architektur konnten die Archäologen ein lebendiges Bild des bronzezeitlichen Lebens in Akrotiri zeichnen.

FRESKO EINES FISCHERJUNGEN
Das Fresko gehört zu einem Paar innerhalb eines Schreinkomplexes im Obergeschoß des westlichen Hauses. Das teilweise ausrasierte Haar (in Blau) und die Locken gelten als Zeichen der Jugend.

THEORIEN ÜBER DIE VERGANGENHEIT

Akrotiri ist berühmt wegen der vielen intakten Gebäude. Das westliche Haus (rechts) war wohl ein öffentliches Gebäude. In seinem Obergeschoß stand ein Schrein. Es öffnet sich zur dreieckigen *plateia*, hier fanden rituelle Versammlungen statt, und vielleicht haben Menschen auch durch die großen, offenen Fenster den Riten zugesehen. Zur Verstärkung gegen Erdbeben durchzogen Holzbalken die Wände und stützten Türen und Fenster. Das Holz (organisches Material) blieb zwar nicht erhalten, doch zeigen Höhlungen im Bimsstein die einstige Lage an. Als Ersatz für die spärlichen Funde persönlichen Eigentums erzählen die wunderbaren Fresken an den Wänden vom Alltagsleben und den Ritualen der Bewohner.

Das vordringliche Interesse der Archäologen an diesem Ort richtet sich darauf, das genaue Ausbruchsdatum des Vulkans zu bestimmen. Mit Hilfe der Dendrochronologie wurde es auf 1628 v. Chr. datiert. Nach der minoischen Keramik müßte der Ausbruch jedoch viel später stattgefunden haben. Neueste Hinweise lieferten Grabungen in Ägypten. Dort fand man Bimsstein, der vom Ausbruch auf Thera stammt und auf 1550 v. Chr. datiert wurde. Welches Datum sich auch als richtig erweist, die Gründe für das Ende der minoischen Kultur werden wohl ewig im Dunkeln bleiben.

KERAMIKFUNDE
Bei den Augrabungen kamen große Mengen von Tongefäßen zu Tage. Wahrscheinlich waren sie zu schwer und nicht wertvoll genug und wurden von den fliehenden Einwohnern bewußt zurückgelassen.

GEBÄUDE
Einige Gebäude von Akrotiri sind bis zu drei Stockwerke hoch mit Fenster- und Türöffnungen erhalten. Diese Häuser ähneln den Bauten auf Kreta; sie dürften wohl reichen Kaufleuten gehört haben.

EISENZEIT

DIE FUNDE DER EISENZEIT ERLAUBEN ES UNS, ein genaues Bild des Alltagslebens unterschiedlicher Menschengruppen zu zeichnen, von Bauern, Soldaten, Handwerkern und Häuptlingen. Neben den zahlreichen Eisenobjekten in Europa und Ostasien erhielten sich auch viele Hofanlagen, Bauwerke und Siedlungen in der modernen Landschaft. Insbesondere aus den aufstrebenden Reichen in Westasien und China erhielten sich große, befestigte Machtzentren zusammen mit monumentalen Bauwerken und Artefakten sowie Hinweisen auf religiöse Riten, Handel und eine wachsende Industrie. In Westeuropa steht diese Periode im Zusammenhang mit den Kelten – eine gemischte Gruppe von Völkern, die in ganz Europa lebten und einen typischen Kunststil entwickelten. Zu den besterhaltenen Überresten dieser Periode gehören Verteidigungsanlagen, wie die Ringwälle in Europa, die befestigten Zitadellen in Vorderasien und die Monumente Chinas und Afrikas.

① **NAVAN**
Heidnisches Kultzentrum mit einem zentralen, runden Gebäude, kreisförmigen Erdwällen und heiligen Teichen.

② **HÜGEL VON TARA**
Eisenzeitlicher Komplex, politisches und spirituelles Zentrum im keltischen Irland.

③ **MONT LASSOIS**
Keltischer Ringwall (6. Jahrhundert v. Chr.) und die nahegelegene Grabstätte von Vix.

④ **MANN VON GRAUBALLE**
Eine Moorleiche; der Mann wurde wahrscheinlich um 310 n. Chr. geopfert.

⑤ **MANCHING**
Dieses Oppidum (2. Jahrhundert v. Chr.) lieferte zahlreiche Belege für Handel und Industrie.

⑥ **HALLSTATT**
Ab 1000 v. Chr. in mehreren Phasen genutzte Grabstätten und Salzbergwerk. Nach Hallstatt wird eine weitverbreitete eisenzeitliche Kultur benannt.

GOLDENES KELTISCHES BOOT
Dieses goldene Bootsmodell (1. Jahrhundert v. Chr.) gehört zu einem Schatz, der 1896 in Broighter (Nordirland) gefunden wurde. Wahrscheinlich entstand dieses Modell nach dem Vorbild zeitgenössischer Schiffe.

DER KESSEL VON GUNDESTRUP
Dieser riesige vergoldete Silberkessel (1. oder 2. Jahrhundert v. Chr.) wurde 1891 in einem dänischen Moor gefunden. Er ist rundum mit einem getriebenen Relief verziert, das Götter und Göttinnen, Menschenopfer und Tiere zeigt. Der Kessel ist eine typische rituelle Opfergabe der Eisenzeit, als man wertvolle Gegenstände in Seen und Flüsse warf. Außerdem zeigt er die zahllosen Götter und Rituale der damaligen Religion.

SIBIRIEN
Steppe
9
BAKTRIEN
8
Euphrat
Tigris
7
ÄGYPTEN
Nil
ARABIEN
ARABISCH-PERSISCHER GOLF
Indus
ARABISCHES MEER
10
CHINA
Jangtsekiang
SÜD-CHINESISCHES MEER
Mekong
INDISCHER OZEAN
INDIEN
SRI LANKA
N
11
12

⑦ BABYLON
Diese Sandsteinstele preist den Neubau der mächtigen Stadt durch das assyrische Reich im Jahr 672 v. Chr.

SKYTHISCHER REITER
Während der Eisenzeit lebten in den Steppen Zentralasiens kriegerische Hirtenvölker. Sie waren hervorragende Bogenschützen und Reiter und am Seidenhandel beteiligt. Wir kennen ihre Kleidung und Pferdegeschirre aus Grabfunden.

⑨ PAZYRYK
Gräber von Häuptlingen der Steppenvölker (5. Jahrhundert v. Chr.); dank des Frostbodens erhielten sich auch Textilien und Holz, wie diese geschnitzte Zaumzeugverzierung.

⑧ TILLYA-DEPE
Alte baktrische Stätte, berühmt wegen der Königsgräber mit goldenen Gefäßen und Schmuck.

DIE CHINESISCHE MAUER
Die große Mauer (1600 km) wurde zwischen 221 und 200 v. Chr. vom ersten chinesischen Kaiser erbaut. Sie sollte das neue Reich vor eindringenden Nomaden schützen.

⑩ KAUSAMBI
Eine befestigte Stadt, typisch für diese Periode. Man fand mehrere eiserne Werkzeuge.

⑪ BUHUYA
Frühe Stätte der Eisenverarbeitung in Tansania. Die Schmelzöfen aus Ton mit symbolischen weiblichen Merkmalen deuten auf eine Verbindung von Metallherstellung und Fruchtbarkeit hin.

EISERNER DOLCH
Viele der eisenzeitlichen Gesellschaften legten großen Wert auf Verteidigung und Waffen. Dieser englische Dolch (550 v. Chr.) ist typisch für die Periode. Er besteht aus Eisen, hat eine Bronzeummantelung und gehörte wohl einem Stammeshäuptling. Warum sich solche kriegerischen Gesellschaften herausbildeten, ist unklar, vielleicht haben Bevölkerungswachstum, schwindende Ressourcen, geänderte Wertmaßstäbe und bessere Waffen dazu beigetragen.

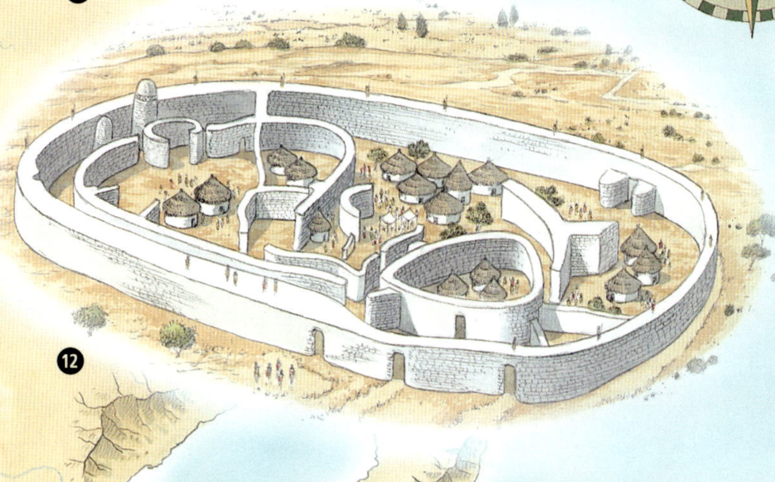

ALT-SIMBABWE
Diese Wehranlage aus Stein wurde für einen lokalen Häuptling und seine Familie errichtet. Innerhalb der Steinmauern standen wahrscheinlich hölzerne Bauten. Man fand zahlreiche Luxusgüter, die auf einen Fernhandel mit Metallen, Muscheln und Keramik hinweisen.

FESTUNG DER EISENZEIT

NAVAN, GROSSBRITANNIEN

KARTE SEITE 144 – D5

BELEGE

Aufzeichnungen von irischen Mönchen aus dem 7. und 8. Jahrhundert n. Chr. verweisen auf eine Hauptstadt Emain Macha im Norden Irlands. Geographische und andere Hinweise setzen diesen Ort mit der Festung Navan gleich, der Hauptstadt der Uiti. Nach ihnen ist die historische Gegend Ulster benannt.

Die Hügel in Navan sind eindeutig von Menschenhand angelegt und stehen in einer Landschaft, die weitere bronze- und eisenzeitliche Fundstätten in ihrer Nähe aufweist.

IM 7. UND 8. JAHRHUNDERT schrieben irische Mönche die mündlich überlieferten traditionellen Geschichten der Kelten aus Ulster nieder. Am berühmtesten ist »Der Ulster-Zyklus«, in dem von einer eisenzeitlichen Hauptstadt die Rede ist: Emain Macha bei Navan, in der der große König Conchobor herrschte. Navan ist ein typischer Ringwall der Eisenzeit. Über einer erhöhten Fläche erheben sich zwei Hügel, und es gibt Hinweise auf einen großen, umlaufenden Graben. Archäologen konnten Siedlungsspuren nachweisen, die bis 300 v. Chr. zurückreichen, und in neuesten Grabungen legte man Reste eines großen eisenzeitlichen Bauwerks frei. Offensichtlich hatte man 94 v. Chr. ein riesiges hölzernes Gebäude errichtet, es mit Steinen gefüllt, verbrannt und mit Erde bedeckt. Die Archäologen hoffen herauszufinden, wie und warum dieses Bauwerk errichtet und wieder zerstört wurde.

DER FUNDORT

Die Hügel in Navan wurden von dem Archäologen Dudley Waterman erstmals zwischen 1963 und 1971 ausgegraben. Der künstliche Cairn bildet einen 2,8 m hohen Hügel, der von weiteren 2,5 m rasenbewachsener Erde bedeckt wird. Ausgrabungen an der Spitze des größeren Hügels legten Reste eines runden Hauses frei, das von einer großen Holzkonstruktion überdacht war.

PFOSTENLÖCHER

Die wichtigste Entdeckung bestand in zahllosen Pfostenlöchern, die die Umrißform des Bauwerks nachzeichneten. Solche Löcher entstehen, wenn die Holzpfosten zerfallen. Eigentümlicherweise waren alle Löcher gleich groß. Offensichtlich trugen Pfosten gleicher Größe ein flach abfallendes Dach. Daraus läßt sich eher auf kultische denn auf praktische Nutzung des Gebäudes schließen.

PLAN DER AUSGRABUNG

Die Überreste erstreckten sich auf einen Kreis von 40 m Durchmesser. Sie bestanden aus zahlreichen Pfostenlöchern, die, innerhalb eines Cairns aus Steinen, speichenartig von einem Mittelpfosten ausstrahlten.

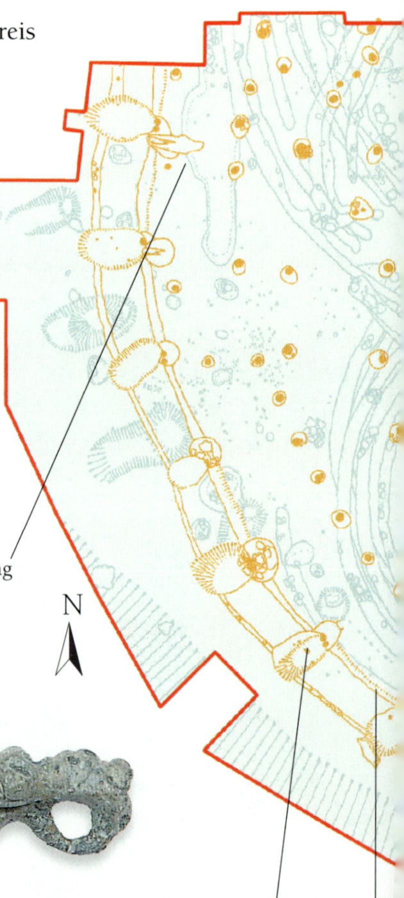

LEGENDE

- Bis zur maximalen Tiefe ausgegraben
- Nicht ausgegrabene Pfostenlöcher im Cairn
- Position eines Holzpfostens im Loch

3 m

KNEBEL UND NADEL

In der späten Eisenzeit stellte man kleine, persönliche Schmuckstücke, wie Knebel und Nadeln, noch immer aus Bronze her. An einem Ort wie Navan arbeiteten sicher kunstfertige Schmiede. Sie fertigten solche wahrscheinlich beliebten Gegenstände an.

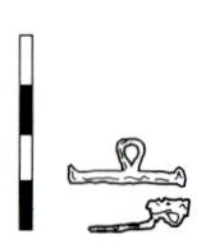

Länge: 5 cm

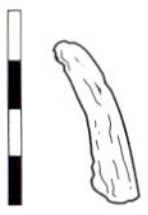

Länge: 12,5 cm

Bronzesichel

Die hier gefundene Bronzesichel spricht für die kontinuierliche Nutzung älterer Gerätschaften. Wahrscheinlich hat man, so glauben die Archäologen, noch in der frühen Eisenzeit Bronze verwendet.

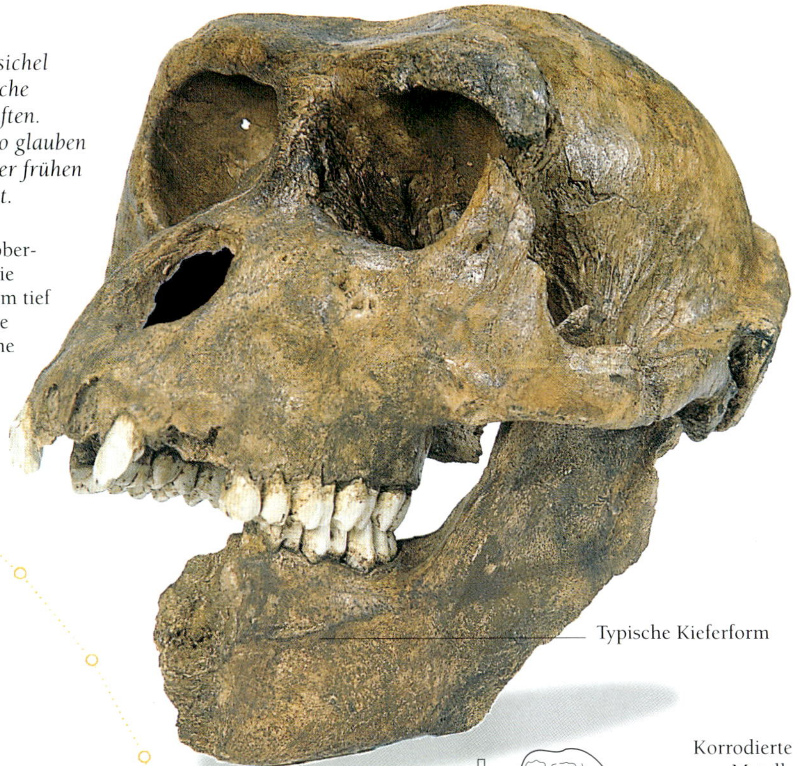

Breite 10 cm

Schädel eines Berberaffen

Neben anderen Tierknochen wurde hier auch der Schädel eines Berberaffen gefunden. Wahrscheinlich gab es in Navan einen Häuptling hohen Ranges, für den ein solches Geschenk angemessen war.

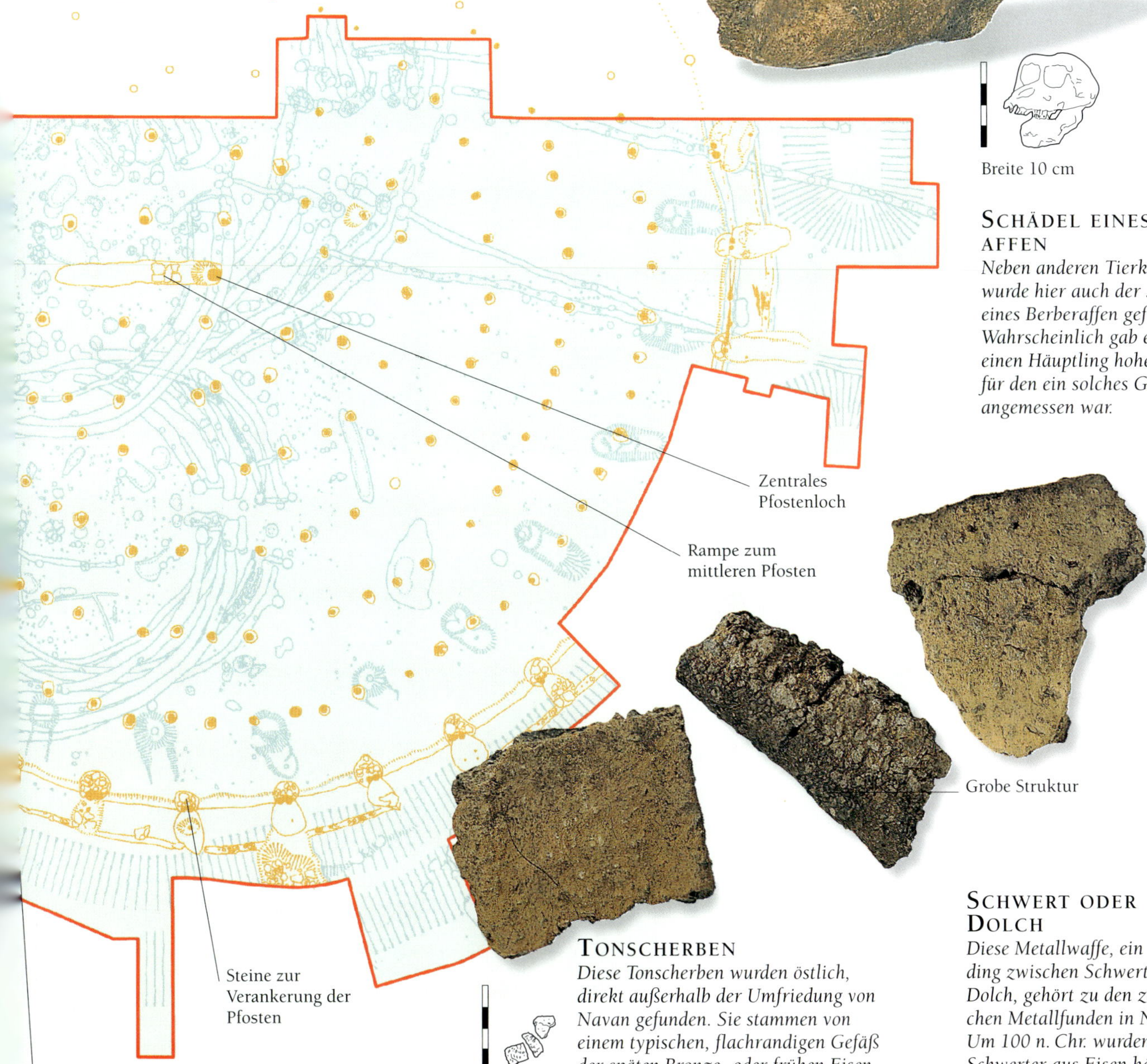

Breite 5 cm

Tonscherben

Diese Tonscherben wurden östlich, direkt außerhalb der Umfriedung von Navan gefunden. Sie stammen von einem typischen, flachrandigen Gefäß der späten Bronze- oder frühen Eisenzeit und lassen östlich des Gebäudes eine Siedlung vermuten.

Schwert oder Dolch

Diese Metallwaffe, ein Mittelding zwischen Schwert und Dolch, gehört zu den zahlreichen Metallfunden in Navan. Um 100 n. Chr. wurden Schwerter aus Eisen häufiger. Ihre Formen gleichen häufig denen der Bronzezeit.

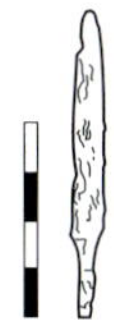

Länge 35 cm

FESTUNG DER EISENZEIT

INTERPRETATION DER FUNDE

DIE GRÖSSE DES BAUWERKS sowie die ungewöhnlichen Funde deuten darauf hin, daß es einem kultischen, rituellen Zweck diente. Das Gleichmaß der Pfostenlöcher, die massive Bauweise und die Entdeckung des Affenschädels zeigen, daß hier eine Art zeremonielles Bauwerk stand. Die Archäologen wiesen auf Stellen in Cäsars »Gallischem Krieg« hin: Er erwähnt die keltische Praxis, massive Holzbauten zu errichten und diese als Opfer an die Götter niederzubrennen. Auch die erhaltenen Erdwälle deuten eher auf rituelle als auf Verteidigungsfunktion hin, denn sie liegen außerhalb des Grabens. In der Umgebung findet man weitere rituelle Bauten und Teiche.

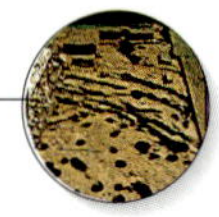

PFOSTENLÖCHER
Alle Pfostenlöcher in Navan hatten dieselbe Größe, während in anderen eisenzeitlichen Bauten die Balkendicke gewöhnlich von außen nach innen zunimmt. Dies deutet darauf hin, daß der Bau eine kultische und keine praktische Funktion hatte.

BROSCHENSTILE

Broschen und Fibeln (Broschen in der Art von Sicherheitsnadeln) gehören in Großbritannien zu den häufigsten Fundstücken der Eisenzeit. Da sich Geschmack und Stil verändern, sind solche Schmuckstücke unschätzbare Hilfsmittel bei der Datierung eines Fundorts. Die Fibel aus Navan (unten) verfügt über ein Kugelgelenk, das die hohe Kunstfertigkeit der Handwerker belegt. Da die örtlichen Handwerker jeweils regionale Varianten einer Grundform herstellten, können Archäologen diese bestimmen und in eine Typologie einordnen.

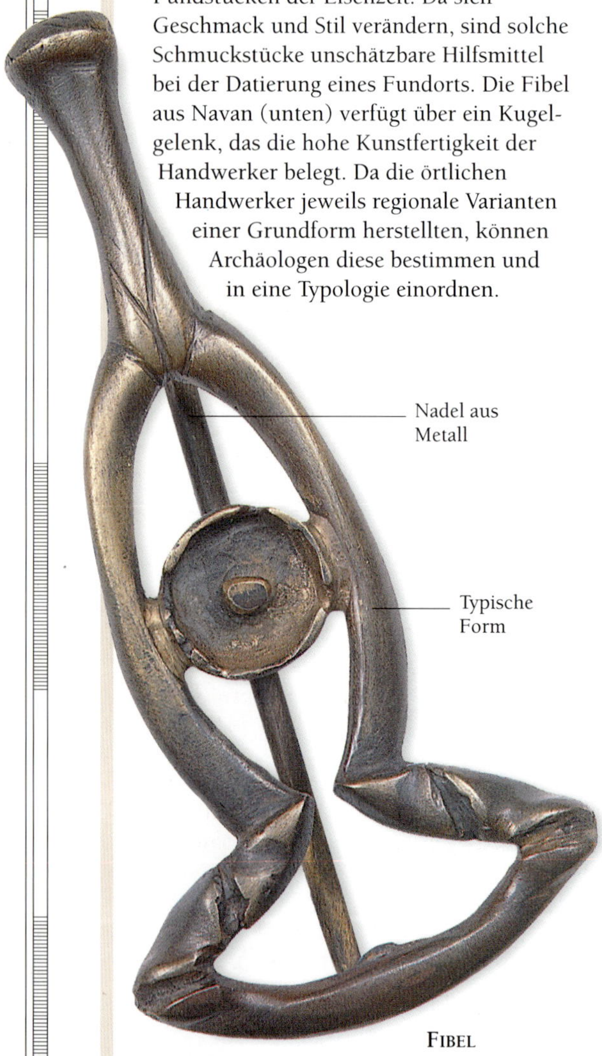

FIBEL

ZEICHNERISCHE REKONSTRUKTION

Wahrscheinlich war das Bauwerk Mittelpunkt für das ganze Gemeinwesen. Es könnte als Versammlungsplatz, für Rituale zum Wechsel der Jahreszeiten und für Siegesfeiern gedient haben. Vielleicht sollte dieses Bauwerk und die Zeremonie aber auch die Zusammengehörigkeit der hier lebenden Menschen stärken, etwa beim Begräbnis eines Königs oder durch rituelle Erhaltungsmaßnahmen an einem Bauwerk, das einem mächtigen Gott zugeordnet wurde. Diese Rekonstruktion zeigt ein überdachtes Bauwerk, es könnte jedoch auch eine offene, einem Henge ähnliche Struktur aus Holz gewesen sein.

BERBERAFFE
Vielleicht haben Händler diesen Berberaffen aus Afrika als kostbares Geschenk für den Herrscher mitgebracht.

FLACHRANDIGE KERAMIK
Solche flachrandigen Tongefäße sind typisch für die Epoche. Jede Familie besaß eine Reihe von einfachen Töpfen dieser Art. Der Ton war häufig mit Zusätzen vermischt, damit er beim Brand nicht zersprang.

SCHWERT-SCHEIDE
Die neuen stabilen und scharfen Metallwaffen unterstrichen den Status ihres Besitzers. Verzierte Schwertscheiden wiesen auf noch größeren persönlichen Reichtum hin.

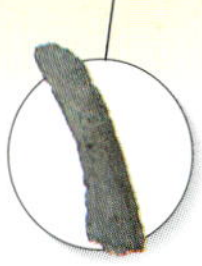

BRONZESICHEL
Der Wohlstand einer Gruppe hing vom Viehbestand und der Ernte ab. Wahrscheinlich hielten einige bäuerliche Gemeinschaften an den bronzezeitlichen Geräten fest, wie an dieser frühen Sichel.

LA-TÈNE-NADEL
Diese Nadel im La-Tène-Stil zeigte den Reichtum ihres Trägers. Wahrscheinlich wurde sie hier hergestellt, sie zeigt aber Einflüsse vom europäischen Kontinent.

LA TÈNE

Wertvolle Objekte in Teichen zu versenken war ein wichtiger Bestandteil im rituellen Leben der Kelten. In Ufernähe eines Schweizer Sees bei La Tène fand man Hunderte von Opfergaben aus Bronze und Eisen. Der Begriff La Tène bezeichnet sowohl die zeitliche Periode wie den Stil. Die typischen gekrümmten Linien des La-Tène-Stils wirken lebendiger als der frühere Hallstattstil (siehe Seite 58). Daher können Archäologen sicher zwischen der Kunst der frühen und späten Eisenzeit unterscheiden. In Loughnashade, bei Navan in Nordirland, fand man in einem See vier lange Hörner. Eines davon ist im Nationalmuseum von Dublin ausgestellt (rechts). Diese langen Blasinstrumente des 1. Jahrhunderts n. Chr. sind mit typischen keltischen Motiven verziert. Sie bestehen aus Bronzeplatten, die in Form gehämmert und vernietet wurden. Das Muster am Schalltrichter wurde getrieben, es zeigt die typischen Merkmale des späten La-Tène-Stils.

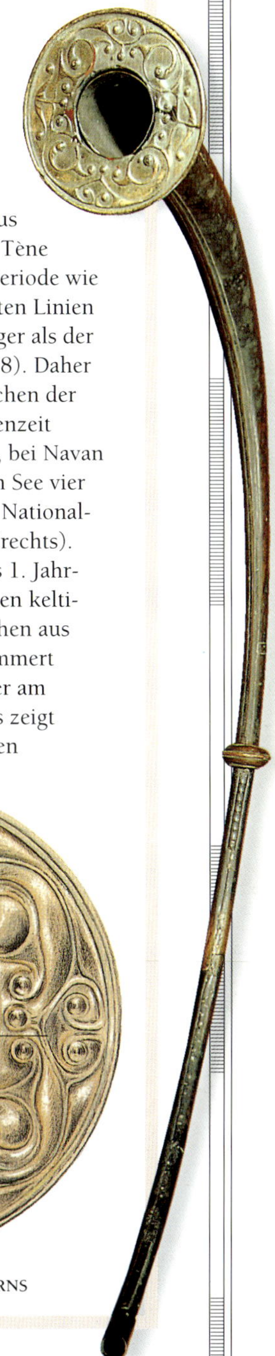

SCHALLTRICHTER DES HORNS

SCHLUSSFOLGERUNGEN

- Die archäologischen Hinweise liefern den konkreten Hintergund für eine hier angesiedelte frühe Heldenliteratur.
- Die Ausgrabungen des Haupthügels verweisen die Stätte in die Eisenzeit, obwohl die nahen Siedlungen weitaus länger bewohnt wurden.
- Die Anordnung der Pfostenlöcher, Steinstrukturen und Mittelpfosten weisen – zusammen mit den Funden – auf rituelle, weniger praktische Bedeutung des Ortes hin.

VERGLEICHBARE STÄTTEN

DER HÜGELKOMPLEX
Der Granithügel bildete einen idealen Ausgangspunkt für die erste Besiedlungsphase. Die Trockensteinmauern folgten den natürlichen Konturen der Felsblöcke, daher sind die meisten Mauern gekrümmt. Über manchen Toren lagen monolithische Blöcke.

ALT-SIMBABWE

BEI FORT VICTORIA, SIMBABWE

KARTE SEITE 142 – F7

IM 15. UND 16. JAHRHUNDERT N. CHR. gründeten die europäischen Nationen überall auf der Erde Handelskolonien. In Afrika gab es Fernhandel jedoch bereits lange vor dem Eintreffen der Europäer. Eisenzeitliche Kulturen im südlichen Afrika beuteten die dortigen Erzlager aus, und entlang der afrikanischen Ostküste florierte der Handel. Während ihrer Blütezeit zwischen dem 13. und 15. Jahrhundert n. Chr. kontrollierte die Festung von Alt-Simbabwe eine große Region im Osten Afrikas. Der Umfang der Ruinen zeugt noch heute von dieser einstigen Bedeutung. Leider gibt es nur wenig historische Quellen zu diesem Ort, daher ist die Archäologie von besonderer Bedeutung. Es bleibt zu hoffen, daß zukünftige Untersuchungen mehr über diese Kultur und ihre Bedeutung für die Geschichte Ost- und Südafrikas herausfinden.

DIE RUINEN

Im Herzen des südlichen Afrika, auf einer Ebene zwischen dem Sambesi im Norden und dem Limpopo im Süden, liegen die monumentalen Steinruinen von Alt-Simbabwe (*dzimba dza babwe* heißt »Steinhäuser« auf Shona). Dieses unvergleichliche Bauwerk dürfte die wichtigste eisenzeitliche Stätte Afrikas darstellen. Nach archäologischen Untersuchungen war der Ort während vier Phasen besiedelt: Die erste Phase wurde mit der Radiokarbonmethode auf 100–300 n. Chr. datiert. Die zweite Phase (350–1050) dauerte länger und ist durch einige Rinderfigurinen aus Ton gekennzeichnet. Kurz nach Eintreffen der Shona (um 900 n. Chr.) setzte die Phase der Steinbauten ein, die meisten entstanden jedoch erst zwischen 1270 und 1450. Die Schlußphase dauerte von 1450–1850. Der Archäologe Peter Garlake vermutet allerdings, daß die Einwohner Alt-Simbabwe bereits gegen Ende des 16. Jahrhunderts vollständig verließen.

Die heutigen Ruinen bestehen aus drei Teilen: Mauerringe um einen Granithügel, auf dem auch die königliche Residenz stand (auch Akropolis genannt); ein Zentrum im Tal darunter mit den Häusern der königlichen Frauen, Getreidesilos und der Great Enclosure (Große Einfriedung, manchmal Tempel genannt); schließlich die Stadt, in der die übrigen Einwohner lebten.

Nach und nach ersetzten hohe, dicht gefugte Mauern und riesige Häuser aus rechteckigen Blöcken die ehemals grob gemauerten, funktionellen Bauten. Die Great Enclosure, ein elliptisches Bauwerk von 240 m Länge und 10 m Höhe, ist besonders eindrucksvoll. Hier standen wahrscheinlich die Hütten des Königs oder Häuptlings. Die Mauerkrone ist mit einem Zickzackmuster geschmückt. Innerhalb des großen Mauerrings steht ein massiver konischer Turm.

Die meisten Artefakte stammen aus späterer Zeit, als die Rozwi Alt-Simbabwe bewohnten. Man fand Specksteinschnitzereien, Schalen, Phalli sowie Schmuckstücke aus Gold, Kupfer und Eisen. Obwohl auch einige Handmühlen gefunden wurden, scheint die Wirtschaft von Simbabwe auf der Produktion von Kupfer, Eisen und Bronze basiert zu haben.

RITUELLE FIGUR
Charakteristische Funde in Alt-Simbabwe sind Figuren aus Speckstein, wie diese weibliche Figurine mit deutlichen Brüsten und Hautritzungen.

EINE FLORIERENDE WIRTSCHAFT

Alt-Simbabwe lag auf direktem Weg zwischen dem Zentrum der Goldproduktion im Matabeleland (im Westen) und der Ostküste Afrikas. Dank dieser Lage kontrollierte es den Handel zwischen Landesinnerem und Meer und beherrschte die Wirtschaft der Region. Artefakte aus Gold und Kupfer sowie Importe, etwa chinesische Keramik und Glasperlen, belegen weitreichende Handelsbeziehungen. Auch die weite Verbreitung ähnlich gebauter Steinumwallungen verdeutlicht den Einfluß von Alt-Simbabwe.

Alt-Simbabwe entwickelte sich zur Hauptstadt eines riesigen Reiches der Shona, das sich weit über Südafrika ausdehnte. Eingeführte Keramik und Vergleiche mit Funden aus portugiesischen Handelsstationen setzen die Blütezeit von Alt-Simbabwe ins 14. und 15. Jahrhundert, also etwa in die gleiche Zeit, in der die islamischen Häfen die Ostküste beherrschten. Um 1450 begann der wirtschaftliche Niedergang der Stadt. In portugiesischen Aufzeichnungen wird auf eine ernste Salzknappheit hingewiesen, doch könnte diese auch die jahrhundertelange Ausbeutung des Landes und der Ressourcen oder einen Zusammenbruch des Handels widerspiegeln. Eine Shonagruppe wanderte nach Norden in die Gegend des mittleren Sambesi und ließ sich dort nieder. Vielleicht wurde dadurch das Monopol und die Macht Alt-Simbabwes geschwächt und der Niedergang der ökonomischen Vormachtstellung beschleunigt.

Der konische Turm
Innerhalb der Great Enclosure steht ein massiver, 10,5 m hoher konischer Turm mit einem Durchmesser von 5,5 m. Welchem Zweck er diente, ist bis heute unbekannt.

Die grosse Ringmauer
Alle Mauern wurden aus flachen Granitplatten ohne Mörtel errichtet. Die äußere Ringmauer der Great Enclosure war 10 m hoch; zwischen ihr und der inneren Mauer verläuft ein schmaler Gang.

Im Tempel hielt man noch bis zum 19. Jahrhundert Vieh, dann wurde der Ort endgültig verlassen. Kurz darauf gründeten goldsuchende Europäer eine Schürfgesellschaft, die ihre Tätigkeit bald einstellte. Vorher raubten die Mitglieder jedoch zahlreiche wichtige Objekte und zerstörten bei ihrer Suche bedeutende archäologische Hinweise.

DIE ENTDECKUNGSGESCHICHTE

Im frühen 20. Jahrhundert wurde Alt-Simbabwe kontrovers diskutiert. Vorurteilsbeladene Weiße bezweifelten, daß Schwarzafrikaner diese riesigen Steinbauwerke errichtet haben könnten. Sie forderten weiße Invasoren, etwa die Phönizier, als Baumeister. Man fand keinerlei Vorgängerbauten, die hinsichtlich Arbeitsleistung und Materialaufwand bzw. entsprechender Planung und Erfahrung mit Alt-Simbabwe vergleichbar wären. Schließlich akzeptierten auch die Weißen, daß Mauerringe und Gebäude Bestandteil einer authentischen Tradition des Steinbaus waren.

Ruinen eines grossen Reiches
Es gibt zahlreiche isolierte Mauerreste und Bauten, die wohl Überreste von ehemals komplexen Einfriedungen oder Teile hölzerner Bauten darstellen. Sie erstrecken sich über eine große Fläche. Die Mehrzahl der Einwohner lebte in Lehmhütten (Daga).

MONT LASSOIS & VIX

LANGUEDOC-ROUSSILLON, FRANKREICH

KARTE SEITE 146 – G6

ALS SICH IM 7. UND 8. JAHRHUNDERT V. CHR. DER GRIECHISCHE EINFLUSS ins westliche Mittelmeer ausdehnte, entstanden dort griechische Stadtstaaten wie Marseille. Im 6. Jahrhundert v. Chr. kam auch Europa nördlich und westlich der Alpen in Kontakt mit diesen griechischen Kolonien. Die Flußläufe der Rhône und Saône ins Tal der Seine bildeten wichtige Handelswege. Die Staaten des Mittelmeeres waren auf Sklaven, Nahrung und Rohstoffe angewiesen, während die nordwesteuropäischen Staaten Luxusgüter, wie Wein, und die dazu notwendigen Gefäße bezogen. Mont Lassois war eines der Handelszentren, und die Grabstätte von Vix belegt das breite Angebot der damals erhältlichen Luxusgüter.

LUFTAUFNAHME VON MONT LASSOIS
Diese Luftaufnahme zeigt den bewaldeten Hügel, auf dem einst die Festung stand. Sie beherrschte das Tal der Seine und das fruchtbare Land ringsum. Im Dorf Vix, unterhalb der Festung von Mont Lassois, fand man den berühmten Krater.

DIE FESTUNG

Der Ringwall des Mont Lassois war die Residenz eines mächtigen Keltenfürsten. Sie verdankte ihre Existenz dem Handel entlang dem Rhône- und Saônetal. Obwohl der Ort noch nicht gezielt ausgegraben wurde, fand man doch Hunderte von Broschen, griechische schwarzfigurige Keramik und Scherben von mediterranen Weinamphoren, die sowohl den hohen Status der Einwohner wie den Fernhandel belegen. Offensichtlich wurde Mont Lassois in der zweiten Hälfte des 6. Jahrhunderts v. Chr. von einem reichen, aristokratischen Häuptling regiert.

DIE GRABSTÄTTE VON VIX

Während Mont Lassois noch nicht vollständig ausgegraben wurde, hat man eine Reihe keltischer Gräber in der Umgebung bereits untersucht. Der spektakulärste Fund gelang 1953 im Dorf Vix, direkt unterhalb des Ringwalls. Die Ausgrabungen brachten das Grab einer 30- bis 35jährigen reichen Frau zutage, die als »Prinzessin« von Vix bekannt wurde. Sie lag unter einem großen Hügel, der in den Jahrzehnten vor 500 v. Chr. angelegt worden war. Offensichtlich glaubten die damaligen Bewohner an ein Leben nach dem Tode, denn man hatte ihr alles mitgegeben, was sie für ihre Reise in eine andere Welt brauchte. Die Tote war in einer hölzernen Grabkammer unter einem 6 m hohen Hügel von 42 m Durchmesser bestattet worden. Das Skelett der »Prinzessin« lag auf einem Wagen aus Holz, umgeben von bronzenen Wagenbeschlägen und zahlreichen weiteren Beigaben. Man fand Armreife, Halsbänder, eine Brosche, eine Halskette und ein goldenes, edelsteinverziertes Diadem (480 g schwer, mit geflügelten Pferden an den Enden). Dank eines bronzenen Beckens aus Tarquinia, das 520 v. Chr. entstand, und zweier griechischer Schalen (530–520 v. Chr. und 520–515 v. Chr.) konnte das Begräbnis auf circa 20 Jahre vor 500 v. Chr. datiert werden. Die üppige Ausstattung mit Beigaben zeigt den hohen Status und die wichtige Rolle der keltischen Frauen in der Eisenzeit.

AUSGRABUNG DES KRATERS
Das Bild links zeigt den Kraterfund im Grab von Vix (1953). Auf der rechten Seite ist einer der Handgriffe sichtbar.

DER KRATER

In einer Ecke des Grabes stand ein großer Krater (Krug zum Mischen von Wein) aus Bronze. Er ist 164 cm hoch, 208 kg schwer und am Hals mit einem getriebenen Fries verziert, der Fußsoldaten und Streitwagen zeigt. Daneben fand man Weinkrüge, Schalen und Tassen. Dieser Krater ist ein besonders augenfälliges Beispiel für den Import mediterraner Waren. Der Krater stammt wahrscheinlich aus Tarent oder Sparta. Möglicherweise wurde er in Teilen angeliefert und von einem griechischen Künstler zusammengesetzt – man fand unter dem Fries griechische Zahlen, die beim Anlöten des Frieses verdeckt worden waren.

DER KRATER VON VIX
Der prachtvolle Bronzekrater ist im Museum von Châtillon-sur-Seine (Frankreich) ausgestellt. Zwischen den beiden Handgriffen – sie stellen Gorgonen dar – verläuft ein Fries mit Kriegern.

DER HÜGEL VON TARA

MEATH, REPUBLIK IRLAND

KARTE SEITE 144 – D6

DER HÜGEL VON TARA IST NICHT NUR eine der wichtigsten Stätten der frühen irischen Geschichte, sondern auch eine der komplexesten. Eigentlich handelt es sich um eine ganze Reihe von Monumenten und Erdwerken um einen imposanten Hügel von 154 m Höhe. Nicht alle wurden mit gleicher Intensität erforscht. Seit dem 19. Jahrhundert finden Ausgrabungen in Tara statt, darunter 1899 auch der Versuch einiger Archäologen, die biblische Bundeslade zu finden. Der Hügel hatte über eine sehr lange Zeitspanne Bedeutung: Da das Alter der Monumente von der frühen Jungsteinzeit bis zur Eisenzeit und frühchristlichen Zeit reicht, ist es besonders wichtig, den zeitlichen Gesamtzusammenhang zu sehen, statt sich auf eine kurze Periode zu konzentrieren.

LUFTAUFNAHME VON TARA
Diese Aufnahme zeigt den großen, ovalen Graben (Festung der Könige) um den Hügel. Im Innern liegen zwei miteinander verbundene Ringwälle (Cormac's House und Royal Seat). Mitten in Cormac's House steht der Stone of Destiny. Jenseits der beiden Ringwälle liegt der Mound of the Hostages, mit dem Rath (Festung) der Synoden.

SITZ DER HOCHKÖNIGE

Sowohl archäologische wie historische Belege bewerten den Hügel von Tara als einen Schlüsselort irischer Kultur, dessen Bedeutung sehr weit zurückreicht. In frühchristlichen Schriften wird Tara als Sitz der Könige von Irland und Zentrum der frühen Dynastien beschrieben. Hier lag ein Machtzentrum der Eisenzeit, das bis in die nachrömische Zeit nachwirkte. Die bis aus der Jungsteinzeit stammenden Riten- und Grabmonumente legen jedoch nahe, daß der Hügel seit Tausenden von Jahren auch von zentraler ritueller Bedeutung war. Das älteste Bauwerk von Tara ist der Mound of the Hostages (Hügel der Geiseln), ein Ganggrab der Jungsteinzeit, das auf circa 2130 v. Chr. datiert wurde. Noch immer sollen hier mehr als 100 Verstorbene liegen, die zusammen mit Keramik und Steingeräten beigesetzt wurden. Später, in der Bronzezeit, grub man weitere Gräber in den Hügel – Gruben für Einzelbestattungen. Man fand sowohl Urnen und Schalen aus Keramik mit geometrischen Mustern als auch eine intakte Halskette aus Jett, Bernstein und Kupferperlen. Auch die sogenannte Banqueting Hall gehört zu den frühen Zeugnissen. Sie stellte wahrscheinlich eine Straße für Zeremonien dar, die zum Hügel führte. Sie stammt aus der Jungsteinzeit und diente wohl viele Jahrhunderte lang als Zugang. Aus der Eisenzeit stammen zwei Ringwälle auf dem Hügel mit einigen Gräben; der rundum laufende Wall entstand etwa zur gleichen Zeit. Mitten in einem der inneren Ringwälle steht der Stone of Destiny (Schicksalsstein), ein rätselhaftes Monument, das die rituelle Bedeutung des Hügels belegt. In der Nähe des äußeren Ringwalls liegen weitere Festungen.

STONE OF DESTINY
Dieses phallische Monument, das mitten in einem der inneren Ringwälle (dem sogenannten Cormac's House) steht, wurde wahrscheinlich während der Eisenzeit aufgestellt. Es soll Krönungsstein der O'Neills, Könige von Tara, sein. Seine wahre Bedeutung ist jedoch unbekannt.

MOUND OF THE HOSTAGES
Das älteste Bauwerk von Tara ist der Mound of the Hostages. Vielleicht war dieses Ganggrab der Ausgangspunkt aller weiteren Aktivitäten an dieser Stelle. Das Photo zeigt den Eingang ins Grab, das zahlreiche Bestattungen enthält.

KLASSISCHE ANTIKE

DAS RÖMISCHE UND GRIECHISCHE STAATSWESEN basierte auf einer städtischen, wirtschaftlich aktiven und multinationalen Gesellschaft. Römische Bürger, die in Ephesos (Türkei) lebten, hätten in einer kleinen gallischen Grenzstadt – neben deutlichen Unterschieden – sicher vieles vertraut gefunden. Bis das Römische Reich im 5. Jahrhundert n. Chr. endgültig zerbrach, hatte es im Laufe von Jahrhunderten eine gut funktionierende Verwaltung mit Steuern und Beamten geschaffen, die auf eine Infrastruktur aus Straßen, Aquädukten und Handelsrouten zurückgreifen konnte.

Die materiell geprägte Kultur der Antike hinterließ eine große Zahl von Bauwerken, Monumenten und Kunstwerken, die uns wohl vertraut sind. Auch die griechische und römische Literatur gehört zu unserem Kulturerbe. Trotz dieser reichen Überlieferung ist die Archäologie noch immer notwendig, um öffentliche Werke in einen Kontext zu stellen und den Alltag der Menschen dieser Periode zu ergründen.

① HADRIANSWALL
Mit dieser Befestigung sicherte der römische Kaiser Hadrian um 122 n. Chr. die nördliche Grenze seines Reiches.

RÖMERSTRASSEN
Die Römer verbauten nur hochwertiges Material und legten gewölbte Straßen an, damit das Wasser abfließen konnte.

② TOCKENHAM
Eine römische Villa mit Mosaiken, Zierteichen und Wandgemälden.

③ GRAND
Eine gallorömische Stadt mit fortschrittlichem Abwassersystem und einem berühmten Amphitheater.

④ PONT DU GARD
Dieser im 1. Jahrhundert n. Chr. erbaute, 40 km lange, steinerne Aquädukt versorgte die römische Stadt Nîmes mit Wasser.

⑤ ROM
Nach der Überlieferung 753 v. Chr. gegründet; Rom entwickelte sich von einem kleinen Dorf zur Hauptstadt des Römischen Reiches.

⑥ HERCULANEUM
Beim Ausbruch des Vesuv 79 n. Chr. wurde die Stadt unter Vulkanschlamm begraben.

⑦ POMPEJI
Zur gleichen Zeit verschüttet wie Herculaneum; allerdings unter vulkanischer Asche.

⑧ KARTHAGO
Karthago beherrschte den gesamten Mittelmeerraum, bis es 146 v. Chr. von den Römern eingenommen wurde.

⑨ SABRATHA
Diese römische Stadt, ursprünglich eine karthagische Kolonie, kontrollierte den Karawanenhandel durch die Sahara und war gleichzeitig Hafenstadt. Es gibt noch eindrucksvolle Reste römischer ziviler und religiöser Architektur, darunter dieses Amphitheater.

ALEXANDER DER GROSSE
Alexander der Große (356–323 v. Chr.) einte das griechische Reich. Mit Hilfe seiner bemerkenswerten Militärstrategie eroberte er das Persische Reich und brachte weite Teile der Welt – von Südasien und Ägypten bis Indien und Pakistan – unter die Kontrolle der Griechen.

Römische Soldaten
Das römische Militär war eine effiziente Berufsarmee, die im ganzen Reich unterwegs war. Eine Legion bestand aus Infantrie und einer unterstützenden Kavallerie und zählte zwischen 3000 und 6000 Mann.

Julius Cäsar
Gaius Julius Cäsar (100–44 v. Chr.) war ein fähiger Politiker, beeindruckender Redner und großer General. Die Unterwerfung Galliens verlieh ihm die Macht, die absolute Herrschaft anzustreben.

⑩ **Athen**
Der kulturell und militärisch mächtigste Stadtstaat der griechischen Welt.

⑪ **Ephesos**
In dieser beeindruckenden griechischen und römischen Stadt erhielten sich ausgedehnte Ruinen, darunter der Artemistempel und die Celsusbibliothek.

⑫ **Alexandria**
Der Leuchtturm von Alexandria war eines der sieben Weltwunder der antiken Welt. Neuere archäologische Untersuchungen deckten außerdem den Grundriß des klassischen Hafens auf.

Klassische Sagen
Die alten Griechen verfügten über eine hochentwickelte Mythologie. Als die Römer Griechenland besiegten, übernahmen sie viele der Götter und paßten sie ihrer Kultur an. Diese Sphinx stammt von einem griechischen Gefäß.

Römisches Silber
Diese in Indien gefundenen Silbermünzen zeigen die weiten Handelskontakte der Römer und ihren internationalen Einfluß. Mit Münzen bezahlten sie auch exotische Gewürze aus Ostasien.

Römische Villa

TOCKENHAM, GROSSBRITANNIEN

KARTE SEITE 144 – F8

Belege

- Jahrelang fand man auf den Feldern von Tockenham zahlreiche römische Tonscherben, *tesserae* (Mosaiksteine) und Dachplatten.

- Geophysikalische Sondierungen deckten die Mauerumrisse einer römischen Villa und anderer Bauwerke auf.

- Aus der Kombination der verstreuten Funde und der Grundform der Gebäude läßt sich auf wohlhabende Bewohner von hohem Rang schließen.

WÄHREND DER RÖMERZEIT gliederten große landwirtschaftliche Güter mit geräumigen und luxuriösen Wohnhäusern (sogenannten Villen) die Landschaft Europas. Diese Steinhäuser mit Steindächern wurden durch ein kompliziertes Röhrensystem beheizt und hatten kunstvolle Mosaikfußböden und verputzte, bemalte Wände. Die Bewohner solcher Villen benutzten mannigfache Keramik und Möbel. In den Nebengebäuden und Werkstätten spielten sich geschäftige landwirtschaftliche Tätigkeiten ab, und hier wurde das Gut verwaltet. In Großbritannien und großen Teilen Europas sind römische Villen häufig anzutreffen. Tockenham ist ein klassisches Beispiel dafür, wie Archäologen solche Stätten auffinden und untersuchen. Intakte Fußböden und Wände sind nur selten erhalten; häufiger findet man Gebäudeschutt und Artefakte der Villa. Tockenham zeigt, wie Archäologen aus einer Vielzahl verstreuter Funde ihre Informationen über den römischen Lebensstil gewinnen.

Der Fundort

Seit Jahren schon fand ein Bauer von Tockenham regelmäßig römische Fundstücke beim Pflügen der Felder. Schließlich wollte er herausbekommen, was unter der Erde lag, ohne Schaden anzurichten. Mit Feldbegehungen und Sondierungen wurde zunächst die Ausdehnung abgeschätzt, dann mit Hilfe schmaler Sondierungsschnitte überprüft, was sich unterhalb der Oberfläche erhalten hatte. Schließlich wurde ein Plan der oberflächlich sichtbaren Erdveränderungen gezeichnet und die Bauten mit Hilfe geophysikalischer Sondierung lokalisiert.

Dreidimensionaler Plan

Mit magnetometrischer Sondierung wurde der Standort der Gebäude und Mauern lokalisiert. Mit Hilfe der Widerstandsmessung kam man zu einem noch detaillierteren Bild der unterirdischen Reste und rekonstruierte schließlich einen dreidimensionalen Plan der Villa und des Hofes (links).

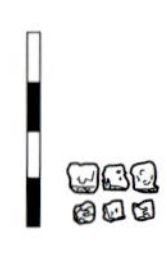

Breite 2,5 cm

Tesserae

Verstreut über die Fläche fand man mehrere kleine quadratische Steine unterschiedlicher Farbe. Aus diesen tesserae stellte man Mosaike her.

Verteilung der Funde

Die rechteckige Fläche (links von der Villa) im Bild oben wurde frisch gepflügt. Bei einer Feldbegehung konnten daher archäologische Fundstücke von der aufgewühlten Oberfläche gesammelt werden. Gruppen von Helfern gingen über das Feld und nahmen die Fundstücke auf, darunter Tonscherben, Steinfragmente und Metall. Der Plan zeigt die höhere Funddichte römischen Materials, insbesondere von Keramik, nahe der Villa, während sie mit der Entfernung abnahm. Außerdem entdeckte man einige prähistorische Feuersteine.

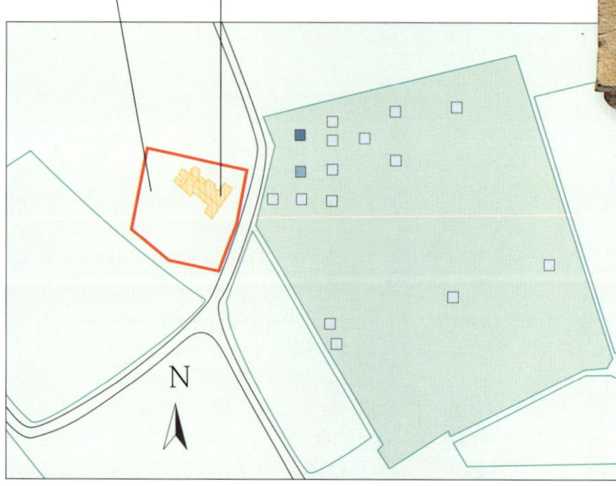

1–5 Tonscherben

6–10 Tonscherben

11 und mehr Tonscherben

100 m

Länge: 4 cm

GLASSTÜCK
Dieses Stück gehörte ursprünglich in einen Rahmen. Römisches Fensterglas war – anders als modernes Glas – dick und grün.

Breite: 8 cm

STÜCK EINES TONGUSSMODELS
Die sogenannte Terra sigillata, eine Qualitätskeramik, fand man häufig auf Villenstandorten. Sie wurde in Modeln mit Relief hergestellt. Die Massenware mit Standardformen war im ganzen Römischen Reich verbreitet.

Durchmesser: 5 cm

MÜNZE
Auf der Oberfläche des gepflügten Feldes wurden zahlreiche römische Münzen gefunden. Diese abgenutzte Münze stammt aus dem 3. Jahrhundert n. Chr., aus der Regierungszeit Kaiser Diokletians.

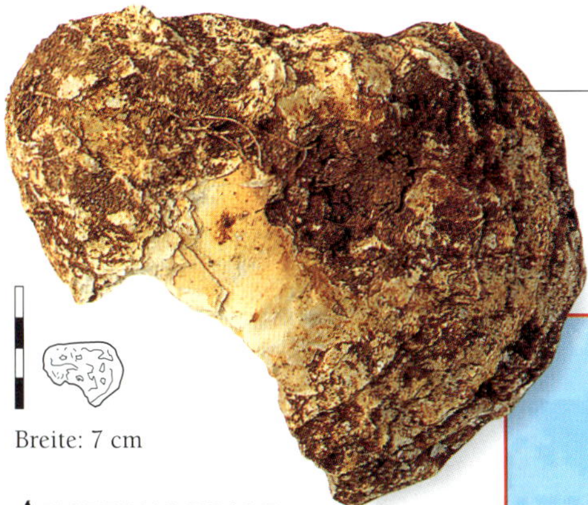

Breite: 7 cm

AUSTERNSCHALE
In der Antike wurden große Mengen Austern verspeist. Daher werden Austernschalen fast überall an römischen Stätten gefunden; besonders gut erhielten sie sich in Kreide- oder Kalkböden.

GEOPHYSIKALISCHER PLAN
Mit Hilfe der geophysikalischen Sondierung konnte die Grundform der Villa aufgedeckt werden; hier ist der genaue Plan gezeigt. Die Wände weisen hohe Widerstände auf (schwarz). Durch Vergleich mit anderen ausgegrabenen Villenstandorten vermuteten die Achäologen, daß es sich wohl um einen Flügelbau handelte. Im hinteren Teil gab es einen quadratischen Speisesaal *(triclinium)*, das Gebäude mit der Apsis dürfte das Badehaus gewesen sein.

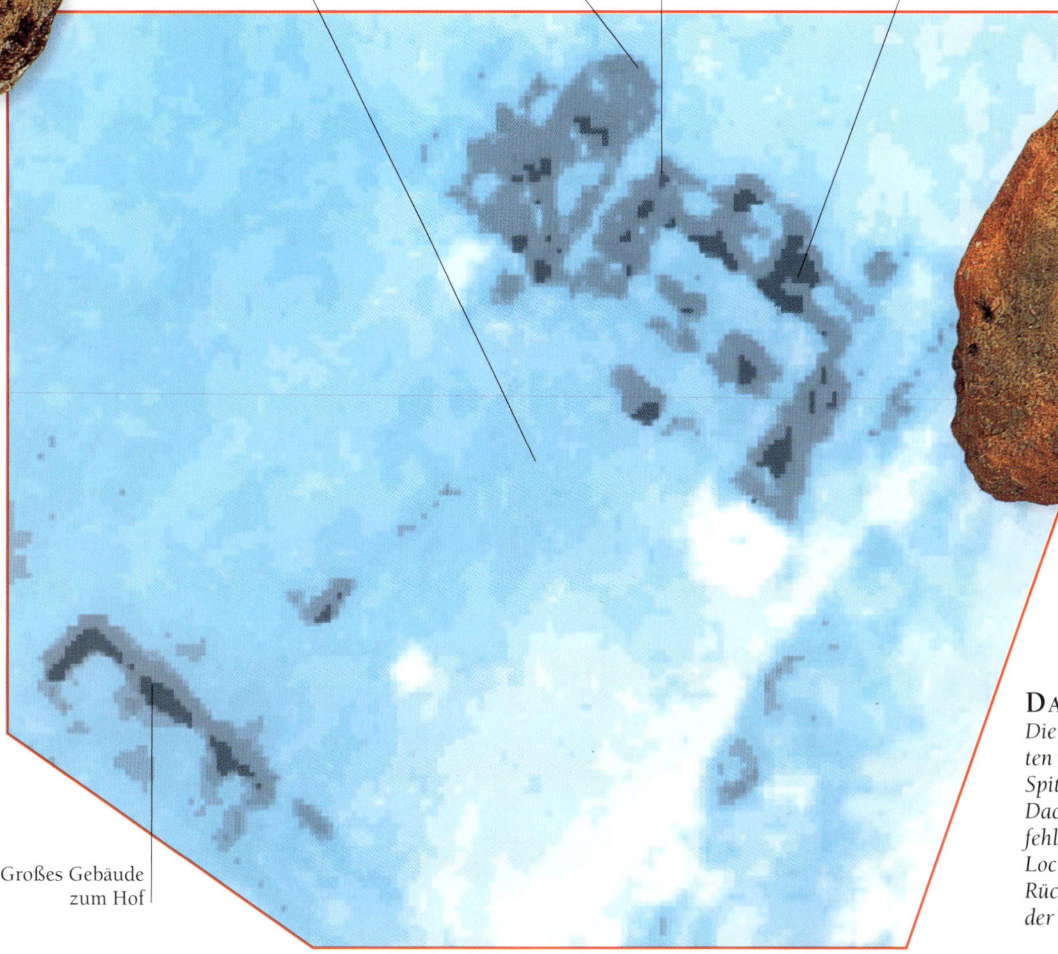

Länge: 30 cm

DACHPLATTEN
Die steinernen Dachplatten wurden, mit der Spitze nach unten, an Dachlatten genagelt. Hier fehlt das Ende mit dem Loch. Die orangefarbenen Rückstände stammen von der Tonerde.

Breite: 20 cm

ZIEGEL AUS DEM HYPOKAUSTUM
Dieses Ziegelstück stammt von einem Heizrohr. Das Rillenmuster dient der besseren Haftung an der Mörtelwand – ein sicheres Kennzeichen für Archäologen.

Länge: 1 m

WASSERSPEIER
Diese Steinröhre in Form eines Fischkopfes lag in der Nähe der Fundstätte. Nachdem die Villa entdeckt worden war, identifizierte man sie als Teil einer römischen Teichdekoration.

Römische Villa

Interpretation der Funde

Aus der Analyse der Funde und den Sondierungen ergeben sich ein klares Bild von dem Aussehen der Villa in Tockenham sowie viele Hinweise darauf, wie sich das Leben ihrer Bewohner gestaltet hat. Wir können die verwendeten Materialien untersuchen, die Arbeitstechniken kopieren und die Ausstattung des Hausinneren durch Vergleiche mit ähnlichen Fundorten rekonstruieren. Die unterschiedlichen Funde – Wasserspeier, *tesserae*, Hohlziegel des Hypokaustums – belegen die Vorliebe der Römer für bequeme, schöne Häuser und Gärten. Außerdem zeigen die archäologischen Zeugnisse, daß die Erbauer und Bewohner der Villa römische Standardtechniken, sogar Massenware verwendeten. Obwohl diese Gemeinschaft an der äußersten Grenze des riesigen Römischen Reiches lebte, wurde sie doch von römischen Moden und Traditionen beeinflußt.

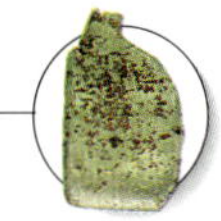

Fenstergläser

Wir wissen nicht, wie verbreitet Glasfenster waren, wahrscheinlich verfügten aber nur das Badehaus und die beheizten Räume über diesen Schutz. Ansonsten gab es wohl Fenstergitter und hölzerne Läden. Die Funde belegen, daß hier hochrangige Leute lebten.

Zeichnerische Rekonstruktion

Aus Fundorten, an denen sich die Gebäude besser erhielten, und mit Hilfe zeitgenössischer Beschreibungen und Bilder läßt sich das mögliche Aussehen der Villa rekonstruieren, obwohl nur wenige Fundamente erhalten sind. Diese römische Villa, inmitten von Gärten, Feldern und Wäldern, entsprach einem modernen Landgut. Sie war Zentrum eines bäuerlichen Gutes und Wohnstätte einer reichen Familie. Wahrscheinlich gab es Speisesäle, Wohnzimmer und Schlafräume – einige beheizt, mit Mosaiken auf dem Boden und einfarbigen oder verzierten Wänden. Vor dem Haus lag vielleicht ein Park mit Gärten und Fischteichen.

Terra sigillata

Solche Schalen von hoher Qualität wurden über große Entfernungen aus Gallien (dem heutigen Frankreich) oder Deutschland als Tischgeschirr importiert. Vielleicht wurde diese hier als Obstschale benutzt.

Zierteich

Wahrscheinlich befand sich im vorderen Hof ein flacher Zierteich, der aus zwei fischkopfförmigen Wasserspeiern gespeist wurde. Die Qualität der hier gefundenen Röhre kommt vergleichbaren Objekten aus Pompeji nahe.

Geld

Die Eigentümer der Villa müssen reich gewesen sein. Die meisten römischen Münzen bestanden aus Bronze und zeigten in der Regel das Porträt des jeweiligen Kaisers. Gold- und Silbermünzen waren viel seltener.

HYPOKAUSTUM

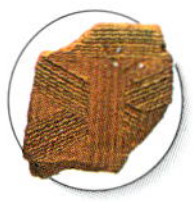

Diese Form der Heizung beruht auf Heißluftzirkulation unter dem Fußboden. Der mit Holz befeuerte Ofen stand außerhalb des Hauses; die heiße Luft führte man durch Röhren ab. Sie zirkulierte unter dem Boden der Villa, der von Stein- oder Keramikpfeilern gestützt wurde. Danach strömte sie in Hohlziegeln durch die Wände. Eine Reihe von Schornsteinen oder Öffnungen leitete Rauch und heiße Luft ab. Beheizt waren jedoch nur einige Räume, denn ein Hypokaustum erforderte große Mengen an Holz und Arbeit. Das dargestellte Hypokaustum fand man in römischen Bauten von Chedworth (England).

INTAKTER HOHLZIEGEL

FREIGELEGTES HYPOKAUSTUM

DACHPLATTEN
Die überlappenden Platten machten das Dach wasserdicht. Manchmal waren sie verschiedenfarbig und zu dekorativen Mustern verlegt. Wahrscheinlich wurden sie in einem nahegelegenen Steinbruch als Massenware in genormter Größe hergestellt.

FRISCHE AUSTERN
Zur Römerzeit wurden Austern viel häufiger gegessen als heute. Sie stammten aus großen Austernfarmen und gehörten in viele Gerichte – einige römische Austernrezepte sind überliefert.

SCHLUSSFOLGERUNGEN

- Die geophysikalische Sondierung ergab den Lageplan einer dreiflügeligen Villa um einen Innenhof.
- Obwohl nur ein kleiner Bereich ausgegraben wurde, erzählen uns die Artefakte recht viel über den Aufbau der Villa.
- Der Wasserspeier ist ein besonders bedeutender Fund, denn seine künstlerische Qualität ist einzigartig für das römische England.
- Die Funde belegen einen komfortablen Lebensstil der Einwohner.

MOSAIKBÖDEN
Die Mosaike zeigten meist geometrische Muster oder mythologische Szenen, wie diese Darstellung des Frühlings aus Chedworth (England). In Tockenham wurden vielleicht vorgefertigte Mosaike eingebaut oder ein Künstler damit beauftragt.

GLAS

ROHSTOFFE

Glas wird aus Kieselerde (aus zerriebenem Quarz, Feuerstein oder Sand) und oxidierenden Chemikalien, etwa Pottasche (Holz- oder Pflanzenasche), hergestellt. Glassplitter sorgen für eine bessere Verbindung der Zutaten. Konsistenz und Farbe des Glases können durch weitere Zugaben verändert werden.

DIE KUNST DER GLASHERSTELLUNG IST EIN KOMPLIZIERTER PROZESS, der sich über mehrere tausend Jahre entwickelt und verbessert hat. Glas gibt es seit den ersten glasierten Keramiken im östlichen Mittelmeerraum (um 3000 v. Chr.). Die unterschiedlichsten Dinge wurden daraus hergestellt, etwa Gläser, Flaschen, Schalen, Lampen, Fensterscheiben und Schmuck. Glasobjekte galten häufig als Luxusgüter und Kunstobjekte, da man sie verzieren konnte und sie manchmal teuer in der Herstellung waren. Es entwickelten sich Zentren der hochwertigen Glasproduktion, wie das mittelalterliche Venedig oder das London des 18. Jahrhunderts. Seit der Römerzeit wurden kaum neue Techniken erfunden – mit Ausnahme der Emaille und des Bleikristalls. Durch mechanisierte Herstellung wurde Glas zu einem allgemein verfügbaren Gebrauchsgut, daher gehören Flaschen und Gefäße des 19. und 20. Jahrhunderts zu den häufigsten Funden an archäologischen Stätten.

LOTUSKELCH

1250 V. CHR.

Die Ägypter stellten vor der Erfindung des Glases Fayenceobjekte her (blauglasierte Mischung von Sand und Natriumkarbonat, die knapp unter dem Schmelzpunkt gebrannt wurde). Mit dieser Technik wurden in der vordynastischen Zeit (um 3000 v. Chr.) Perlen und Anhänger hergestellt, später auch kompliziertere Objekte. Dieser ägyptische Kelch mit Lotusblütendekoration dürfte in der damaligen Gesellschaft ein hochgeschätztes Objekt gewesen sein.

1250 v. Chr.

TYPISCHE MERKMALE

Auf den Kelch wurde ein Muster graviert.
Der Kelch hat die Form einer Lotusblüte.
Blaue Farbe durch Metalloxide.

PHÖNIZISCHES GLAS

UM 950 V. CHR.

Erst um 1500 v. Chr. hatte man die Glasherstellung soweit verfeinert, daß man Gefäße herstellen konnte. Im 9. Jahrhundert v. Chr. trieben die Phönizier im östlichen Mittelmeer Handel mit Glas. Zur Herstellung tauchten sie einen sandgefüllten Sack in einen Bottich mit flüssigem Glas. Es überzog den Sack und nahm dessen Form an. Sobald das Glas erkaltet war, nahm man den Sand heraus. Dieses Salbgefäß, ein *Aryballos*, wurde so hergestellt. Allerdings träufelte man zusätzlich mit Pigmenten gefärbtes Glas darauf und rollte das Gefäß. In solchen kleinen Behältern hob man Parfüm und Salböle auf.

TYPISCHE MERKMALE

Um einen Kern aus Sand oder Ton hergestellt.
Häufig sind kleine Flakons und Flaschen.
In der Regel kräftige Farben, vor allem Blau und Gelb.

RÖMISCHER KELCH

1. JAHRHUNDERT N. CHR.

Das erste geblasene Glas wurde wahrscheinlich im 1. Jahrhundert v. Chr. im östlichen Mittelmeerraum hergestellt. Dann entwickelte sich eine umfangreiche römische Glasindustrie. Die Römer waren außerordentlich kunstfertige Glasbläser, stellten farbloses Glas her und perfektionierten Glasmalerei und Glasgravur. Mit dem Zusammenbruch des Römischen Reiches gingen auch viele dieser Techniken verloren.

TYPISCHE MERKMALE

Das Glas wurde geblasen, nicht getaucht.
Man stellte viel dünneres, farbloses Glas her.
Komplexe Formen und Ausgestaltungen.

Glasbläserei

Die Römer perfektionierten die Technik des Glasblasens. Sie stellten auch als erste Gefäße mit dünnen Stielen her. Geblasenes Glas ließ sich viel schneller herstellen als Sandkerngefäße. Außerdem erlaubte die neue Technik eine größere Vielfalt von Formen und Typen. Glasbläser brauchen starke Lungen und viel Erfahrung, damit das Gefäß die richtige Form bekommt und gezielt abkühlt. Jeder Fehler führt zu Sprüngen oder Spannungen, die die Stärke des Glases beeinträchtigen oder es sogar zum Platzen bringen.

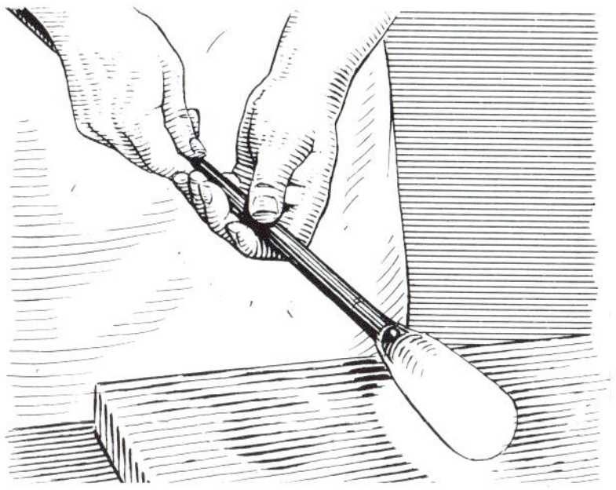

1 Eine Metallröhre (Glasbläserpfeife), meist über 1 m lang, wird in geschmolzenes Glas getaucht und gedreht, bis am Ende ein Klumpen weiches Glas hängenbleibt. Dieser wird auf Holz oder Metall ausgerollt (märbeln).

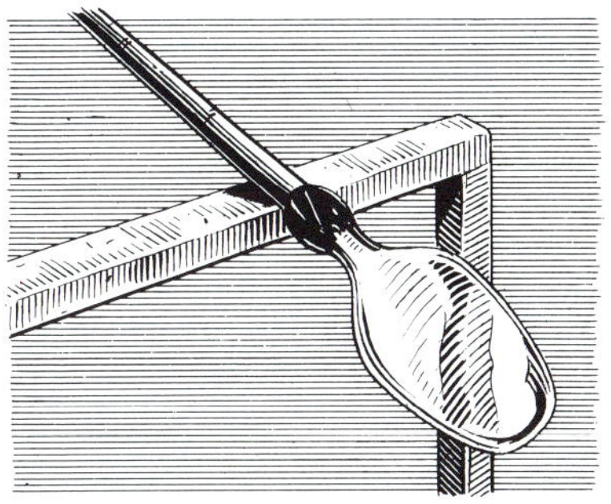

2 Hat der Glasklumpen die richtige Konsistenz, bläst der Glasbläser ihn zu einer Blase auf (so entsteht der spätere Hohlraum). Während es aushärtet, wird das Glas durch Rollen oder durch Blasen in eine Form weiter gestaltet.

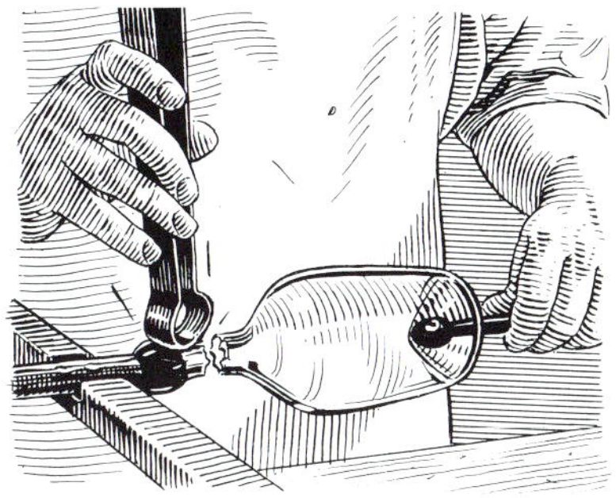

3 Sobald die Gefäßform fertig ist, werden Verzierungen angebracht, solange das Glas noch heiß und verformbar ist. Schließlich entfernt man das Gefäß mit Scheren oder einem harten Schlag von der Glasbläserpfeife.

Islamisches Glas

14. Jahrhundert n. Chr.

Nach dem Niedergang Roms wurde in Osteuropa weiterhin Glas hergestellt. Hinzu kamen neue Schmucktechniken kunstfertiger islamischer Handwerker, wie das Vergolden oder Emaillieren. Dabei strich man pulverisierte Pigmente auf und brannte sie ein. Solche bunten Gläser waren im 12. Jahrhundert n. Chr. sehr begehrt.

Typische Merkmale

Verwendung komplizierter Muster.
Manchmal wurde Blattgold aufgetragen.
Das Muster wird auf die Glasoberfläche gemalt.

Bleikristall

17. Jahrhundert n. Chr.

Im 17. Jahrhundert wurde das Bleikristall erfunden. Durch zugefügtes Bleioxid ließ sich die Temperatur absenken, die notwendig war, um »kristallklares« Glas, das hart genug für Gravuren war, herzustellen. Das abgekühlte Glas wurde dann häufig in anderen Werkstätten graviert. Englische Glasgefäße wurden sogar zu Graveuren auf dem Kontinent transportiert. Bleikristall ist schwerer als andere Glassorten.

Typische Merkmale

Durchsichtig und von gleichmäßiger Struktur.
Eingravierte Muster und zierliche Schmuckelemente.
Design und Formen sind einfach und elegant.

Coca-Cola-Flasche

1957 n. Chr.

Im 19. Jahrhundert wurde die Technik der Glasherstellung revolutioniert. Das mechanisierte Verfahren erlaubte eine Massenproduktion, und wissenschaftliche Erkenntnisse führten zu Gefäßen von besserer Qualität. Im frühen 20. Jahrhundert waren Flaschen und Glasbehälter allgemein üblich. Einige, wie diese Coca-Cola-Flasche von 1957, wurden zu Klassikern des Glasdesigns.

Typische Merkmale

Form und Markenzeichen wurden gegossen.
Einheitliche Form durch maschinelle Herstellung.
Nahtstelle bleibt häufig sichtbar.

VERGLEICHBARE STÄTTEN

EPHESOS

SELÇUK, TÜRKEI

— KARTE SEITE 148 – C2 —

DIE GROSSEN STÄDTE DER ANTIKE waren wohldurchdachte, hochentwickelte städtische Zentren mit umfangreicher und durchsetzungsfähiger Bürokratie, einem Netz öffentlicher Einrichtungen und ausgeprägtem kulturellem und religiösem Leben. Die zahlreichen erhaltenen anorganischen Artefakte und eindrucksvollen Bauwerke ermöglichen uns einen beispiellosen Einblick in die klassischen Städte, während uns schriftliche Quellen wertvolle Hinweise auf die Kultur geben. Ephesos ist ein gutes Beispiel für eine wichtige griechisch-römische Stadt, die sich aus bescheidenen Anfängen zu einem Zentrum der Wirtschaft, der Religion und des angenehmen Lebens entwickelte. In Ephesos in Kleinasien (damals Asia Minor) verschmolzen lokale religiöse und kulturelle Traditionen mit jenen der griechischen und römischen Siedler.

ÖFFENTLICHE LATRINEN
Zu den interessantesten Aspekten der klassischen Antike gehört die Wertschätzung öffentlicher Einrichtungen. Obwohl viele römische Häuser über hygienische Einrichtungen verfügten, gab es zusätzlich öffentliche Latrinen. Kanäle leiteten die Abwässer in eine Kloake. In vielen römischen Siedlungen gab es ausgedehnte Wasserleitungen, um die Städte mit frischem Wasser zu versorgen.

DER STERN VON ASIEN

Ephesos, einst »Stern von Asien« genannt, war eine blühende, dekadente griechisch-römische Stadt, deren Wohlstand auf den Handelswegen des Mittelmeeres und dem populären Kult der Göttin Artemis basierte. Die ersten Einwohner siedelten sich wahrscheinlich in der Bronzezeit an. Als die Griechen Vorderasien kolonisierten und hier einen Handelsposten einrichteten, griffen sie auf die bereits bestehende Stadt zurück.

Die religiösen Kulte und wirtschaftliche Macht sorgten dafür, daß der weitreichende Ruhm und Einfluß während der gesamten Stadtgeschichte erhalten blieb. Jeweils neue Herrscher steigerten mit ihrer Architektur, Religion und Kultur die Vielgestaltigkeit der Stadt eher, als daß sie sie zerstörten. Zu den zahlreichen aufgefundenen Gebäuden in Ephesos gehören öffentliche Thermen, Sportstätten, ein Theater, eine Reihe von Tempeln und Schreinen, Brunnen, monumentale Tore, ein Bordell und öffentliche Toiletten.

In der hellenistischen Zeit baute Lysimachos, ein Nachfolger Alexanders des Großen, 296 v. Chr. die Stadt als Handelshafen aus und erweiterte ihre Grundfläche. Er ließ auch die 9 km lange Stadtmauer errichten. Die meisten erhaltenen Bauwerke stammen jedoch aus römischer Zeit, als die Kaiser die Stadt vergrößerten und umgestalteten. So ist das Theater griechischen Ursprungs, wurde aber von den römischen Kaisern Claudius, Nero und Trajan ausgebaut. In der Antike wurden Götter verschiedener Religionen übernommen und verschmolzen, um die politische Situation zu entspannen und unterschiedliche Bevölkerungsgruppen zu integrieren. Traditionell war Ephesos der vorderasiatischen Muttergottheit Kybele geweiht. Während der griechischen Kolonisation übertrug man die Verehrung auf die griechische Göttin Artemis. Der riesige Artemistempel gehörte dann auch zu den sieben Weltwundern, und ihr Kult zog Tausende von Besuchern in die Stadt. Später übernahmen die Christen diese Tradition, indem sie die Verehrung der Jungfrau Maria etablierten.

Die strategische Lage und der geschützte Hafen machten Ephesos zu einem idealen Handelsplatz. Hier begann die Königsstraße nach Ninive, der alten Hauptstadt des östlich gelegenen assyrischen Reiches. Etwa ab 150 v. Chr. begann jedoch der Hafen zu versanden, teilweise bedingt durch Konstruktionsfehler. Ihrer ökonomischen Basis beraubt, begann der Abstieg der Stadt. Heute liegen ihre Ruinen mehrere Kilometer im Binnenland.

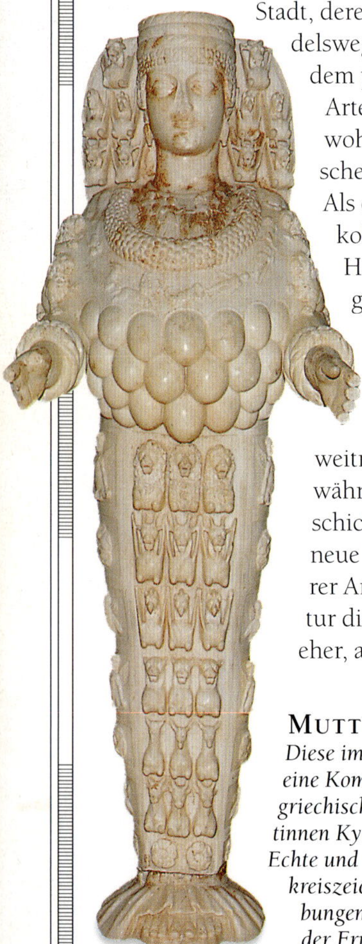

MUTTERGOTTHEIT
Diese im Rathaus entdeckte Statue ist eine Kombination aus den ägyptischen, griechischen und hellenistischen Göttinnen Kyrene, Aphrodite und Artemis. Echte und mythische Tiere sowie Tierkreiszeichen sind zu erkennen. Die Wölbungen stellen wohl Brüste (Symbole der Fruchtbarkeit) dar.

LUFTAUFNAHME EINES TEILS VON EPHESOS
Die heutigen Ruinen stammen aus dem römischen Umbau der Stadt. Die Arkadenstraße führte vom Hafen zum Theater.

DIE CELSUSBIBLIOTHEK
Der römische Schriftsteller Aulus Cornelius Celsus baute 110 n. Chr. diese Bibliothek für 12 000 Bücher, die als Papyrusrollen in Wandnischen gelagert wurden. Sie entwickelte sich zum intellektuellen Zentrum der Stadt.

ΣΟΦΙΑ
ΚΕΛΣΟΥ
ΑΡΕΤ
ΚΕΛ

Abdruck eines menschlichen Körpers
Giuseppe Fiorelli entdeckte in den 60er Jahren des 19. Jahrhunderts, daß die zerfallenen Körper Hohlräume im vulkanischen Material hinterlassen hatten. Man füllte diese mit Gips und konnte so die Gestalten rekonstruieren.

Pompeji

Bucht von Neapel, Italien

Karte Seite 147 – 17

Am 24. August 79 n. Chr. brach an der Bucht von Neapel der Vesuv aus und begrub die römischen Siedlungen Pompeji, Herculaneum, Stabiae und Oplontis unter seinen Schlamm- und Aschemassen. Der römische Historiker Plinius der Jüngere (62–113 n. Chr.) beschrieb diese Katastrophe in einer lebendigen und anschaulichen Schilderung. Wie bei modernen Katastrophen versuchten die Überlebenden, Opfer aus dem Schutt zu retten und persönlichen Besitz zu bergen. Bis auf diese noch zeitgenössischen Eingriffe blieben die Stätten 1700 Jahre lang völlig ungestört. Die Gebäude, ihre Einrichtungen und viele andere Spuren blieben erhalten. Die Stätten gehören zu den reichsten archäologischen Fundorten der Erde, und der Erhaltungszustand der Funde ist einzigartig. Sie geben uns einen außergewöhnlichen Einblick in das Alltagsleben der Römer.

Die begrabene Stadt

Die wissenschaftlichen Ausgrabungen Pompejis begannen in den 40er Jahren des 18. Jahrhunderts und dauerten bis ins 19. Jahrhundert hinein an. In den 60er Jahren führte der italienische Archäologe Giuseppe Fiorelli (1823–1896) die wissenschaftliche Dokumentation der Funde ein. Er entwickelte auch die Technik, menschliche Körper durch Gipsabgüsse zu rekonstruieren (siehe oben). Die Stadt erstreckte sich über 64 Hektar und war in Blöcke mit numerierten Häusern untergliedert, daher ließen sich alle Funde räumlich genau zuordnen. Bisher wurden erst 75 Prozent der Stadt ausgegraben, die Fundstätte weist jedoch bereits alle charakteristischen Bauformen einer antiken Stadt auf. Um den zentralen Markt oder das Forum standen eine Basilika und Thermen; innerhalb der Stadtmauern, deren Tore und Türme erhalten blieben, lagen das Amphitheater, Theater und öffentliche Gebäude. Die meisten Häuser weisen bemerkenswerte Details auf: intakte Möbel, Wandmalereien, Kolonnaden, Atrien (Innenhöfe der Häuser) und Gärten. Neben den gepflasterten Straßen verliefen Bürgersteige und Wasserrinnen, außerdem blieben Graffiti und Anzeigen auf den Wänden erhalten.

Der Caligulabogen
Dieser Bogen, nahe am Forum und Markt (macellum) gelegen, gehört zu einer Reihe von Triumphbögen der Stadt. Er wurde aus Ziegeln erbaut und war wahrscheinlich mit Gips oder Zement verkleidet.

HERCULANEUM

BUCHT VON NEAPEL, ITALIEN

KARTE SEITE 147 – I8

HERCULANEUM WURDE 1709 beim Graben eines Brunnens entdeckt; seit man 1735 das Amphitheater besichtigen konnte, zog die Stadt viele Besucher an. 1738 begannen systematische Untersuchungen, man grub Tunnel und sprengte mit Schießpulver. Obwohl die Stadt in jüngerer Zeit gezielter ausgegraben wurde, liegt noch kein Gesamtplan vor – nur ein paar Straßen und Gebäude wurden erfaßt. Vermutlich bedeckte das Städtchen eine Fläche von 20 Hektar, ein Drittel der Größe Pompejis. Da bis heute nicht alle Stadtmauern entdeckt wurden, bleibt es vorerst bei dieser Schätzung. Archäologen fanden sogar organisches Material aus der Römerzeit. Normalerweise bleibt davon nur wenig erhalten, die intensive Hitze hat jedoch hölzerne Läden, Trennwände in Häusern, Säulen, Möbel und sogar ein Kinderbett sofort verkohlt. Zu den spektakulärsten Funden von Herculaneum gehört die »Villa der Papyri«, eine riesige Bibliothek mit 1800 Büchern.

ERHALTENE RUINEN
Der Blick über Gebäude, Straßen und Innenhöfe zeigt die dichte Besiedlung dieses Stadtteils. Vor dem Erdbeben lag die Küstenlinie unmittelbar vor dem Vordergrund – die Villen blickten direkt aufs Meer.

MOSAIK VON NEPTUN UND SALACIA
Dieses Mosaik im Hof eines reichen Weinhändlers besteht aus sehr kleinen tesserae und ist daher besonders detailgenau. Es zeigt Neptun und seine Frau Salacia in ihrem sommerlichen Speiseraum. In ganz Herculaneum fanden sich weitere Mosaike mit Meeresmotiven, darunter eine mit Mosaiken ausgekleidete, den Nymphen geweihte Grotte.

GRAND

VOGESEN, FRANKREICH

KARTE SEITE 146 – H5

DIE GALLO-RÖMISCHE Provinzstadt Grand entstand um ein bekanntes Heilzentrum mitten in einer abgelegenen Waldlichtung und wurde nicht nach dem typischen Plan römischer Kleinstädte angelegt. Viele der römischen Siedlungen, mit städtischen Thermen im Zentrum, entwickelten sich ähnlich. Das Heiligtum war dem Grannus geweiht, einem wichtigen apolloähnlichen keltischen Heilgott, dessen wichtigste Heiligtümer in den Vogesen standen. Grand soll aus dem römischen »Grannum« entstanden sein. Lateinische Dokumente erwähnen die Kulte von Merkur, Jupiter und Grannus, außerdem wurden Tempel ausgegraben, die Grannus und wahrscheinlich auch Mars und Jupiter geweiht waren. Die archäologische Forschung hat einiges über die Anlage der Stadt, das Straßennetz und verschiedene Gebäude herausgefunden. Zu diesen gehörte auch eine große Basilika im griechischen Stil (mit einem beeindruckenden Mosaik, das eine Komödienmaske und geometrische Motive zeigt), verschiedene Läden, ein monumentaler Brunnen und ein großes Gebäude nahe des Friedhofes, das als Gefängnis gedeutet wird. Innerhalb wie außerhalb der Stadt gibt es eine Reihe von Siedlungsspuren, darunter Fußbodenmosaike und Hypokausten (siehe Seite 73). Die Archäologen legten ein beeindruckendes Abwassersystem mit Abflüssen und tiefen Brunnen frei. Das berühmte Amphitheater lag an einem Hügel außerhalb der Stadt.

Steinmetzkunst

STATUE DES MARSYAS
Dieses Fragment einer Statue des Satyrs Marsyas zeigt die kosmopolitische Natur von Grand. Marsyas steht in enger Verbindung mit Athene, der Göttin der Weisheit.

DAS AMPHITHEATER
Das elliptische Amphitheater wurde im 1. Jahrhundert n. Chr. erbaut. Mit einer maximalen Breite von 137,5 m und der 2 m hohen Arenamauer war es eines der größten in Gallien.

FRÜHMITTELALTER

AUF DEN ZUSAMMENBRUCH des Römischen Reiches im 5. Jahrhundert n. Chr. folgte in Europa und dem Mittelmeerraum eine lange Periode der Zerstörung und des Wandels. Aus dieser instabilen Lage gingen die frühen mittelalterlichen Staaten unter Königen wie Karl dem Großen oder Alfred dem Großen hervor, während das Mittelmeer von den Muslimen beherrscht wurde. In Europa nahm die Macht der christlichen Kirche zu; die Region wurde jedoch im Süden von den Muslimen, im Norden von den Wikingern ständig bedroht. Die skandinavischen Wikinger, eigentlich seefahrende Händler, erkundeten neue Handelswege und erreichten als erste Europäer Amerika. Neue Erkenntnisse haben Licht auf die unterschiedlichen Kulturen dieser Umbruchszeit geworfen.

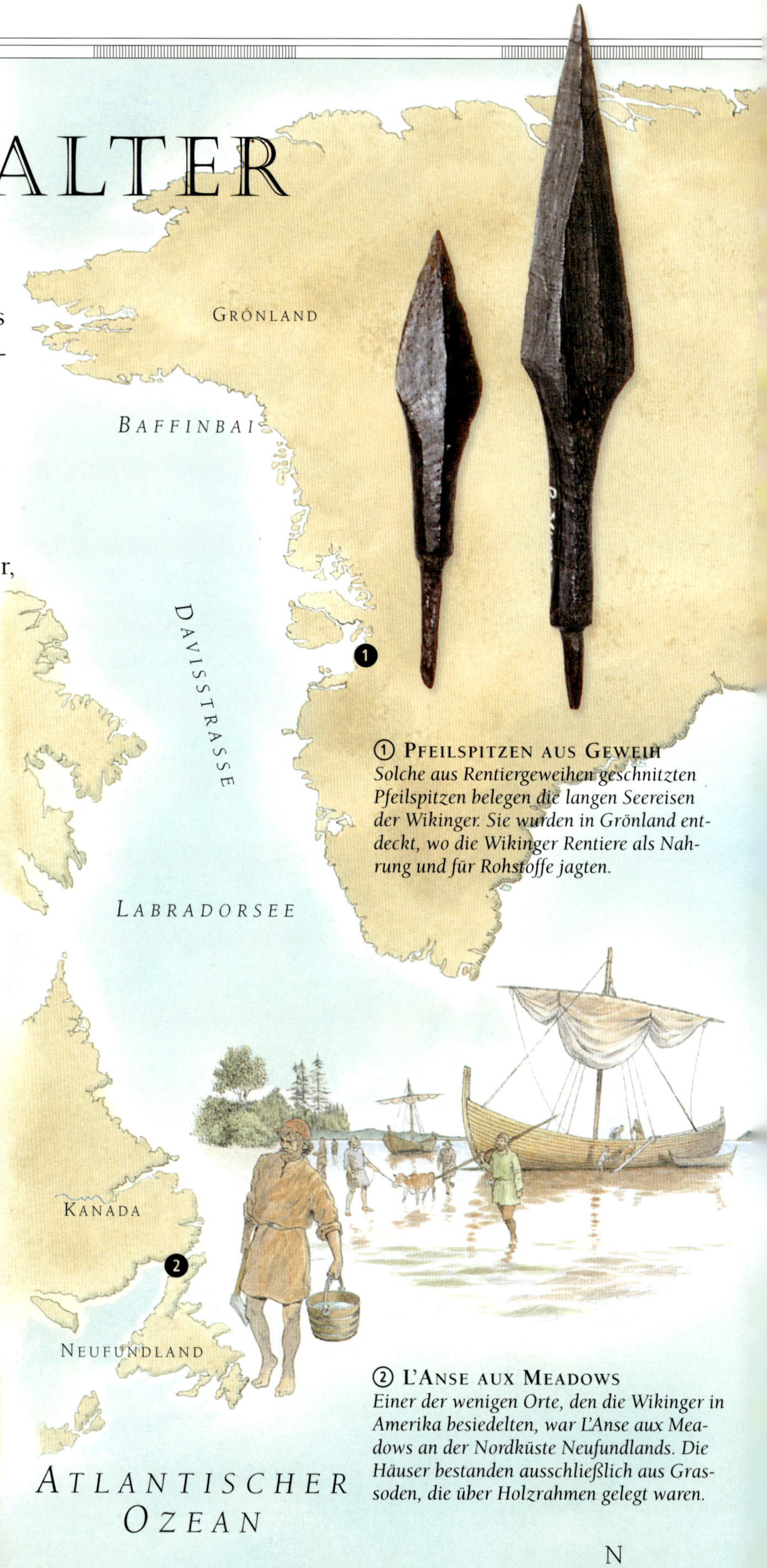

① PFEILSPITZEN AUS GEWEIH
Solche aus Rentiergeweihen geschnitzten Pfeilspitzen belegen die langen Seereisen der Wikinger. Sie wurden in Grönland entdeckt, wo die Wikinger Rentiere als Nahrung und für Rohstoffe jagten.

② L'ANSE AUX MEADOWS
Einer der wenigen Orte, den die Wikinger in Amerika besiedelten, war L'Anse aux Meadows an der Nordküste Neufundlands. Die Häuser bestanden ausschließlich aus Grassoden, die über Holzrahmen gelegt waren.

N

DIE WESTGOTEN IN SPANIEN
Der Einfluß der Westgoten auf Spanien begann im 5. Jahrhundert n. Chr. und dauerte bis zur arabischen Invasion im Jahr 711. In dieser Zeit blühte das intellektuelle Leben, und der Bischof und Kirchenlehrer Isidor von Sevilla (560–636; links) schrieb seine »Etymologiae«.

LANGOBARDISCHER REITER
Ab dem 6. Jahrhundert n. Chr. begannen die Langobarden mit der Eroberung Oberitaliens. Sie waren wenig organisiert und wurden als wild und grausam beschrieben. Ihre zahlreichen Fürsten herrschten über kleine Territorien von Mailand bis Turin. 751 eroberten sie Ravenna. Dieser Reiter (7. Jahrhundert), der in eine Bronzeplatte graviert ist, stammt aus der Lombardei.

LANGBOOT DER WIKINGER
Auf ihren Eroberungszügen fuhren die Wikinger mit breiten, langen Schiffen, die schnell und besonders wendig waren. Dank des geringen Tiefgangs konnten sie nahe an der Küste segeln und Flüsse hinauffahren. Sie wurden von Ruderern und charakteristischen viereckigen Segeln angetrieben.

③ HOFSTADIR
Kolonisten der Wikinger erreichten Island im Jahr 860. Die Überreste dieses Hofes sind typisch für die Insel.

④ IONA
Im Jahr 563 wurde die Insel dem hl. Columban geschenkt, der dort eines der ersten christlichen Klöster gründete.

⑤ WINTERBOURNE GUNNER
In einer Grabstätte des 5. Jahrhunderts n. Chr. lag – neben anderen angelsächsischen Bronzeobjekten – auch dieser Schildbuckel.

⑦ OSEBERG
Dieses Schiff (9. Jahrhundert n. Chr.) lag unter einem Hügel und war das Grab einer königlichen Frau. Es ist das wertvollste je gefundene Schiffsgrab.

⑧ TRELLEBORG
Eine von vier in Dänemark gefundenen Wikingerfestungen. Trelleborg wurde im 10. Jahrhundert n. Chr. besetzt. Innerhalb von runden Erdwällen standen Holzhäuser und Werkstätten.

⑨ FEDDERSEN WIERDE
Eine frühe Siedlung, deren Häuser auf einer künstlichen Lehminsel in einem auffallend radialen Muster angelegt wurden. Der Ort wurde Mitte des 5. Jahrhunderts n. Chr. verlassen.

⑫ KIEW
Die Stadt, gegründet im 10. Jahrhundert n. Chr., wurde zum Zentrum des Osthandels.

⑩ POUAN
Aus diesem merowingischen Friedhof wurden einige eindrucksvolle Schwerter und Scheiden ausgegraben.

⑪ RAVENNA
In dieser Stadt fand man einige der schönsten Beispiele christlicher und byzantinischer Kunst.

⑥ WEST STOW
Zwischen 400 und 650 n. Chr. standen hier Bauernhöfe. Man fand Holzhallen und Keller mit versenkten Böden, in denen zahlreiche Alltagsgegenstände lagen.

DIE MEROWINGER
Die Merowingerkönige erschienen in Frankreich nach dem Zusammenbruch des Römischen Reiches (5. Jahrhundert n. Chr.). In ihren Gräbern fand man zahlreiche Artefakte, darunter diese fischförmige Fibel.

SÄCHSISCHES GRAB

WINTERBOURNE GUNNER, GROSSBRITANNIEN

KARTE SEITE 144 – G8

BELEGE

- Bei Bauarbeiten kamen großflächig sächsische Grabstätten zu Tage.
- Bei früheren Untersuchungen dieser Fläche fand man sächsische Tonscherben.
- Weitere Stätten und Funde stellen den Friedhof in einen regionalen Kontext.
- Luftaufnahmen deckten in unmittelbarer Nähe eine Reihe von Grabhügeln mit ringförmigen Gräben auf.

GEGEN ENDE DES RÖMISCHEN REICHES, im 5. Jahrhundert n. Chr., nahm der Druck deutscher, dänischer und niederländischer Stämme auf Süd- und Ostengland zu. Zunächst beschränkte sich dies auf Raubzüge, doch später ließen sich die Invasoren im Land nieder. Nach und nach integrierten sich diese Eindringlinge in die Gesellschaft und warfen sich zu einer adligen Oberschicht über die einheimische Bevölkerung auf. Die Sachsen, die aus Deutschland stammten, werden archäologisch durch ihre Holzbauten und Bestattungen charakterisiert. Fast alles, was wir über ihre Kultur wissen, stammt aus Untersuchungen der Gräber. Das in Winterbourne Gunner entdeckte Gräberfeld bot den Archäologen eine hervorragende Gelegenheit, die Menschen und ihre Gesellschaft zu erforschen. Man hoffte, aus den Grabungen Art und Umfang des Friedhofes sowie die Lage der sächsischen Siedlung abzuleiten.

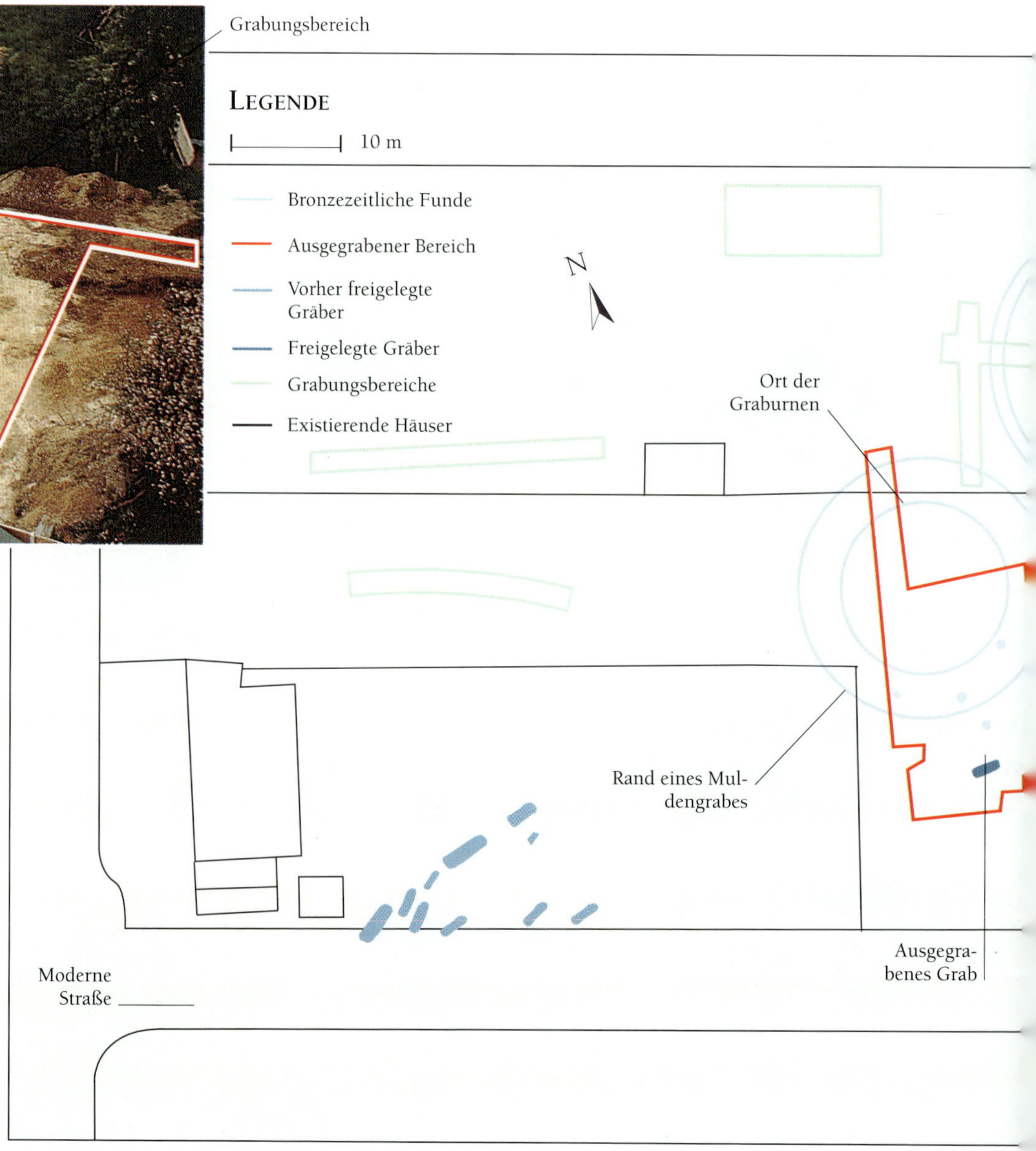

DER FUNDORT

Beim Neubau einiger Häuser nahe der Stadt Salisbury stieß man auf eine Reihe sächsischer Gräber. Ehe die Baumaßnahmen auf dem Mittelgrundstück begonnen wurden, grub man es vollständig aus, da man zahlreiche sächsische Gräber erwartete. In der Tat fand man jedoch nur zwei davon. Den Rest der Stätte nahmen, völlig unerwartet, ein bronzezeitlicher Grabhügel und mehrere Urnengräber ein. Schon bald wurde deutlich, daß der sächsische Friedhof im Hinblick auf diese früheren, prähistorischen Grabstätten geplant worden war.

PLAN DES FRIEDHOFES

Der Plan zeigt die Grabungsbereiche und die unter den jeweiligen Grundstücken gefundenen Gräber. Außerdem sind verstreute Gräber (Zufallsfunde), Suchschnitte und frühere bronzezeitliche Funde, darunter ein Muldengrab, eingezeichnet.

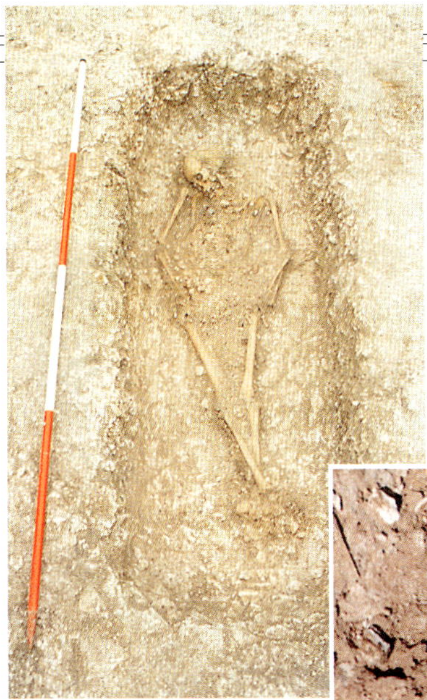

Freigelegtes Grab

Die Gebeine waren gut erhalten, denn die Körper lagen im Kreideboden. Man grub die Knochen vorsichtig aus, reinigte sie und beließ die Beigaben im Grab, bis sie sorgfältig erfaßt und abgezeichnet worden waren.

Länge: 3–6 cm

Nadel

Die eiserne Nadel fand man als stark verrosteten und korrodierten Klumpen. Worum es sich dabei handelte, stellte sich erst nach den Konservierungsarbeiten heraus.

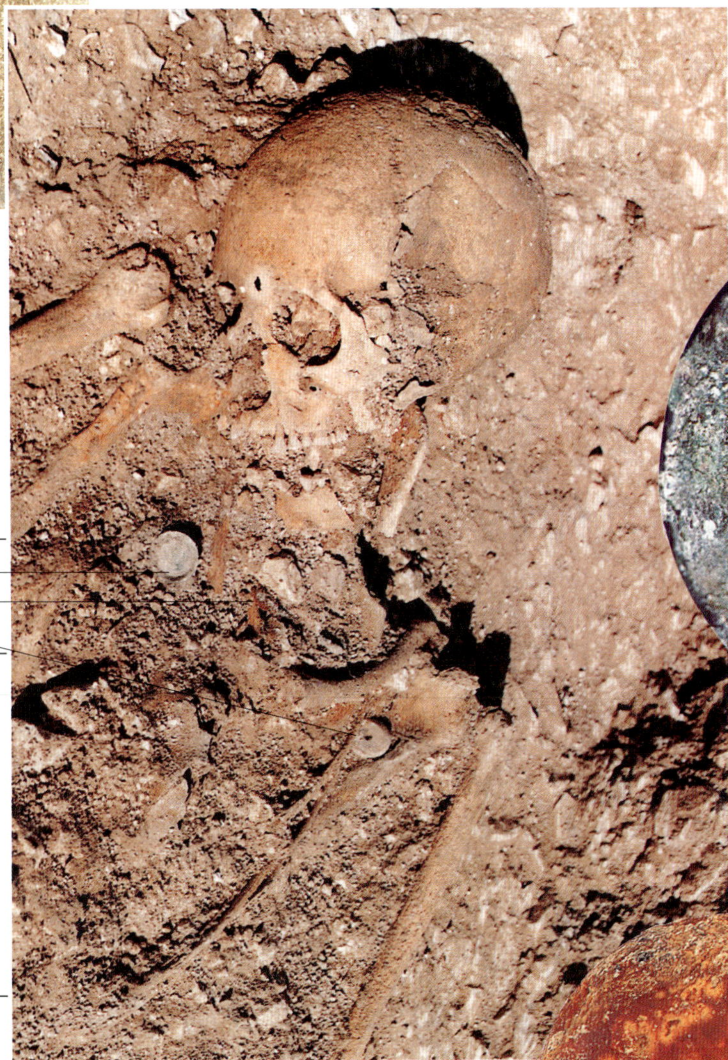

Detail des Skelettes

In der Großaufnahme von Kopf und Oberkörper dieses Skelettes einer erwachsenen Frau ist die Lage einer Brosche, eine Nadel und eine Perle zu erkennen. Wie üblich wurde die Frau auf den Rücken gelegt, die Hände im Schoß, den Blick nach Westen gerichtet. Im zweiten Grab lag ebenfalls eine Frau in derselben Position.

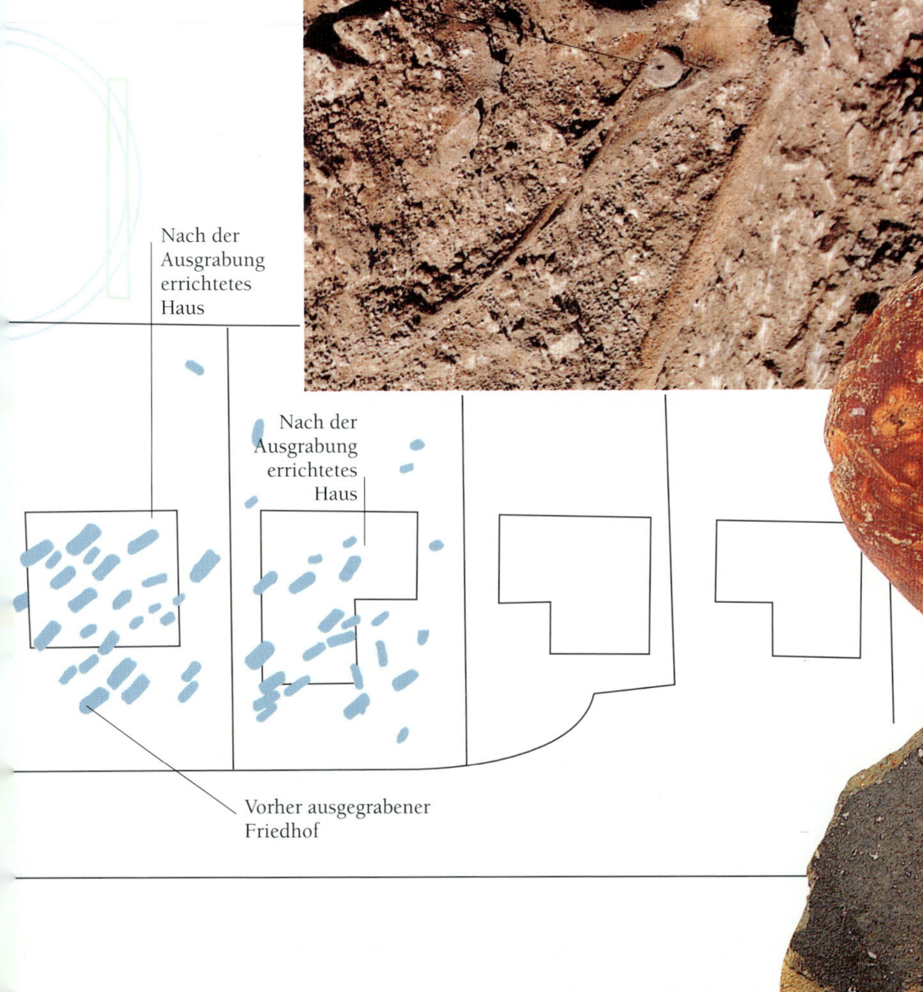

Länge: 4 cm

Brosche

Als man diese typische sächsische Scheibenbrosche fand, glich sie einer grünen, verkrusteten Masse ohne erkennbare Struktur – irgendein Objekt aus Kupfer. Sie lag neben anderen Beigaben in der untersten Erdschicht des freigelegten Grabes.

Länge: 3 cm

Bernsteinperle

Dieses Objekt wurde zwar als nur leicht verwitterte Perle erkannt, während der Ausgrabung blieb jedoch unklar, aus welchem Material sie bestand. Nach der Reinigung konnte sie als Bernsteinperle identifiziert werden. Obwohl im Grab keine weiteren Perlen lagen, dürfte sie zu einer Halskette gehören.

Länge: 4,5 cm

Tonscherben

In der Nähe fand man eine Reihe von sächsischen Tonscherben – genauso alt wie der Friedhof. Sie stammten wahrscheinlich von der Siedlung, zu der dieser Friedhof gehörte.

SÄCHSISCHES GRAB

INTERPRETATION DER FUNDE

AUS DEN FUNDEN lassen sich eine Reihe von Details über die Tote ableiten – sogar ihr Aussehen. Es handelte sich um eine erwachsene Frau, die mit einigen ihrer persönlichen Schmuckstücke begraben wurde. Für die Nähe der Siedlung sprechen die gefundenen Tonscherben. Solch eine direkte Beziehung zwischen Siedlung und Friedhof ist selten bei archäologischen Fundstätten. Im Boden haben sich nur anorganische Materialien, wie von Brosche und Nadel, erhalten. Kleidungsstücke, die die Frau vielleicht einst trug, waren seit langem zerfallen. Möglicherweise enthielt das Grab weitere Beigaben, wie Blumen, Leder, Körbe und Nahrung, die jedoch vollständig verschwunden sind. Diese Gebrauchsgegenstände sollten die Frau auf ihrer Reise ins Totenreich begleiten. Perle, Brosche und vielleicht die Nadel waren wertvolle Objekte, denen auch im Nachleben eine wichtige Rolle zukam. Allerdings können Archäologen trotz der Beigaben nur spekulieren, mit welchen Riten die Tote bestattet wurde.

PERLENHALSKETTE
In sächsischen Gräbern finden sich üblicherweise zahlreiche Perlen. Sie sind häufig vielfarbig und bestehen aus Bernstein, Kristall und Glas. Obwohl die Schnüre nur selten erhalten blieben, erschließt man aus der Lage der Perlen, daß sie aufgefädelt und um den Hals getragen wurden.

ZEICHNERISCHE REKONSTRUKTION
Aus den Gräbern und den dort gefundenen Artefakten läßt sich die Beerdigung rekonstruieren. Man legte eine völlig bekleidete Frau auf den Rücken in das Grab und umgab sie mit Nahrung, Kleidung und Gebrauchsgegenständen für das Leben nach dem Tod. Anwesende Trauergäste legten Opfer ins Grab. In einiger Entfernung sind die Siedlung und ein bronzezeitliches Muldengrab zu sehen. Weitere nahegelegene sächsische Gräber waren vielleicht irgendwie gekennzeichnet. Die viel größeren Hügelgräber der Bronzezeit lagen auf der Ebene oberhalb der Siedlung.

SÄCHSISCHES GEFÄSS
Die Sachsen stellten grobe, schwach gebrannte Tongefäße her, die nur selten verziert oder glasiert waren. Dieser Topf wurde aus zahlreichen Scherben zusammengesetzt. Er hat die unbestimmte Form und den einfachen Rand sächsischer Keramik. Man mischte Kies, Sand oder zermahlene Muschelschalen zum Ton.

Sächsische Broschen

Aus den erhaltenen Formen sächsischer Broschen läßt sich auf die Bekleidung unterschiedlicher ethnischer Gruppen zu verschiedenen Zeiten schließen. In der Regel bestanden Broschen aus Kupferlegierungen und waren meist vergoldet. Da sie in der Erde lagen, erscheinen sie jedoch gewöhnlich zunächst als korrodierte, grüne Klumpen mit Resten von anhaftendem Blattgold. Die meisten Broschen sind verziert; die Muster reichen von einfachen Punkten bis zu komplizierten, abstrakten Dekorationen (durch abgeschabte Späne). Man trug tellerförmige Broschen – oft mit einer Perlenkette dazwischen – auf den Schultern, um die Kleider zusammenzuhalten, aber auch mitten auf der Brust. Kreuzförmige Broschen schlossen vielleicht Jacken unterhalb der Taille. An den Broschen und ihrer Lage können Archäologen manchmal erkennen, ob es sich bei den Toten um Angeln, Sachsen oder Friesen handelt.

Tellerförmige Brosche

Brosche mit quadratischem Kopf

Das Skelett
Wie die Untersuchung der Knochen, insbesondere von Schädel und Becken, ergab, stammt das Skelett von einer Frau. Ihr Körper war in Rückenlage beigesetzt worden, der Kopf zeigte nach Westen, und die Hände waren über dem Becken gefaltet. In dem Kreideboden hatten sich die Knochen gut erhalten, es fehlten jedoch einige der kleineren Hand- und Fußknochen. Die Vermessung der Knochen weist auf eine mittelgroße Frau hin.

Nadel als Verschluss
Die gefundene Nadel hatte einen großen, kugeligen Kopf. Wahrscheinlich wurde sie durch einen Mantel oder ein anderes Kleidungsstück geschoben, um ihn zusammenzuhalten. Archäologen deuten solche Nadeln als Alternative zu Fibeln.

Brosche als Schmuck
Mit Röntgenaufnahmen konnte man unter die korrodierte Oberfläche blicken und fand ein verschlungenes Muster aus Blattgold. Dies deutet auf Reichtum und hohen Status hin.

Schlussfolgerungen

- Gebeine und die Grabbeigaben erweitern unsere Kenntnis über diesen sächsischen Friedhof, der durch Grundstückserschließung Stück für Stück ans Licht kam.
- Die Keramik belegt die selten aufgefundene Verbindung zwischen Siedlung und Friedhof.
- Die Nähe des Dorfes zu prähistorischen Grabstätten zeigt, daß die Sachsen alte Friedhöfe respektierten und die großen bronzezeitlichen Hügelgräber als Zentren ihres eigenen Friedhofes nutzten.

VERGLEICHBARE STÄTTEN

OSEBERG

OSLOFJORD, NORWEGEN

KARTE SEITE 145 – B7

AUF DER WESTSEITE DES OSLOFJORDES (Norwegen) wurde 1904 in einem Wikingergrabhügel ein wundervolles Schiff aus dem frühen 9. Jahrhundert n. Chr. entdeckt – das Osebergschiff. Da es mit Wasser vollgesogen war, hatten sich die Beigaben, darunter Stoffe und Möbel, gut erhalten. Im Schiff lagen zwei Körper: Einer gehörte einer hochstehenden Frau, vielleicht Königin Asa – eine mächtige Herrscherin, die in den Wikingersagas erwähnt wird –, der andere wahrscheinlich einer Dienerin. Die erhaltenen Planken gaben Aufschluß darüber, daß man das Schiff in Klinkerbauweise (jede Planke überlappt die vorherige) erbaut hatte. Die Planken wurden mit hölzernen Ösen (Klampen), statt mit Zapfen oder Nägeln, verbunden. Das Schiff war 22 m lang, 5 m breit und diente wahrscheinlich als königliche Jacht, kaum als Kriegs- oder Handelsschiff. Es enthielt zahlreiche Gegenstände, darunter einen Wagen, vier Schlitten und mehrere Betten. Das Schiff wurde rekonstruiert und ist in einem Museum bei Oslo ausgestellt.

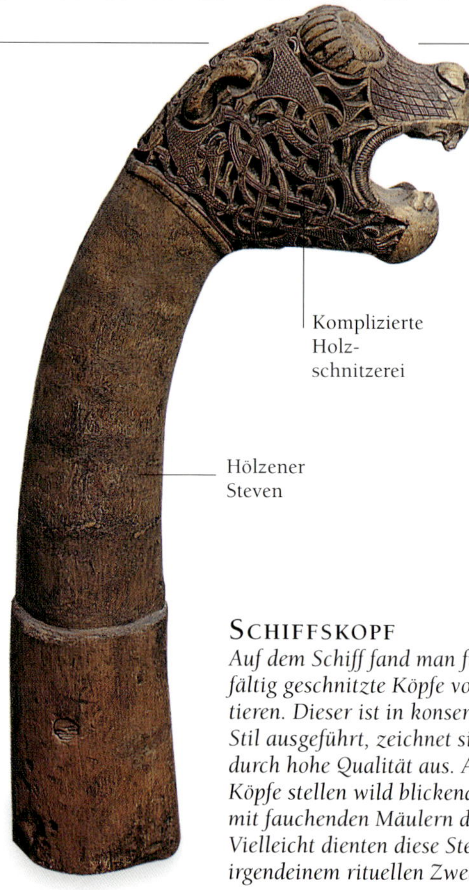

SCHIFFSKOPF
Auf dem Schiff fand man fünf sorgfältig geschnitzte Köpfe von Fabeltieren. Dieser ist in konservativem Stil ausgeführt, zeichnet sich aber durch hohe Qualität aus. Alle Köpfe stellen wild blickende Tiere mit fauchenden Mäulern dar. Vielleicht dienten diese Steven irgendeinem rituellen Zweck.

IM GRABSCHIFF

Um den Körper, der als verstorbene Königin Asa gedeutet wird, lagen ein Wagen, vier Schlitten, ein Sattel, mehrere Betten und Zelte sowie eine geschnitzte Truhe. Auch die Skelette von zehn Pferden und zwei Ochsen lagen mit im Grab. Die Truhe enthielt rote, schwarze und gelbe Wandteppiche, auf denen Wagen und Pferde abgebildet waren – ein weiterer Hinweis auf die Reisen der Wikinger. Alle hölzernen Objekte weisen verschlungene Schnitzereien mit Tierköpfen und geometrischen Mustern auf. Welchem Zweck die fünf Steven (siehe oben) dienten, ist unbekannt, vielleicht sollten sie böse Geister abschrecken. Oseberg ist das kostbarste jemals entdeckte Schiffsgrab, und die hohe Qualität der Holzobjekte beweist die Vielseitigkeit und das Geschick der Wikingerkünstler.

DIE AUSGRABUNG
Dieses Bild zeigt den guten Erhaltungszustand des Schiffes während der Ausgrabung von 1904. Das Deck und der wundervoll geschnitzte Bug sind deutlich zu erkennen.

DIE TRUHE
Diese Truhe wurde aus einem Eichenstamm hergestellt und mit silbernen Nieten und Eisenbändern verziert. Sie besaß ein kompliziertes Schloßsystem und enthielt Werkzeuge.

L'ANSE AUX MEADOWS

NEUFUNDLAND, KANADA

KARTE SEITE 137 – P5

DER LANDEPLATZ
Als die Winkinger ihr »Vinland« (das heutige Neufundland) erreichten, beschrieben sie es als Insel mit einem vorspringenden Kap und einer dichtbewaldeten Küstenlinie. Die Aufnahme zeigt den Landeplatz in der Nähe der Grassodenhäuser am nördlichsten Punkt des Kaps.

DIESE FUNDSTÄTTE am nördlichsten Ende Neufundlands ist der einzige archäologische Beweis, daß die Wikinger den amerikanischen Kontinent erreichten. Die historischen Sagas der Wikinger beschreiben die Reisen von Leif Eriksson (um 1001 n. Chr.). Demnach segelte er von Grönland nach Baffin Island und Labrador, bis er schließlich das heutige Neufundland erreichte, das er »Vinland« nannte. Bis zur Entdeckung von L'Anse aux Meadows gab es keinen archäologischen Beweis für diese historische Quelle. In den 50er Jahren des 20. Jahrhunderts entdeckten Helge und Anne Ingstad die Siedlung. Sie verließen sich auf örtliche Überlieferung und die alten Sagas und gruben mehrere Gebäude eindeutig nordländischen Typs aus, die die Epaves-Bai überblickten. Die Radiokarbondatierung der Artefakte (man fand nur etwa 150) und Metalle, die den Ureinwohnern unbekannt waren, wiesen auf eine Wikingersiedlung hin. Die Gebäude hatten Wände und Dächer aus Grassoden, die Türrahmen bestanden aus Holz, und im Inneren fand man Feuerstellen und Bänke. Es gibt im östlichen Nordamerika zwar weitere verstreute Funde, wie Wikingermünzen, was jedoch nur auf Handelsaktivitäten oder temporäre Siedlungen hindeutet. Nur zusätzliche Feldforschungen könnten weitere Siedlungen oder Funde aufspüren und so das Ausmaß der Kontakte zwischen den Wikingern und den Ureinwohnern Amerikas bestimmen.

REKONSTRUIERTE WIKINGERHÄUSER
Einige der acht Bauwerke in L'Anse aux Meadows wurden von Archäologen anhand der ergrabenen Überreste rekonstruiert. Die Häuser standen paarweise und wurden aus Grassoden gebaut. Sie hatten hölzerne Schwellen und Türen, die wahrscheinlich aus Treibgut hergestellt waren.

POUAN

AUBE, FRANKREICH

KARTE SEITE 146 – G5

NACH DEM ZUSAMMENBRUCH des Römischen Reiches in Kontinentaleuropa (um 476 n. Chr.) stiegen in den ehemaligen Provinzen mächtige Völkerschaften auf. Sie existierten bereits unter römischer Regierung und siedelten innerhalb und außerhalb der Reichsgrenzen. Franken oder Burgunder in Gallien (dem heutigen Frankreich), die Vandalen in Nordafrika und die Westgoten in Spanien besetzten die politischen Lücken, die die Römer hinterlassen hatten, und kämpften untereinander um die Kontrolle großer Territorien.

Pouan ist ein merowingischer Friedhof in der Nähe der Stadt Troyes, der von 450–500 n. Chr. genutzt wurde. Die Merowinger waren ein kriegerischer fränkischer Stamm, dessen typische Kultur sich im 5. Jahrhundert über Frankreich ausbreitete. Pouan gehört zu einer frühen Phase der merowingischen Geschichte, als die ersten Merowingerkönige (Childerich, gestorben 481, und sein Sohn Chlodwig, 465–511) herrschten, die aus historischen Dokumenten bekannt sind.

Die Gräber in Pouan enthielten verzierte Schwerter und Scheiden, dazu zahlreiche Schmuckstücke, wie Broschen und Goldnadeln. Solche Artefakte sind für Archäologen besonders bedeutend, denn sie belegen, wie sich Moden und Kultur aus den römischen Traditionen hin zu neuen, mittelalterlichen Stilen entwickelten. So zeigt beispielsweise die Fibel (rechts) noch römischen Zuschnitt, ist aber im fränkischen Stil verziert. Außerdem zeugen die Funde vom Reichtum und den Handelskontakten ihrer Träger.

Um 500 n. Chr., elf Jahre vor seinem Tod, bekannten sich Chlodwig und seine Untertanen zum Christentum. Damals war das Merowingerreich eine der stärksten politischen Kräfte in Europa – Gegner des Ostgotenreiches unter Theoderich in Ravenna (siehe Seiten 88–89). Die Verbindung christlichen Glaubens mit römischen und nachrömischen Elementen bildete die Grundlage des frühmittelalterlichen Europas.

MEROWINGER SCHWERT

SCHMUCK
Der Friedhof gab zahlreiche verzierte Schmuckstücke preis, darunter diese Fibel mit kräftig gefärbten Emailleintarsien. Sie diente wohl dazu, die Kleidung zu befestigen; wahrscheinlich trug man sie an der Schulter, um Stoffalten zusammenzuraffen. Die merowingische Kultur ist berühmt für ihre Kunsthandwerker, die kostbaren Schmuck und Waffen herstellten.

FIBEL

IVSTINIAN.

RAVENNA

EMILIA-ROMAGNA, ITALIEN

KARTE SEITE 147 – 16

DIE ANTIKE NORDITALIENISCHE STADT RAVENNA steht beispielhaft für die umwälzenden politischen und kulturellen Veränderungen, die aus dem Zusammenbruch des Römischen Reiches erwuchsen. Ravenna war ein wichtiger römischer Hafen und das Hauptquartier der Flotte. Nach dem Einbruch der Westgoten in Italien (402 n. Chr.) wurde es zur Hauptstadt des Weströmischen Reiches. Schon bald jedoch verlagerte sich das Zentrum römischer Macht nach Konstantinopel. In dieser Zeit wurde der Ostgotenkönig Theoderich (493–526 n. Chr.) zur Schlüsselfigur. Unter den Römern war er Feldherr, der sich zum Herrn von Italien aufschwang. 540 n. Chr. eroberte der byzantinische Kaiser Justinian (482–565 n. Chr.) Ravenna zurück und ließ viele eindrucksvolle Bauten errichten.

GOLDKREUZ
Dieses goldene, mit 56 Edelsteinen besetzte Kreuz stammt von König Berengar (gestorben 924 n. Chr.). Zusammen mit der Eisernen Langobardenkrone gehörte es zu allen Krönungen.

KULTURELLES ZENTRUM

Jüngste Ausgrabungen brachten Überreste einer antiken Siedlung und Grundmauern aus der Zeit zutage, als Ravenna römischer Hafen war. Die eindrucksvollsten Monumente stammen jedoch aus einer besonders turbulenten Zeit. Theoderich, der das Hauptquartier seiner Armee in Ravenna einrichtete, bevorzugte im wesentlichen eine Architektur römischen Stils, blieb aber dennoch der germanischen Kultur verhaftet. So ist sein Mausoleum außerhalb von Ravenna in römischem Stil erbaut, obwohl die 305 Tonnen schwere Kuppel, die aus einem einzigen Kalksteinblock besteht, an ein germanisches Hünengrab erinnert. Im Jahr 490 n. Chr. ließ Theoderich Sant' Apollinare Nuovo erbauen. Die Kirche wurde nach dem ersten Bischof Apollinaris benannt und ist berühmt für die Mosaiken im Inneren. Sie zeigen in zwei Reihen Prozessionen, die Christus und Maria Gaben darbringen. Das Baptisterium der Orthodoxen, erbaut neben den Ruinen der römischen Thermen, ist das älteste Bauwerk der Stadt, mit einem eindrucksvollen Mosaik der Taufe Jesu.

Im Jahr 540 n. Chr. wurde Ravenna von den Truppen des byzantinischen Kaisers Justinian zurückerobert. Es wurde zum Vorposten des kaiserlichen Hofes und ein Zentrum des politischen, kulturellen und intellektuellen Lebens. Es gibt in Ravenna viele Kirchen mit wertvollen, vielfarbigen Mosaiken. Der bemerkenswerteste Bau in byzantinischem Stil ist die Kirche San Vitale (547 n. Chr.) mit einer Reihe von eindrucksvollen Mosaiken, die Justinian, seine Frau Theodora und ihren Hofstaat zeigen. Obwohl viele Kulturen an ihrer Gestaltung beteiligt waren, belegen die frühchristlichen Kirchen von Ravenna, welch großen Einfluß römische Architektur und römisches Gedankengut auf die nachfolgenden Generationen ausübten.

SANT' APOLLINARE IN CLASSE
Die Ostgoten begannen 535 n. Chr. mit dem Bau der Kirche an der Stelle eines alten römischen Apollontempels. Sie wurde unter der Herrschaft von Kaiser Justinian vollendet.

MOSAIK EINES KAISERS
Das Mosaik des Kaisers Justinian stammt aus Sant' Apollinare Nuovo (490 n. Chr. erbaut). Von 527–565 n. Chr. herrschte Justinian von Konstantinopel aus über das Oströmische Reich.

MITTELALTER

DAS MITTELALTER, das auf die Stammesgebiete und Staaten des Frühmittelalters folgte, legte den Grundstein für viele moderne europäische Staaten. Zur gleichen Zeit wurden Mittelmeerraum und Vorderasien von Byzanz und islamischen Reichen beherrscht, die bemerkenswerte Zeugnisse hinterließen. Viele Nationen Westeuropas basierten auf einem strengen Feudalsystem – vom König und seinen Fürsten bis zu den Bauern. Daneben existierte eine christliche, vom Papst beherrschte Hierarchie. Daher gliedert sich die mittelalterliche Gesellschaft in drei Gruppen: eine kämpfende (Oberschicht), betende (Priester) und bäuerliche Klasse. In den erhaltenen Burgen, Kirchen, Klöstern und Dörfern schlug sich diese Klassengesellschaft nieder. Obwohl bereits Handel und die Kreuzzüge neue Entwicklungen anregten, läuteten fortschrittliches Gedankengut in Religion und Wissenschaft sowie der zunehmende Welthandel erst Ende des 16. Jahrhunderts das Ende dieser Lebensform ein.

MITTELALTERLICHE BAUERN
Viele Menschen des Mittelalters waren Bauern, die das Land bestellten und sich und die übrige Gesellschaft mit Nahrung versorgten. Die mittelalterliche Landwirtschaft war sehr arbeitsintensiv; im Laufe des Jahres fielen viele Aufgaben an.

① **HYLTON**
Ein typisches Beispiel für eine spätmittelalterliche Burg mit heraldischen Reliefs.

② **OXFORD**
Im 12. Jahrhundert wurde die Universität von Oxford zu einer der angesehensten Hochschulen der Welt und zog zahlreiche europäische Studenten an.

③ **CANTERBURY**
Nach dem Tod des Erzbischofs Becket (1170) wurde die Stadt zum Wallfahrtsort. In diesem Reliquienschrein werden seine Gebeine aufbewahrt.

④ **PARIS**
Eine mittelalterliche Stadt und kulturelles Zentrum; beherrscht von Klöstern, Universität und Palast.

⑩ **CLUNY**
Das wohlhabendste und einflußreichste Kloster der mittelalterlichen Welt wurde 909 gegründet.

⑤ **SAUMUR**
Das Château de Saumur, hoch über der Stadt, wurde im 14. Jahrhundert unter König Ludwig I. von Anjou erbaut.

⑨ **CARCASSONNE**
Die Trencavels erbauten Burg und Stadt von Carcassonne als strategische Festung. Es hatte seine Blütezeit vom 13. bis zur Mitte des 17. Jahrhunderts.

SANTIAGO DE COMPOSTELA
Hier fand man 813 n. Chr. die Gebeine des heiligen Jakobus (gestorben 44 n. Chr.); um das 11. Jahrhundert ein wichtiger Wallfahrtsort.

⑦ **ÁVILA**
Eine gut erhaltene, mittelalterliche Stadt mit einer intakten Stadtmauer, einer Kathedrale und Häusern, die zwischen dem 11. und 13. Jahrhundert entstanden.

⑧ **GRANADA**
Die Alhambra, im 14. Jahrhundert auf den Resten einer alten Festung erbaut, war der Palast des Maurenkönigs Mohammed I. Zu dem wundervollen Ensemble gehören Gärten und Innenhöfe.

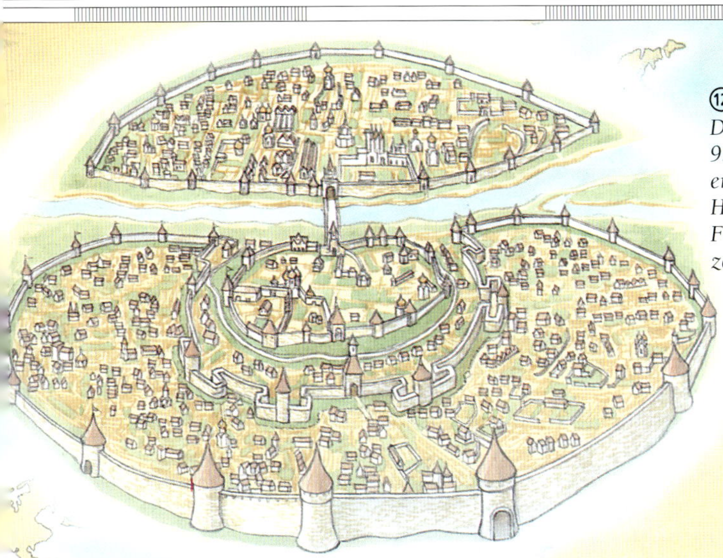

⑫ **NOWGOROD**
Diese russische Handelsstadt des 9. Jahrhunderts blieb hervorragend erhalten, da sie vorwiegend aus Holz erbaut wurde, das unter den Feuchtbodenbedingungen nicht zerfiel.

RUSSLAND

POLEN

⑪ **ROTHENBURG O. D. TAUBER**
Nach einem Erdbeben (1356) wurde die Stadt neu gebaut und blieb bis heute als perfektes Beispiel einer ummauerten mittelalterlichen Stadt erhalten.

⑬ **WARSCHAU**
Gegen Ende des 14. Jahrhunderts war Warschau eine rasch wachsende Stadt mit einer Burg, einem Hospital und Stadtrat.

DEUTSCHLAND

Karpaten

⑭ **BUKAREST**
Bukarest, das »Paris des Ostens«, expandierte im 15. Jahrhundert, als Vlad der Pfähler hier zahlreiche Paläste baute.

MAPPA MUNDI – WELTKARTE
Die Karte (oben) wurde 1290 von Richard von Haldingham gezeichnet. Sie mißt 1,65 x 1,35 m; Norden ist links. Diese Karte repräsentiert eine symbolische Sichtweise der mittelalterlichen Welt: Jerusalem ist als religiöses Zentrum der Christenheit in der Mitte angesiedelt. Am äußeren Rand des Erdkreises sind zahlreiche Ungeheuer dargestellt – hier erwartete man das Ende der Welt.

Donau

⑮ **VENEDIG**
Venedig, das auf Hunderten von kleinen Inseln erbaut wurde, war ein mittelalterliches Handelszentrum. Die Stadt unterstützte den vierten Kreuzzug und wurde berühmt für seine hochwertigen Glaswaren; hier ein Becher des frühen 14. Jahrhunderts.

SCHWARZES MEER

⑯ **KONSTANTINOPEL**
Im Jahr 1453 brach das byzantinische Reich zusammen, und Konstantinopel wurde eine muslimische Stadt. Zwischen römischen Ruinen entstanden die Blaue Moschee und der Topkapi-Palast.

ITALIEN

TÜRKEI

Taurusgebirge

SYRIEN

DRUCKERPRESSE
Auf der Grundlage einiger früherer Erfindungen baute Johannes Gutenberg Mitte des 15. Jahrhunderts in Deutschland die erste Druckerpresse. Zuerst wurden Bibeln gedruckt, danach auch klassische und wissenschaftliche Literatur. Der Buchdruck trug zu einer kulturellen Revolution – der Renaissance – bei, die das Ende des Mittelalters markiert.

MITTELMEER

⑰ **KRAK DES CHEVALIERS**
Diese mächtige Festung gehörte ab 1144 den Johannitern und wurde von ihnen ausgebaut. Sie sollte die Straße von Antiochia nach Jerusalem beschützen, um den Pilgerweg zu sichern. 1271 wurde sie endgültig verlassen.

BURG DES MITTELALTERS

HYLTON, GROSSBRITANNIEN

KARTE SEITE 144 – G5

BELEGE

Die fehlenden Bauten der Burg konnten mit geophysikalischer Sondierung und durch Suchschnitte aufgespürt werden.

Sondierungen des Bodens rund um die Burg wiesen die verschwundenen Gärten, Teiche und den Park aus, die während der Tudorzeit angelegt worden waren.

Die heraldischen Hinweise auf dem vorhandenen Bau lieferten weitere Informationen über die Eigentümer der Burg.

DIE BEFESTIGTEN WOHNSITZE DER LANDESHERREN, die Burgen, beherrschten viele Landschaften Europas und gehören zu den besonders charakteristischen Merkmalen des Mittelalters. Viele Burgen gehen auf Bauten aus Holz und Erde zurück, die nach und nach durch Stein ersetzt wurden. Als sich die Kriegstechnik weiterentwickelte – die Angreifer verwendeten Steinschleudern und Kanonen –, mußte sich die Burgenarchitektur anpassen. Dennoch waren Burgen nicht nur Festungen, sondern immer auch Wohnsitze, und gegen Ende des Mittelalters hatten sich viele zu repräsentativen Wohnschlössern entwickelt, die über mehrflügelige Bauten und angelegte Gärten verfügten, während die Wehrarchitektur nur angedeutet wurde. Hylton Castle wurde zwischen 1390 und 1430 erbaut. Von den Gebäuden ist nur der Torbau erhalten, der als Wohnsitz der Familie Hylton diente. Daher lag den Archäologen daran, die übrigen Bestandteile der Burganlage zu erforschen.

DER FUNDORT

Das noch stehende Gebäude wurde mit Hilfe der Steinmetzarbeiten und durch das Studium alter Drucke und Zeichnungen analysiert. Der Torbau war als großer, komplexer und unabhängiger Turm konzipiert worden und entwickelte sich später zu einem Tudorhaus. Die umgebenden Gebäude wurden mit geophysikalischen Sondierungen und Suchschnitten aufgespürt. Und durch umfangreiche Bodenuntersuchungen wollte man ihre Zugehörigkeit zur Burg feststellen.

Grabungsbereiche

DIE BURG

Das Bild zeigt den erhaltenen Turm, den ursprünglichen Torbau, von Nordwesten. Die ausgeprägte Wehrarchitektur mit den Zinnen und die Reste steinerner Statuen sind zu erkennen.

GEOPHYSIKALISCHE ERGEBNISSE

Zuerst wurden die Flächen westlich des Torbaus untersucht, da man dort die Burggärten vermutete. Die Ergebnisse deuteten jedoch auf eine von Kieselsteinen bedeckte Fläche hin – wahrscheinlich den Burghof. Darauf weitete man die Untersuchung nach Osten aus und fand Mauern, höchstwahrscheinlich Kopfsteinpflaster und deutlichere Hinweise auf die Gärten.

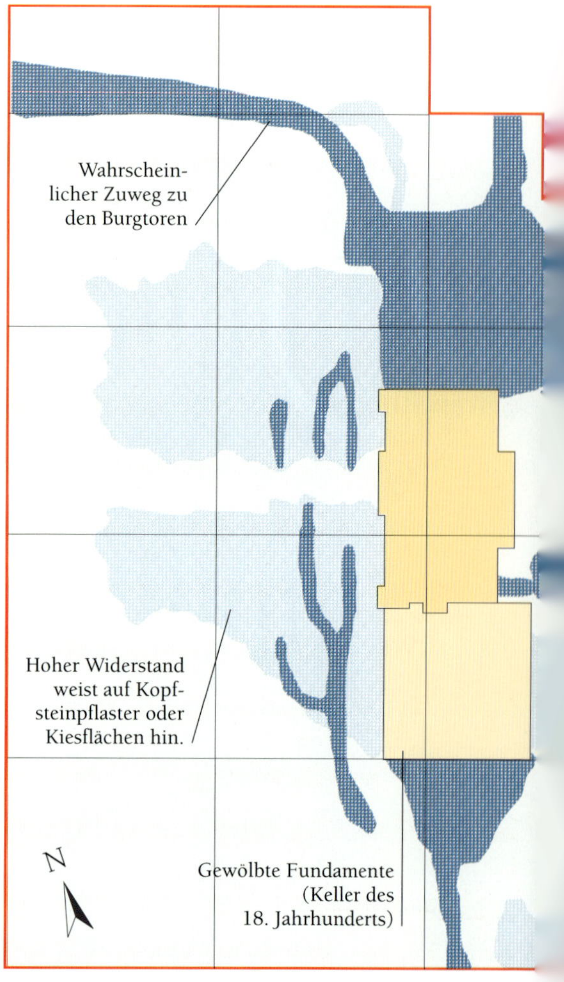

LEGENDE

- Hoher Widerstand: Schutt oder natürliches Material
- Hoher Widerstand: Mauern oder Gärten
- Erhaltene Gebäude

10 m

Helmrelief

Dieses heraldische Zeichen zeigt einen Helm mit Helmzier. Es wurde hoch oben am Turm eingemeißelt und ist durch industrielle Luftverschmutzung geschwärzt und verwittert. Es wurde sorgfältig konserviert, mit Druckluft von Schmutz und den äußeren, zerstörten Steinlagen befreit, die Details gezeichnet und untersucht. Solche Wappen kennzeichneten mittelalterliche Familien.

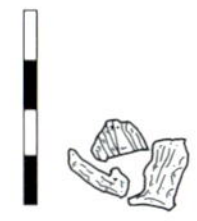

Breite: 7,5 cm

Krugscherben

In Hylton fand man große Mengen von Keramikgeschirr. Man verwendete verschiedene Gefäße, wie Schalen, Krüge, Tafelflaschen und Kochgeräte. Diese Tonscherben stammen von einem großen, grünglasierten Krug.

Weisser Hirsch

Dieses Relief des »Weißen, angeketteten Hirsches« weist auf den Status von William Hylton hin. Es ist ein Symbol für Richard II. und belegt, daß Hylton bei Hof tätig war und zum königlichen Gefolge gehörte.

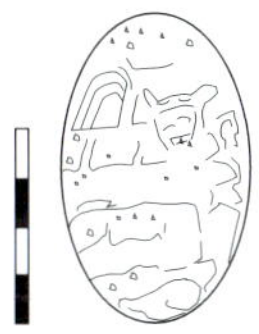

Höhe: 1,5 m

Dachplatten

Die bei der Grabung gefundenen Dachplatten bestanden aus Gestein der Region, das in genaue Form und Dicke geschlagen wurde. Dann wurden die Platten mit Holzdübeln an waagerechte Dachlatten genagelt. Ein großes Gebäude zu decken war sehr teuer.

Länge: 15 cm

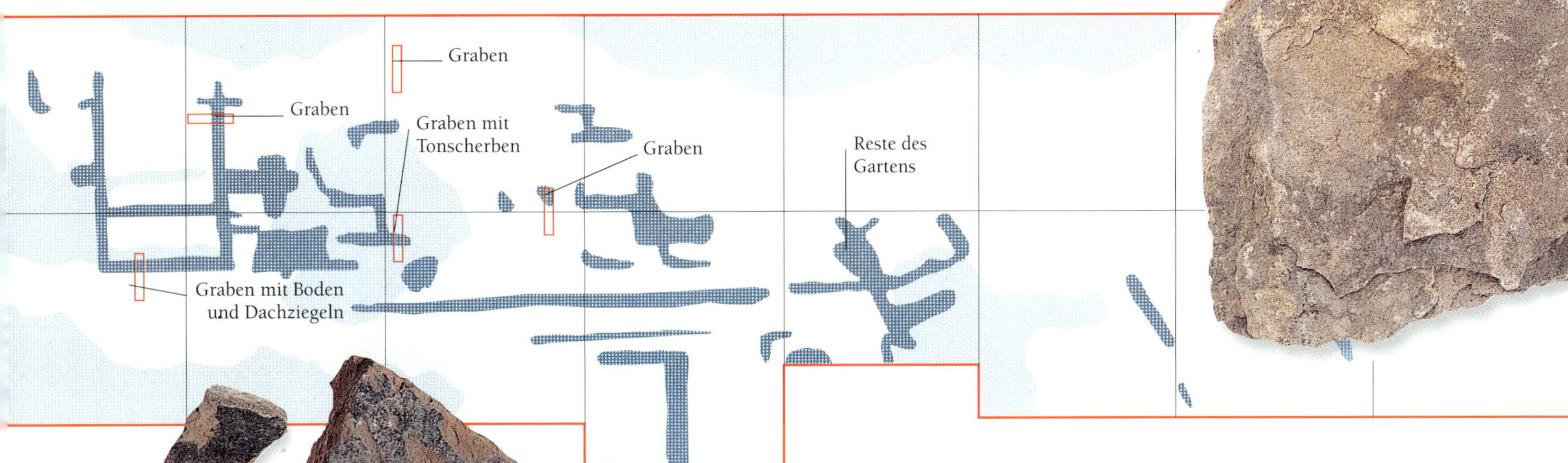

Breite: 5 cm

Scherben von Bodenfliesen

Man fand Bruchstücke von verschiedenfarbigen Bodenfliesen – Braun und Cremeweiß, wahrscheinlich aus den Niederlanden.

Steinfundamente

Während der Ausgrabungen wurden die Fundamente einer dicken Steinmauer freigelegt. Innere und äußere Mauerfläche bestanden aus gutverfugten Steinen, während der Zwischenraum mit Schutt verfüllt war. Ein Kalkmörtel hielt die Mauer zusammen. An der inneren Wandfläche erhielten sich Stücke einer dicken Kalkschicht, ein Hinweis darauf, daß der Raum verputzt war.

BURG DES MITTELALTERS

INTERPRETATION DER FUNDE

MIT HILFE DER VERSCHIEDENEN UNTERSUCHUNGEN, Dokumente und Grabungen konnte man, ausgehend von den erhaltenen Bauten von Hylton, das Aussehen der Burg im späten Mittelalter rekonstruieren. Auf das Grundstück lassen sich nicht so leicht Rückschlüsse ziehen, denn möglicherweise gab es gar keine mittelalterlichen Gärten, oder sie dienten höchstens als Ausgangspunkt für die spätere Landschaftgestaltung zur Tudorzeit. Doch lassen sich viele Parallelen zu anderen, ähnlichen Burgen ziehen, und Archäologen können recht viel über das Aussehen der Anlage und die Lebensweise des Lords und seiner Familie erschließen. Hylton ist ein typischer kleiner Adelssitz. Seine besondere archäologische Bedeutung beruht darauf, daß es kaum eine andere Anlage gibt, von der so umfangreiche Daten aus geophysikalischen Sondierungen und Bodenuntersuchungen vorliegen, welche die Forschung am eigentlichen Bauwerk unterstützen. Zusammen mit den bekannten Tatsachen über das Mittelalter lieferten die Funde genügend Informationen, um das Alltagsleben der Burgbewohner rekonstruieren zu können. Weitere Untersuchungen und die Reinigung des Mauerwerks werden den Reichtum seiner Eigentümer erst vollständig ans Licht bringen.

KRUG
Aus den gefundenen Tonscherben können wir Typus und Maß des Gefäßes ebenso rekonstruieren wie seine Verzierung und Höhe. In solchen Krügen servierte man während der Mahlzeiten Wein, Ale und Wasser.

DER HELM VON HYLTON
Nachdem die Steinmetzarbeit freigelegt war, ließen sich die Details untersuchen. Die Abbildung zeigt einen Helm mit einem Moseskopf, der zwei Hörner trägt. Diese ungewöhnliche Darstellung beruht auf einer Fehlübersetzung der Bibel. Im Exodus wird beschrieben, wie Moses den Berg Sinai in einem Lichtstrahl verläßt: Das hebräische Wort für Lichtstrahl gleicht dem lateinischen Wort für Hörner. Wahrscheinlich war die Skulptur ursprünglich mit kräftigen Farben bemalt und daher weithin sichtbar.

ZEICHNERISCHE REKONSTRUKTION
Aus den wenigen Grabungen und geophysikalischen Sondierungen läßt sich – durch Vergleich mit ähnlichen Stätten – der Aufbau von Burg Hylton rekonstruieren. Jenseits des Torbaus lag ein von den Wirtschaftsgebäuden umgebener Burghof. Der Torbau diente als privater Wohnsitz des Lords und seiner Familie. Gegenüber, jenseits des Hofes, stand eine große Halle für öffentliche Feste und Unterhaltung. Die anderen Hofgebäude dienten als Wohnräume für die übrigen Burgbewohner sowie Küchen- und Lagerräume.

Dachplatten

Die Haupthalle war mit Steinplatten gedeckt. Sie wurden reihenweise überlappend verlegt, die größten an der Traufe, die kleinsten am First, so daß ein wasserdichtes Dach entstand. Da solche Platten sehr schwer waren, muß das Dach mit Holzbalken verstärkt gewesen sein.

Bodenfliesen

In England wurden solche Bodenfliesen vorwiegend in Kirchen, Burgen und Schlössern verlegt. Sie stammten aus den Niederlanden, waren viel größer und dicker als englische Fliesen, nicht gemustert und einfarbig glasiert.

Steinfundamente

Die Breite der Mauer und die Größe der Steine lassen Rückschlüsse auf Ausmaße und Höhe der Gebäude zu. Sie belegen, daß es sich um eine stabil gebaute, große mittelalterliche Halle handelte.

Königliche Livree

William Hylton wurde wahrscheinlich während des Hundertjährigen Krieges mit Frankreich (1284–1415) Mitglied des Hofstaates. Damals hatte er wohl ein Gefolge, das er durch gewisse Privilegien an sich band. Als Zeichen dieses Bundes trugen sie eine Livree (Uniform). Hylton selbst gehörte zum Gefolge von Richard II. (belegt durch den »Weißen Hirsch« am Gebäude) und trug die Livree des Königs. Dieses Detail des Diptychons von Wilton zeigt Richard II. vor der Jungfrau Maria kniend. Er trägt eine Medaille und einen Mantel mit dem eingestickten Weißen Hirschen. Hinter ihm steht Johannes der Täufer mit einem Lamm.

Diptychon von Wilton (Detail)

Schlussfolgerungen

- Aus geophysikalischen Sondierungen und Suchschnitten ergab sich, daß neben dem Torbau weitere, größere Gebäude standen.
- Die Bodenfunde zeigen an, daß einige der Räume verputzt waren und Bodenfliesen sowie steingedeckte Dächer hatten.
- Die heraldischen Belege zeigen bildlich die Vorfahren und mächtigen Verbündeten der Lords von Burg Hylton.
- Die Bodenuntersuchungen deckten die Lage späterer Gärten im Tudorstil auf.

VERGLEICHBARE STÄTTEN

CLUNY

SAÔNE-ET-LOIRE, FRANKREICH

KARTE SEITE 146 – G6

IM JAHR 909 GRÜNDETE WILHELM VON AQUITANIEN die Abtei von Cluny in Burgund. Cluny stand zwar unter direkter Kontrolle des Papstes, war praktisch jedoch eine selbstverwaltete Einrichtung mit etwa 2000 Tochterklöstern überall in Europa. Da viele Menschen der Abtei Land und Privilegien schenkten, verfügte Cluny über großen Reichtum und ungeheuren Landbesitz. Diese Ländereien mußten effizient geleitet und verwaltet werden, um die Versorgung der zahlreichen Mönche und Dienstboten zu sichern. Schon bald wurde Cluny zu einem der größten, reichsten und mächtigsten Klöster des mittelalterlichen Europas, was sich in den erhaltenen Gebäuden widerspiegelt.

DIE RUINEN DER ABTEI
Während der Französischen Revolution wurde viel von der ursprünglichen Abtei zerstört. Der romanische Turm über dem südlichen Querschiff blieb jedoch erhalten.

DIE MITTELALTERLICHE ABTEI

Die archäologische Untersuchung von Klöstern wie Cluny erlaubt umfassende Rückschlüsse auf die Lebensweise ihrer Bewohner. Außerdem kann sie Aussagen über die wirtschaftliche Seite dieser großen Institutionen treffen sowie über die Aktivitäten und Ländereien, die notwendig waren, um sie zu unterhalten. Von den ausgedehnten mittelalterlichen Bauten des ursprünglichen Klosters von Cluny blieb allerdings nur wenig erhalten: Teile des Westturmes und der großartigen Westfassade. Den besten Eindruck von der ursprünglichen Pracht der Abtei vermittelt jedoch das südliche Querschiff. Seine Lage innerhalb der Abtei hat Professor Kenneth Conant in sorgfältigen Studien zeichnerisch und in Modellen rekonstruiert. Er griff auf erhaltene Architekturfragmente, Quellen und gezielte Ausgrabungen zurück. So konnte er beispielsweise zeigen, daß die zweite Klosterkirche von Cluny (zwischen 1010 und 1050) teilweise im späteren Keuzgang aufging, als die Abteikirche nach Norden hin erweitert wurde (nach 1088).

KAPITELL
Dieses Säulenkapitell der Kirche von Cluny stammt aus dem 12. Jahrhundert. Die Architektur der Abtei war wegen ihrer Extravaganz berühmt, und die Skulpturen zeigten oft Szenen aus der Bibel und dem täglichen Leben. Wahrscheinlich war dieses Kapitell bunt angemalt.

KLOSTERLEBEN

Die Bauten des Klosters spiegeln den Reichtum und die luxuriöse Lebensweise seiner Bewohner wider. Im 11. Jahrhundert wurde die Kirche zum dritten Mal in großem Stil neu erbaut. Neben den kirchlichen Bauwerken gab es Wirtschaftsgebäude, darunter Lagerhäuser, Werkstätten, Ställe, Höfe, Küchen und Gästehäuser. Cluny dürfte eher einer geschäftigen kleinen Stadt als einem Ort des Gottesdienstes geglichen haben. Diese Extravaganz war in ganz Europa bekannt und wurde nicht überall gutgeheißen. In der Tat vermieden einige Reformklöster ganz bewußt diese Prachtarchitektur und den ausschweifenden Lebensstil. Trotz des Erfolges dieser strengen Orden, etwa der Zisterzienser, blieb Cluny während des ganzen Mittelalters sehr einflußreich. Auf der Höhe seiner Macht wurden seine Liturgie, Architektur und sein Besitz auf dem ganzen Kontinent anerkannt. Erst während der Französischen Revolution (1789) wurde der riesige Gebäudekomplex fast vollständig zerstört.

KRAK DES CHEVALIERS

KAL'AT-HISN, SYRIEN

KARTE SEITE 148 – E3

SEIT DEM ENDE DES 11. JAHRHUNDERTS versuchten Ritter und Söldner aus Westeuropa mit dem Segen des Papstes, das Heilige Land von den Muslimen zu befreien und ein christliches Königreich zu errichten. Daher wurden eine Reihe von Ritterorden gegründet, deren Mitglieder die Muslime bekämpfen und den Pilgerweg nach Jerusalem sichern sollten. Die Johanniter (später Malteser) waren zunächst in einem Spital in Jerusalem tätig, wurden aber schon bald in Kämpfe verwickelt – sie bauten oder eroberten bestehende Burgen, wie den Krak des Chevaliers in Syrien. 1144 schenkte Raimund II. von Tripolis die Burg, ursprünglich eine muslimische Festung, den Johannitern. Die Ordensritter verstärkten sie und widerstanden zahlreichen Belagerungen, bis die Burg 1271 wieder in die Hände der Muslime fiel.

KREUZRITTER IN DER SCHLACHT
Diese Abbildung aus einer Handschrift zeigt schwerbewaffnete Kreuzritter mit ihren Wappenzeichen im Kampf gegen die Muslime. Für die Christen des Mittelalters war der Krieg Bestandteil des Glaubens und wurde von den geistlichen Führern unterstützt. Insgesamt gab es acht Kreuzzüge innerhalb von drei Jahrhunderten.

EINGEMEISSELTE KREUZE
In den meisten mittelalterlichen Burgen gab es Kapellen. Sie bildeten den geistigen Kern christlicher Bollwerke, wie es der Krak des Chevaliers war. Diese Kreuze wurden in die Wand des Treppenhauses zur Helenenkapelle geritzt.

DIE BURG

Die massiven Mauern und der konzentrische Ring von Wehrtürmen wurden vorwiegend im 13. Jahrhundert neu gebaut und verstärkt – möglicherweise nach einem Erdbeben. Der Krak war eine der größten Burgen der Welt und ein Meisterwerk mittelalterlicher Festungsarchitektur. Innerhalb der Mauern gab es neun Zisternen für Wasser, um Belagerungen widerstehen zu können, außerdem Wohnräume für eine große Besatzung aus Rittern, Mönchen, ihren Dienern und Personal. Als Ordensburg enthielt sie, wie andere Klöster auch, Kapellen und einen Kreuzgang. Sie hielt sogar den Angriffen von Saladin (1137–1193), dem berühmtesten muslimischen Kriegsherrn, stand. Erst 1271 fiel sie, nachdem die Mauern in einmonatiger Arbeit unterhöhlt worden waren und vielleicht auch, weil die Belagerer die Kornvorräte verbrannt hatten. Im Jahre 1291 zogen sich die christlichen Truppen endgültig aus dem Heiligen Land zurück.

ANSICHT DES KRAK DES CHEVALIERS
Die Burg auf einem isoliert stehenden Hügel besteht aus zahlreichen Bauwerken. Man konnte sich ihr nur von einer Seite nähern. Die mächtige innere Mauer schließt sich eng an die Außenmauer an, so daß die Angreifer von zwei Linien aus bekämpft werden konnten.

CARCASSONNE

LANGUEDOC-ROUSSILLON, FRANKREICH

KARTE SEITE 146 – G7

DIE UMMAUERTE STADT
Seit der umstrittenen Restauration im 19. Jahrhundert sieht Carcassonne wie neu aus – vieles wurde aus Ruinen rekonstruiert. Diese Abbildung zeigt die Stadt, die sich prachtvoll über die umgebende Landschaft erhebt. So ähnlich dürfte sie im Mittelalter ausgesehen haben.

MIT SEINER BURG, DER KATHEDRALE, den zahlreichen Gebäuden und gewaltigen Verteidigungsanlagen scheint Carcassonne auf den ersten Blick eine der besterhaltenen mittelalterlichen Städte in Europa zu sein. Tatsächlich wurden jedoch große Teile der Stadt Mitte des 19. Jahrhunderts von dem Architekturhistoriker Viollet-le-Duc (1814–1879) restauriert. Dennoch blieb der mittelalterliche Charakter der Stadt erhalten. Ursprünglich stand hier eine gallorömische Festung, und einige Wehranlagen aus dieser Zeit bildeten die Grundlage der späteren Architektur, die im wesentlichen aus dem 13. Jahrhundert stammt. Im Mittelalter lag Carcassonne an der Haupthandelsroute zwischen Mittelmeer und Atlantik und beherrschte die Wirtschaft der Region.

PORTE NARBONNAISE
Diese 1280 erbauten riesigen Wehrtürme aus Sandstein bilden den Haupteingang in die Stadt. Zu den Verteidigungsanlagen gehören Zinnen, eiserne Tore, Burggraben und eine Zugbrücke.

EINE MITTELALTERLICHE FESTUNG

Carcassonne ist von etwa ovaler Form. Bereits im 5. vorchristlichen Jahrhundert lebten hier Iberer, im 1. Jahrhundert n. Chr. kamen die Römer, und im 5. Jahrhundert wurde die Stadt von den Westgoten erobert. Nach einer kurzen Phase maurischer Besatzung im 8. Jahrhundert wurde sie von den Franken kontrolliert und stand dann 400 Jahre lang unter der Herrschaft der Grafen von Toulouse. Sie wurde zweimal (1209 und 1240) belagert. Obwohl die Mauern während der zweiten Belagerung beschädigt wurden, konnte die Stadt nicht eingenommen werden. Als Folge dieser Angriffe reparierte und verstärkte man Mitte des 13. Jahrhunderts die Mauern und machte die Stadt uneinnehmbar.

PIERRE DU SIÈGE
Diese Steinplatte steht in der Basilika St. Nazaire. Sie stellt die Belagerung Carcassonnes durch die Kreuzritter im Jahr 1209 dar. Der Papst hatte sie geschickt, um die Stadt von den als Ketzer geltenden Katharern zu befreien.

DIE WEHRARCHITEKTUR

König Ludwig IX. und sein Sohn Philipp III. ließen die äußere Wehrmauer mit ihren Türmen erbauen, von Philipp stammt auch die schwerbefestigte Porte Narbonnaise in der inneren Wehrmauer. Innerhalb der Stadtmauern steht das Grafenschloß, ursprünglich ein Palast, der in eine befestigte Burg mit fünf Türmen und einem hölzernen Wehrgang verwandelt wurde. Es ist durch einen Burggraben und eine Barbakane von der Stadt abgetrennt. Nicht alle Gebäude hatten Wehrcharakter. Die Kathedrale St. Nazaire, begonnen im 11. Jahrhundert unter Papst Urban II. (1035–1099), wurde an der Wende zum 14. Jahrhundert in gotischem Stil weitgehend neu gebaut. Das romanische Mittelschiff blieb jedoch erhalten. Die mittelalterlichen Funde, darunter gotische Fenster, steinerne Wurfgeschosse und romanische Wandmalereien, werden in einem Museum ausgestellt.

PILGERZEICHEN
Als Zeichen, daß sie eine heilige Reise unternommen hatten, trugen die Menschen des Mittelalters charakteristische Pilgerzeichen, die überall in Europa gefunden wurden. Die Pilger nach Santiago de Compostela trugen ein Bild des heiligen Jakobus mit einer Jakobsmuschel. Meist wird er als älterer, bärtiger Mann mit Stab dargestellt.

SANTIAGO DE COMPOSTELA

GALIZIEN, SPANIEN

KARTE SEITE 146 – E7

PILGERFAHRTEN WAREN IM LEBEN DER MITTELALTERLICHEN MENSCHEN von zentraler Bedeutung. Nach Rom und Jerusalem war Santiago de Compostela der drittwichtigste Wallfahrtsort, und Pilger aus ganz Europa machten sich auf die lange und gefährliche Reise. Gegen Ende des 9. Jahrhunderts entstand eine Kirche mit dem Schrein des heiligen Jakobus über seinem Grab – der Überlieferung nach soll dieser Apostel nach Spanien gekommen sein. Erst zu Beginn des 10. Jahrhunderts setzte der Kult ein. Damals unternahm Herzog Wilhelm von Aquitanien (979–1029) eine berühmte Pilgerfahrt, und Mönche aus Cluny errichteten ein Kloster und einen Schrein. Die Beliebtheit des Kultes nahm weiter zu, und 1076 begann man mit dem Bau einer neuen Kirche. Sie wurde 1122 fertiggestellt, in den folgenden Jahrhunderten jedoch mehrfach verändert, um neuen Baustilen und veränderten Einstellungen Rechnung zu tragen.

EIN SCHREIN DER CHRISTENHEIT

Während des 12. Jahrhunderts zog der Schrein in Compostela unzählige Pilger an. Sie kamen über vier Hauptrouten durch Frankreich nach Spanien: Eine führte über St. Gilles, eine andere über Le Puy, Vezelay oder Tours, eine dritte aus den Niederlanden und der Normandie und die letzte aus dem Norden übers Meer. Alle Überlandwege trafen in den Pyrenäen zusammen und folgten der Straße durch Galizien nach Compostela. Mit zunehmender Pilgerzahl entstanden längs der Route mehr und mehr prächtige romanische Kirchen und Klöster, viele davon unter dem Einfluß von Cluny (siehe Seite 96).

Die Kathedrale von Compostela gehört zu den eindrucksvollsten und besterhaltenen der mittelalterlichen Christenheit. Die heutige romanische Kirche stammt vorwiegend aus dem 11. und 12. Jahrhundert, die reichverzierte barocke Westfassade wurde im 18. Jahrhundert angefügt. Die Zwillingstürme sind 74 m hoch und beherrschen den Pórtico de la Gloria, durch den die Pilger eintraten. Die Krypta gehört noch zur ursprünglichen Basilika und soll die Gebeine des heiligen Jakobus enthalten. Weitere wichtige Gebäude in Compostela sind das Hotel de los Reyes Católicos, das als Herberge und Hospital für kranke Pilger erbaut wurde, und der Convento de San Paio d'Antealtares, der ursprünglich den Schrein des heiligen Jakobus enthielt (heute in der Kathedrale).

SPIRITUELLES ZENTRUM
Die riesige Kathedrale beherrscht die mittelalterliche Stadt und bildet noch heute das Stadtzentrum. Die prächtigen Steinmetzarbeiten spiegeln die Popularität des Kultes und die finanziellen Aufwendungen wider.

DER PÓRTICO DE LA GLORIA
Der überwältigende Pórtico le la Gloria (Tor der Herrlichkeit) mit Statuen von Aposteln und Propheten begrüßte die Pilger bei ihrem Eintritt in die Kirche. Diese Skulptur des heiligen Jakobus steht unter einer Christusfigur.

KOLONIALZEIT

NACHDEM EUROPÄISCHE SEEFAHRER im 15. und 16. Jahrhundert neue Länder in Amerika, Afrika und Asien entdeckt hatten, taten sich weitreichende Handelsmöglichkeiten auf. Daher trachteten die meisten europäischen Länder danach, ihre ökonomischen Interessen auszuweiten. Die Suche nach Gold, Gewürzen, Sklaven und anderen Gütern wurde von den Spaniern und Portugiesen vorangetrieben, und bald traten auch Frankreich, England und die Niederlande in den Ring.

Schnell bemerkte man, daß die neuen Länder mehr waren als reine Handelspartner. Der zunehmende Bevölkerungsdruck in Europa führte zu einer Jagd nach Land und Ressourcen, und hier schienen neue Überseekolonien Abhilfe zu schaffen. Zunächst hatten diese neuen Siedlungen ums nackte Überleben zu kämpfen. Viele Menschen starben bereits im ersten Jahr an Krankheiten oder Hunger, und die anfallende Arbeit war sehr hart. Außerdem mußten sich die Siedler auf die eingeborene Bevölkerung verlassen, nur sie kannten die heimischen Tiere, Pflanzen und den Zugang zu den Ländereien. Im Austausch versorgte man die Ureinwohner mit begehrten Waren – Perlen, Metallgeräten und manchmal auch mit Feuerwaffen, die die ursprünglichen Pfeile und Speere ersetzten. Rechte der Eingeborenen wurden von den Europäern in der Regel jedoch mißachtet.

① QUEBEC
Diese Mischung aus Siedlung, Lagerhäusern und Festung war eines von vielen französischen Forts am Sankt-Lorenz-Strom.

② NEW YORK
Die Engländer eroberten 1664 diese niederländische Handelsstation.

③ ST. MARY'S CITY
Englische Katholiken gründeten die Stadt 1634; sie bauten vorwiegend Tabak an.

④ ST. AUGUSTINE
Die Spanier gründeten diese Kolonie 1565, nachdem sie die dort lebenden französischen Protestanten niedergemetzelt hatten.

⑤ ST. KITTS
St. Kitts wurde als erste Insel der Karibik 1623 von den Engländern besiedelt. Sie exportierten Zucker nach Europa.

⑥ POTOSÍ
1545 entdeckten die Spanier Silber in einem bolivianischen Berg und gründeten dort eine blühende Bergbausiedlung.

KARTE VON VIRGINIA
Jamestown in Virginia wurde 1607 die erste dauerhafte englische Siedlung in Nordamerika. Zunächst litten die Siedler unter Krankheiten und Spannungen mit den Indianern. Diese Karte des Kolonisten John Smith (1580–1631) zeigt Virginia im Jahr 1624, nachdem eine gewisse Stabilität eingekehrt war.

VERMESSUNGSKETTE
Als die Siedlungstätigkeit in Australien zunahm, mußte ein offizielles System der Landnahme eingeführt werden. Neuen Siedlern wurde das Land nach 20 m langen »Ketten« zugeteilt. Die Kette rechts stammt aus dem Jahr 1800.

⑦ **BRISTOL**
Die Stadt blühte unter dem Sklavenhandel auf und wuchs dank der Profite aus Zucker- und Kakaoeinfuhr.

⑧ **AMSTERDAM**
Von hier aus brachen Schiffe und Siedler nach Asien und Afrika auf.

⑨ **LISSABON**
Mitte des 16. Jahrhunderts war die Hälfte der portugiesischen Bevölkerung ausgewandert.

HANDELS-NIEDERLASSUNGEN
Während des 18. Jahrhunderts entstanden in ganz Ostasien englische, französische und niederländische Handelsniederlassungen.

⑩ **ELMINA**
In dieser portugiesischen Festung (1482 erbaut) waren Sklaven bis zur Verschiffung in die Karibik eingesperrt.

⑪ **JOHANNESBURG**
Die Stadt expandierte nach der Entdeckung von Gold im Transvaal.

⑫ **FORT JESUS**
Gegen Ende des 16. Jahrhunderts bauten Portugiesen diese Festung, um die Handelswege zu sichern.

⑬ **COCHIN**
1502 entstand hier die erste portugiesische Festung in Indien.

⑭ **MADRAS**
Seit 1640 wichtiger englischer Handelshafen und später Siedlung.

⑮ **KANTON**
Wichtigster chinesischer Hafen des 18. Jahrhunderts mit Handelsniederlassungen aller europäischen Länder.

⑯ **MACAO**
Eine portugiesische Siedlung, die Handel mit Sandelholz und anderen Waren betrieb.

⑰ **MALAKKA**
Zentrum des internationalen Handels; weltweit bekannt durch Muskat und Seide.

⑱ **SYDNEY COVE**
Von 1788 bis 1840 kamen britische Sträflinge hierher; die Siedlung entwickelte sich rasch zu einer Stadt.

OSTINDISCHE KOMPANIEN
Diese Kompanien wurden zur Förderung des Handels zwischen Europa und dem Orient gegründet: die englische 1600, die niederländische 1602. Ihre Schiffe transportierten wertvolle Fracht und wurden häufig angegriffen.

KOLONIALSIEDLUNG

ST. MARY'S CITY, VEREINIGTE STAATEN VON AMERIKA

KARTE SEITE 137 – N7

BELEGE

- In Dokumenten wird St. Mary's City als erste Stadt Marylands erwähnt. Daraus ließ sich die Lage der Siedlung ableiten.
- Alte Dokumente und eine frühere, unvollständige Grabung (Henry Chandlee Forman, 1938) lieferten Hinweise auf den Standort eines großen Ziegelgebäudes.
- Bei Feldbegehungen in der Umgebung des Kaufmannshauses fand man Austernschalen, Ziegel und Keramik.

AM 27. MÄRZ 1634 erreichte eine Gruppe von 140 englischen Siedlern nach viermonatiger Seereise die Chesapeake Bay an der amerikanischen Ostküste. Sie erkundeten den Fluß Potomac, wurden mit den eingeborenen Indianern (Yaocomico) handelseinig und bauten ein Lagerhaus und eine befestigte Wache. Man nannte die neue Siedlung St. Mary's. In den folgenden 61 Jahren entwickelte sich das Städtchen zur Hauptstadt von Maryland mit Häusern der Kolonisten, Versammlungshallen und einer Kapelle mit Friedhof. Damit die ursprüngliche Siedlung nicht vergessen wurde, gründete man ein Kolonialmuseum. Archäologen haben bereits Artefakte, Grabstätten und verschiedene Gebäudefundamente ausgegraben. Aufbauend auf eine frühere Ausgrabung bei St. Peter's, hofften die Archäologen auf weitere Informationen über den Gouverneurswohnsitz und seinen Bezug zu anderen Stätten, wie Friedhof und Fort.

DER FUNDORT

Da sich diese Gegend nur wenig weiterentwickelte, blieben große Teile des Fundortes ungestört. Viele Felder konnten geophysikalisch sondiert werden, und bei Feldbegehungen fand man zahlreiche Artefakte. Außerdem ließ sich mit Hilfe alter Pläne und Sondierungen der Standort für die Grabungen einengen. Wegen der geringen Zahl der Oberflächenfunde – die meisten lagen in der obersten Bodenschicht – mußte das Material aus den Suchschnitten gesiebt werden.

DIGITALER PLAN DER FLÄCHE

Bei solch großräumigen und komplexen Fundstätten braucht man eine Gesamtschau, die die Anordnung einzelner Bereiche aufzeigt. Offensichtlich gab es kein ausgesprochenes Zentrum, doch die Archäologen hofften, mit Satellitenortung (siehe Seite 123) den Plan der Stadt aufzudecken. Anhand dieser Karte, die auch Höhenlinien und moderne Straßen enthält, konnten sie potentiell interessante Grabungsstellen erkennen.

① ST. JOHN'S

Hier hatten bereits amerikanische Archäologen gegraben. Sie legten eines der ersten größeren Gebäude des 17. Jahrhunderts frei, so daß man sich ein Bild von der Bauweise jener Zeit machen konnte. Es wurde deutlich, daß der europäische Architekturstil kaum an die Anforderungen einer Pioniersiedlung angepaßt war. Das Haus wurde 1638 von John Lewgar, dem ersten Minister der Kolonie, erbaut und später von Charles Calvert, dem 3. Earl von Baltimore, bewohnt.

ANKUNFT DER KOLONISTEN

Zeitgenössische Bilder und Skulpturen liefern weitere Informationen über die Siedler, darunter über ihre Kleidung und insbesondere das Aussehen der Urbevölkerung. Dieses Gemälde zeigt die Landung der Kolonisten in Maryland mit Leonard Calvert, Sohn von Sir Baltimore, der die Emigration geplant und organisiert hatte.

Länge: 15 cm

KUPFERFRAGMENT

Kupfer war in Nordamerika selten, daher stellten die Kupfergeräte der Siedler eine wichtige Rohstoffquelle für die eingeborenen Indianer dar. Sie stellten daraus neue Geräte her, wie diesen in St. John's gefundenen Schaber.

Skelett

Ausgrabungen im Friedhof bei der Kapelle legten eine Reihe von Skeletten und über 500 Gräber frei. Dieser Schädel wies einen Pfeifenschliff (Lücke in einem Zahn) auf, der entsteht, wenn man über einen langen Zeitraum Pfeife raucht.

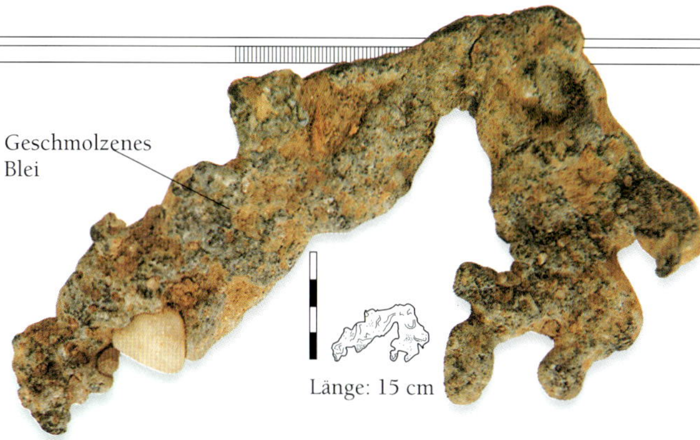

Geschmolzene Kugel

Die Siedler lagerten Schußwaffen, Pulver und Bleikugeln in St. Peter's. Dort kam es 1694 zu einer Explosion. Diese geschmolzene Bleikugel fand man während der Ausgrabungen.

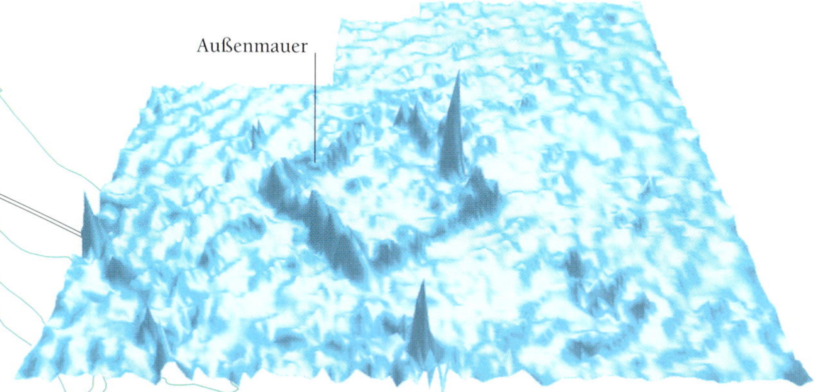

Geophysikalische Darstellung von St. Peter's

Die geophysikalische Sondierung ergab ein deutliches Viereck sowie starke Explosionssignale – das statistische Magnetfeld wurde dadurch ausgelöscht und durch ein einheitliches ersetzt.

② St. Peter's

Ausgrabungen an dieser Stelle legten umfangreiche Grundmauern frei, ein Hinweis auf ein prachtvolles Herrenhaus. Aus der Lage der Ziegel konnte man die Ausrichtung der Schaufassade erschließen.

③ Friedhof

Der bereits teilweise ausgegrabene Friedhof wurde geophysikalisch weiter untersucht. Die Ergebnisse sprechen für einen der größten Kolonialfriedhöfe in Amerika.

④ Das Haus von Leonard Calvert

In diesem Haus lebte der erste Kanzler und Gouverneur. Es war das erste staatliche Gebäude und Mittelpunkt der entstehenden Kolonie.

⑤ Haus eines Kaufmanns

Während die Geophysiker nach einem Fort suchten, fanden sie dieses Haus mit einem Kaminsockel aus Ziegeln; es gab u. a. englische Keramik, eine niederländische Skulptur und eine indianische Pfeife.

Pfeilspitzen

Solche gefundenen Pfeilspitzen aus hier vorkommendem Quarz zeigen den technischen Entwicklungsstand der eingeborenen Indianer.

Pfeifenkopf

Bei den Grabungen fand man eine Reihe indianischer Pfeifenköpfe, darunter diesen, der mit einem Gesicht verziert war, im Haus des Kaufmanns. Vielleicht haben die Siedler ihn gegen Waren, wie Hacken oder Äxte, eingetauscht.

Glöckchen

Bei der Ausgrabung von St. John's kam dieses Glöckchen zutage. Wahrscheinlich band man es bei der Falkenjagd an die Beine des Greifvogels. Für die Indianer stellten solche Glöckchen ein attraktives Handelsobjekt dar, daher führte man sie in großen Stückzahlen ein.

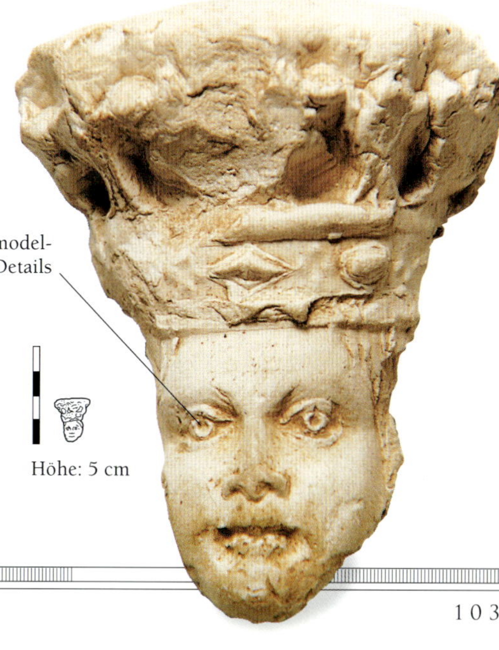

Religiöse Skulptur

Diese Statue eines Madonnenkopfes wurde im Haus des Kaufmannes gefunden. Sie soll einem Holländer namens Van Sweringen gehört haben. Ähnliche Beispiele solch religiöser Skulpturen fand man auch in Amsterdam.

KOLONIALSIEDLUNG

INTERPRETATION DER FUNDE

AUS DER ANALYSE DER UNTERSCHIEDLICHEN ARTEFAKTE und der Grundmauern, die an verschiedenen Stellen entdeckt wurden, konnten die Archäologen sehr viel über die Lebensumstände und -standards der Siedler erschließen. Besonders aufregend war für sie die Entdeckung der Ziegelmauern eines der wahrscheinlich ersten und schönsten Ziegelbauten in der Neuen Welt. Aus der Untersuchung der Fundamente sowie durch Quellenstudium erschloß sich ihnen ein detailliertes Bild dieses prachtvollen Bauwerks, das aus örtlichen Ziegeln und Dachziegeln aus Terrakotta gebaut worden war. Der Bau von St. Peter's (wahrscheinlich zwischen 1670 und 1680) zeigt, daß sich die Kolonisten dauerhaft in ihrem Städtchen niedergelassen hatten und begannen, eine lokale Regierung einzurichten. Ihr Vertrauen in die Zukunft beruhte nicht zuletzt auf der guten Beziehung zu den Indianern. Diese hatten den Siedlern beim Anbau von Tabak geholfen und sie über die verfügbaren Nahrungsressourcen informiert. Tabak spielte eine entscheidende Rolle in der Wirtschaft der Siedlung. Wegen dieser starken Abhängigkeit von einem einzigen Anbauprodukt war der Niedergang der Stadt bereits vorprogrammiert.

Einzelne Tabakblätter

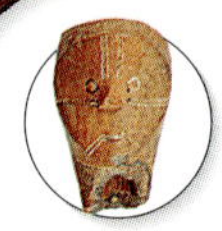

HAUPTHANDELSWARE
Um 1637 wurde Tabak zur wichtigsten Handelsware der Kolonie und galt sogar als Zahlungsmittel. Die damit handelnden Kolonisten schätzen den Wert von Waren nach dem Tabakwert ab.

ZEICHNERISCHE REKONSTRUKTION

Lord Baltimore träumte davon, ein englisches Herrenhaus und seinen adligen Besitzer in die Neue Welt zu transferieren und eine Gesellschaft mit einer festen sozialen Ordnung zu gründen. Das Symbol seines Traumes ist das Herrenhaus von St. Peter's. Die Untersuchung ähnlicher zeitgenössischer Gebäude in England gab Aufschluß über die Bauweise, und Luftbildaufnahmen von Veränderungen in Getreidefeldern legten die Existenz eines mauerumgebenen Gartens nahe. Ziegelverbände und Artefakte deuten auf ein prachtvolles, großes Haus hin.

CHRISTENTUM
Die neue Siedlung gründete sich vor allem auf Katholiken, die der Verfolgung in England entfliehen wollten. Sowohl Katholiken wie Jesuiten führten Heiligenbilder mit sich, und eines der ersten errichteten Gebäude war eine Kapelle. Bis zum Ende des 17. Jahrhunderts hatten die Siedler einige Indianer bekehrt.

Tabakfeld

ZIEGELVERBÄNDE

Ausgrabungen im Bereich des Herrenhauses legten umfangreiche Grundmauern aus Ziegeln frei. Das Herrenhaus wies eine charakteristische Bauweise auf: Der attraktivere flämische Ziegelverband fand sich auf der Vorderseite, der gewöhnlichere englische Ziegelverband auf der Rückseite des Hauses. Daraus schlossen die Archäologen, welche Hausfassade der Stadt zugekehrt war.

ENGLISCHER VERBAND
Binder und Läufer werden in Lagen verlegt.

FLÄMISCHER VERBAND
Binder und Läufer bilden ein abwechslungsreicheres Muster.

Steuerfedern von Ente, Gans oder Adler

Köcher aus Hirschleder

PFEILSPITZEN
Die meisten Geräte der Indianer bestanden aus Stein oder Holz. Diese Pfeilspitzen befestigten sie an Schäften mit Steuerfedern.

WAFFENKAMMER
Solche hier gefundenen Kugeln verwendete man sowohl in Luntenwie Steinschloßgewehren, die im Waffenlager von St. Peter's aufbewahrt wurden. Sie bestanden aus Blei und wurden in Formen zu kleinen, murmelgroßen Kugeln gegossen.

TABAKRAUCHEN

Tabak war ein wichtiger Bestandteil in der indianischen Kultur. Sie verwendeten ihn bei Zeremonien und zu medizinischen Zwecken. Schon bald übernahmen englische Siedler das Tabakrauchen. Der hier wachsende Tabak war bitter und konnte nur in kleinen Mengen genossen werden, daher griff man auf die Oranoco-Varietät zurück, die bereits von den Spaniern eingeführt worden war. Zunächst pflanzte man Tabak nur zwischen Baumstümpfe, doch bald wurde er zum wichtigsten Anbauprodukt der Siedlung, das große Flächen bedeckte. In den 70er Jahren des 17. Jahrhunderts exportierte man jährlich über 600 000 kg.

PFEIFERAUCHENDER INDIANER

WERKZEUGE ALS HANDELSWARE
Die Siedler tauschten zahlreiche Metallgegenstände, darunter Hacken, Äxte und Kupferkessel, mit den Indianern. Manchmal zerstörten diese die Kessel und stellten daraus Schmuck oder Schaber her.

SCHMUCKSTÜCKE ALS HANDELSWARE
Neben notwendigen Handelswaren, etwa aus Kupfer (das nur weit im Norden Amerikas vorkam), tauschten die Indianer auch ungewöhnliche Objekte, wie Glöckchen und Messinggegenstände, ein.

SCHLUSSFOLGERUNGEN

- Als die Kolonie in ihrer ökonomischen und gesellschaftlichen Blüte stand, wurde hier ein prachtvolles Herrenhaus errichtet.
- Das Herrenhaus wurde durch eine Explosion zerstört; das Feuer ließ die Bleikugel schmelzen und beeinflußte die geophysikalischen Signale der Ziegel.
- Die Fundstätte gab viele Objekte preis, die auf die Handelsverbindungen der beiden nebeneinander lebenden Kulturen hindeuten. Die Indianer stellten aus den importierten Waren für sie zweckmäßige Geräte her.

VERGLEICHBARE STÄTTEN

NEW YORK

NEW YORK STATE, VEREINIGTE STAATEN VON AMERIKA

KARTE SEITE 137 – N7

IM JAHRE 1625 GRÜNDETEN NIEDERLÄNDISCHE KOLONISTEN Neu-Amsterdam, später New York. Die Stadt ist eine der ältesten der USA und blickt auf eine lange und abwechslungsreiche Industrie- und Handelsgeschichte zurück. Dank der idealen Lage als Wohnort und für die Schiffahrt wuchs sie bis heute an, daher bleiben die meisten archäologischen Hinweise auf die ersten Bewohner unter der modernen Stadt verborgen. Um die frühe Stadtgeschichte aufzuklären, müssen Archäologen auf Karten und zeitgenössische Berichte zurückgreifen. Im Straßenplan des Südendes von Manhattan spiegelt sich noch heute das alte Fort wider. Die schmalen, unregelmäßigen Straßen stehen im Kontrast zu dem regelmäßigen Straßennetz von 1811.

WALL STREET
Die anfänglich guten Beziehungen zu den Indianern hielten nicht lange an. Die Siedler mußten eine Verteidigungsmauer um ihre Siedlung bauen. Die Wall Street im Herzen von New York erinnert an diese, 1653 hier errichtete, Palisade.

DIE ERSTEN EINWOHNER

Die Ostküste der Vereinigten Staaten wurde zuerst von den Algonkin-Indianern besiedelt, die in Höhlen nördlich der Stadt lebten. Der englische Seefahrer Henry Hudson (gestorben 1611) war auf der Suche nach einer Nordroute zu den Gewürzinseln und China, als er 1609 auf einen befahrbaren Fluß (den späteren Hudson) und einen ausgezeichneten Hafen stieß.

Als erste Europäer siedelten sich jedoch 1621 niederländische Kolonisten hier an. Damit ist New York, damals Neu-Amsterdam, eine der ältesten Städte Amerikas. Sie kauften den ansässigen Indianern die Insel Manhattan (damals Manahattan) im Austausch gegen Schmuck ab und gründeten eine Siedlung an deren Südspitze. Neu-Amsterdam erstreckte sich etwa über das heutige untere Manhattan. Die gewundenen Straßen und die Umrisse des Forts (später von den Engländern in Fort George umbenannt) sind noch heute sichtbar. Die Siedler nutzten die Wege der amerikanischen Ureinwohner; die wichtige, höhergelegene Nord-Süd-Route entspricht heute dem unteren Broadway. Später plante ein niederländischer Ingenieur ein regelmäßiges Straßennetz, das die Insel und Teile Brooklyns gliedert. Die Siedler lebten vom Pelzhandel mit den Indianern; die Pelze wurden von der niederländischen Westindischen Kompanie nach Europa transportiert.

UNTER ENGLISCHER KONTROLLE

Die Niederländer hatten sich hauptsächlich wegen des Handels, weniger zur Kolonisation hier niedergelassen. Die Bedrohung durch die Engländer, zunehmende Spannungen mit den Indianern sowie interne Querelen führten zum Ende ihrer Vorherrschaft. Im Jahre 1664 übernahmen die Engländer die Kontrolle über den Ort und benannten ihn in New York um. Bis zum Unabhängigkeitskrieg (1776–1783), als sich die Kolonien von England lossagten, blieb New York in englischer Hand.

Trotz der Probleme bei archäologischen Untersuchungen in einer modernen Stadt finden sich immer noch Überreste der alten Zeit. Bei Ausgrabungen eines Bundesgerichtes kamen Grundmauern, Kellerböden, Höfe und fast eine Million Artefakte zu Tage.

NIEDERLÄNDISCHE DECKSKANONE
Im Jahre 1613 wurde das niederländische Schiff »Tiger« zerstört und 1916 von Arbeitern entdeckt. Es lieferte den Archäologen einige der frühesten Zeugnisse von New York. Dieser Hinterlader, eine drehbare Deckskanone, gehört zu den Funden.

FORT GEORGE, 1750
Die Engländer benannten 1664 das Fort Amsterdam in Fort George um. Die Festung kontrollierte beide Flüsse und schützte die Siedler vor Angriffen der Indianer. Die unregelmäßig angeordneten Straßen des heutigen Finanzzentrums spiegeln den Plan der frühen Siedlung wider, deren Häuser sich um das sichere Fort scharten.

FRÜHE KARTE VON NEW YORK
Diese Karte (1761) zeigt die südliche Hälfte Manhattans und Brooklyn. Die Vorteile der Insel für Handel und Verteidigung sind offensichtlich.

HUDSON'S RIVER
OR HUDSON'S RIVER
EAST RIVER OR THE SOUND
Turtle Bay
Kep's Bay
Oliver Delancey Esq.
Wm. Bayard Esq.
J. Jeauncey Esq.
Lady Warren
P. Stuyvesant
Delaneys Square
Fresh Water
Ship Yards
Westward Boundaries
Southward Boundaries
Outward Boundaries
Brookland Ferry
Remsen's Mill
The Wallabout Bay
Brookland Parish
Phil. Livingston Esq.
The Governours or Nutten Island
Newtown

FORT JESUS

MOMBASA, KENIA

KARTE SEITE 142 – G5

ALS DIE EUROPÄISCHEN NATIONEN im 16. Jahrhundert neue Handelsmärkte erschlossen, wurde die Ostküste Afrikas von portugiesischen Kolonien beherrscht. Fort Jesus war weniger eine Handelsstation für den Austausch von Waren als vielmehr eine militärische Festung, die die Küste kontrollierte. Sie sicherte die Schiffsroute von Südafrika nach Indien, die häufig durch islamische Staaten der Arabischen Halbinsel bedroht wurde. Auch ein Schutz gegen die Niederländer war erforderlich, die auf ähnlichen Seewegen fuhren und die portugiesische Vorherrschaft brechen wollten. Die Festung, auf einem Korallenrücken am Südende des Hafens von Mombasa gelegen, war von gewaltigen Wällen aus Schutt und Erde umgeben (mehr als 4 m breit). Mit wenigen Änderungen hat sich die Anlage des 16. Jahrhunderts – quadratischer Grundriß mit großen Eckbastionen als Geschützstände – bis in die Gegenwart erhalten. Heute ist das Fort ein Museum. Es beherbergt wichtige Funde, etwa von einem portugiesischen Schiffswrack aus dem Hafen von Mombasa.

EINE KOLONIALFESTUNG
Fort Jesus sah mit seinen mächtigen, hohen Außenmauern, die steil zum Meer hin abfielen, sehr eindrucksvoll aus. Im Hintergrund des Bildes sind die Mauern und eine Eckbastion zu erkennen. Heute ist die Festung ein Museum, in dem auch die aus der Fregatte »St. Antonio de Tanna« geborgenen Funde ausgestellt werden. Dazu gehören Keramikgefäße, Fässer und Waffen. Das Schiff war mit mehreren drehbaren Kanonen bewaffnet.

DAS WRACK WIRD FREIGELEGT
Aus dem Meeresboden ragen Balken und eine Kanone der »St. Antonio de Tanna«. Der Archäologe entfernt Schlick und Sand mit einer Pumpe.

BERGUNG DER ARTEFAKTE
Nachdem ihre genaue Position kartiert ist, entfernt der Taucher eine Galionsfigur. Mit Hilfe solcher Fundstücke beurteilen Archäologen Reichtum und Status des Schiffbesitzers.

DIE VERTEIDIGUNG DER FESTUNG

Wegen seiner strategisch wichtigen Lage und der direkten Nähe zu Mombasa wurde Fort Jesus häufig angegriffen und überfallen. Seit dem 11. Jahrhundert lebten Muslime in Mombasa. Sie versuchten häufig, den portugiesischen Einfluß in der Region zurückzudrängen. Daher wurde die Festung unter großen Kämpfen mehrfach erobert und zurückerobert.

Im Jahr 1696 begann der Sultan von Oman mit einer dreijährigen Belagerung der Festung. Die Küstenbewohner unterstützten die Portugiesen, schließlich fielen jedoch die meisten Verteidiger einer von der Verstärkung eingeschleppten Krankheit zum Opfer. Das Fort fiel, da es nur noch von einer Handvoll eingeborener Männer und Frauen verteidigt wurde.

Die portugiesische Fregatte »St. Antonio de Tanna« war 1697 als Hilfe für die belagerte Besatzung nach Fort Jesus entsandt worden. Direkt unterhalb der Festung lief sie auf Grund und sank. In den 60er Jahren wurde sie gefunden und identifiziert. Im Laufe mehrerer Jahre barg man Tausende von Artefakten, darunter Musketenkugeln und andere Waffen, Schuhe, Holzfässer, chinesische und indische Keramik und Metallarbeiten. Die Spanten wurden sorgfältig kartiert, so daß man auch Bau und Plan des Schiffes untersuchen konnte. Damit war es möglich, ein lebendiges Bild von dem Leben auf einem Handelsschiff des 17. Jahrhunderts zu zeichnen.

SYDNEY COVE

NEW SOUTH WALES, AUSTRALIEN

KARTE SEITE 156 – E7

KAPITÄN COOK, DER 1770 DIE BOTANY BAY IN AUSTRALIEN ENTDECKTE, schlug der britischen Regierung vor, hier eine Strafkolonie zu errichten, um die überfüllten englischen Gefängnisse zu entlasten. Kapitän Arthur Phillip (1738–1814), der 1780 mit einer ersten Ladung Gefangener hier eintraf, hielt die Botany Bay jedoch für ungeeignet und gründete die Kolonie etwas weiter nördlich. Cook hatte diesen Ort Port Jackson genannt, er wurde jedoch nach dem damaligen britischen Innenminister Lord Sydney in Sydney Cove umbenannt. Phillip beschrieb die Bucht von Sydney als den »schönsten Hafen der Welt«, und schon 1793 trafen weitere Strafgefangene ein. Die ersten freien Siedler kamen fünf Jahre später. Die Gefangenen bauten aus den vorhandenen Rohstoffen Straßen und Gebäude; daraus entwickelte sich ein Städtchen. In der Umgebung entstanden Bauernhöfe, und durch die Ankunft freier Siedler mit Fertigkeiten in Handel und Handwerk entwickelte sich unabhängig von der Strafkolonie eine blühende, selbständige Stadt. Die letzten Verurteilten kamen 1840 hierher, aber da war Sydney Cove bereits ein erfolgreicher Handelshafen mit eindrucksvollen Gebäuden und wachsender Bevölkerung.

DER GOLDRAUSCH
Nachdem 1851 in Australien Gold entdeckt wurde, brach, wie vorher im amerikanischen Westen, ein Goldrausch los. Schon bald kamen unzählige Goldsucher an, die auf schnelles Glück hofften. Diese beiden Münzen stammen vom Beginn des Goldrausches (1852).

ANFÄNGE EINER MODERNEN STADT

Dank der natürlichen Vorteile der Bucht für die Schiffahrt und der attraktiven Ressourcen, wie Gold und freies Land, entwickelte sich Sydney aus seinen unvorteilhaften Anfängen rasch weiter. Eine kontinuierlich fortschreitende Entwicklung konfrontiert Archäologen, die die frühe Geschichte einer solchen Siedlung ergründen möchten, jedoch mit Problemen, denn die Ursprünge liegen meist unter der modernen Stadt verborgen. So ist der ursprüngliche Hafen von dichter Bebauung umgeben. Vieles über den Aufbau und die Geschichte der Siedlung muß aus zeitgenössischen Dokumenten und Berichten, aus frühen Karten und Plänen (wie im Bild links) erschlossen werden. Der älteste Bezirk von Sydney – die »Rocks«, wo Kapitän Phillip landete – blieb teilweise erhalten und wurde als Touristenattraktion stark restauriert. Man findet dort Lagerhäuser und Höfe der frühen Stadt.

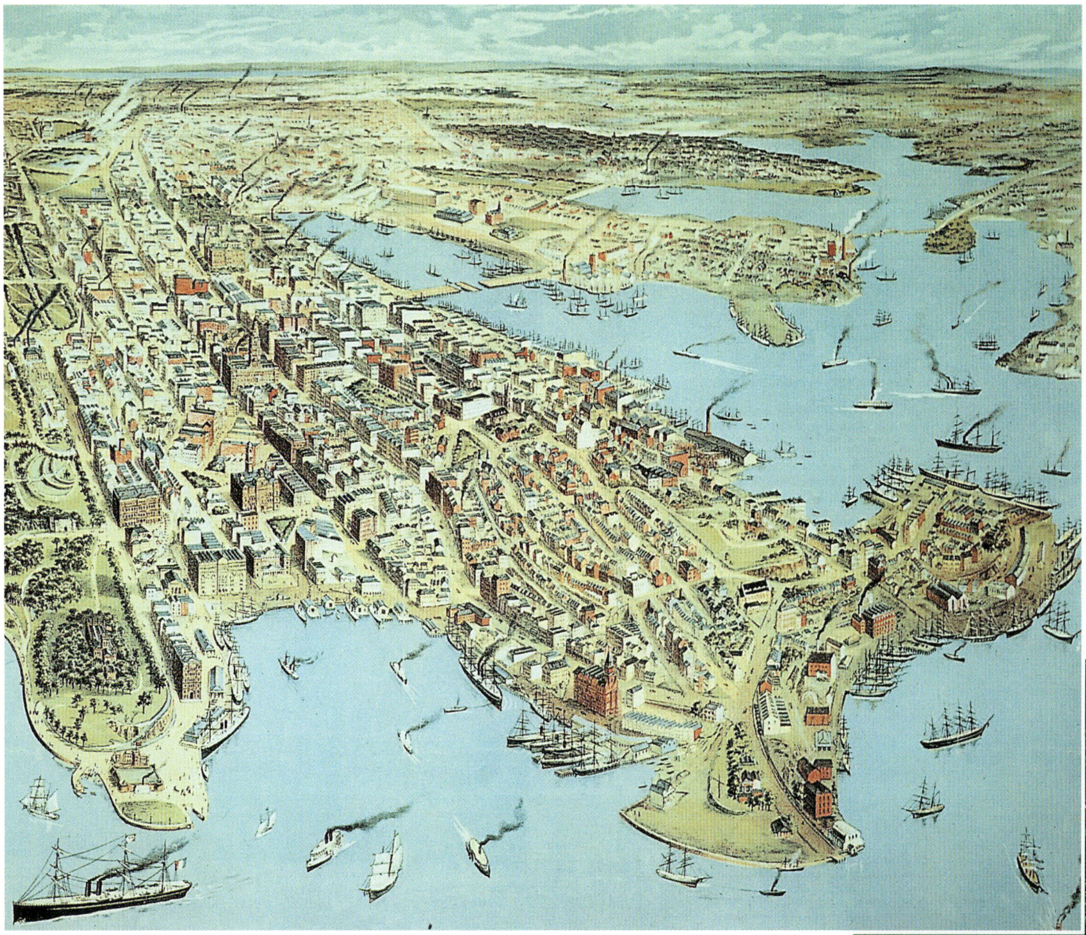

ANSICHT VON SYDNEY, 1888
Dieser Plan des Hafens zeigt, wie stark sich der Ort bis zum Ende des 19. Jahrhunderts entwickelt hatte. Wie die Zahl der ein- und ausfahrenden Dampfschiffe belegt, war Sydney zu einer blühenden Stadt geworden.

CADMAN'S COTTAGE
Dieses Sandsteinhaus ist Sydneys ältestes erhaltenes Gebäude. Es wurde 1816 als Kaserne für die Besatzung des Gouverneursschiffes erbaut und trägt den Namen eines Steuermannes und Ex-Sträflings.

INDUSTRIEZEITALTER

DIE ERFINDUNG DER DAMPFMASCHINE legte den Grundstein für eine industrielle Revolution, deren Bauten die Landschaft vieler Länder grundlegend veränderte. Die ersten industriellen Zentren entstanden in der Nähe großer Kohlelagerstätten – das Ruhrgebiet in Deutschland, Birmingham in England und Pennsylvania in den USA verfügten über leicht zugängliche und scheinbar unerschöpfliche Kohlenvorräte für eine aufkeimende Industrie. Die Dampfkraft, in Verbindung mit neuen Erfindungen, steigerte die Produktivität und förderte die Entstehung von Massenprodukten. Maschinelle Herstellung verbesserte die Qualität der Produkte. Ihre Uniformität wurde zu einem Kennzeichen für Präzision und Kontinuität der maschinellen Produktion. Die Produkte trugen nun nicht länger Merkmale individueller Handwerkskunst. Da alle Teile, die auf einem bestimmten Maschinentyp entstehen, gleich aussehen, ist ihre Zuordnung schwierig. Wegen dieser Gleichförmigkeit und der hohen Zahl von Objekten aus dieser Zeit, verlassen sich Archäologen mehr auf Dokumente und Pläne, um die Herkunft und Verbreitung ihrer Funde zu bestimmen.

DAS FORDWERK
Der Unternehmer Henry Ford (1863–1947) nutzte die in Massenproduktion hergestellten Präzisionsteile für eine Komponentenbauweise und revolutionierte damit die Autoindustrie. In Detroit (Michigan) entwickelte er einen ökonomischen Arbeitsprozeß, der modellhaft wurde und sich weltweit verbreitete.

DETROIT
Als Henry Ford in seinem Autowerk 1914 das Fließband einführte, schnellte Detroit an die Spitze der Industriestädte.

③ HARTFORD
Samuel Colt erhielt 1846 den Regierungsauftrag, seinen sechsschüssigen Revolver für den Mexikanischen Krieg in Massenproduktion herzustellen.

④ LOWELL
Das Städchen entwickelte sich 1817 infolge der Pionierarbeit von Francis Cabot Lowell im Textilbereich.

① BEAUMONT
In Spindletop förderte 1901 erstmals ein spezieller Förderturm Öl, was zu einem enormen Bevölkerungszuwachs führte.

TRANSATLANTIKROUTE
Die mächtige, ganz aus Eisen gebaute »Great Eastern«, die von einer Wattschen Dampfmaschine angetrieben wurde, war der Vorläufer der späteren Transatlantikschiffe. Sie wurde 1852 gebaut und überquerte den Atlantischen Ozean, erwies sich aber als instabil und antriebsschwach.

ISLAND

EUROPÄISCHES NORDMEER

MATTHEW BOULTON
Der in Birmingham geborene Matthew Boulton (1728–1809) war einer der größten Erfinder und Unternehmer seiner Zeit. Seine »Manufaktur«, die er auf ödem Heideland erbaute, führte erstmals Fließbandmethoden ein. Seine Arbeit an Dampfmaschinen, zusammen mit James Watt, machte ihn zu einer Schlüsselfigur des Industriezeitalters. Er erklärte König George III.: »Ich verkaufe das, was die ganze Welt benötigt – Kraft.«

STEPHENSONS »ROCKET«
Der Erfinder George Stephenson und sein Sohn Robert bauten 1829 die »Rocket«. Im Kessel verliefen Kupferröhren, was den Wirkungsgrad steigerte. Sie erreichte die damals erstaunliche Geschwindigkeit von 50 km/h.

NORWEGEN

SCHWEDEN

SCHOTTLAND

NORDSEE

DÄNEMARK

⑦ BIRMINGHAM
Dank der Arbeit von Boulton, Watt und William Murdock – dem Erfinder der Gasbeleuchtung – wurde Birmingham zu einem Zentrum des Industriezeitalters.

⑩ ESSEN
Reiche Kohle- und Eisenlagerstätten und ein ausgedehntes Schienennetz machten Essen zu einem der größten Industriezentren der Zeit.

⑥ BAUMWOLLSPINNEREIEN VON LANCASHIRE
Die Spinnereien um Manchester waren auf verläßliche, sehr präzise Maschinen angewiesen. Hiesige Entwicklungen verbesserten auch andere industrielle Produktionsprozesse.

ENGLAND

WALES

DEUTSCHLAND

BELGIEN

⑧ COALBROOKDALE
Hier steht die erste Eisenbrücke der Welt. 1709 stellte man erstmals Eisen in einem Koks-Hochofen her.

⑪ LE GRAND HORNU
Henri de Gorge-Legrand baute hier eine Industriesiedlung mit Häusern, Läden und Büros, die auf den reichen Kohlevorräten basierte.

ATLANTISCHER OZEAN

⑨ DARTMOUTH
Hier baute Thomas Newcomen die erste atmosphärische Dampfmaschine, die 1712 zum Auspumpen eines Kohlebergwerkes eingesetzt wurde.

FRANKREICH

DIE KRUPPWERKE (ESSEN)
Um 1870 war Deutschland zur wichtigsten Industriemacht Europas aufgestiegen, die sich auf Stahl spezialisierte. Stahl diente zum großen Teil der Herstellung von Waffen.

⑫ LE CREUSOT
Ort der Massenproduktion von Roheisen, das hier ab 1780 in Kokshochöfen hergestellt wurde.

AFRIKA

MANUFAKTUR

BIRMINGHAM, GROSSBRITANNIEN

KARTE SEITE 144 – G7

BELEGE

- Die Archäologen kannten den ungefähren Standort der Fabrik aus alten Dokumenten.
- Von der Gesundheitsbehörde 1850–1855 gezeichnete Pläne zeigten die Lage der Fabrikgebäude an.
- In den Gärten wurden Oberflächenfunde (etwa Reste von Schalentieren) entdeckt, und eine Probegrabung legte Teile von Ziegelmauern frei.

IM JAHRE 1761 GRÜNDETE DER INGENIEUR MATTHEW BOULTON (1728–1809) in Birmingham (Mittelengland) die Soho-Manufaktur, eine der ersten Fabriken der Welt. Zunächst stellte man mit Hilfe von Wasserkraft Schnallen, Knöpfe und Münzen her. Als der Ingenieur James Watt (1736–1819) 1774 in die Firma eintrat, entwickelten die beiden eine verbesserte Form der Dampfmaschine, um die Produktivität der Fabrik zu steigern. Obwohl keines der Gebäude erhalten ist, konnten ansässige Archäologen den ungefähren Standort der Fabrik aus Plänen von Boulton und anderen erschließen. Nachdem sie genügend Reste der Fabrik lokalisiert hatten, konnten sie den Gesamtkomplex auf eine Karte übertragen. Außerdem wollten sie herausfinden, ob sich unter den später gebauten Häusern irgendwelche Reste erhalten hatten, die mit bestimmten Gebäuden zu identifizieren wären. Die Archäologen konzentrierten sich auf das Münzprägewerk und das Hauptgebäude.

Grabungsbereich

DER FUNDORT

Der Fundort ist insofern ungewöhnlich, als bereits zahlreiche Quellen darüber vorlagen – Pläne, Zeichnungen und historische Schriften. Für die Archäologen kam es daher darauf an, diese Belege durch Grabungen zu bestätigen. Das erwies sich als schwierig, da sich die Stätte in einer Vorstadt befindet und viele wichtige Gebäude unter den Häusern und Gärten der Einwohner verborgen lagen. Mit Einverständnis der Bewohner durften die Archäologen die Gärten freilegen und den Boden mit Bodenradar untersuchen.

Die Gebäude der Manufaktur

120 m

ORIGINALPLAN

Dieser alte Plan zeigt die Lage aller früheren Gebäude, sowie die noch heute sichtbaren Landmarken. Mit Hilfe einer datierten Quelle können Archäologen spezielle Gebäude auffinden, doch manchmal sind solche Karten spekulativ und irreführend.

QUELLEN

Wie bei vielen industriellen Standorten erhielten sich auch von den Soho-Werken zahlreiche Quellen in Form von Plänen, Stichen (siehe rechts) und Verkaufsdokumenten. Aus einem Dokument ergab sich, daß die Münzprägemaschine 1850 verkauft wurde, zusammen mit 62 m Rohrleitung, die den neuen Stanzraum des Prägewerkes mit Energie versorgt hatte. Daraus leiteten die Archäologen die Lage des Dampfmaschinenraumes und der Prägemaschine ab und konnten einen gezielten Suchschnitt anlegen.

Das Hauptgebäude

Der Stanzraum

Kupferpatina

Der Suchschnitt

Der wichtigste Fortschritt am Fundort war die Entdeckung eines ziegelverkleideten Schachtes. Darin verlief eine Welle vom Maschinenraum zur Stanze im Münzprägewerk. Diese Welle (etwa 10 cm Durchmesser) trieb eine Reihe von Maschinen in der Manufaktur an.

Knopfrohlinge

Von langen Streifen schnitt man quadratische Rohlinge zum Ausstanzen der Knöpfe – einer der ersten Funde auf dem Gelände.

Abalonenschale

Solche wahrscheinlich aus der Karibik importierten Schalen wurden verwendet, um Knöpfe oder Möbelstücke (Intarsien) zu verzieren.

Modell der Fabrik

Basierend auf Originalplänen und Zeichnungen erstellten die Archäologen ein Modell der Fabrik und trugen es in eine Karte ein. Für die genaue Lagebestimmung war jedoch eine Grabung erforderlich. Nachdem einzelne Teile der Fabrik lokalisiert und mit den vorhandenen Plänen verglichen worden waren, ließen sich die übrigen Gebäude auf den Plan übertragen.

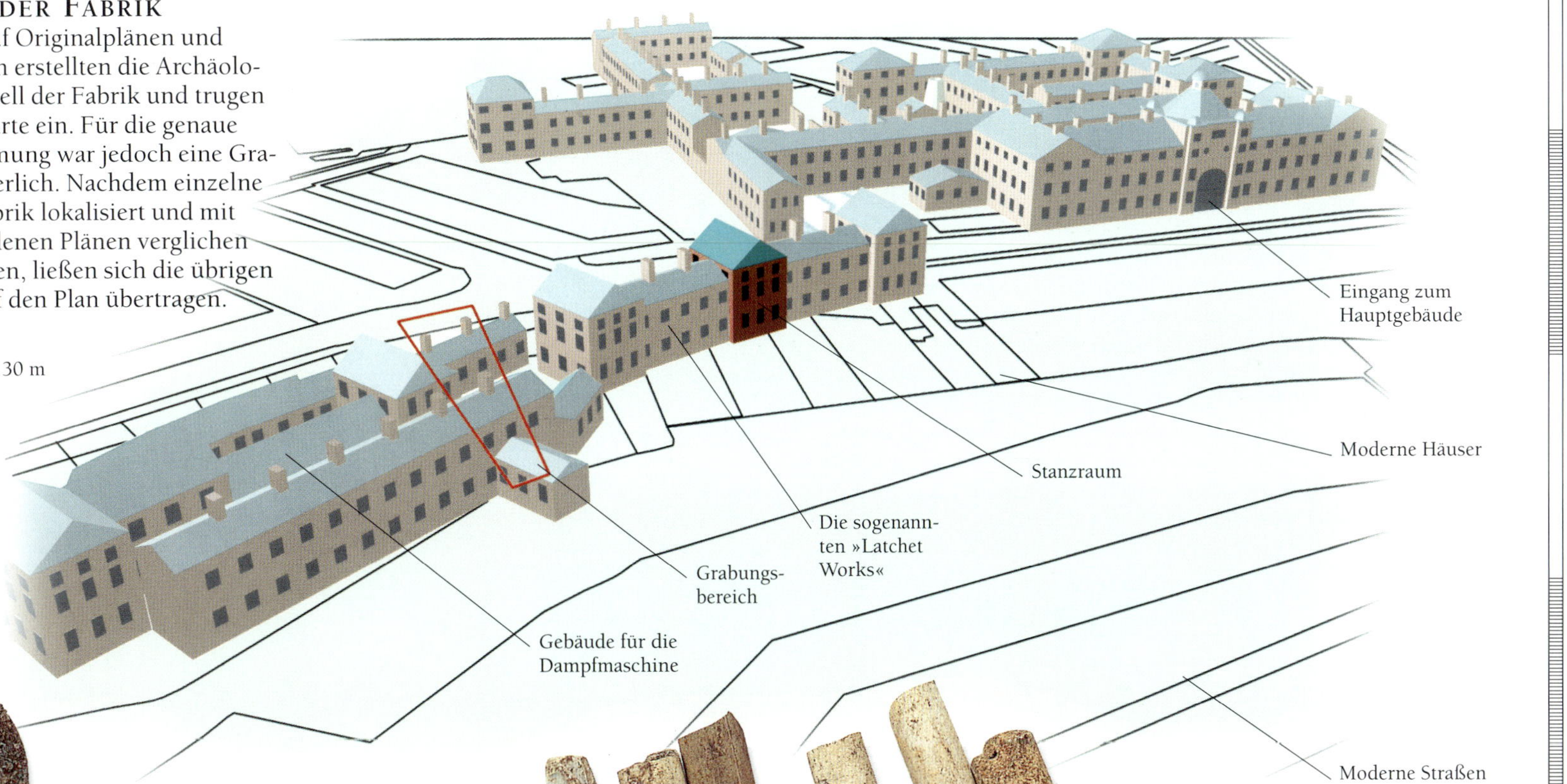

Münzrohlinge

Im Bereich der Latchet Works (hier stand das Münzprägewerk mit dem Stanzraum) fand man zahlreiche Münzrohlinge. Oxidiertes Kupfer hatte deren Oberflächen mit einer grünen Patina überzogen.

Pfeifenstiele aus Ton

Diese Stiele gehörten zu den häufigsten Funden. Sie wurden wie moderne Zigarettenstummel fortgeworfen, blieben aber häufig intakt und konnten anhand bestimmter Merkmale datiert werden.

MANUFAKTUR

— INTERPRETATION DER FUNDE —

DIE WELLE, DIE ARCHÄOLOGEN IN DEM SUCHSCHNITT (die Position hatten sie dem Verkaufsdokument aus dem Jahre 1850 entnommen) fanden, führte mitten in die alten »Latchet Works«, wo früher Schuhschnallen hergestellt wurden. Aus den Quellen war bereits bekannt, daß der Stanzraum in einem Gebäude von 1794 eingerichtet worden war – dem ursprünglichen Schnallenwerk. Weiterhin war bekannt, daß der Zentralraum dieses Gebäudes drei Stockwerke hoch war. Daß die Archäologen den Standort des Stanzraumes gefunden hatten, bewiesen zudem die im Suchschnitt gefundenen Münzrohlinge und Knopfverzierungen. Die Innenarchitektur des Zentralraumes war in neoklassizistischem Stil gehalten, mit klassischen dorischen Säulen als Deckenstützen. Unter dem Fußboden lagen die Getrieberäder, die die Rotation der Welle in den Antrieb für die Stanze umsetzten. Hier wurde pro Sekunde ein Objekt ausgestanzt. Am anderen Ende der Welle fand man eine Senkgrube, die Wasser für die Dampfmaschine lieferte.

DIE DAMPFMASCHINE

Boulton und Watt konstruierten die Dampfmaschinen für die Manufaktur von Soho, wo sie bald sämtliche Maschinen der Fabrik antrieben. Watt erfand einen separaten Kondensator, wodurch der Wirkungsgrad anstieg, und schon bald wurde die Maschine in Massenproduktion hergestellt. Bis 1805 exportierte Boulton seine Maschinenpläne und verkaufte anschließend komplette Bausätze für Kraftmaschinen und Bergwerkspumpen bis in die Karibik und nach Indien. Dank des erfinderischen Genies von Watt und der unternehmerischen Fähigkeiten Boultons ließen sich die Maschinen an zahlreiche andere Industriezweige verkaufen, die häufig auch die Arbeitssysteme von Birmingham übernahmen.

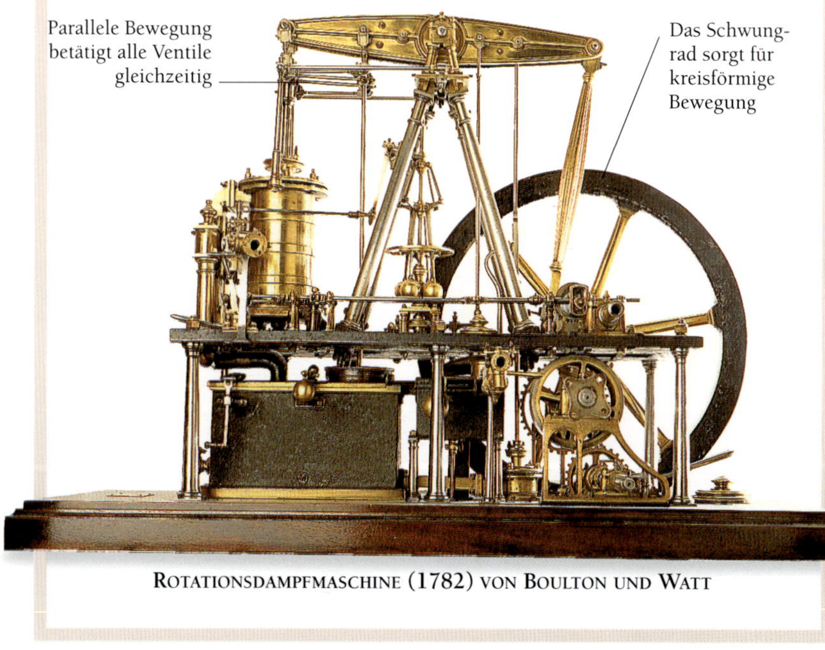

ROTATIONSDAMPFMASCHINE (1782) VON BOULTON UND WATT

PERLMUTTKNÖPFE

Das Ausstanzen konnte auf verschiedene Produkte angewandt werden. Man vermutet, daß hier Knöpfe aus vielerlei Materialien hergestellt wurden, etwa aus Abalonenschalen (Perlmutt) und Elfenbein. War die Grundform des Knopfes ausgestanzt, konnte man ihn mit Gravuren und Einlegematerial verzieren.

ZEICHNERISCHE REKONSTRUKTION

Durch Vergleich der Stiche und Pläne mit den neuen archäologischen Funden war es möglich, den Stanzraum zu rekonstruieren. Auf den Stichen sind Details sichtbar, die in Plänen nicht auftauchen, und die Größe des Raums ergab sich aus Beschreibungen in Boultons Archiven. Zeichnungen der Münzprägewerke in Bombay und Kalkutta – größere Kopien des Soho-Werks – zeigten den Aufbau des Raumes und die innere Ausstattung. Trotz der schönen Gestaltung war die Arbeit an der Maschine laut und schmutzig.

ANTRIEBSWELLE

Der Schacht für die Antriebswelle von der Dampfmaschine tritt 1 m unter dem Boden in den Stanzraum ein. Die Welle war mit einem Zahnrad verbunden, das die senkrecht aus dem Boden ragende Welle antrieb.

MÜNZ-HERSTELLUNG
Die zahlreichen Münzrohlinge weisen auf Stanzmaschinen hin. Man führte Metallstreifen in die Maschine ein, die daraus Rohlinge stanzte. Danach rändelte man die Münzen, bleichte, wusch und trocknete sie. Zum Schluß wurden sie erhitzt und ein Muster eingeprägt.

ALTER ABFALL
Unter dem Fußboden des Münzprägewerkes fand man Überreste der früheren Knopfindustrie.

TONPFEIFEN
Tonpfeifen des 18. Jahrhunderts hatten einen großen Kopf, enge Bohrung und einen Sporn mit dem Herstellerzeichen.

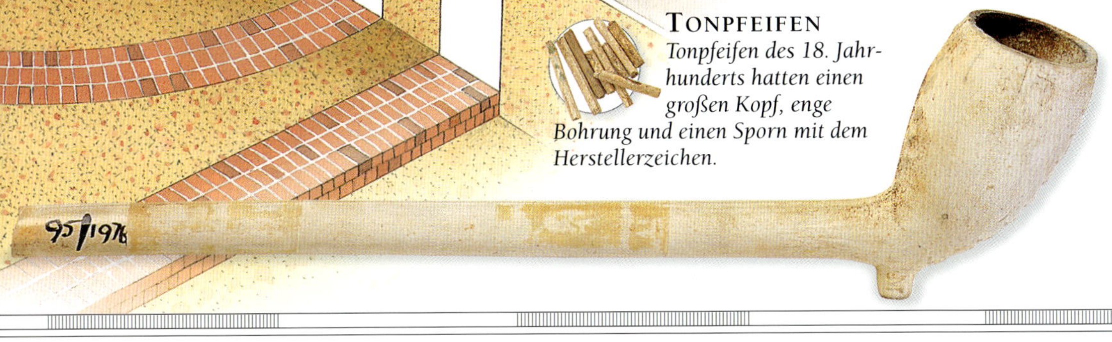

MÜNZPRÄGUNG

Die Prägung war der letzte Schritt bei der Herstellung von Münzen. Die Münzen kamen aus dem Stanzraum, wurden gerändert (mit Rand versehen) und für den Prägevorgang erhitzt. Münzpressen lieferten 40000 Münzen pro Stunde und konnten von Kindern bedient werden.

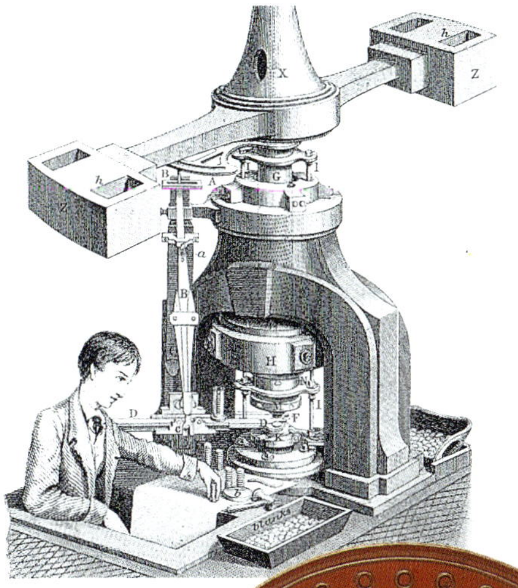

MÜNZPRESSE IN DEN SOHO-WERKEN

Der Elefant symbolisiert die britische Kolonie Ceylon

KUPFER-PENNY, 1802

SCHLUSSFOLGERUNGEN

- Die genaue Lage des Münzprägewerkes wurde bestimmt und daraus der Rest der Fabrik kartographisch dargestellt.
- Der Standort der Dampfmaschine und der Verlauf der Schächte für die Antriebswelle wurde bestimmt.
- Dank intensiven Quellenstudiums und gezielter Ausgrabung konnten Archäologen zeigen, daß es möglich war, hervorragende Ergebnisse selbst dort zu erzielen, wo ein Areal so stark umgestaltet worden war wie im Bereich der Soho-Werke in Birmingham.

MÜNZPRÄGUNG
Ursprünglich wurden die Metallrohlinge in Formen gegossen und individuell mit einem Prägehammer zur Münze geschlagen. Ab dem 18. Jahrhundert mechanisierte man den Prozeß, so daß große Mengen einheitlicher Münzen hergestellt werden konnten.

MÜNZEN

MIT DEN ZUNEHMEND KOMPLEXEREN GESELLSCHAFTEN und vielschichtigeren Wirtschaftsformen bildete sich – anstelle des früher üblichen Tauschhandels – das Münzwesen als ein Wertestandard aus, den jedermann akzeptierte. Außerdem demonstrierten Münzen politische Macht und vermittelten eine nationale oder lokale Identität. Zunächst entsprach der Metallgehalt der Münze auch ihrem aktuellen Wert, doch nach und nach nahmen Münzen eigenständige Werte an, die nicht mehr durch den Anteil an Edelmetall gedeckt wurden. Über die Jahrhunderte haben sich Münzen stets weiterentwickelt und gewandelt. Sie spiegeln die verschiedenen Prägeepochen, Neuausgaben und Gestaltungen und damit den Wandel politischer und wirtschaftlicher Macht wider. Da sich Münzen häufig sehr genau datieren lassen, liefern sie den Archäologen wichtige Informationen. Sie dienen häufig dazu, das Alter anderer Artefakte und ganzer Fundstätten zu bestimmen.

LYDISCHE MÜNZEN

700 V. CHR.

Die ältesten bekannten Münzen stammen aus Lydien (Türkei, 7. Jahrhundert v. Chr.). Sie bestanden aus einer Gold-Silber-Legierung und hatten ein einheitliches Gewicht. Der Stempel des lydischen Königs garantierte ihren Wert. Man stellte drei Gewichte her: 1 Stater wog eine halbe Unze (etwas über 14 g), dazu 1/6 und 1/24 Stater. Später gab es sowohl goldene wie silberne Münzen – die silbernen waren halb so schwer wie die Goldstater. Diese Gewichte wurden zur Grundlage der persischen Standardmünzen.

700 v. Chr.

1 STATER

1/6 STATER

1/24 STATER

TYPISCHE MERKMALE

Unregelmäßige Form der Münzen.
Jede Münze hatte ein Standardgewicht.
Das Siegel garantierte den Wert.

RÖMISCHE MÜNZEN

100 N. CHR.

Römische Münzen waren ursprünglich Kopien von griechischem Geld, doch die Kaiser ließen schon bald Gold-, Silber- und Bronzemünzen mit ihrem eigenen Porträt herstellen, die im ganzen Reich – selbst bis nach Indien – verbreitet waren. Außerdem gab man Münzen zu besonderen Anlässen heraus, wie bei Siegen oder Festen.

SESTERZ (BRONZE) DES KAISERS NERO

RÖMISCHE SILBERMÜNZE

TYPISCHE MERKMALE

Je nach Wert aus unterschiedlichen Metallen.
Porträtköpfe der römischen Herrscher.
Inschriften mit Titeln, Namen und Daten.

MÜNZEN IM FRÜHMITTELALTER

AB 650 N. CHR.

Im frühen Mittelalter nahm die Verbreitung von Münzen stark ab, da die Zentralregierungen, die vielerorts die Münzproduktion kontrolliert hatten, zusammengebrochen waren. Statt dessen stellten lokale Herrscher Münzen für ihr Einflußgebiet her. Daher sind Münzen aus dieser Zeit selten. In Skandinavien fand man viele Schätze mit westeuropäischen Münzen späterer Zeit. Sie wurden von eindringenden Wikingern als eine Art Steuer verlangt. Die meisten Münzen des Frühmittelalters tragen den Namen und Ort der Prägestätte, den Namen des Herstellers und das Porträt des jeweiligen Herrschers.

SÄCHSISCHER SILBERPFENNIG

WIKINGERMÜNZE

TYPISCHE MERKMALE

Münzen des Frühmittelalters waren meist aus Silber.
Eine große Vielfalt von Münzen.
Nur wenige Exemplare jeden Typs blieben erhalten.

MÜNZPRÄGUNG

Schon sehr früh war die Münzprägung eine Angelegenheit spezialisierter Handwerker, die ihre Münzen in besonderen Werkstätten, den Münzen oder Münzprägestätten, herstellten. Wegen des Wertes der verarbeiteten Metalle wurden Münzprägestätten streng überwacht und die geprägten Münzen von den jeweiligen Herrschern erfaßt und kontrolliert. Vor der Mechanisierung im späten 18. Jahrhundert mußte jede Münze einzeln ausgestanzt und individuell von Hand geprägt werden – ein sehr langsamer und arbeitsintensiver Prozeß.

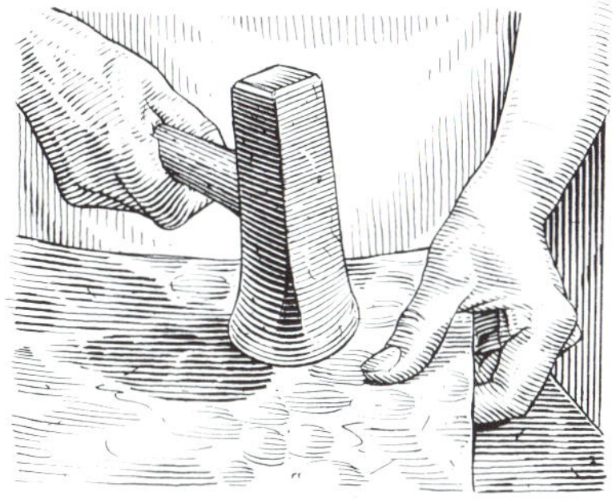

1 Die Münzrohlinge wurden aus einem Stück Metallblech ausgeschlagen, das vorher mit Hammer und Amboß auf die richtige Dicke gebracht worden war. Damit es formbar blieb, mußte das Metall immer wieder erhitzt werden.

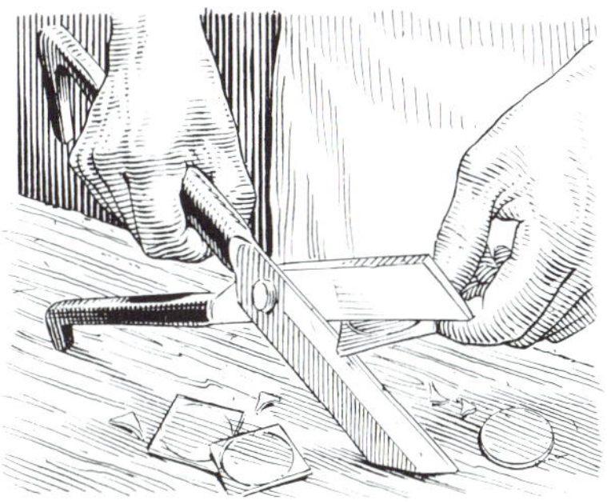

2 Man schnitt das Blech in Streifen und dann in Quadrate. Mit einer großen Schere entfernte man die Ecken, bis eine runde Scheibe entstand. Überschüssiges Metall wurde eingeschmolzen und wiederverwendet.

3 Mit einem Hammer und zwei Prägestöcken schlug man beidseitig Motive in die Münze. Einer der Prägestöcke wurde in einen Halter gespannt, Rohling und zweiter Prägestock aufgelegt und dann gehämmert.

GROT UND NOBLE

14. JAHRHUNDERT N. CHR.

Als der Handel während des Mittelalters zunahm, führte man neben dem normalen englischen Silber-Penny wertvollere Münzen ein. Der Noble aus Gold war 80 silberne Pennies wert, der silberne Grot nur vier.

NOBLE

GROT

TYPISCHE MERKMALE

Größeres Metallgewicht, um den Wert zu steigern.

Komplizierte Prägemotive.

Viele Münzen in Umlauf.

SILBERTALER

16. JAHRHUNDERT N. CHR.

Im 16. Jahrhundert stellte man aus dem Silber böhmischer Bergwerke große Münzen her, die Taler. Jede Münze trug neben dem Porträt des jeweiligen Fürsten oder Herrschers das Münzdatum. Aus dem Wort »Taler« ging die Bezeichnung »Dollar« hervor.

TYPISCHE MERKMALE

Nur großformatige Silbermünzen.

Zahlreiche lokale Herrscher abgebildet.

Dank des Prägedatums gut datierbar.

CARTWHEEL-MÜNZE

SPÄTES 18. JAHRHUNDERT

Die erste ofizielle britische Münze wurde 1672 geprägt, doch im 18. Jahrhundert kam es zu Engpässen, da die Industrie größere Mengen benötigte. Viele Menschen stellten Fälschungen und privat herausgegebene Münzen her oder prägten importierte Silbermünzen um. Daher erhielt Matthew Boulton (siehe Seiten 112–115) 1797 den offiziellen Auftrag, Kupfermünzen im Wert von 1 und 2 Pennies zu prägen. Sie waren sehr groß, da ihr Wert dem tatsächlichen Kupferwert entsprach. Im Jahr 1811 begann er mit der Herstellung leichterer Münzen mit geringerem Kupfergehalt, und auf dem Tower Hill (London) wurde eine mechanische Münze errichtet.

TYPISCHE MERKMALE

Maschinell hergestellt.

Enthielten eine bestimmte Menge an Kupfer.

Gleichmäßig in Form und Motiv.

Vergleichbare Stätten

Coalbrookdale

SHROPSHIRE, GROSSBRITANNIEN

KARTE SEITE 144 – F7

IM FRÜHEN 18. JAHRHUNDERT kam es in Coalbrookdale (heute Ironbridge) – dank ergiebiger natürlicher Ressourcen und dem erfinderischen Genie des Eisenhüttenbesitzers Abraham Darby (1678–1717) – zu einer der wichtigsten Entwicklungen der industriellen Revolution: der Verwendung von Koks zur Eisenverhüttung. Coalbrookdale als Ganzes ist für Archäologen sehr schwierig zu interpretieren, insbesondere was die Datierung der einzelnen Phasen angeht. Sie müssen sich nicht nur mit den augenfälligen Dingen, wie den stehenden Gebäuden, befassen, sondern auch mit der aufwendigen Wasserversorgung der Teiche für die Hochöfen und mit den Spuren von Kohlen- und Eisenerzbergwerken. Unternehmer, wie die späteren Generationen der Darbys, haben ihre Anlagen ständig ausgebaut und weiterentwickelt. So gibt es beispielsweise hier am Standort des ehemaligen Hochofens viele Fundschichten, die von 1638 (also vor der Geburt Darbys) bis 1777 reichen. Coalbrookdale bewahrte die Überreste unterschiedlicher Industrien, darunter Kohlenabbau, Eisenverhüttung und Keramikherstellung, sowie das ultimative Zeugnis der Fähigkeiten Darbys – die Eisenbrücke über den Severn.

GLANZSTÜCK DER INGENIEURSKUNST
Die Brücke von Coalbrookdale wurde als halbkreisförmiger Bogen gestaltet. Sie bewies nicht nur die hohe Qualität von Kokseisen, sondern auch die Leistung der Ingenieure, deren Arbeit die Welt revolutionierte.

INDUSTRIELLE INNOVATION

Zur Herstellung von Eisen muß das Erz zusammen mit einem kohlenstoffhaltigen Material geschmolzen werden. Ursprünglich nahm man Holzkohle. Daraus entstand ein verformbares Schmiedeeisen. Durch höhere Temperatur und Luft, die in die Hochöfen geblasen wurde, schmolz das Eisenerz und konnte in Formen gegossen werden. Aus diesem Gußeisen ließ sich eine Vielzahl von Produkten herstellen.

Zu Beginn des 18. Jahrhunderts gelang Abraham Darby der entscheidende technische Durchbruch. Er führte Koks – die feste Substanz, die nach dem Ausgasen der Kohle verbleibt – erfolgreich zur Herstellung von Eisen ein. Zuvor waren industrielle Gründungen auf die zunehmend begrenzte Verfügbarkeit von Holzkohle angewiesen, die außerdem zu weich für große Hochöfen war. Überall verschwanden die Wälder in beängstigendem Ausmaß, und der Nachschub dieses entscheidenden Rohstoffes hielt mit der zunehmenden Nachfrage nach neuen Produkten nicht mehr Schritt. Rohkohle war zu unsauber für qualitativ hochwertiges Eisen. Wurden jedoch ihre Verunreinigungen – vor allem Schwefel – teilweise verbrannt, entstand

COALBROOKDALE, 1758
Um 1758 hatte sich das Tal von Coalbrookdale in eine Industrielandschaft verwandelt – die Zukunft ganzer Landstriche. Hochöfen für Koksherstellung und Eisenschmelzen beleuchteten nachts das ganze Tal.

Die erste Eisenbrücke der Welt
Die Brücke über den Severn bei Ironbridge (so wurde das Städtchen später genannt) wurde vom dritten Abraham Darby 1779 erbaut. Als erste Eisenbrücke der Welt wurde sie häufig kopiert. Später ersetzte man das Gußeisen durch den stärkeren und billigeren Stahl.

Coalport-Porzellan
Gegen Ende des 18. Jahrhunderts blühte Coalbrooke und zog andere Industriezweige an. Rose, Blakeway und Co. gründeten 1796 hier das Coalport-Werk, das Tafelgeschirr von hoher Qualität herstellte.

Koks, und durch Kalkzugabe konnten diese Verunreinigungen entfernt werden. Darby erfand aber nicht nur diesen Ersatz für Holzkohle, sondern entdeckte auch, daß Eisen, das in einem zweiten Hochofen noch mal erhitzt wurde, von besserer Qualität war. Es war weniger spröde und ließ sich besser gießen.

Diese Innovationen erweiterten die Produktpalette beträchtlich. Darby erhielt sein erstes Patent (1707) für Kochtöpfe, die in Sandformen gegossen wurden. In der Tat waren Kochtöpfe das wichtigste Produkt während der ersten Jahre der Fabrik. Doch mit Hilfe des neuen Gußeisens ließen sich jetzt auch kompliziertere Formen herstellen, und die Fabrik entwickelte die entsprechenden Produktionstechniken. 1709 verbesserte Darby den Gebrauch von Koks bei der Eisenverhüttung, und 1713 produzierte er wöchentlich mehr als 10 Tonnen Eisen.

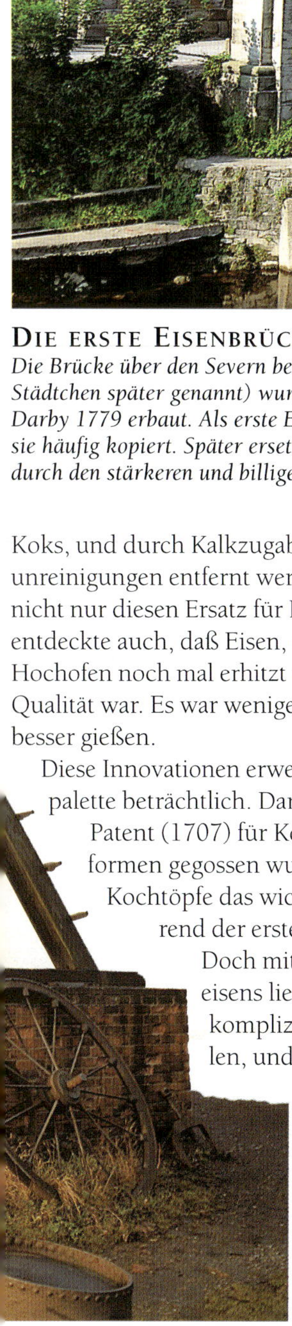

Kohlenbergbau
Die örtlichen Kohlevorkommen wurden vollständig ausgebeutet. Sie lieferten den Rohstoff für die Kokereien. Aus Koks und Erz entstand schließlich das Eisen.

Als Abraham Darby 1717 starb, übernahm sein Sohn, der ebenfalls Abraham hieß, die Fabrik. Ebenso innovativ wie sein Vater, verbesserte er die Produktion, indem er Dampfmaschinen für Wasserpumpen einsetzte. Die Zylinder für die neuen Dampfmaschinen wurden aus Gußeisen gefertigt, während Roheisen (Eisen mit Verunreinigungen) für Schmieden hergestellt wurde. Abraham Darby der Zweite konnte schließlich Eisen herstellen, das so rein war, daß es sich zu Stäben spalten ließ, so konnte der wachsenden Nachfrage für Nägel entgegengekommen werden. Mitte des 18. Jahrhunderts stellte das Unternehmen, nun unter der Leitung des dritten Abraham Darby, die ersten Eisenschienen her – Vorläufer der Gleise, die einst die ersten Dampfloks tragen sollten. Später sollte dann der Bergwerksingenieur Richard Trevithick (1771–1833) in Coalbrookdale die eisernen Kessel für die ersten Dampflokomotiven bestellen.

Obwohl aus diesem neuen Gußeisen zahlreiche Produkte hergestellt wurden, demonstriert Darbys Eisenbrücke die Möglichkeiten des Werkstoffes vielleicht am eindrucksvollsten. Sie wurde 1779, als erste vollständig aus Eisen bestehende Brücke der Welt, über den Severn gebaut. Ihre vorgefertigten Teile bilden die beiden 21 m langen Hälften eines halbkreisförmigen Bogens. Es dauerte drei Monate, die gegossenen Bauteile zusammenzufügen. Daß die Brücke bis 1950 in Gebrauch war und ein großes Verkehrsaufkommen über den Severn bewältigte, beweist ihre Stabilität.

Das Eisen aus den Hochöfen von Coalbrookdale war zusammen mit der von Boulton und Watt entwickelten Dampfmaschine (siehe Seiten 114–117) die Triebkraft der industriellen Revolution.

Essen

RUHRGEBIET, DEUTSCHLAND

KARTE SEITE 146 – H4

Eindrucksvolle Artefakte
Als die Alliierten gegen Ende des Zweiten Weltkrieges Essen bombardierten, zerstörten sie auch die Kruppwerke. Diese Aufnahme zeigt eine der riesigen Kanonen, die hier für die Armee hergestellt wurden. Solche Objekte sind bemerkenswerte Funde für Archäologen.

DAS RUHRGEBIET IST DIE WIEGE der kontinentaleuropäischen Industrialisierung. Seit dem 18. Jahrhundert entstanden dort – basierend auf reichen Kohlevorkommen und Koks – riesige Bergwerke und Fabriken, in denen Eisen und Stahl hergestellt wurde. Obwohl England technologisch noch immer führend in der Eisen- und Stahlproduktion war, machte ihm Deutschland mit enormen Produktionsmengen diese Rolle streitig. Im frühen 19. Jahrhundert, als die Rohstoffversorgung Englands aus Kontinentaleuropa wegen des Krieges mit Frankreich abriß, nahmen die Standortvorteile Deutschlands noch zu. Das 1812 gegründete Kruppwerk im Rheintal bei Essen wurde aber erst in den 60er Jahren des 19. Jahrhunderts wirklich erfolgreich, als der innovative Industrielle Alfred Krupp die Dampfkraft in seinen Fabriken einführte und Gußeisen in Massenproduktion herstellte. Nach der Gründung einer Waffenfabrik nahm die Wirtschaftsmacht Krupps noch zu.

SCHNELLE EXPANSION

Die Krupp-Dynastie beherrschte von 1587 bis 1968, über viele Generationen, die Industrie von Essen. Arndt Krupp (gestorben 1624) ließ sich vor einer Pestepidemie hier nieder und kaufte den fliehenden Einwohnern große Grundstücke ab. Den Grundstein für den Reichtum der Familie legte Friedrich Krupp (1787–1826) mit dem Bau eines Stahlwerkes (1811). Zuerst produzierte er Stahlwalzen und Stanzen für die Münzherstellung und Haushaltswaren wie Bestecke. Als sein Sohn Alfred (1812–1887) die Firma übernahm, hatte sich die Technik der Stahlherstellung bereits verbessert. Er stellte Schienen und nahtlose Räder für Eisenbahnen her. Alfred verkaufte seine Maschinen für die Herstellung von Gußstahlwaren in ganz Europa. Als Antwort auf den Deutsch-Französischen Krieg (1870–1871) begann er mit der Herstellung von Kanonen, Geschützläufen und Waffen, und gegen Ende des 19. Jahrhunderts war Krupp der größte Waffenproduzent in Deutschland. Alfred Krupp starb vielfach geehrt; er hatte 46 Nationen bewaffnet – und den Grundstein für den Ersten Weltkrieg gelegt, der 1914 beginnen sollte.

Obwohl Alfred Krupp die meiste Zeit seines Lebens damit zubrachte, Vernichtungswaffen zu produzieren, war er ironischerweise auch ein richtungsweisender Arbeitgeber: Er führte die Lohnfortzahlung im Krankheitsfall und Renten ein und ließ Wohnungen für seine Arbeiter errichten.

In der Tat ist die Zahl seiner Angestellten ein Maß für den wirtschaftlichen Erfolg des Unternehmens. Zu Beginn (1812) hatten die Kruppwerke gerade sieben Angestellte, 1873 waren es bereits 16000, und 1912 war die phantastische Zahl von 68300 erreicht. Unter Friedrich Krupp (1854–1902) erreichte der Betrieb seine höchste Blüte – er erfand Geschosse, die den Stahl durchschlagen konnten, den er an Armeen und Marine verkauft hatte. Damit setzte er einen gewinnträchtigen Kreislauf aus Angriffs- und Verteidigungswaffen in Gang. Nach Friedrichs Tod heiratete seine Tochter Bertha (1886–1950) Gustav von Bohlen und Halbach (1870–1950), der den Betrieb weiterführte. Gustav war ein Sympathisant der Nationalsozialisten; sein Sohn Alfred (1907–1967) war in die Enteignung jüdischen Eigentums verwickelt und holte sich Zwangsarbeiter aus den Konzentrationslagern. 1948 wurde er wegen Kriegsverbrechen verurteilt und ging für sechs Jahre ins Gefängnis. Trotz ihrer dunklen Vergangenheit sind die Kruppwerke für das Verständnis der Industriegeschichte Deutschlands sehr bedeutend.

Die Fabrik im Jahr 1865
Damals hatte Alfred Krupp gerade die Dampfkraft eingeführt, und seine Fabrik expandierte rasch. Der Standort Essen war günstig, denn die Ruhr lieferte reichlich Wasser – notwendig für die Kühlvorgänge in der Stahlproduktion.

Waffenfabrik
Das Bild links zeigt eine Werkhalle der Waffenfabrik mit Hunderten von Geschützläufen während des Ersten Weltkrieges. Krupp belieferte nicht nur die deutsche Armee, sondern auch die Truppen anderer europäischer Staaten.

Le Grand Hornu

BORINAGE, BELGIEN

KARTE SEITE 146 – G5

LE GRAND HORNU IM HERZEN DER BORINAGE (Belgien) ist ein beeindruckendes Zeugnis der industriellen Revolution in Europa. Bis heute haben sich große Teile des Dampfkraftwerkes (die Anfänge gehen auf das frühe 19. Jahrhundert zurück) erhalten, und die Landschaft trägt noch die Wunden ihrer industriellen Vergangenheit.

Die Region ist wegen ihrer Kohlenbergwerke berühmt. Schon die Zechen des 19. Jahrhunderts wurden von Dampfmaschinen leergepumpt. Der französische Industriepionier Henri de Gorge-Legrand kaufte das Unternehmen 1810 und baute neben den Zechen neue Fabriken und Häuser für die Arbeiter. Bis 1831 hatte de Gorge sein Unternehmen stark ausgeweitet und stellte Dampfmaschinen und Lokomotiven her, die nach ganz Europa exportiert wurden.

ARBEITERWOHNUNGEN
Direkt neben dem prächtigen Wohnhaus von de Gorge entstanden, entlang von kopfsteingepflasterten Straßen, die zweistöckigen Reihenhäuser für die Arbeiter. Wie im Vordergrund zu sehen, wurden sie nach Schließung der Fabrik inzwischen verändert und ausgebaut.

EINE INDUSTRIESIEDLUNG

Belgien war das erste Land auf dem Kontinent mit einer industriellen Revolution. Wie in England gab es natürliche Kohle- und Eisenerzvorkommen; außerdem lag es vorteilhaft zwischen Frankreich und Deutschland. Die schnell fortschreitende Industrialisierung verlangte in aufstrebenden Zentren wie Le Grand Hornu nach gänzlich neuen Bauformen – nach riesigen Fabriken, Maschinenräumen, Schornsteinen für die Dampfkraftwerke und ausgedehnten Arbeitersiedlungen. Le Grand Hornu stellt ein außerordentliches erhaltenes Beispiel für diese Art Architektur dar. De Gorge baute die Gießerei, Lager, Büros und Versorgungsläden (entworfen von dem Architekten Bruno Renard) um einen elliptischen Hof von 140 m Länge und 80 m Breite – alles durch umlaufende Bögen verbunden. Das große Wohnhaus für de Gorge und seine Familie wurde 1831 an einem Ende des Hofes begonnen, aber erst nach seinem Tod fertiggestellt. Erst 1843, als die Verwaltung dort einzog, wurde es genutzt. Viele der Gebäude sind als Büros oder dachlose Ruinen erhalten. Wie Krupp in Essen und viele andere zeitgenössische Unternehmer war de Gorge gezwungen, Wohnungen für die wachsende Zahl der benötigten Arbeiter zu bauen. 1830 waren hier 1500 Leute beschäftigt, und de Gorge ließ mehr als 400 Reihenhäuser mit jeweils sechs Räumen errichten, von denen einige noch heute stehen. Sein Betrieb war außerordentlich erfolgreich. Die Zechen förderten während des 19. Jahrhunderts über 150000 Tonnen Kohle jährlich. Die Fabriken selbst verbrauchten riesige Mengen davon zur Herstellung der zahlreichen Metallprodukte.

RESTAURATION

In den 50er Jahren des 20. Jahrhunderts begann der Niedergang in Le Grand Hornu, und die Gebäude verfielen. Der Architekt Henri Guchez kaufte 1971 den ganzen Betrieb und restaurierte viele der Gebäude. Noch immer bleibt jedoch viel zu tun, und die Archäologen werden vielleicht in der Umgebung noch weitere Gebäude, Bergwerksschächte und Artefakte finden.

DIE FABRIKGEBÄUDE
Diese Aufnahme zeigt eines der Fabrikgebäude mit einem Schornstein, der das Ende des ovalen Zentralhofes beherrscht.

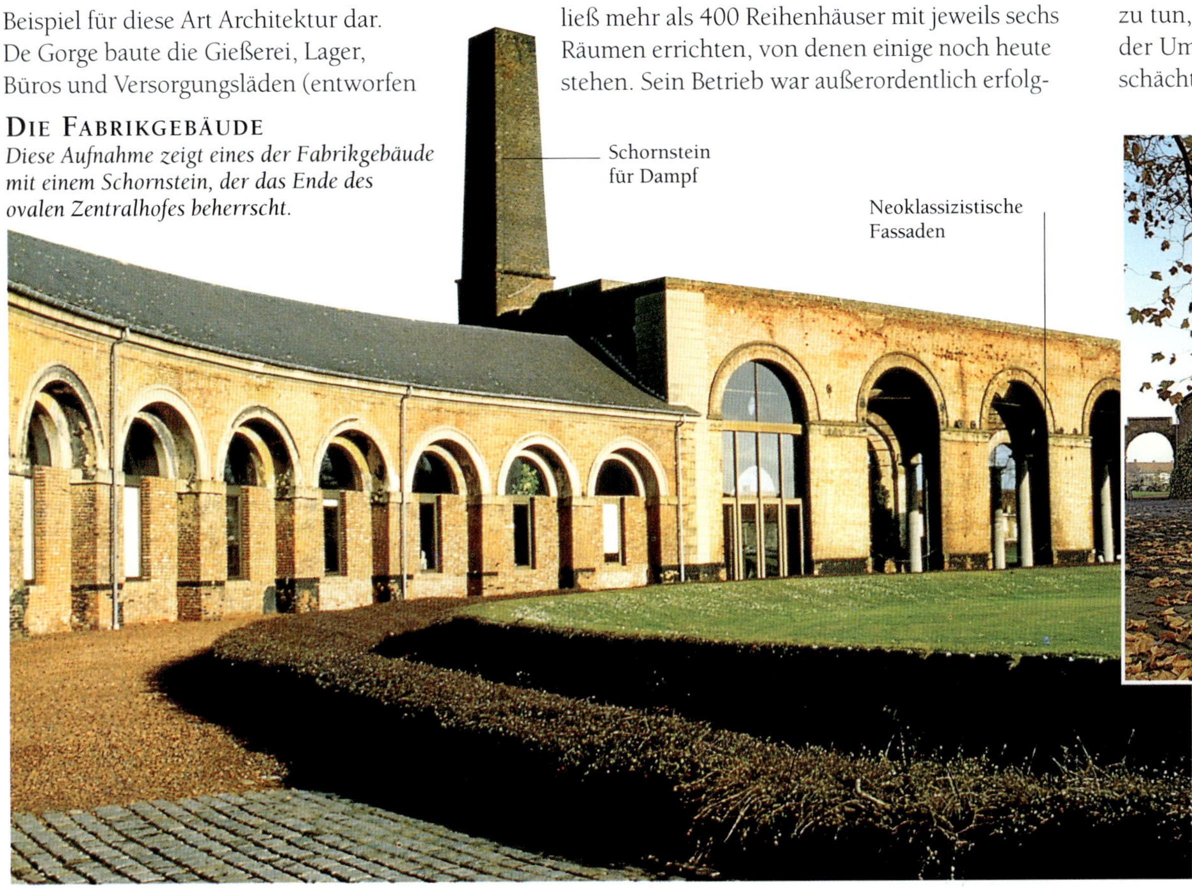

RUINEN
Der Kohlenbergbau in Le Grand Hornu wurde in den 50er Jahren eingestellt, doch den Archäologen stehen noch zahlreiche Ruinen für ihre Untersuchungen zur Verfügung. Die Zahl der gefundenen Artefakte ist begrenzt, doch gibt es noch Lokomotiven der Grubenbahn.

GEOPHYSIK

WAHREND DER LETZTEN 50 Jahre haben Wissenschaftler, die mit Archäologen zusammenarbeiten, viel Zeit darauf verwandt, Methoden zu entwickeln, um noch vor den Ausgrabungen herauszufinden, was unter der Erde verborgen liegt. Mit Mikrochips und kleinen Computern sowie neuen Methoden steht den Archäologen heute eine gute technische Ausstattung zur Verfügung.

Obwohl jeder Daten sammeln könnte, gehört es zur Arbeit der Geophysiker, die Ergebnisse zu interpretieren, die Daten problemorientiert zu präsentieren und die archäologischen Fakten so aufzubereiten, daß sie zum Verständnis einer Fundstätte beitragen. Sie müssen moderne Strukturen, geologische und natürliche Erscheinungen erkennen und sie von den archäologischen Fakten unterscheiden können. Die wichtigste Entwicklung in der Geophysik waren kleine Computer, die sich zur Datensammlung auf der Ausrüstung anbringen ließen. Mit tragbaren Computern lassen sich die komplexen, Datenmengen aufbereiten sowie rasch und gezielt darstellen. Es gibt drei geophysikalische Meßmethoden: Magnetometrie (Gradiometrie) sowie Messungen des Widerstandes und der magnetischen Leitfähigkeit. Die ersten beiden Methoden werden am häufigsten angewandt.

MAGNETOMETRIE

Die Magnetometrie mißt Störungen des Erdmagnetfeldes, die durch lokale Eigenschaften des Bodens hervorgerufen werden. Ein Magnetometer hat zwei übereinander angeordnete Sensoren und wird mit Hilfe des Kompasses geeicht. Das Gerät mißt den Unterschied zwischen den beiden Sensoren: Der obere bestimmt das magnetische Feld und der untere alle durch Bodeneigenschaften verursachten Veränderungen. Jede lokale Störung äußert sich in Form einer Abweichung. Die Forscher dürfen keinerlei Metalle am Körper tragen, um die Messung nicht zu stören.

Meistens wird ein Rasternetz über den Fundort gelegt. Man sammelt die Daten aus mehreren Rasterquadraten von 20 m Seitenlänge. Sie werden gespeichert und verarbeitet und dann als Graphik ausgedruckt, die die Details als Punktdichte auf einer Grauskala oder als Linien zeigt. So bekommt man den Überblick über eine große Fläche und kann danach entscheiden, ob sich weitere archäologische Forschungen lohnen. Mit der Magnetometrie werden vorwiegend Mauern, Gruben und Gräben aufgespürt.

WIDERSTANDSMESSUNG

Bei dieser Methode leitet man über zwei Sonden elektrischen Strom in den Boden und mißt den Widerstand. Die Messungen erfolgen in regelmäßigen Abständen auf einem Raster. Das Gerät zeigt den Stromfluß zwischen den beiden Sonden an. Unterirdische Mauern oder Steinoberflächen bieten dem Strom einen hohen Widerstand, während Gruben und Gräben, die mit wasserreichem Humus gefüllt sind, geringere Widerstände aufweisen. Das Gerät zeichnet die Unterschiede auf und verrechnet sie gegen einen neutralen Hintergrund, den zwei andere Sonden liefern; sie werden, weiter entfernt, in ähnlichem Bodentyp angebracht. Je nach herrschenden Bedingungen, etwa hinsichtlich der Bodenfeuchte, schwankt die Aussagekraft der Methode beträchtlich. Widerstandmessungen macht man am besten im Frühling oder Herbst, wenn der Boden weder zu trocken noch zu feucht ist.

WIDERSTANDSMESSUNG
Das Bild zeigt eine Widerstandsmessung an einer Fundstätte. Man teilt die Fläche in ein Quadratraster auf und steckt die Sonden im Abstand von 50–100 cm in den Boden. Der weiße Kasten enthält den Computer.

ANDERE METHODEN

Magnetische Eigenschaften macht man sich auch zunutze, um alte Feuerstellen oder gebrannten Ton aufzuspüren, was auf Siedlungsspuren hinweist. Das entsprechende Gerät analysiert den Mineralgehalt und die Magnetisierbarkeit von Bodenpartikeln und spürt so magnetische Störungen bzw. vormals erhitzte Stellen im Boden auf – durch Erhitzen werden die magnetischen Eigenschaften von Partikeln verändert. Die Methode ist sehr empfindlich und vielseitig verwendbar.

GEOPHYSIKALISCHE KARTE
Die Abbildung oben ist ein Ausdruck (Graustufenskala) der Daten von Navan (siehe Seiten 60–63), rechts ist die Interpretation dargestellt. Die Legende zeigt die Deutung der Meßergebnisse. Man sieht eine frühchristliche Umwallung mit Wall und Graben sowie Strukturen im Innern. Neben den archäologischen Daten werden geologische Signale deutlich.

- HOHER WIDERSTAND, NATÜRLICH
- HOHER WIDERSTAND, NATÜRLICH/ARCHÄOLOGISCH
- HOHER WIDERSTAND, WALL
- NIEDRIGER WIDERSTAND, GRABEN
- HOHER WIDERSTAND, ARCHÄOLOGISCH

Globale Satellitenortung

Satellitenortung
Der bewegliche Empfänger sitzt auf der Stange im Rucksack. Das Gerät empfängt Signale von mindestens vier Satelliten und zeichnet die Daten eines bestimmten Punktes auf.

Die Satellitenortung (Peilung; auch GPS = Global Positioning by Satellite) ist eine sehr präzise Methode, um die Lage und Höhe von Punkten auf der Erdoberfläche zu bestimmen. Damit können Archäologen genaue Karten von beliebigen Standorten erstellen. Neben den Archäologen verwenden viele andere Forscher und Militärs diese Technik. Sie basiert auf amerikanischen Militärsatelliten, die für globale Navigation und die Ortung von Raketen eingesetzt werden.

Fundortkartierung

Die Satellitenortung basiert auf zwei Bodenempfängern, die die Signale der Satelliten empfangen. Da deren Höhe, Position und Kurs bekannt sind, kann die Position am Boden errechnet werden. Voraussetzung ist allerdings, daß die Empfänger die Signale von genügend Satelliten (gewöhnlich vier und mehr) empfangen. Für eine präzise Kartierung müssen beide Empfänger die Satellitensignale gleichzeitig empfangen. Ein Empfänger wird stationär installiert, mit dem zweiten bewegt man sich zu den jeweiligen Punkten auf der Erde, die vermessen werden sollen. Die Daten der beiden Empfänger werden im Computer gespeichert und miteinander verglichen; dann wird daraus eine genaue Höhenlinienkarte der untersuchten Fläche erstellt. Der Ausdruck erfolgt später.

Die Daten der Satellitenortung sind auf das Längen- und Breitenkreissystem bezogen, lassen sich aber in jede topographische Karte eines Landes übertragen. Die Methode hat sich für Archäologen als sehr genau und zeitsparend erwiesen.

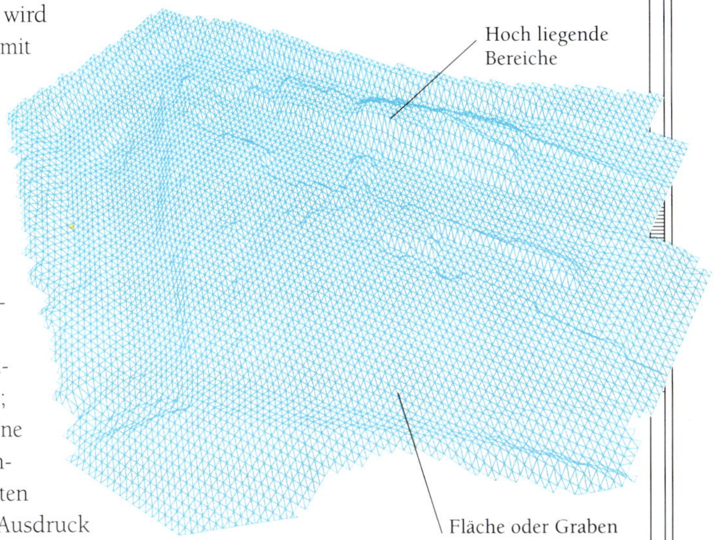

Ausgedruckte Karte
Hier wurde aus den Daten ein dreidimensionales Modell der Standortoberfläche erstellt.

Bodenradar

Sondierung mit Bodenradar
In den Soho-Werken (siehe Seiten 112–115) wird mit Bodenradar nach Ziegelmauern und einem gemauerten Brunnen gesucht.

Seit den 30er Jahren, als Radar (radio detecting and ranging) zur Ortung von Flugzeugen entwickelt wurde, hat man viele weitere Anwendungsgebiete erschlossen, darunter die Untersuchung des Weltraumes, Herstellung von Satellitenbildern und zivile Forschung. Seit 1989 wird versucht, die Technik in der Archäologie anzuwenden. 1992 wurden die ersten Radaruntersuchungen an archäologischen Fundstätten ausprobiert.

Untersuchung der Fundorte

Das Bodenradar sendet elektromagnetische Wellen aus. An Grenzflächen zwischen zwei unterschiedlichen Materialien oder zwischen Feststoffen und Höhlungen werden sie reflektiert. Diese Echosignale werden aufgezeichnet und können ausgedruckt werden.

Bisher scheint die Methode gut zu funktionieren, obwohl es gewisse Interpretationsschwierigkeiten gibt. Die Echowerte geben die Zeit an, die ein Signal bis zurück zum Empfänger braucht. Daher ist der Querschnitt, den man so erstellt, Ausdruck unterschiedlicher Zeitabstände und gibt nicht notwendigerweise auch die räumlichen Schichten des Bodens wieder. Dennoch scheint das Radar gut geeignet zu sein, etwa unterirdische Flußläufe oder Hohlräume, wie Krypten oder Tunnel, aufzuspüren. Radar setzt man mit Gewinn in Städten ein, wo hohe Konzentrationen von Metall, Beton, Elektro- oder Versorgungsleitungen die Ergebnisse der Magnetometrie und Widerstandsmessung stören. Auch die tiefreichende, komplizierte Stratigraphie von Städten eignet sich besser für Radar, denn andere Methoden liefern dort häufig sich überschneidende und widersprechende Daten. In den USA wird Radar häufiger eingesetzt als in anderen Ländern, wo eher Magnetometrie oder Widerstandsmessungen zum Einsatz kommen.

Darstellung
Die Ergebnisse der Untersuchung in Birmingham im Ausdruck. Die Linien geben die unterschiedlichen Laufzeiten des Signals im Boden an, nicht jedoch bestimmte archäologische Schichten.

Sofern die Probleme hinsichtlich der Physik, der Instrumente und der Interpretation von Ergebnissen überwindbar sind, dürfte Bodenradar zu einer vielversprechenden archäologischen Methode werden.

FELDBEGEHUNG

EINE DER EINFACHSTEN und effektivsten Methoden, archäologisch interessante oder noch unbekannte Fundstätten aufzuspüren, ist die Feldbegehung. Die beste Zeit dafür ist nach dem Pflügen, Eggen und Walzen des Feldes, wenn Bodenfunde nach oben transportiert wurden. Ob das Feld bestellt wurde, spielt dabei keine Rolle, Regen ist jedoch günstig, da er die Funde sauber wäscht und auffallender macht. Je nach Fragestellung kann fast jeder Fund von Bedeutung sein. Besonders interessant sind Tonscherben – findet man davon größere Mengen, spricht dies für eine Siedlung. Feuer- und ortsfremde Steine weisen häufig auf steinzeitliche Aktivitäten hin (Dauersiedlungen oder Jagdgebiete). Größere Mengen Keramik, Metalle, Ziegel und Fliesen aus neuerer Zeit belegen zwar, daß der Ort einst besiedelt war, spielen für den Archäologen aber eine untergeordnete Rolle. Auch Bodenfarbe und -struktur lohnen die Betrachtung, denn auch dunkle, humöse Flächen könnten auf frühere Besiedlung hindeuten.

FELDBEGEHUNG
Archäologen untersuchen systematisch ein gepflügtes Feld. Je mehr Menschen sich beteiligen, desto effektiver wird eine Feldbegehung.

METHODEN

Wie man bei einer Feldbegehung vorgeht, hängt von der Fragestellung ab. Um Artefakte zu finden, wird die Fläche in regelmäßige Quadrate unterschiedlicher Größe eingeteilt. Häufig geht man nach einem Sammelplan vor, d. h., nur eine Teilfläche wird genauer geprüft. Dann unterteilt man die Fläche ebenfalls in Quadrate und untersucht nur einige davon – per Zufallsauswahl oder entlang von Linien mit 10–20 m Abstand. Die gefundenen Keramikteile, Feuersteine und anderen Artefakte werden sorgfältig registriert.

Mit der Feldbegehung lassen sich auf einfache und effiziente Weise vermutete archäologische Stätten aufspüren, bzw. bekannte Stätten in einen landschaftlichen oder zeitlichen Rahmen stellen. Sofern die Funde sorgfältig untersucht werden und die Ergebnisse relevant sind, ist die Feldbegehung eine einfache, kostengünstige Methode zur großflächigen Erhebung archäologischer Daten. Diese Technik ist jedoch vom Material abhängig, das sich im Boden erhält: also von anorganischen Artefakten. Daher scheitert die Feldbegehung an Fundorten mit wenigen oder gar keinen anorganischen Überresten.

TONSCHERBE
Wichtig sind Formen und Mengen gefundener Scherben. Solche Terra-sigillata-Teile weisen gewöhnlich auf eine römische Siedlung hin.

LUFTBILDARCHÄOLOGIE

LUFTAUFNAHMEN haben die Archäologie zweifach revolutioniert: Neue Fundstätten lassen sich ohne Beeinträchtigung aufspüren und bekannte Stätten in einen landschaftlichen Kontext stellen. Sie erschließen Zusammenhänge, die vom Boden aus unsichtbar bleiben – so wird etwa ein einzelner Grabhügel Teil einer größeren Landschaft, und ein Wall oder Graben Bestandteil eines umfassenden Systems. Die Luftbildphotographie geht auf die militärische Luftaufklärung im Zweiten Weltkrieg zurück. Die Entwicklung leichterer Flugzeuge und besserer Kameras führte dazu, daß diese Technik einsatzfähiger und preiswerter wurde.

Es werden vorwiegend drei Methoden angewandt: Bei der ersten sucht man nach Erdaufschüttungen bzw. -vertiefungen, die vom Boden aus nicht sichtbar sind. Von der Luft aus werden Wälle und Gräben wegen des Schattenwurfes besonders gut bei tiefstehender Sonne deutlich. Bei der zweiten Methode wird ein Feld photographiert, um Farbunterschiede aufzudecken, die auf unterirdische Eigenschaften und Bauten zurückgehen. Und schließlich weisen Unterschiede im Bewuchs auf archäologische Strukturen hin, die Wachstum und Reife der Nutzpflanzen beeinflussen: auf verschütteten Gruben und Gräben wachsen sie höher und reifen später, während steinige Flächen eher welke, früher reifende Pflanzen verursachen.

ÜBERSICHTS-AUFNAHME
In diesem Kornfeld (oben links) zeigen dunkle Linien Korn, das auf tieferen, feuchteren Böden wächst (Gräben entlang eines Weges). Im gepflügten Feld (unten links) sieht man die anstehende Kreide (helle Stellen) und die Umrisse eines alten Feldersystems (dunkle Flächen).

ERDWÄLLE UND -GRÄBEN
Bei tiefstehender Sonne sind die rechteckigen Parzellen und die Hauptstraße durch ein verlassenes Dorf gut erkennbar. Es ist von Wall und Graben umgeben. Solche Strukturen sind typisch für verlassene Dörfer überall auf den Britischen Inseln.

Ausgrabungstechniken

NOCH IMMER ist die Ausgrabung die wichtigste archäologische Technik, um eine Fundstätte zu untersuchen. Dabei geht es darum, systematisch solche Informationen aus dem Boden zu holen, die Rückschlüsse darauf erlauben, wie die Stätte entstand, sich entwickelte und schließlich unterging. Da der Archäologe die Stätte durch seine Arbeit zerstört, kommt es auf genaueste Dokumentation an. Nur so sind die Ergebnisse auch anderen Forschern zugänglich. Oft wird nur ein kleiner Bereich ausgegraben und der Rest späteren Archäologen überlassen. Die Fundsituation wird im Gesamtzusammenhang erfaßt und über die Lage jedes Fundstückes genau Rechenschaft abgelegt.

Ablagerungsschichten

EIN SCHNITT
Ein solcher Schnitt durch den Boden legt Ablagerungsschichten frei und kann als zeitliches Profil der Stätte ausgewertet werden.

METHODEN

Man geht hauptsächlich nach zwei Methoden vor. Die erste basiert auf Suchschnitten an ausgesuchten Stellen, die Siedlungsspuren in den Bodenschichten sowie deren Inhalte anzeigen. Damit erhält man zwar nur geringe Informationen über den Grundriß eines Bauwerkes, kann sich aber ein Bild über Stratigraphie und Chronologie der Stätte machen. Funde aus den einzelnen Schichten dienen der Datierung. Die Grabung endet am gewachsenen Boden.

Bei der zweiten Methode wird eine größere Fläche erschlossen. Man entfernt den Oberboden und legt die archäologische Schicht frei. Da viele Gebäude früherer Zeiten aus Holz gebaut wurden, blieben nur Pfostenlöcher und Balkenschlitze übrig. Nur bei Ausgrabungen einer Fundstätte unter freiem Himmel kann man aus Änderungen der Bodenfarbe und -struktur auf den Grundriß des Bauwerkes schließen. Wiederum werden Fundsituation und die zugehörigen Funde in ihrer Lage zueinander sorgfältig erfaßt.

OBERFLÄCHE FREILEGEN
Hier legen Ausgräber die Oberfläche vorsichtig mit Kellen frei, um Farb- und Strukturveränderungen zu finden, die auf Holzbauten hindeuten.

Manchmal wird bei Ausgrabungen schweres Gerät benutzt. Anderswo wird alles von Hand erledigt, mit kleinen Kellen, Pinseln, Spateln, Hacken und Sieben. In der Regel gräbt man zunächst Probelöcher oder zieht schmale Suchschnitte, um abzuschätzen, ob die Stätte archäologisch Interessantes birgt und weitere Untersuchungen sich lohnen

Untersuchung von Pfostenlöchern

DA VIELE BAUTEN früherer Zeiten Holzkonstruktionen waren, findet man bei archäologischen Grabungen regelmäßig Pfostenlöcher, in denen einst Holzpfosten standen. Bis auf Ausnahmen – etwa unter Wasser, oder wenn der Pfosten verbrannt und daher verkohlt ist – verrottet das Holz und hinterläßt dem Archäologen nichts als den »Geist« seiner ehemaligen Existenz.

KONSTRUKTION

Zum Bau eines Holzhauses grub man früher eine Reihe von Löchern, stellte Pfosten hinein und stampfte sie mit Erde und Steinen fest – etwa so, wie man heute einen Zaunpfahl aufstellt. Die Unterschiede zwischen dem natürlichem Boden und der Füllung des Pfostenloches erhalten sich über Jahrhunderte. Verrottete das Holz im Loch, bleiben seine Überreste in Form von Farbveränderungen oder faserigem Füllmaterial erhalten. Wurde der Pfosten jedoch entfernt, bleibt nur ein Loch oder locker geschichtetes Füllmaterial übrig.

Wenn man die alte Bodenoberfläche vorsichtig freilegt und säubert, werden Farb- und Strukturunterschiede zwischen dem natürlichen, geologischen Boden, der Füllung des Pfostenloches (oft größere Steine) und dem genauen Standort des Pfostens im Loch sichtbar. Meistens erfaßt man die Löcher in Form eines Querschnittes durch Pfostenloch, Pfostenstandort und Füllmaterial. Die Grundrisse der Gebäude ergeben sich aus Art und Verteilung der Pfostenlöcher innerhalb einer Fläche. Vor allem bei einer großen Zahl von Pfostenlöchern ist deren Verteilungsmuster schwer zu rekonstruieren und die Identifizierung bestimmter Gebäude aus Tiefe und Füllung der Löcher kompliziert. Dennoch liefert diese Methode wertvolle Informationen über die Grundrisse einer archäologischen Fundstätte.

ANGELSÄCHSISCHES HAUS
Ein Graben, der die Lage der vertikalen Balken anzeigt, markiert den Grundriß des Hauses. Die Pfostenlöcher im Innern kennzeichnen Zwischenwände, die äußeren Stützpfeiler.

Pfostenloch

Quadratisches Pfostenloch

Dendrochronologie

Beim Wachstum nehmen Bäume jedes Jahr um einen Jahresring an Dicke zu. Diese sind, als Reaktion auf die herrschenden Umweltbedingungen, unterschiedlich breit. Jeder Zweig eines Baumes weist jeweils dieselben Abweichungen dieser Art auf. Aus dem Vergleich der Jahresringe lebender Bäume mit dem Holz älterer Bäume derselben Art, die ihrerseits mit noch älteren Hölzern verglichen werden, ergibt sich ein überlappendes Muster von Jahresringen (Chronologie): Das Jahresringmuster aus dem Holzkern eines lebenden Baumes wird mit jenem aus dem Holzbalken eines erhaltenen, alten Gebäudes zur Deckung gebracht. Vergleicht man dessen Ringmuster wiederum mit noch älteren Dachbalken aus archäologischen Grabungen, so entsteht eine verläßliche Chronologie, die mehrere tausend Jahre zurückreicht. Ehe jedoch eine durchgängige Chronologie vorliegt, hat man es häufig erst einmal mit Teilchronologien zu tun, deren Einzelstücke sich zwar untereinander überlappen, die jedoch noch nicht in die Eich-Chronologie passen. Es ist dann erforderlich, weitere Proben abzuwarten und alle Ringmuster mit den bekannten Sequenzen zu vergleichen.

Schnitt durch einen Baum
In diesem Baumstück ist das Jahresringmuster im Kernholz zu sehen; Splintholz und Rinde fehlen. Die unterschiedliche Breite der Ringe ist deutlich.

Messung der Ringe
Jahresringe und ihre Breite werden automatisch erfaßt und das Muster mit bekannten Sequenzen der entsprechenden Baumart und Region verglichen.

Präzise Datierung

Sind Splintholz und Rinde erhalten, läßt sich meist das Fälldatum bestimmen. Bisher wurde diese Methode erst für bestimmte Baumarten angewandt – Mammutbäume und Borstenkiefern in den USA, Pinien im östlichen Mittelmeerraum und Eichen in Nordeuropa. Weltweit werden jedoch laufend weitere Holzarten untersucht. Die Dendrochronologie dient vordringlich dazu, die Radiokarbondatierungen zu eichen, und so durch Kombination beider Techniken eine möglichst genaue Datierung zu erzielen.

Radiokarbondatierung

Die erste Methode zur Bestimmung des absoluten Alters archäologischer Fundstücke war die Radiokarbondatierung. Sie ist noch heute die am weitesten verbreitete Technik. Alle organischen Teile enthalten Kohlenstoff, der in stabiler und radioaktiver Form vorliegt. Kohlenstoff-14 (^{14}C) ist radioaktiv; stirbt ein Organismus, zerfällt ^{14}C durch Abgabe von Elementarteilchen und Strahlung in einer bestimmten Zeitspanne um jeweils die Hälfte (Halbwertszeit). Da diese Zerfallsrate meßbar ist, bietet sie die Möglichkeit, einen Fund absolut zu datieren.

Halbwertszeit

Willard Frank Libby (1908–1980) entdeckte als erster, daß ^{14}C mit einer Halbwertszeit von 5568 Jahren zerfällt (d.h., nach dieser Zeit nimmt der ^{14}C-Gehalt um die Hälfte ab). Inzwischen wurde die Methode mehrfach verbessert, so konnte etwa die Halbwertszeit genauer, auf 5730 Jahre, bestimmt werden. Da man heute weiß, daß der ^{14}C-Gehalt der Atmosphäre schwankte, mußten Korrekturfaktoren eingeführt werden. Die ersten mit der Radiokarbonmethode ermittelten Datierungen gingen noch davon aus, daß der ^{14}C-Gehalt der Atmosphäre konstant war. Daher entspricht – unter Berücksichtigung der atmosphärischen Schwankungen – ein Radiokarbondatum von 2000 v. Chr. etwa dem Kalenderjahr 2350 v. Chr.

Zunehmende Genauigkeit

Ältere Methoden bestimmten nur die emittierten Teilchen eines Objektes, die moderne Massenspektrometrie mißt jedoch den Gesamtgehalt radioaktiver Atome in einer Probe. So erhält man genauere Daten aus geringeren Materialmengen. Die Radiokarbonmethode dient der Datierung von Einzelobjekten, vor allem jedoch der zeitlichen Einordnung von Ausgrabungen. Dazu entnimmt man gleich eine Reihe von Proben aus einer definierten archäologischen Stätte. Sie dürfen nicht mit modernen Materialien verunreinigt sein. Mit Hilfe der Radiokarbonmethode lassen sich alle organischen Proben datieren: Holz, Holzkohle, Knochen oder Muschelschalen. Am ^{14}C-Gehalt läßt sich das Todesjahr des Organismus abschätzen, denn zu diesem Zeitpunkt begann der Zerfall des ^{14}C. Obwohl die Technik noch immer Probleme aufwirft, bleibt sie ein wertvolles Werkzeug archäologischer Forschung, das seit den 70er Jahren unser Wissen um die absolute (kalendarische) Datierung weltweit revolutioniert hat.

Radiokarbonlabor
Die Messung wird von Physikern in speziellen Laboren durchgeführt. Mit neuen Techniken (Massenspektrometrie) lassen sich die ^{14}C-Atome direkt bestimmen, daher kommt man mit geringeren Probengrößen aus.

UMWELTANALYSE

SCHLÄMMANLAGE
Eine Bodenprobe wird auf ein Sieb über ein Faß gelegt. Durchgepumptes Wasser spült das feinere Pflanzenmaterial ab, das in zwei feinmaschigen Sieben gesammelt wird.

AUS DEM ORGANISCHEN Material, das gewöhnlich von Biologen untersucht wird, ergeben sich für den Archäologen wichtige Informationen über alte Landschaften, Wirtschaftsweisen und Umweltbedingungen. In feuchter Umgebung, wie Mooren, Seesedimenten und unter Wasser, erhalten sich Makrofossilien – Blätter, Zweige, Samen und Nüsse – und Mikrofossilien, wie Pollenkörner. Aus den Pollen läßt sich die genaue Zusammensetzung der Vegetation ableiten – Wälder, Buschland oder offene Flächen. Liegt eine Sequenz von Proben vor, ergibt sich sogar eine zeitliche Abfolge, aus der sich die Einflüsse des Menschen auf die natürliche Umgebung ablesen lassen.

MAKROFOSSILIEN

Die Makrofossilien eines Standortes geben Einblick in die Ernährung der Bewohner, ihre Technologie und die Bearbeitung der Landschaft, während Insekten und Pilze ein genaues Bild der herrschenden Umweltbedingungen zeichnen. In Regionen mit Kalk- oder Kreideböden nutzt man mikroskopisch kleine Landschnecken in derselben Weise wie Pollenkörner (Mikrofossilien). Da jede Art ganz bestimmte Lebensräume bevorzugt, liefern Schwankungen der lokalen Population gute Hinweise auf örtliche Umweltbedingungen. In Schlämmanlagen sondern Archäologen Makrofossilien aus, die dann von Spezialisten untersucht werden.

Andere Proben gewinnen Umweltarchäologen in Form von Bohrkernen aus Boden oder Torf, die von Spezialisten im Labor analysiert werden. Auch unter sehr trockenen Bedingungen konserviertes Material, wie in den Wüsten Ägyptens und Südamerikas, wird ähnlich untersucht. Wieder andere Hinweise liefern gefrorene Proben. Die Arbeit der

ANALYSE EINER PROBE
Spezialisten untersuchen die Proben mit modernen Forschungsmikroskopen. Damit lassen sich, neben anderen Anwendungen, Insektenreste bestimmen oder Pollen und Samen zählen.

Archäologen stützt sich also oft darauf, daß sich biologisches Material in speziellen Lagerstätten erhält, das andernfalls verrotten würde. Allerdings beruhen all solche Untersuchungen auf der Voraussetzung, daß die Arten vergangener Zeiten auf dieselben Lebensräume angewiesen waren wie ähnliche heutige. Umweltanalysen können wichtige Informationen über die Gesundheit und das Alltagsleben unserer Vorfahren liefern.

UNTERWASSERARCHÄOLOGIE

VON BEGINN AN nutzen die Menschen Meere, Seen und Flüsse als wichtige Nahrungsquelle, Transportweg und zur Wasserkraft. Daher bildet die Unterwasserarchäologie eine wichtige Partnerwissenschaft der Landarchäologie. Die Erfindung von Tauchgeräten machte die Forschung unter Wasser erst möglich, und seit den technischen Fortschritten des 20. Jahrhunderts wurde die Unterwasserarchäologie zu einem eigenständigen Forschungszweig.

Für Ausgrabungen unter Wasser gelten dieselben Regeln wie an Land. Der Fundort wird erkundet, dokumentiert und ausgegraben; man verwendet dieselben – wenn auch an das Wasser angepaßten – Ansätze. Wegen einiger Randbedingungen, wie der Einschränkungen durch das Tauchen und der schlechten Sicht, sind Ausgrabungen unter Wasser jedoch weitaus schwieriger. Manches ist aber eher von Vorteil: So kann der Archäologe über dem Fundort schweben und den Schlamm leichter abtragen. Der Erhaltungszustand der Materialien ist anders als an Land. Organisches Material, wie Holz, bleibt im Wasser häufig sehr gut erhalten, während metallische Objekte mit Mineralabscheidungen überzogen sind. Aus dem Wasser geborgene Fundstücke müssen sehr sorgfältig konserviert werden, wenn sie nach der Ausgrabung erhalten bleiben sollen.

ABSAUGEN VON SCHLICK
Der Taucher saugt vorsichtig Ablagerungen von Sand und Schlick ab, um die Fundstätte und die dort lagernden Objekte freizulegen.

Die Unterwasserarchäologie ist in zwei Bereichen besonders nützlich. In vielen Teilen der Welt haben sich die Küstenlinien und Wasserspiegel nachdrücklich verändert, und man findet Häfen, Küstenfestungen und versunkene Landoberflächen. Außerdem hilft die Unterwasserarchäologie bei der Bergung von Schiffswracks und ihrer Ladung. Sie stellen Momentaufnahmen dar (alle Artefakte gehören zeitlich zusammen), und aus ihnen lassen sich der technische Entwicklungsstand einer Gesellschaft und ihre Handels- und Wirtschaftskontakte ableiten. Eines der größten Probleme der Unterwasserarchäologie ist die Schwierigkeit, die Fundorte gegen Räuber zu schützen.

ARBEIT IN DER TIEFE
Der Taucher arbeitet innerhalb eines Rasters aus Pfosten und Seilen, so daß der ausgegrabene Bereich in einen Plan übertragen werden kann.

Restauration von Gefässen

VOR DER ERFINDUNG moderner Materialien, wie Kunststoffe, bestanden Vorratsgefäße, Kochtöpfe und Geschirr vorwiegend aus Ton. Keramik zerbricht jedoch leicht und wird dann, da nicht wiederverwendbar, weggeworfen. Der gebrannte Ton an sich ist allerdings sehr widerstandsfähig und bleibt in fast allen Böden erhalten. Wegen der weiten Verbreitung und Dauerhaftigkeit gehören Tonscherben seit der Jungsteinzeit zu den häufigsten Fundstücken.

Archäologen nutzen Keramik, um Fundstätten zu datieren und zu identifizieren. Da sie regelmäßig gefunden wird, kann man Fortschritte der Herstellungstechnik (Härtegrad, Brenntemperatur und Qualität des Tons) und Veränderungen von Verzierung und Stil dazu nutzen, für jede Fundstätte keramische Typologien aufzustellen. Wird bei einer Feldbegehung oder Ausgrabung Keramik gefunden, erstellt man eine solche Typologie als repräsentatives Beispiel für die unterschiedlichen Materialien und Oberflächenbearbeitungen (Glasur, Glanzton, Verzierung). Sie dient als Referenz, anhand deren andere Scherbenfunde verglichen und identifiziert werden können. Außerdem dient die Typologie dem Vergleich mit anderen lokalen und auch weiter entfernten solcher Keramiksammlungen. In der Regel existiert bereits ein Grundwissen über Brennöfen, Gefäßtypen, -formen und Schmuckelementen, so daß die Scherben identifiziert, datiert und ihre Herkunft bestimmt werden kann. Natürlich finden sich immer einige Scherben, die nicht in dieses Schema passen. Dennoch liefern

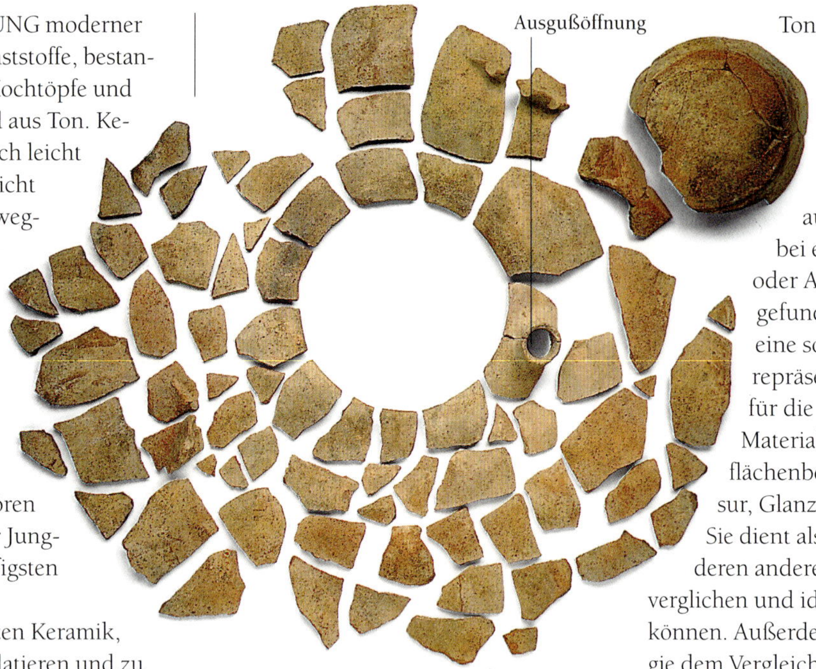

SCHERBENPUZZLE
Die Scherben wurden in die vier Formen sortiert, und Rand-, Boden- und Korpusscherben getrennt. Jede wird mit Wasser und einer weichen Bürste gewaschen.

VERKLEBEN DER SCHERBEN
Die Scherben werden zusammengeklebt. Man verwendet dazu wasserlösliche, inerte Kleber, damit der Topf nicht chemisch angegriffen wird.

Kopfrekonstruktion

DIE METHODE, Gesichter aus Schädeln zu rekonstruieren, entwickelt sich rasch weiter. Gewöhnlich wird sie in der Gerichtsmedizin angewandt, um ein Opfer zu identifizieren, eignet sich aber auch für die archäologische Forschung. Moderne Untersuchungen ergaben, daß ein direkter Zusammenhang zwischen Gestalt und Form des Schädels und dem Gesicht besteht, d. h. ein Gesicht läßt sich mit wissenschaftlichen Methoden rekonstruieren. Der hier gezeigte Schädel stammt von Horemkenesi, einem altägyptischen Hofbeamten, dessen mumifizierten Körper man in einem Grab in der Nähe der Pyramiden von Gizeh fand. Sein ganzes Leben war detailliert in Inschriften beschrieben. Spezialisten des Stadtmuseums von Bristol (England) haben inzwischen ein Langzeitprojekt abgeschlossen, seine Gebeine freizulegen und Horemkenesis Aussehen zu rekonstruieren.

Zunächst mußte der Schädel gesäubert und untersucht werden – eine Rekonstruktion ist nur möglich, wenn genügend Reste verblieben sind. Da Schädel etwas zerbrechlich sind und vielleicht mehrmals untersucht oder wieder begraben werden, fertigt man zunächst einen Gipsabdruck an, der als Basis für die Rekonstruktion dient. Dazu wickelt man den Schädel zum Schutz in Aluminiumfolie ein und stellt eine Form her, die mit Gips zu einem vollplastischen Modell ausgegossen wird. Damit die Rekonstruktion so genau wie möglich wird, braucht man Hintergrundinformationen, die sich aus der Untersuchung des Skeletts oder der Art der Beisetzung ergeben. Im Idealfall sollten Alter, Geschlecht und ethnische Zugehörigkeit bekannt sein. In den letzten Jahrzehnten wurden statistische Tabellen erstellt, in denen die durchschnittliche Fleischdicke über bestimmten Schlüsselpunkten des Schädels aufgelistet ist. Je nach Geschlecht und ethnischer Herkunft gibt es hier Unterschiede. An etwa 30 Stellen werden Stifte in das Gipsmodell gesteckt, um die je-

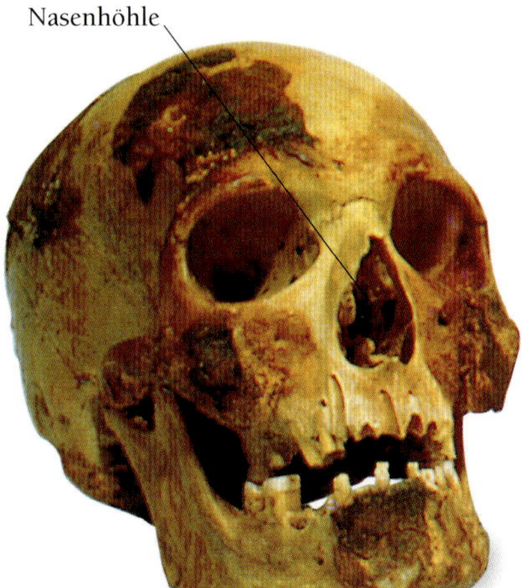

DER ORIGINALSCHÄDEL
Der vollständige und recht gut erhaltene Schädel des Horemkenesi bestimmt die Form des rekonstruierten Gesichtes.

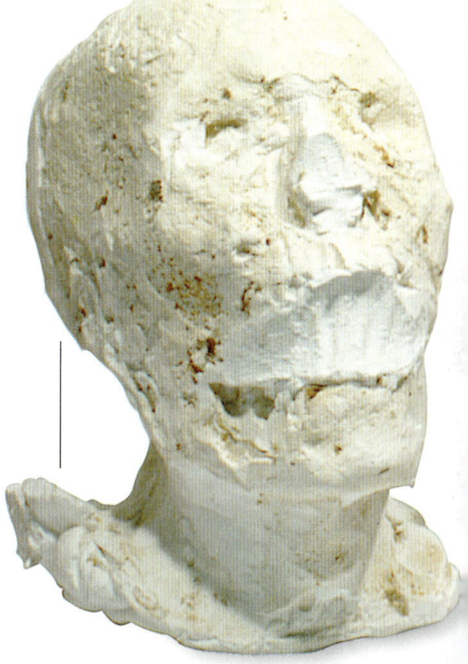

SCHÄDELKOPIE
Die Rekonstruktion wird auf einer Kopie des Schädels durchgeführt. Aus Ton gefertigte Lagen werden aufgetragen. Sie repräsentieren Muskeln und Gewebe. Der Hals wurde angefügt, damit der Kopf lebensechter aussieht.

auch sie gewisse Informationen, denn sie können in ihrem typologischen Kontext untersucht werden, während Daten von anderen Fundstätten gesammelt werden. Keramik wird fast immer in Form kleiner Bruchstücke

VERSCHLIESSEN DER LÜCKEN
Sobald der Krug getrocknet ist, füllt man die Lücken zwischen den Scherben mit Gips aus. Dieser wird später geglättet und abschließend bemalt.

gefunden, den Scherben. Vollständige oder fast vollständige Gefäße sind selten. Da Keramik jedoch wichtig und in größeren Mengen vorhanden ist, bemüht man sich sehr, die Scherben wieder zusammenzusetzen. Scherben fallen in vier Formen an: Ränder, Böden, Scherben des Gefäßkörpers und spezielle Formen, wie Handgriffe, Ausgüsse oder Füße. Aus manchen Scherben läßt sich mehr ablesen als aus anderen: Während Scherben des Gefäßkörpers kaum Rückschlüsse auf das Originalgefäß zulassen, reicht eine einzige Scherbe von Rand oder Boden aus, um den Durchmesser zu bestimmen. In manchen Fällen läßt sich aus »diagnostischen« Scherben (sie liefern Informationen über Form und Größe) das gesamte Gefäß rekonstruieren. Sind Scherben für ein repräsentatives Profil erhalten, reichen bereits zehn Prozent des Gesamtgefäßes für eine Rekonstruktion aus – den Rest ergänzt man mit modernem Material.

Dank neu entwickelter Techniken liefern Tonscherben den Archäologen sogar noch weiterreichende Erkenntnisse. Dünnschnitte durch den Ton können mikroskopiert werden; so erkennt man die verwendeten Materialien und geologischen Einschlüsse und kann auf ihre Herkunft schließen. In manchen Fällen spürt eine Lipidanalyse sogar winzige Spuren des Inhalts auf, die in den Ton eingedrungen sind, etwa von Fetten.

REKONSTRUIERTER KRUG
Mit Hilfe einer Typologie wurde dieses Gefäß als Krug mit rundem Lochausguß identifiziert. Er diente als Behälter für Olivenöl.

weilige Fleischdicke anzuzeigen. Leider kann man dabei nicht das Gewicht des Toten berücksichtigen, das sich aus dem Skelett nicht ableiten läßt. In diesem Stadium werden charakteristische Eigenschaften des Gesichtes angebracht – die Ränder von Augen und Mund sowie eine Stützvorrichtung für die Nase. Nasen sind besonders schwer zu rekonstruieren. Zwar enthält ein Schädel gewisse Informationen über ihre Größe und Form, da sie jedoch nicht von Knochen gebildet wird, bleibt man letztlich auf Näherungen angewiesen.

Dann bildet man aus Ton das Gesicht, indem man den anatomischen Vorgaben von Muskeln und Gewebe folgt. Die Ansatzstellen der Muskeln sind am Schädel durch Vertiefungen erkennbar. Sie geben auch Hinweise über den Gesamtcharakter des Gesichtes. Weitere Tonstreifen werden als Haut aufgetragen und geglättet. Die Stifte dienen als Maß für die

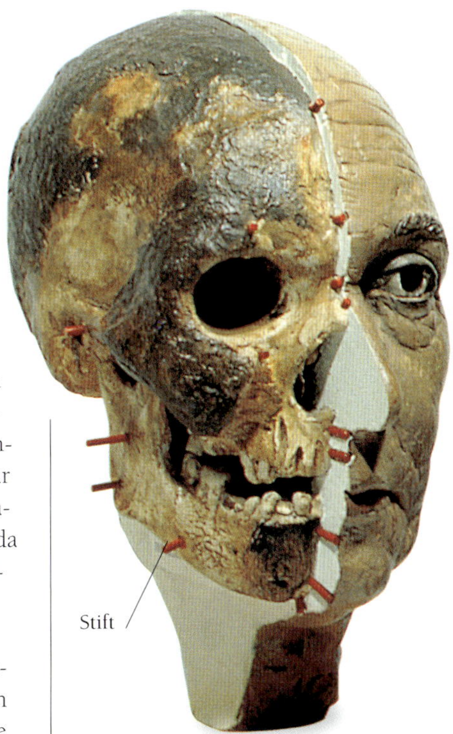

REKONSTRUKTION DES GESICHTES
Diese Schnittrekonstruktion zeigt die Stifte, mit deren Hilfe die Fleischdicke festgelegt wird. Die andere Seite zeigt die fertige Version des Tonmodells. Auf der unfertigen Seite sind die Zahnreste von Horemkenesi zu erkennen.

Dicke. Danach formt man Oberflächenformen wie Augenlider und -brauen. Der Mund kann schwierig werden, denn es gibt keine Hinweise auf die Form oder Fülle der Lippen. Auch Ohren werden hauptsächlich geschätzt. Das Alter des Gesichtes ergibt sich aus den Gebeinen.

GESICHTER DER VERGANGENHEIT

Ein Archäologe kann, anders als ein Gerichtsmediziner, keine perfekte Ähnlichkeit erzielen. Dennoch eignet sich diese Technik, um das mögliche Aussehen eines Menschen annähernd zu rekonstruieren. Dies gilt besonders für bekannte historische Persönlichkeiten, die mit zeitgenössischen Büsten und Kunstwerken verglichen werden können. Außerdem liefert uns diese Methode Hinweise auf das mögliche Aussehen unserer frühesten Vorfahren.

BRONZEABGUSS
Im Museum wurde ein Bronzeabguß der Rekonstruktion ausgestellt. So könnte Horemkenesi ausgesehen haben. Wahrscheinlich kommt die Rekonstruktion seinem Gesicht so nahe, daß ihn seine Freunde und Verwandten erkennen würden.

AUSGRABUNG VON GEBEINEN

STOSSEN ARCHÄOLOGEN während einer Grabung auf Hinweise menschlicher Gebeine, ist eine sorgfältige und spezielle Vorgehensweise erforderlich – mehr als bei jeder anderen Art von Funden. Menschliche Knochen sind empfindlich, liefern aber sehr viele Informationen über einen Menschen aus der Vergangenheit. Bei Ausgrabungen menschlicher Gebeine müssen häufig religiöse und gesellschaftliche Einschränkungen respektiert werden, denn bestimmte Gruppen, wie die Inuit oder orthodoxe Juden, bezweifeln den Wert einer Ausgrabung und lehnen es aus ethischen Gründen ab, ihre Vorfahren zu stören.

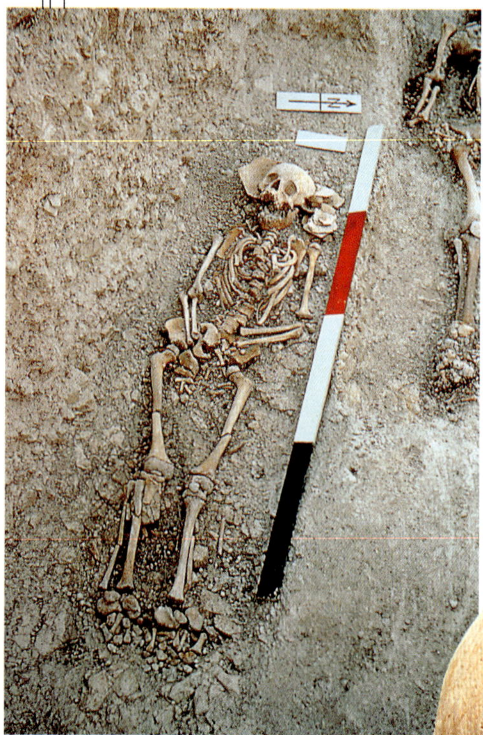

EIN SKELETT
Man hat diesen Körper im Anschluß an einen Beisetzungsritus sorgfältig ins Grab gelegt. Häufig beerdigte man Tote in der Nähe ihrer toten Angehörigen.

Gefundene Skelette sind unterschiedlich gut erhalten; je nach dem Material, in dem sie begraben wurden, dem Alter des Körpers und vor allem den Bodenbedingungen. In sauren Böden bleiben Knochen nicht gut erhalten, und in manchen Fundstätten (z. B. im Schiffsbegräbnis von Sutton Hoo, England) sind sie bis auf eine Farbveränderung des Bodens völlig verschwunden. Unter Wasser bzw. im Feuchtboden erhalten sich zwar Haut und weiche Körpergewebe, Knochen verlieren jedoch häufig ihre Struktur und zerfallen zu Kollagen. An vielen anderen Stellen blieben Skelette, vor allem die Zähne (sie bestehen aus dem härtesten Material des Körpers) jedoch gut erhalten.

SORGFÄLTIGE BERGUNG

Werden Gräber entdeckt, legen Archäologen sie nach den Regeln der Stratigraphie frei. Die oberste Bodenschicht ist die jüngste; die Grabung erfolgt daher in genau der umkehrten Reihenfolge wie beim Ausschachten und Verfüllen des Grabes. Mit Hilfe dieser Methode wird ein Grab in einen räumlichen Zusammenhang mit anderen Merkmalen, Funden und Gräbern gestellt. Manchmal findet man im Grab Hinweise darauf, wie der gefundene Körper begraben wurde, etwa Stoffetzen, Tierhäute, Holz, Nägel oder sogar kleine Nadeln aus dem Leichentuch.

Hat man ein Skelett entdeckt, wird es mit kleinen Werkzeugen – meist aus Holz, um die Knochen nicht zu beschädigen – gesäubert, und alle Knochen werden freigelegt, ohne sie zu bewegen. Danach zeichnet man ihre genaue Lage auf, durch Photographie, maßstabsgerechte Zeichnungen und besondere Erfassungsbögen. So werden Position und Erhaltungszustand aller Knochen und Artefakte genau festgehalten.

Ist diese Erfassung abgeschlossen, wird das Skelett entfernt und ins Labor gebracht. Oft sind die Knochen zerbrechlich, sie müssen daher für den Transport sorgfältig verpackt und gestützt werden. Sofern wissenschaftliche Tests geplant sind, entnimmt man Knochenproben und verschließt sie separat. Damit kann man DNA-Analysen, manchmal auch Elektronen-Spin-Resonanz-Messungen durchführen. Aus der Analyse der stabilen Isotope läßt sich auf den Anteil von Fischen, Landtieren und Pflanzen in der Ernährung rückschließen.

GESCHLECHTSBESTIMMUNG
Männer und Frauen haben unterschiedlich geformte Schädel, insbesondere um die Augen, das Kinn und die Zähne. Gewöhnlich reichen diese Hinweise, zusammen mit den Beigaben, für eine Bestimmung des Geschlechtes aus.

KULTURELLE HINWEISE
Manchmal liefern Haare, Schuhe, Broschen und sogar metallische Farbspuren auf den Knochen Hinweise auf die Bestattungsriten. Man erkennt etwa, daß man den Verstorbenen für den Weg ins Totenreich Münzen in den Mund legte.

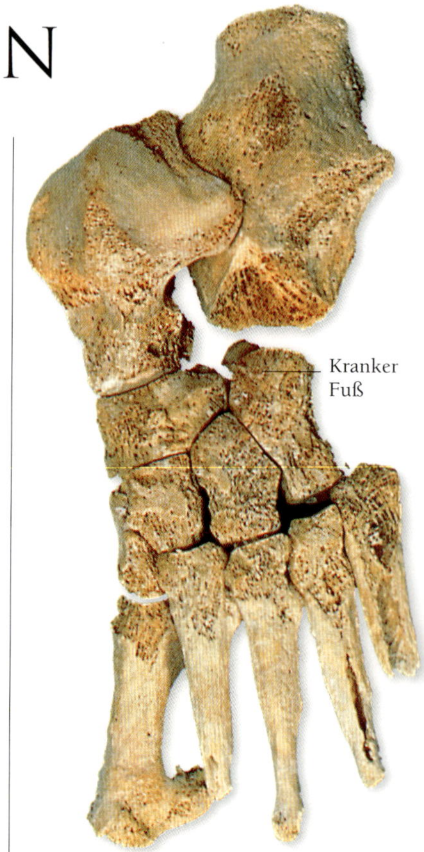

HINWEISE AUF KRANKHEITEN
Eine überraschend hohe Zahl von Skeletten eines alten Friedhofes wies Anzeichen von Arthritis auf. Zwar wird die Disposition dafür vererbt, doch spielt auch die Umwelt eine Rolle, etwa hoher Bleigehalt in der Ernährung.

LABORARBEIT

Im Labor werden die Knochen vollständig gesäubert und von einem Osteologen untersucht. Blieben von dem Skelett genügend Teile in guter Verfassung erhalten, lassen sich Merkmale des Toten bestimmen. Neben dem Geschlecht können durch Vergleich mit modernen Populationen Alter und Größe ebenso bestimmt werden wie Zeichen von Krankheit, schlechter Gesundheit und Verletzungen. Wenn sich der Mageninhalt erhielt, liefert er Informationen über die Ernährungsweise. Die interessantesten Schlußfolgerungen ergeben sich, wenn ein Friedhof ausgegraben wird – man kann dann Gesundheit und Lebensweise einer ganzen Bevölkerungsgruppe bestimmen.

Konservierung der Funde

Konservierung von Steinen

Viele der großartigsten archäologischen Denkmäler der Erde, von den Mayatempeln Mittelamerikas bis zu den Kathedralen Europas, bestehen aus Stein. Obwohl das Material sehr dauerhaft ist, müssen alte Steinbauwerke manchmal gründlich konserviert werden. Moderne Luftverschmutzung durch Industrie und Verkehr, insbesondere in Form des sauren Regens, ließen den Verfall vieler Bauwerke dramatisch ansteigen. Häufig sind daher Stätten in oder in der Nähe größerer Städte besonders gefährdet. Die Akropolis in Athen oder die Pyramiden in Ägypten sind die berühmtesten Beispiele für eine solche Bedrohung

Bei der Reinigung wird zunächst der oberflächliche Schmutz, wie Ruß oder Umweltverunreinigungen, mit feinem Sand oder Wasser abgespritzt. Gebäude, auf denen sich Spuren von alter Farbe oder Putz erhalten haben, müssen besonders behandelt werden. Sind die Formen gereinigt, werden Schäden abgeschätzt, und der Stein wird mit Hilfe von Chemikalien konserviert. Bei Gebäuden mit größeren Schäden werden neue Steine als Ersatz für kaputte Partien eingesetzt, die sich dann im Zuge der Verwitterung in das originale Bauwerk einfügen.

Reinigung der Steine
Bei stehenden Gebäuden müssen die Steine gereinigt und an Ort und Stelle konserviert werden. Hier entfernt man mit einem feinstrahligen Hochdruckreiniger den Schmutz der Jahrhunderte.

Konservierung von Stoffen

Im Boden erhalten sich Stoffe nur sehr selten; fast nur dort, wo eine sehr feuchte, sehr trockene oder extrem kalte Umwelt das Wachstum von Mikroorganismen unterbindet, die den Verrottungsprozeß in Gang setzen. Daher ist es keine Überraschung, daß sich im Dauerfrost der Arktis, in Wüsten oder Feuchtgebieten zahlreiche Textilien erhalten haben. Findet man Stoffe, sind sie in der Regel sehr fragil und müssen zusammen mit der umgebenden Erde geborgen werden. Dann werden sie im Labor gereinigt. Die größte Gefahr für feuchte Stoffe stellen Bakterien, Schimmelpilze und Austrocknung – sie führt zu Rissen und Zerfall – dar. Bei der Konservierung trockener Stoffe muß man ihre Brüchigkeit und vorhandene Insekten berücksichtigen. Meistens bringt ein Kühl- oder Gefrierschrank den Verfall zum Stillstand. Nach der Reinigung lagert man die Stoffe bei gleichbleibender Feuchte, geeignetem Licht und Temperatur, wobei Bakterien- und Insektenbefall ständig kontrolliert werden. Der kontinuierliche Fortschritt der Wissenschaft hilft den Konservatoren, so daß heute fast alles für künftige Generationen bewahrt werden kann – sofern es die Kosten erlauben.

Konservierung von Leinen
Funde aus Stoff sind häufig außerordentlich brüchig. Größte Sorgfalt ist nötig, um beschädigte Stellen mit einem passenden Seidenfaden auszubessern.

Röntgen und Konservierung von Metallen

Metallgegenstände sind besonders anfällig gegenüber Umweltbedingungen, insbesondere wenn sie in feuchtem Boden liegen. Daher sind sie beim Fund oft stark zerfallen und korrodiert. Um weitere Korrosion beim Kontakt mit Luft aufzuhalten, müssen sie sorgfältig konserviert werden, damit sich ihr ursprüngliches Aussehen erhält.

Vor der Konservierung werden Metallgegenstände häufig geröntgt, um herauszufinden, was sich unter der Korrosionsschicht befindet. Manchmal wird die korrodierte Schicht dann vorsichtig abgetragen, um das Innere freizulegen. Verrostete Eisenteile müssen so trocken und luftdicht wie möglich aufbewahrt und Kupferlegierungen besonders behandelt werden, um die »Bronzekrankheit« zu vermeiden – den bekannten Grünspan, der das Objekt zerstören kann. Leider kann Konservierung das ursprünglich goldene Aussehen der Artefakte nicht wiederherstellen. Manchmal bildet sich eine so dicke Korrosionsschicht um einen vergrabenen Gegenstand, daß das ursprüngliche Objekt im Kern vollständig verborgen bleibt. Unter Wasser bildet sich durch die Reaktion zwischen Eisen und Salz eine zementharte Masse. Vor der Konservierung werden solche Objekte geröntgt, um herauszufinden, was sich innerhalb dieses Klumpens befindet. Würden die Konservatoren die Korrosionsschicht entfernen, ohne zu wissen, welche Form sich darunter verbirgt, könnte sie unwiederbringlich zerstört werden.

Der Verfallsprozeß kann nicht rückgängig gemacht werden, aber man kann ihn zum Stillstand bringen, indem der Gegenstand in einer möglichst konstanten Atmosphäre gehalten wird und Temperatur und Feuchtigkeit des Aufbewahrungsortes regelmäßig kontrolliert werden.

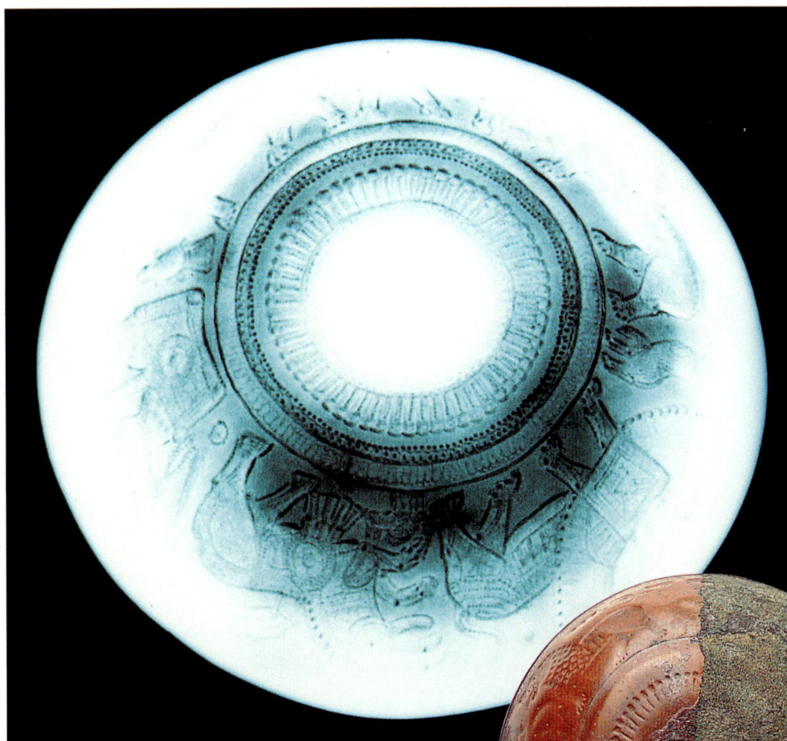

Ein Blick ins Innere
Die Röntgenaufnahme (oben) einer Tafelflasche aus der »Mary Rose« zeigt ein Muster, das sich unter einer korrodierten Schicht erhalten hat. Mit Hilfe der Aufnahme kann die Korrosionsschicht entfernt werden, ohne das Objekt stark zu beschädigen. Rechts ist eine Schale aus einer Kupferlegierung zu sehen – die rechte Seite zeigt den Fundzustand, die linke den Zustand nach der Konservierung.

Terra del Rey de portuguall
Mare germanicus
Os montes claros em affrica
Serra lioa
Castello damina
Este he omarco dantre castella e portuguall
de castella
Mare oceanus
Pollus antarticus

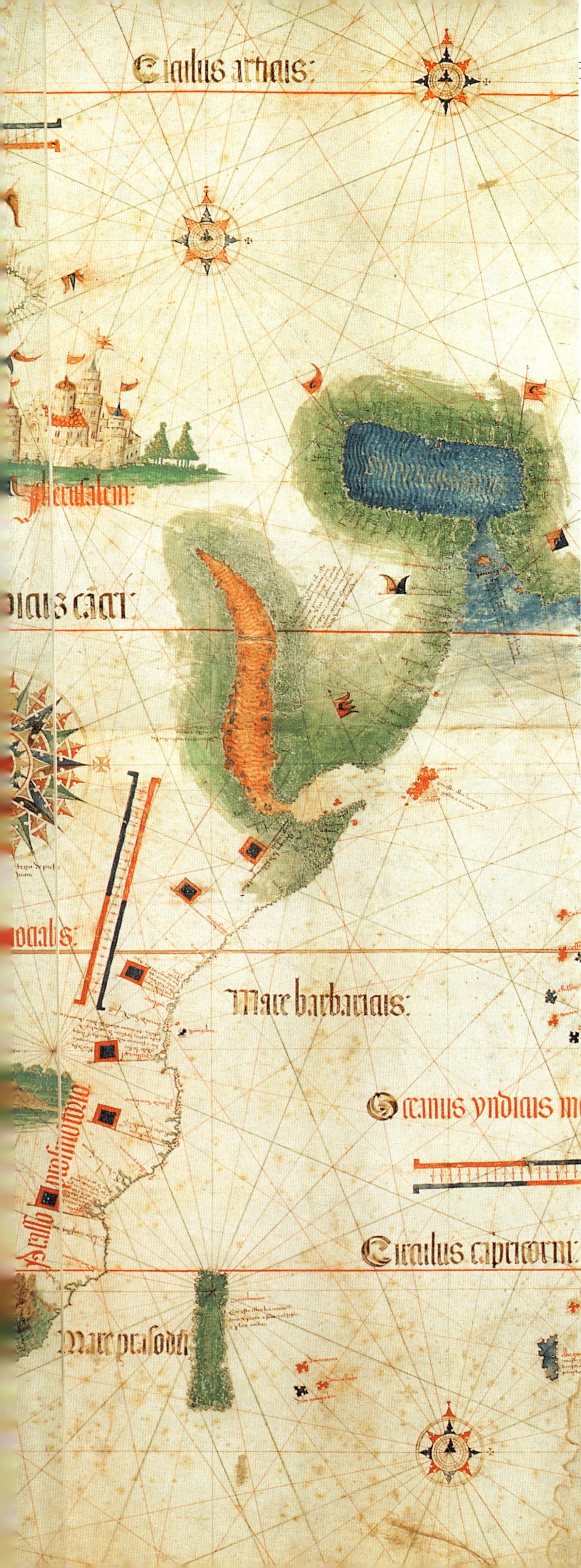

TEIL ZWEI

ORTS-VERZEICHNIS

WIR HOFFEN, daß Sie die bisherigen Kapitel dazu angeregt haben, mehr über Archäologie und die großen archäologischen Stätten der Welt erfahren zu wollen. In diesem Ortsverzeichnis finden Sie über tausend weitere Fundorte, geordnet nach ihrer geographischen Lage, so daß Sie hier nach Fundstätten in Ihrer Nähe suchen können. Die historischen, geographischen und kulturellen Bezüge zu verstehen, die zwischen Fundstätten verschiedener Epochen existieren, ist eine der schönsten Seiten archäologischer Arbeit. Dieses Ortsverzeichnis zeigt mehr als deutlich, daß der Wunsch, die eigene Vergangenheit zu ergründen, von Menschen aller Kulturen geteilt wird.

KARTE DER BEKANNTEN WELT, 1502
Während des späten 15. und frühen 16. Jahrhunderts entsandten viele europäische Länder Forschungsschiffe in alle Teile der Erde. Diese Karte entstand im Auftrag eines portugiesischen Herzogs nach der dritten Reise von Christoph Kolumbus. Sie zeigt erstmals die neuentdeckten Teile der Neuen Welt, darunter die Kleinen Antillen und die Küste von Venezuela und Brasilien. Auf der Karte sind zahlreiche Details, etwa Vögel, Festungen und afrikanische Siedlungen, eingetragen.

BENUTZUNG DES

ORTSVERZEICHNISSES

DIE FOLGENDEN SEITEN (136–157) enthalten 14 Karten mit über 1200 archäologischen Stätten. Die Karte unten zeigt den Kartenschnitt. Auf den Seiten 158–197 (Ortslisten) wird jeder Fundort genauer erläutert. Die Zahl gibt die Position auf der zugehörigen Karte an, die darauffolgende Kombination aus Buchstabe und Zahl dient dazu, das entsprechende Planquadrat aufzufinden. Das Datum gibt in der Regel die erste Nutzung oder Besiedlung der Stätte an. Liegen darüber keine genauen Daten vor oder wurde der Ort längerfristig genutzt, finden Sie eine allgemeinere Zeitangabe. Darauf folgen die Bezeichnung der Stätte und genauere Angaben über Lage, Bauten und die gefundenen Artefakte. Karten und Auflistung der Stätten berücksichtigen Fundorte auf der ganzen Erde. Natürlich konzentrieren sich an manchen Stellen mehr Fundstätten als anderswo. So wurden beispielsweise Peru wegen seiner reichen archäologischen Landschaft und Großbritannien wegen der langen englischen Forschungsgeschichte separat erfaßt. Die umfangreiche Zusammenstellung umfaßt so verschiedene archäologische Fundstätten wie arktische Siedlungen, mittelalterliche Abteien und altägyptische Tempel.

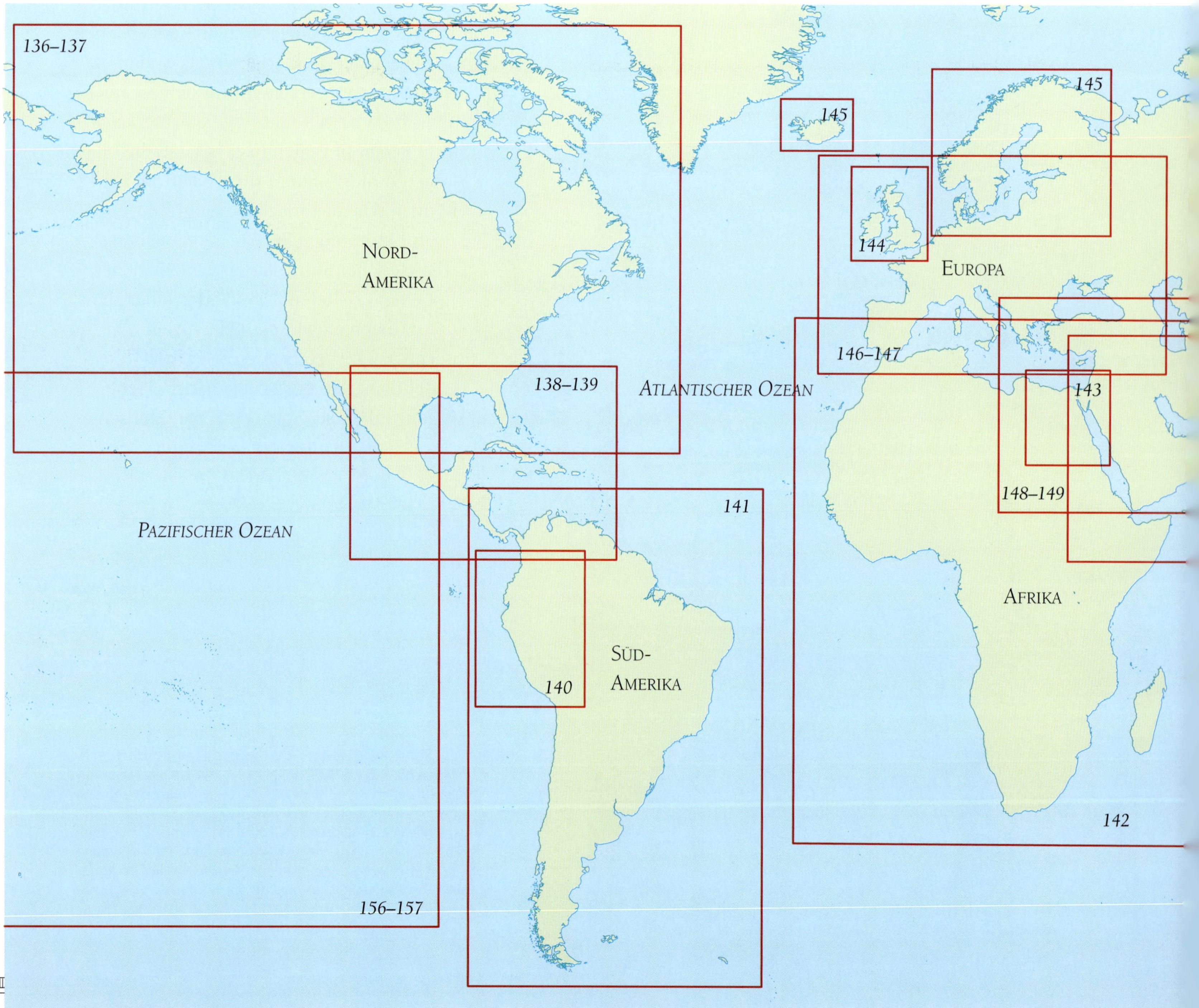

DIE KARTEN

Die Weltkarte unten zeigt den Schnitt der 14 Karten in diesem Buch. Jeder Ausschnitt entspricht einer ein- oder doppelseitigen Karte. Der Kasten rechts unten auf dieser Seite gibt Titel und Seitenzahlen der Karten sowie die dazugehörige Liste der Fundstätten an. Auf jeder Karte finden Sie folgende Informationen:

- Die Weltkugel neben dem einführenden Abschnitt zeigt die Lage der jeweiligen Region auf der Erde.
- Die Pfeile am Kartenrand verweisen auf die Seitenzahlen angrenzender Karten.
- Die historischen Epochen, während der die Stätten genutzt oder gebaut wurden, werden durch die Farben der Kreise angezeigt. Auf jeder Doppelseite finden Sie eine entsprechende Legende.
- In einer kurzen Einleitung wird der historische und archäologische Hintergrund der abgebildeten Region vorgestellt. Die Seitenzahlen am Ende verweisen auf die entsprechende Ortsliste.

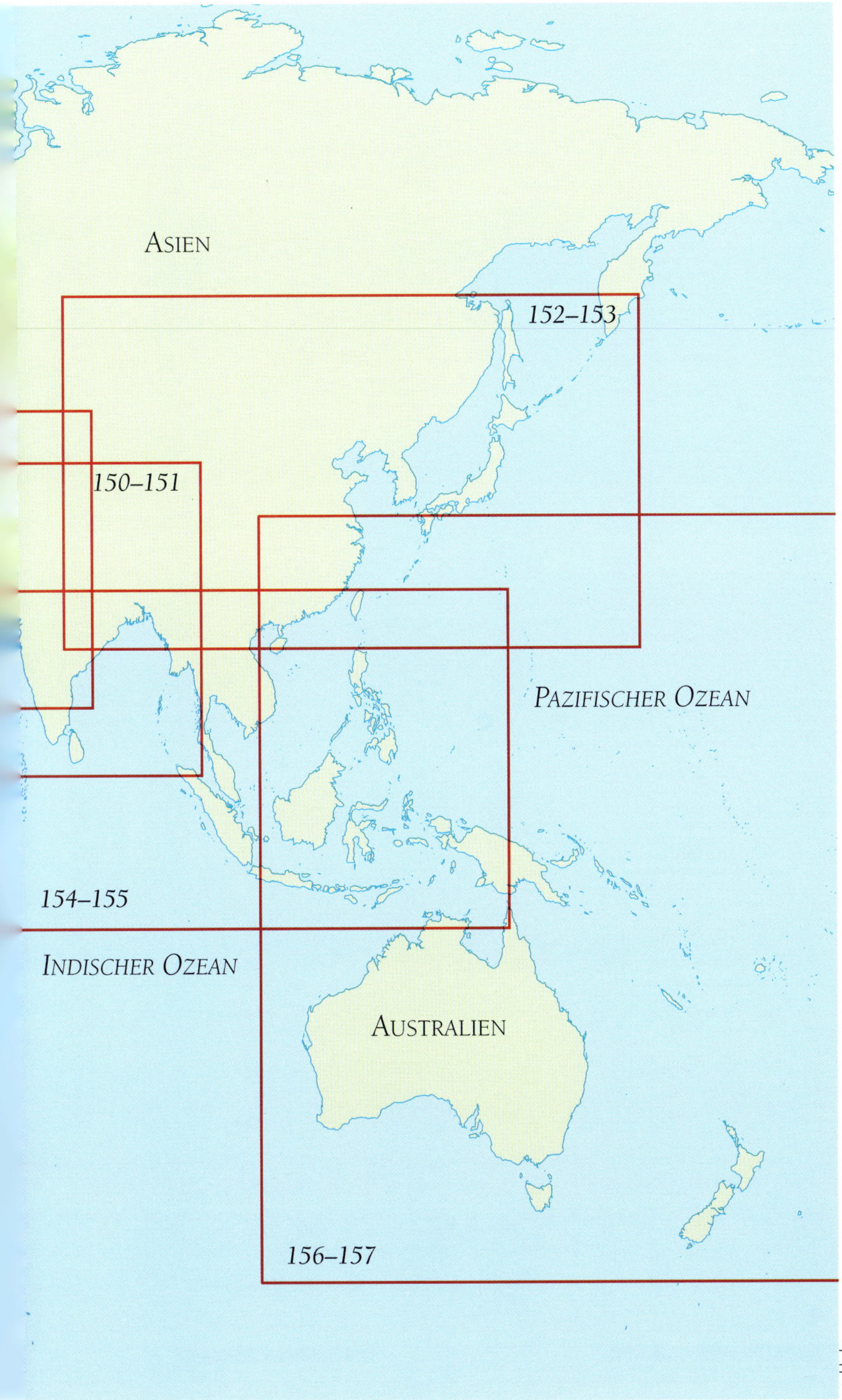

DIE ORTSLISTE

Jede Karte wird durch eine listenartige Zusammenstellung ergänzt. Darin finden Sie Informationen zu den in der Karte eingezeichneten Stätten. Diese Listen beginnen auf Seite 158 (siehe Kasten unten). In Teil eins ausführlich vorgestellte Stätten werden nur erwähnt, sie sind jedoch auf den Karten eingetragen. Jede Stätte wird durch folgende Informationen erläutert:

- Name der Stätte, Lage, Art und das ungefähre oder genaue Nutzungsdatum.
- Hinweis zum entsprechenden Planquadrat der Karte.
- Angaben zu wichtigen Bauten oder gefundenen Artefakten.

LEGENDE ZU KARTEN UND ORTSLISTE

GEOGRAPHISCHE REGION	KARTE	LISTE
NORDAMERIKA	136–137	158–160
MITTELAMERIKA	138–139	161–163
PERU	140	164–165
SÜDAMERIKA	141	165–166
AFRIKA	142	167–170
ÄGYPTEN	143	170–171
GROSSBRITANNIEN & IRLAND	144	172–174
SKANDINAVIEN & BALTIKUM	145	174–175
KONTINENTALEUROPA	146–147	176–181
VORDERASIEN	148–149	182–185
ZENTRALASIEN	150–151	186–188
OSTASIEN	152–153	189–192
SÜDOSTASIEN	154–155	192–194
PAZIFIK & AUSTRALASIEN	156–157	195–197

NORDAMERIKA

Vor der europäischen Kolonisation war die nordamerikanische Landmasse vorwiegend von Jäger-und-Sammler-Gesellschaften besiedelt, die Steinwerkzeuge herstellten und vor allem Bisons jagten – noch heute leben die Inuit in Nordkanada in dieser Tradition. Die Bewohner der östlichen Wälder und im Südwesten Amerikas gründeten komplexere Gesellschaften, die auf dem Anbau von Mais basierten. Sie errichteten zahlreiche Bauwerke und handelten mit exotischen Waren. Gegen 700 n. Chr. entwickelte sich im Südwesten die Pueblo-Lebensweise mit Bewässerungslandwirtschaft. Im 15. Jahrhundert kolonisierten die Spanier den Süden und Westen und errichteten Stationen für den Überseehandel. Seit dem 17. Jahrhundert siedelten Franzosen und Engländer im Osten. Sie führten Menschen als Sklaven für die Arbeit auf den Tabakfeldern ein. Der Pelzhandel lockte Franzosen und Russen nach Kanada (*siehe Seiten 158–160*).

I
J
K
L
M
N
O
P
1
2
3
4
5
6
7
8
9
Amundsen-
golf
Victoria-
Insel
Golf von Boothia
Baffin-
bai
Baffin Island
King
William
Island
Prince
Charles
Island
Davisstraße
Nördlicher Polarkreis
Großer Bärensee
Foxebecken
Cumberland Sound
Mackenzie
Southampton
Island
Iqaluit
Rankin Inlet
Hudsonstraße
Yellowknife
Coats Island
Großer Sklavensee
Mansel Island
Ungava-
Halbinsel
Hudson-
bai
Ungava-
bai
Labrador-
see
Churchill
ROCKY MOUNTAINS
K A N A D A
Belcher-
Inseln
James-
bai
Edmonton
Winnipeg-
see
Labrador
Labrador City
Great Plains
Calgary
Regina
Vancouver
Winnipeg
Sankt-Lorenz-Golf
Neufundland
Thunderbai
Oberer
See
Seattle
Missouri
Sankt-Lorenz-Strom
Quebec
Ottawa
Portland
Minneapolis
Pierre
Huronsee
Neuschottland
Snake
Michigan-
see
Toronto
Ontariosee
Casper
Detroit
Boston
Chicago
Eriesee
Salt Lake
City
VEREINIGTE STAATEN
VON
AMERIKA
New York
Großes
Becken
Denver
Kansas
City
Washington D.C.
Arkansas
Appalachen
Sierra Nevada
Mississippi
Albuquerque
Red River
Los Angeles
San Diego
Dallas
ATLANTISCHER
OZEAN
Charleston
Golf von Kalifornien
Rio Grande
Houston
New Orleans
Tallahassee
Tampa
Miami
MEXIKO
Golf von
Mexiko
BAHAMAS
Nördlicher Wendekreis
Havanna
KUBA
138
139
1
2
3
4
5
6
7
8
9
10
11
12
13
24
25
26
27
28
29
30
31
32
33
34
35
36
37
38
39
40
41
42
43
44
45
46
47
48
49
50
51
52
53
54
55
56
57
58
59
60
61
62
63
64
65
66
67
68
69
70
71
72
73
74
75
76
77
78
79
80
81
82
83
84
85

VEREINIGTE STAATEN VON AMERIKA
MEXIKO
GUATEMALA
BELIZE
HONDURAS
EL SALVADOR
NICARAGUA
COSTA RIC
Golf von Mexiko
Campeche-bai
PAZIFISCHER OZEAN
Golf von Honduras
Golf von Tehuantepec
Straße von Yucatán
Halbinsel Yucatán
Westliche Sierra Madre
Östliche Sierra Madre
Südliche Sierra Madre
Bolsón de Mapimí
Nördlicher Wendekreis
Rio Grande
Colorado
Red River
Mississippi
Mississippidelta
El Paso
Ciudad Juárez
Chihuahua
Torreón
Monterey
Brownsville
Matamoros
Houston
New Orleans
Culiacán-Rosales
Tampico
Aguascalientes
León
Guadalajara
Puerto Vallarta
Morelia
Mexiko-Stadt
Acapulco
Villahermosa
Mérida
Belmopan
Bahia-Inseln
San Pedro Sula
Guatemala-Stadt
Tegucigalpa
San Salvador
Managua
San José
LEGENDE
Archäologische Stätten
vor 10 000 v. Chr.
10 000–3000 v. Chr.
3000–1000 v. Chr.
1000–0 v. Chr.
0–500 n. Chr.
500–1000 n. Chr.
1000–1500 n. Chr.
1500 bis heute
Höhen (Meter)
6000
4000
2000
1000
200
Meeresspiegel
0 100 200 km
0 100 200 Meilen
136
137

MITTELAMERIKA

Bereits 5000 v. Chr. wurde in Mittelamerika erstmals Mais kultiviert. Daher ist diese Region wichtig, um die Ursprünge der Landwirtschaft zu verstehen. Weitaus bekannter ist Mittelamerika jedoch wegen der großartigen Kulturen und Stadtstaaten. Sie entstanden in bewässerten Hochtälern und auf den fruchtbaren Küstenebenen. Jede dieser Kulturen blühte und verging in Zyklen. Mächtige Städte mit charakteristischen Kunststilen und beeindruckenden Bauwerken entstanden auf den Ruinen versunkener, alter Zentren. Etwa um 1200 v. Chr. bildete sich mit den Olmeken die erste große Kultur aus. Die berühmte Stadt Teotihuacán erreichte ihren Höhepunkt 500 n. Chr., während die Maya Yucatán beherrschten. Die letzte große Kultur Mesoamerikas, die Azteken, wurde im 16. Jahrhundert von den Spaniern bezwungen. Die Hinterlassenschaft dieser Kulturen besteht aus Ruinenstädten, Tempelkomplexen und Kunstgegenständen. In letzter Zeit hat man mehr über die Entwicklung der mächtigen Städte herausgefunden (*siehe Seiten 161–163*).

Peru

Von allen südamerikanischen Ländern besitzt Peru den größten Reichtum an archäologischen Zeugnissen. Zwar wurde auch die frühe Domestikation von Tieren und Pflanzen erforscht, die in Peru bereits 8500 v. Chr. einsetzte, berühmt ist das Land jedoch für die Ruinen seiner Priesterfürsten und Stadtstaaten, die auf Bewässerungslandwirtschaft basierten. Frühere Volksgruppen, wie die Moche oder Chimú, wurden im 15. Jahrhundert von den Inkas in den Schatten gestellt. Die Inka-Kultur beherrscht die archäologische Forschung (*siehe Seiten 164–165*).

SÜDAMERIKA

Die archäologische Tradition und geschichtliche Entwicklung Amerikas unterscheidet sich von jener der übrigen Welt. Die vielen Fundorte der Jäger-und-Sammler-Gesellschaften – häufig über längere Zeiträume besiedelt – bezeugen den Übergang zur Landwirtschaft, während die späteren Reiche der Anden ein Straßen- und Städtenetz schufen, das sich bis zur Zeit der spanischen Kolonisation im 16. Jahrhundert erhielt. Da weite Teile Südamerikas relativ unzugänglich sind, bleibt archäologisch noch viel zu forschen (*siehe Seiten 165–166*).

AFRIKA

Aus Afrika stammen die wichtigsten archäologischen Hinweise über Ursprung und Entwicklung des Menschen; sie reichen über 2,5 Millionen Jahre zurück. Trotz dieser weitreichenden Konsequenzen ist Afrika archäologisch nur wenig untersucht – mit Ausnahme berühmter Stätten wie Alt-Simbabwe. Jäger-und-Sammler-Gesellschaften prägten die Geschichte Afrikas; Frühformen des Ackerbaus entstanden nur in Westafrika und Äthiopien. Dennoch entwickelten sich im Mittelalter mächtige Königreiche auf der Basis der Metallverarbeitung. Sie trieben Handel mit Nordafrika, den islamischen Reichen und Europa, woraus eine Fülle archäologischer Stätten resultiert (*siehe Seiten 167–170*).

ÄGYPTEN

Im fruchtbaren Niltal entstand ab 3500 v.Chr. eine gutorganisierte Gesellschaft mit Schriftkultur. Dank der Bewässerungslandwirtschaft und hochentwickelter Anbaumethoden bildete sich ein erfolgreiches Staatswesen heraus, in dem rasch Städte entstanden (vorher Jäger- und-Sammler-Gesellschaften). Außerdem stellte Ägypten ein wichtiges Zentrum der Domestikation von Tieren und Pflanzen dar. Seinen Ruhm verdankt Ägypten jedoch den prachtvollen Bauten aus der Zeit der Pharaonen-Dynastien (*siehe Seiten 170–171*).

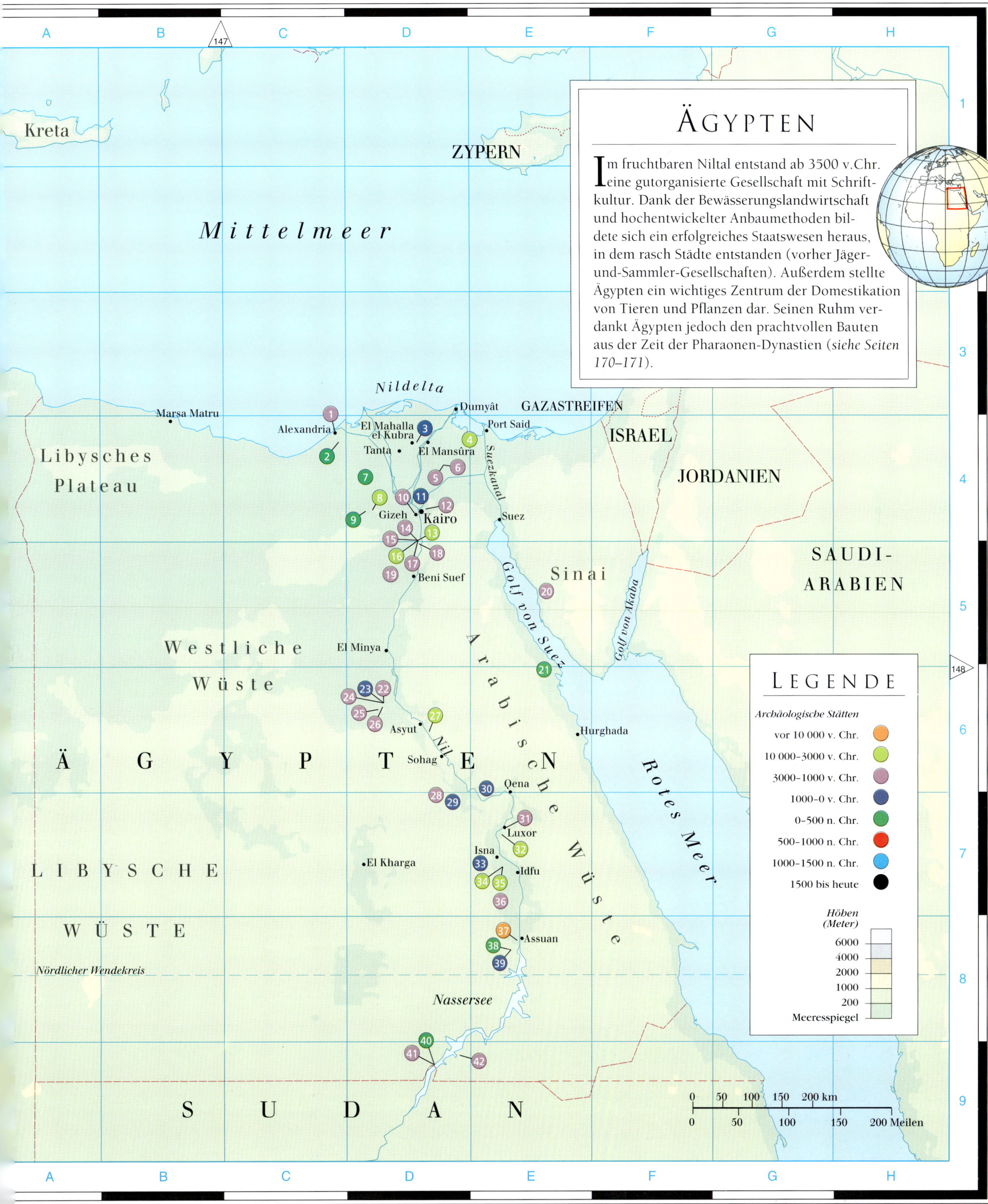

GROSSBRITANNIEN & IRLAND

Auf den Britischen Inseln findet man zahlreiche archäologische Stätten. Das Land wurde seit der Oberen Altsteinzeit besiedelt, und die Funde reichen von zahlreichen prähistorischen Grabkammern und rituellen Monumenten bis zu den vielen Überresten römischer Besetzung, von mittelalterlich geprägten Landschaften bis hin zu den ersten industriellen Fabriken der Welt. Zum Teil spiegeln die reichhaltigen archäologischen Zeugnisse die lange andauernde und dichte Besiedlung dieser kleinen Inseln wider, sie sind aber auch Ausdruck einer intensiven archäologischen Forschung. Neben einer Vielzahl von Stätten, die noch immer unter der Erde auf ihre Entdeckung warten, haben sich viele andere als Ruinen erhalten oder gingen in modernen Siedlungen auf (*siehe Seiten 172–174*).

SKANDINAVIEN & BALTIKUM

Die bekanntesten archäologischen Funde dieser Region stehen in Zusammenhang mit den Wikingern des 7.–10. Jahrhunderts n. Chr. Zu den vielfältigen Überresten gehören ihre Städte (manche verlassen und erhalten), Befestigungen und viele Grabstätten, einige mit bemerkenswerten Schiffen und Schätzen. Es gibt aber auch reiche prähistorische Funde, von Stätten der Mittelsteinzeit bis zu den berühmten Moorleichen der Eisenzeit. Da viele Fundorte unter Wasser liegen, haben sich zahlreiche archäologische Fundstücke in außerordentlich gutem Zustand erhalten. Im mittelalterlichen Skandinavien gab es blühende Städte und Dörfer, die sich bis in das Industriezeitalter hinein fortentwickelten und reiches archäologisches Material bereithalten (*siehe Seiten 174–175*).

KONTINENTAL-EUROPA

Wie die Britischen Inseln verfügt auch Europa über ein reiches archäologisches Erbe und eine lange Forschungsgeschichte. Und auch hier findet sich eine komplizierte und vielgestaltige Geschichte menschlicher Besiedlung, die von den altsteinzeitlichen Höhlen in Spanien und Frankreich bis zu den eisenzeitlichen Ringwällen und Städten reicht. Die prähistorische Epoche ist durch Grabmonumente, zeremonielle Stätten und menschliche Gebeine gut repräsentiert. Die erste großräumige politische Macht, die sich über Osteuropa ausbreitete, war die der Griechen. Darauf folgte das Römische Reich, das schließlich mehr als die Hälfte Europas beherrschte. Aus den Kulturen der Völker des Frühmittelalters bildete sich das Mittelalter heraus, das europaweit durch gleichartige Bauten, wie Kathedralen, Klöster und Burgen, gekennzeichnet ist. Selbst die moderne Welt hinterließ ein reiches archäologisches Erbe, darunter die Hinterlassenschaft der industriellen Revolution (*siehe Seiten 176–181*).

FINNLAND
Turku
Helsinki
St. Petersburg
Onega-see
Ladoga-see
Uppsala
SCHWEDEN
Stockholm
Vänersee
Vättersee
Göteborg
Gotland
Ostsee
Tallinn
ESTLAND
Peipussee
Riga
LETTLAND
LITAUEN
Baltischer Landrücken
Kopenhagen
KALININGRAD
Vilnius
Gdansk (Danzig)
Weichsel
Minsk
WEISSRUSSLAND
Elbe
Berlin
Warschau
POLEN
RUSSISCHE FÖDERATION
Moskau
Wolga
Aktjubinsk
Woronesch
Saratow
Prag
TSCHECH. REPUBLIK
Krakau
Kiew
UKRAINE
Dnjepr
Don
Wolgograd
Karpaten
München
ÖSTERREICH
Wien
Bratislava
SLOWAKEI
Salzburg
Budapest
UNGARN
MOLDAWIEN
Chişinău
Odessa
Rostow
Asowsches Meer
SLOWENIEN
Ljubljana
Zagreb
KROATIEN
Venedig
RUMÄNIEN
Temesvar
Belgrad
BOSNIEN-HERZEGOWINA
SAN MARINO
Sarajevo
JUGOSLAWIEN
Bukarest
Donau
Schwarzes Meer
Kaukasus
Kaspisches Meer
Apenninen
Adriatisches Meer
Varna
BULGARIEN
Sofia
Rom
Skopje
MAKEDONIEN
ALBANIEN
Tirana
Neapel
Istanbul
GEORGIEN
Tiflis
ARMENIEN
Jerevan
Baku
ASERBAIDSCHAN
Bursa
GRIECHENLAND
Ägäisches Meer
Ankara
TÜRKEI
Ionisches Meer
Tyrrhenisches Meer
Palermo
Sizilien
Athen
Konya
IRAN
MALTA
Kreta
Nikosia
ZYPERN
SYRIEN
Beirut
LIBANON
Damaskus
IRAK

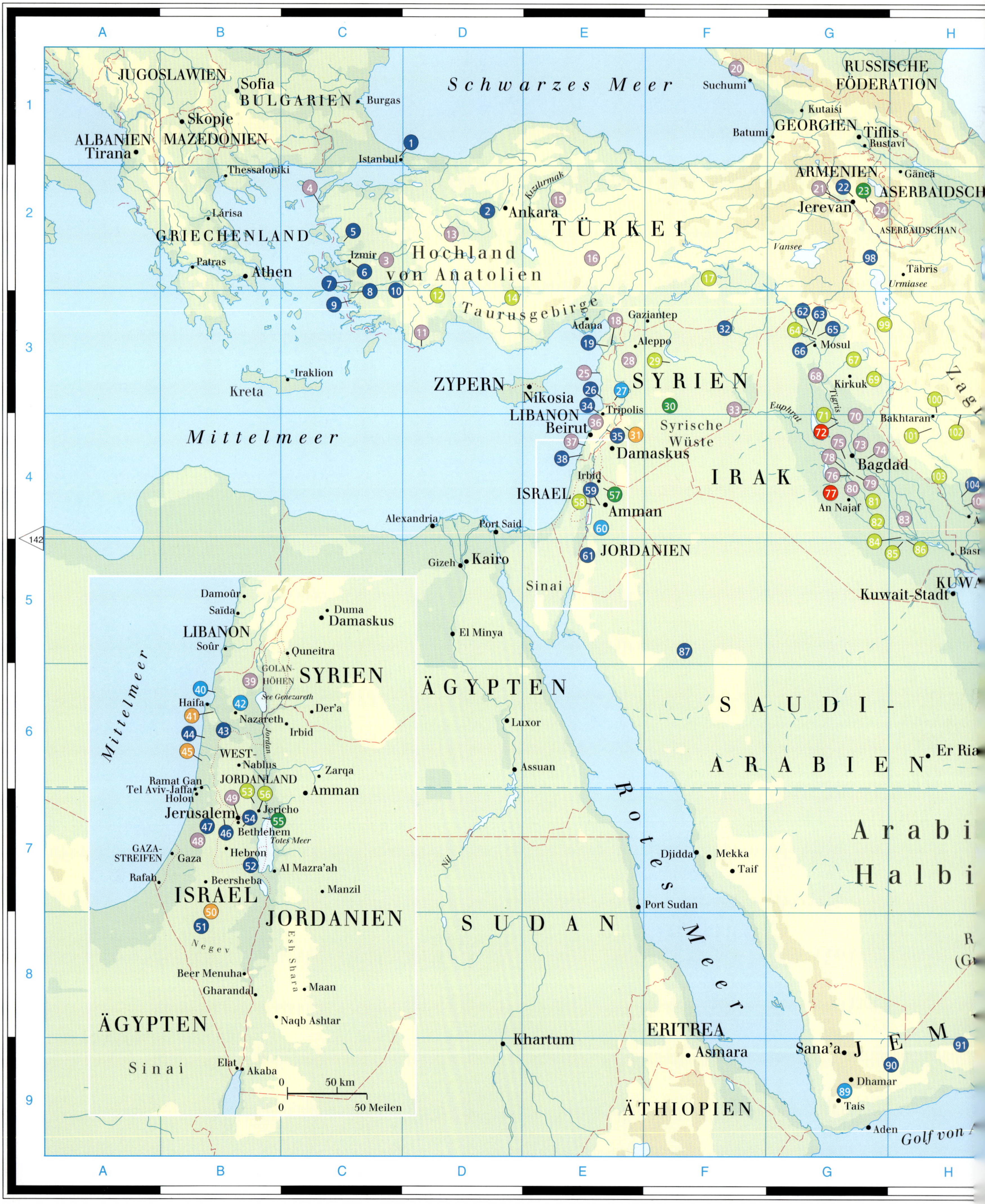
Schwarzes Meer
JUGOSLAWIEN
Sofia
BULGARIEN
Burgas
Skopje
MAZEDONIEN
ALBANIEN
Tirana
Istanbul
Thessaloniki
Larisa
GRIECHENLAND
Patras
Athen
Izmir
Ankara
Kizilirmak
TÜRKEI
Hochland von Anatolien
Taurusgebirge
Suchumi
RUSSISCHE FÖDERATION
Kutaisi
Batumi
GEORGIEN
Tiflis
Rustavi
ARMENIEN
Gäncä
ASERBAIDSCH
Jerevan
ASERBAIDSCHAN
Vansee
Täbris
Urmiasee
Adana
Gaziantep
Aleppo
Mosul
Kirkuk
Tigris
Euphrat
Bakhtaran
Iraklion
Kreta
ZYPERN
Nikosia
SYRIEN
LIBANON
Tripolis
Beirut
Syrische Wüste
Damaskus
Bagdad
IRAK
Mittelmeer
Irbid
ISRAEL
Amman
An Najaf
Alexandria
Port Said
JORDANIEN
Gizeh
Kairo
Sinai
Kuwait-Stadt
KUWA
El Minya
ÄGYPTEN
SAUDI-ARABIEN
Er Ria
Luxor
Assuan
Rotes Meer
Arabi
Halbi
Djidda
Mekka
Taif
Nil
Port Sudan
SUDAN
Khartum
ERITREA
Asmara
Sana'a
JEM
Dhamar
Tais
Aden
Golf von
ÄTHIOPIEN
Damoûr
Saïda
Duma
Damaskus
LIBANON
Soûr
Quneitra
GOLAN-HÖHEN
SYRIEN
See Genezareth
Haifa
Nazareth
Der'a
Irbid
Jordan
WEST-JORDANLAND
Nablus
Zarqa
Ramat Gan
Tel Aviv-Jaffa
Holon
Amman
Jerusalem
Jericho
Bethlehem
Totes Meer
Hebron
GAZA-STREIFEN
Gaza
Al Mazra'ah
Rafah
Beersheba
Manzil
ISRAEL
JORDANIEN
Negev
Esh Shara
Beer Menuha
Gharandal
Maan
Naqb Ashtar
ÄGYPTEN
Sinai
Elat
Akaba
50 km
50 Meilen

VORDERASIEN

Hinsichtlich der erhaltenen archäologischen Denkmale gehört Vorderasien zu den reichsten Regionen der Erde. Daher spielt diese Gegend eine zentrale Rolle in der kontroversen Diskussion über die frühe Entwicklung der menschlichen Art. Die Debatte entzündete sich an der gleichzeitigen Existenz von Gebeinen des modernen Menschen und des Neandertalers, die beide hier gefunden wurden. Hier entstanden auch die wohl ersten Formen von Ackerbau, und die Region sah Aufstieg und Fall der frühesten Städte und Kulturen. In Mesopotamien entwickelten sich etwa 3500 v.Chr. die ersten städtischen Gesellschaften. Auch die Sumerer, Babylonier und Assyrer hinterließen eine Reihe von monumentalen Bauwerken. Weiter westlich liegen die Zentren der antiken Kolonisation, während das byzantinische Reich – als das Römische Reich von Konstantinopel aus regiert wurde – viele charakteristische Kirchen hinterließ. Seit dem Mittelalter dominiert die islamische Kultur. Aus dieser Zeit stammen reichverzierte Paläste und Moscheen, die meist noch heute genutzt werden (*siehe Seiten 182–185*).

ZENTRALASIEN

Um das 8. Jahrtausend v. Chr. entstanden in dieser weiten Region mit ihren Ebenen, Gebirgen, Wüsten und fruchtbaren Flußtälern bäuerliche Siedlungen. Und im 2. Jahrtausend gehörte das Industal zu den wichtigsten Zentren städtischer Entwicklung. Um 1000 v. Chr. hatten sich, dank einer intensiven Landwirtschaft, blühende Städte mit fortschrittlichen öffentlichen Einrichtungen und hohen Einwohnerzahlen bis zum Tal des Ganges ausgebreitet. Das Persische Reich beherrschte ab dem 6. Jahrhundert v. Chr. die Gebiete westlich des Indus. Es besaß riesige Städte und ein ausgeprägtes Fernhandelsnetz. Im 4. Jahrhundert v. Chr. wurde es von den Griechen besiegt, während Parther und Sassaniden weiterhin die westlicher gelegenen Regionen dominierten. Zentralasien bildete einen wichtigen Trittstein im Handel zwischen China und dem Mittelmeerraum. Ab dem 7. Jahrhundert n. Chr. dehnte sich der Islam nach Westen aus und hinterließ zahlreiche religiöse Bauten und Pilgerorte, während der Osten weiterhin von den älteren Religionen des Hinduismus und Buddhismus dominiert wurde (*siehe Seiten 186-188*).

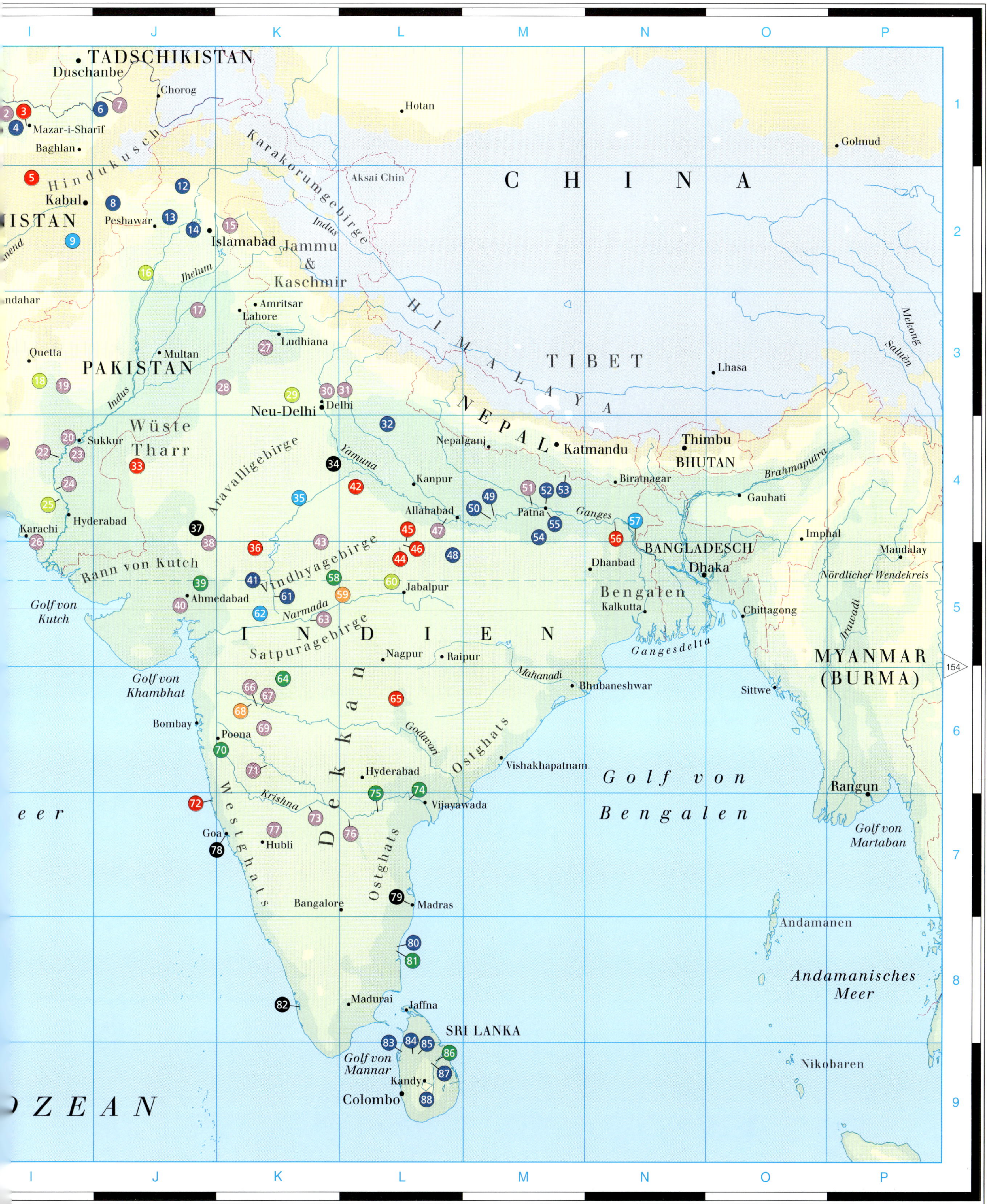
TADSCHIKISTAN
Duschanbe
Chorog
Hotan
Mazar-i-Sharif
Baghlan
Golmud
Hindukusch
Karakorumgebirge
Aksai Chin
CHINA
Kabul
ISTAN
Peshawar
Islamabad
Indus
Jammu & Kaschmir
Jhelum
Kandahar
Amritsar
Lahore
Ludhiana
HIMALAYA
Quetta
Multan
PAKISTAN
TIBET
Lhasa
Mekong
Saluën
Neu-Delhi
Delhi
NEPAL
Nepalganj
Katmandu
Thimbu
BHUTAN
Sukkur
Wüste Tharr
Yamuna
Aravalligebirge
Kanpur
Biratnagar
Brahmaputra
Gauhati
Hyderabad
Allahabad
Patna
Ganges
Karachi
Imphal
BANGLADESCH
Mandalay
Rann von Kutch
Vindhyagebirge
Dhanbad
Dhaka
Nördlicher Wendekreis
Ahmedabad
Jabalpur
Bengalen
Golf von Kutch
Narmada
Kalkutta
Chittagong
Irawadi
INDIEN
Satpuragebirge
Gangesdelta
MYANMAR (BURMA)
Nagpur
Raipur
Mahanadi
Bhubaneshwar
Sittwe
Golf von Khambhat
Dekkan
Bombay
Poona
Godavari
Ostghats
Vishakhapatnam
Hyderabad
Golf von Bengalen
Rangun
Krishna
Vijayawada
Westghats
Goa
Hubli
Golf von Martaban
Bangalore
Madras
Andamanen
Andamanisches Meer
Madurai
Jaffna
SRI LANKA
Golf von Mannar
Nikobaren
Kandy
Colombo
eer
OZEAN
154

Sibirien
RUSSISCHE FÖDERATION
Abakan
Angarsk
Irkutsk
Baikalsee
Ulan-Ude
Uvs Nuur
Ulaangoom
Selenga
Hulun Nur
KASACHSTAN
Mongolischer Altai
Changaigebirge
Ulan Bator
Chojbalsan
MONGOLEI
Altai
Innere Mongol
Urumchi
Tienshan
WÜSTE GOBI
Wüste Takla Makan
Kashi
Baotou
Huang He (Gelber Fluß)
Peking
Taiyuan
Qilianshan
Altunshan
Qinghai Hu
Xining
CHINA
Lanzhou
Jinan
Huang He
KUNLUNSHAN
Aksai-Chin
Zhengzhou
Lianyung
Hochland von Tibet
Xi'an
Hongtse Hu
HIMALAYA
Tanggulashan
Qin Ling
Tibet
Chengdu
Wuhan
Mekong
Saluen
Jinsha-Jiang (Jangtsekiang)
Chang-Jiang (Jangtsekiang)
Lhasa
Dongting Hu
Poyang
NEPAL
Mount Everest
Changsha
Nanchang
Katmandu
BHUTAN
Thimbu
Brahmaputra
Nan Ling
Guiyang
Fuzh
Ganges
BANGLADESCH
Dhaka
Irawadi
Roter Fluß
Kanton
INDIEN
Kalkutta
MYANMAR (BURMA)
Mandalay
Nanning
VIETNAM
Hanoi
MACAO
Hongkong
Ganges-delta
LAOS
Golf von Tonking
Haikou
Hainan
Süd-chinesisches Meer
Golf von Bengalen
Vientiane
Rangun
THAILAND
149
154

OSTASIEN

In dieser Region werden ständig neue archäologische Fundstätten entdeckt, die unsere Vorstellungen über die frühe menschliche Entwicklung und komplexe Staatssysteme verändern. In China gibt es viele wichtige Höhlen, und auch in Korea und Japan wurden frühmenschliche Gebeine gefunden. Um 6000 v. Chr. betrieb man im Tal des Gelben Flusses bereits Landwirtschaft, während in Japan die jagenden Kulturen länger Bestand hatten – wenn auch mit hochentwickelten sozialen Strukturen und Artefakten. Seit dem 2. Jahrtausend v. Chr. bildeten sich in China komplexe Staaten aus, die über ausgeprägte Metallbearbeitungstechniken verfügten, insbesondere Bronzebearbeitung. Seit dem 1. Jahrtausend v. Chr. waren die Handelswege durch Zentralasien etabliert, und auch die Einführung des Buddhismus hatte große Auswirkung auf diese Region. Die chinesischen Dynastien hinterließen zahllose Monumente (etwa die Chinesische Mauer), Fundstätten und Schätze (*siehe Seiten 189–192*).

Südostasien

In dieser Region befinden sich eine Reihe von Fundstätten der Altsteinzeit, außerdem wird sie zunehmend wichtiger für das Verständnis der frühen Menschen. Hier stand eine der Wiegen des Ackerbaus, vor allem von Reis, Betelpalmen und Pfeffer. Auf dem Festland stellte man seit dem 7. Jahrtausend v. Chr. Keramik her. Die Bronzeverarbeitung markiert eine deutliche Zäsur in den hiesigen Kulturen: Um 3000 v. Chr. tauchen wertvolle Grabbeigaben und Hinweise auf hierarchische Sozialstrukturen auf. Im 1. Jahrtausend v. Chr. kam es zur Bildung urstädtischer Gesellschaften, die durch den Kontakt mit China und Indien geprägt waren. Um 1000 n. Chr. entstanden dann auf dem Festland Stadtstaaten und zeremonielle Komplexe, etwa die Khmertempel in Angkor. Während des 16. Jahrhunderts wurde die Region zu niederländischen und britischen Kolonien (*siehe Seiten 192–194*).

HINA
Nanning
Kanton
Hongkong
MACAO
Formosastraße
TAIWAN
Nördlicher Wendekreis
Haikou
Hainan
PAZIFISCHER
OZEAN
Luzon
Da Nang
VIETNAM
Manila
PHILIPPINEN
PHILIPPINENSEE
SÜDCHINESISCHES MEER
Palawan
Sulusee
Mindanao
Davao
PALAU
Sabah
Bandar Seri Begawan
BRUNEI
Celébes-see
Sarawak
Irangebirge
Borneo
Schwanergebirge
Äquator
Molukken-see
Celébes
Molukken
Seramsee
Irian Jaya
Maoke-gebirge
Javasee
Bandung
Surabaya
Kleine Sunda-Inseln
Sumbawa
Flores
Bali
Lombok
Sumba
Timor
Timorsee
Arafurasee
156

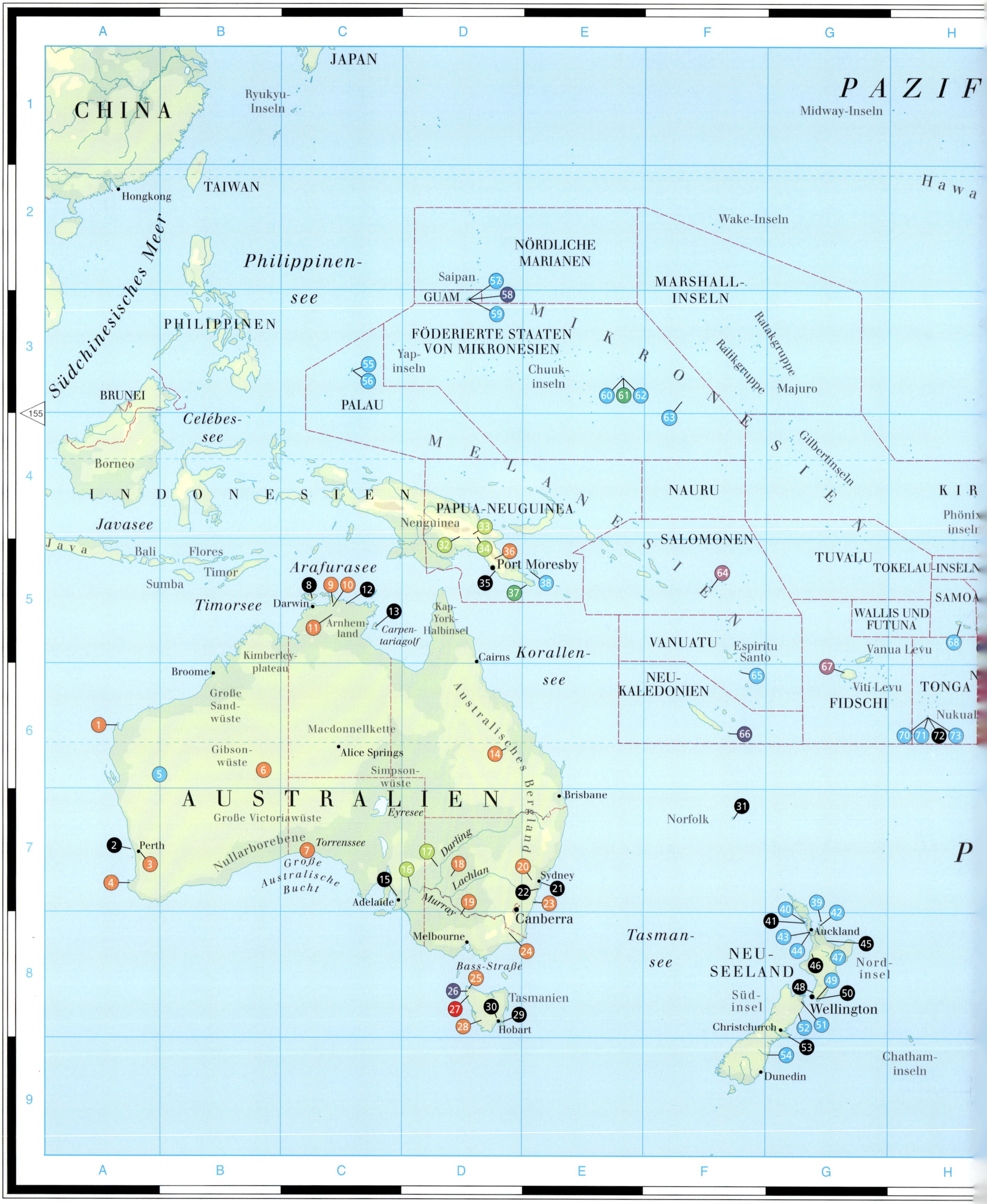
CHINA
JAPAN
Ryukyu-Inseln
TAIWAN
Hongkong
Südchinesisches Meer
Philippinen-see
PHILIPPINEN
BRUNEI
Celébes-see
Borneo
INDONESIEN
Javasee
Java
Bali
Flores
Timor
Sumba
Timorsee
Arafurasee
Darwin
Arnhem-land
Carpen-tariagolf
Kap-York-Halbinsel
Cairns
Korallen-see
Broome
Kimberley-plateau
Große Sand-wüste
Macdonnellkette
Alice Springs
Gibson-wüste
Simpson-wüste
AUSTRALIEN
Große Victoriawüste
Eyresee
Australisches Bergland
Brisbane
Perth
Nullarborebene
Torrenssee
Große Australische Bucht
Darling
Lachlan
Murray
Adelaide
Sydney
Canberra
Melbourne
Bass-Straße
Tasmanien
Hobart
Tasman-see
Norfolk
PAPUA-NEUGUINEA
Neuguinea
Port Moresby
NÖRDLICHE MARIANEN
Saipan
GUAM
FÖDERIERTE STAATEN VON MIKRONESIEN
Yap-inseln
Chuuk-inseln
PALAU
MIKRONESIEN
MELANESIEN
MARSHALL-INSELN
Ratakgruppe
Ralikgruppe
Majuro
Wake-Inseln
Midway-Inseln
PAZIF
Hawa
Gilbertinseln
NAURU
KIR
Phönix-inseln
SALOMONEN
TUVALU
TOKELAU-INSELN
SAMOA
WALLIS UND FUTUNA
VANUATU
Espiritu Santo
NEU-KALEDONIEN
Vanua Levu
Viti Levu
FIDSCHI
TONGA
Nukual
NEU-SEELAND
Auckland
Nord-insel
Süd-insel
Wellington
Christchurch
Dunedin
Chatham-inseln
P
155

PAZIFIK & AUSTRALASIEN

Für die Archäologie wird Australasien zunehmend wichtiger. Ständig werden neue Stätten früher Besiedlung entdeckt. Offensichtlich waren die Menschen weitaus früher als vermutet in der Lage, den Ozean zu überqueren – bereits vor 60 000 Jahren. Die Besiedlung des Pazifik zeigt sich in den archäologischen Fundstätten, die uns ein reiches künstlerisches und kulturelles Erbe enthüllen. Die dominierenden Monumente sind ritueller Art, wie die polynesischen *marae* und die berühmten Statuen der Osterinsel. Andernorts findet man Steinritzungen (*Petroglyphen*) oder aufschlußreiche Abfallhaufen. Als letztes Gebiet wurde Neuseeland besiedelt, etwa 1000 n. Chr. Hier finden die Archäologen umfangreiche befestigte Siedlungen, Felder und Begräbnisstätten. Im Pazifik lebten hochentwickelte Jäger-und Sammler-Gesellschaften – bis zum Eintreffen der Europäer, die ihrerseits einige faszinierende Kolonialsiedlungen hinterlassen haben (*siehe Seiten 195–197*).

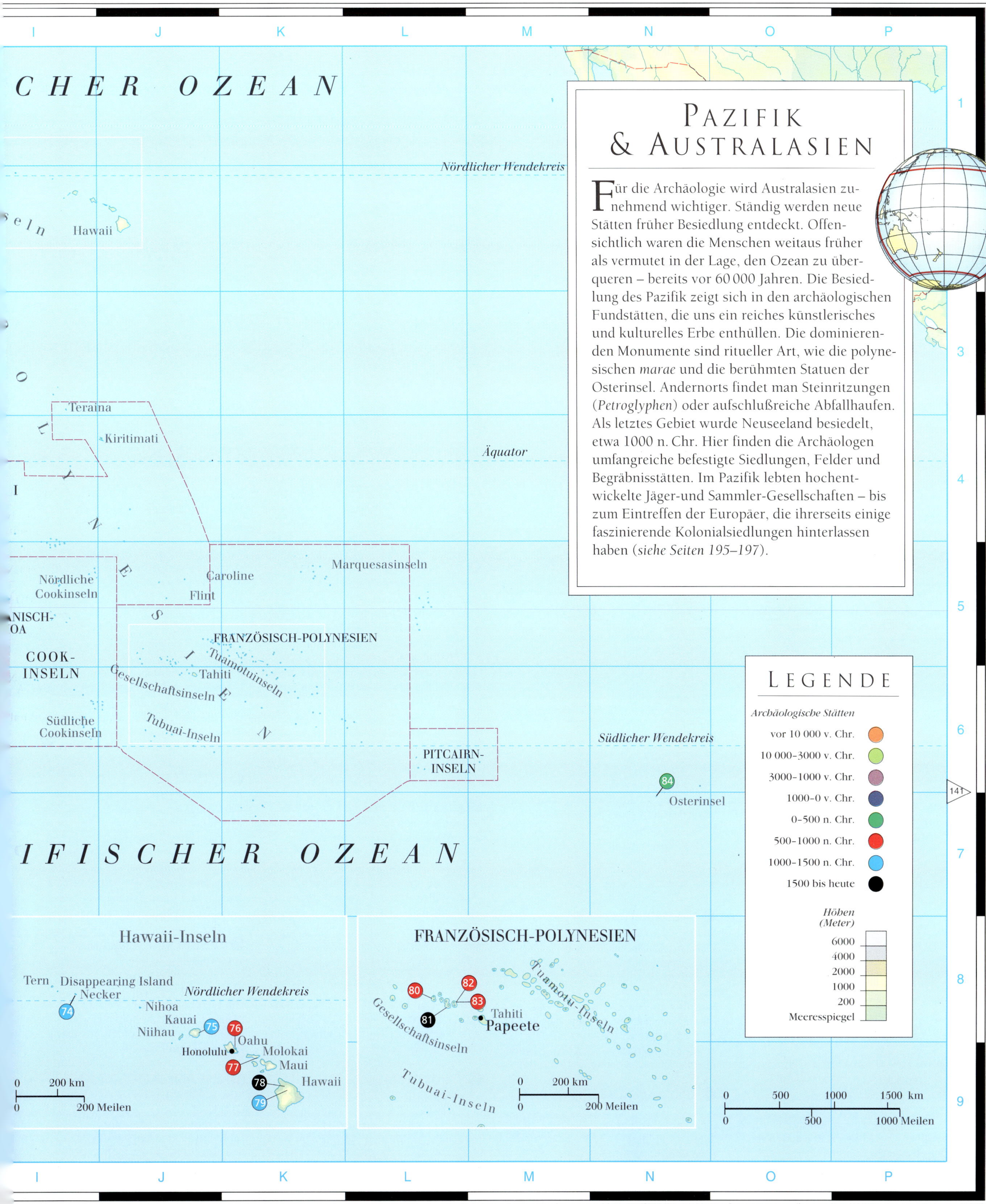

ORTSLISTE

Die hier aufgeführten Fundstätten finden Sie auf den Karten (Seiten 136–157) wieder. Der Kennummer folgt ein Hinweis auf das Planquadrat. Die Seitenzahlen stehen unter den Überschriften.

Jahrhundert = Jh., Jahrtausend = Jt.

NORDAMERIKA

Karte auf den Seiten 136–137

1 G2 BLUEFISH CAVES

VOR 25 000–10 000 JAHREN
ORT: Yukon, Kanada
TYPUS: Jäger und Sammler
Die Höhlen gelten als mit die ältesten in Nordamerika; sie enthalten Ablagerungen der letzten Eiszeit, die auf eine »Knochenwerkstatt« mit Knochen von Mammut, Schafen und Rentier hinweisen. Zu den jüngeren Funden gehören keilförmige Mikrolithen und Stichel (Werkzeuge mit abgeschlagenen Kanten, die als Meißel dienten).

2 H5 NINSTINTS

4.–19. JH. N. CHR.
ORT: British Columbia, Kanada
TYPUS: frühe Siedlung
Eindrucksvolle Siedlung der Haida mit einigen der wohl besten Beispiele für die Kunst der Nordwestküste. Daneben gibt es noch einige Großbauten und Totempfähle aus späteren Epochen.

3 J6 MAJORVILLE

CA. 2500 V. CHR.
ORT: Alberta, Kanada
TYPUS: Cairn
Ein Medizinrad – ein rituelles Monument aus Stein in der Form eines Rades –, das aus einem zentralen Cairn und speichenartigen Steinsetzungen besteht. In den nordamerikanischen Prärien gibt es zahlreiche Medizinräder, deren genaue Funktion unbekannt ist.

4 J6 HEAD-SMASHED-IN

CA. 3700 V. CHR.
ORT: Alberta, Kanada
TYPUS: Jäger und Sammler
Hier trieben Jäger regelmäßig Bisonherden über eine Klippe und nutzten das Fleisch und die Häute.

5 K6 MOOSE MOUNTAIN

6. JH. V. CHR.
ORT: Saskatchewan, Kanada
TYPUS: Cairn
Medizinrad mit fünf Steinreihen, die von einem zentralen Cairn ausstrahlen. Am Ende stehen jeweils kleine Cairns.

6 L5 BANNOCK POINT

500 V. CHR.–800 N. CHR.
ORT: Ontario, Kanada
TYPUS: Felsenkunst
Stätte mit einer Vielzahl von Petroglyphen – Ritzungen auf der Steinoberfläche –, die Fische, Schlangen, Vögel und andere Tiere darstellen.

7 M6 RICE LAKE

3. JH. N. CHR.
ORT: Ontario, Kanada
TYPUS: Grabhügel
Grabhügel der Hopewell, in denen die Häuptlinge zusammen mit Beigaben beerdigt wurden. Außerdem findet man am Rice Lake Petroglyphen.

8 N6 CHICOUTIMI

19. JH. N. CHR.
ORT: Quebec, Kanada
TYPUS: Industriekomplex
Sehr gut erhaltene Papierfabrik mit Hauptgebäuden und Maschinenhalle.

9 N6 QUEBEC

17. JH. N. CHR.
ORT: Quebec, Kanada
TYPUS: Kolonialsiedlung
Diese älteste Stadt Kanadas war gleichzeitig Standort eines der frühesten Forts (gegründet 1608). Neben den Befestigungsmauern der Zitadelle haben sich Gebäude des 17. Jahrhunderts erhalten, darunter viele Kirchen *(siehe Seite 100)*.

10 O6 DEBERT

MITTE 9. JT. V. CHR.
ORT: Neuschottland, Kanada
TYPUS: Jäger und Sammler
In diesem jahreszeitlich genutzten Lager hielten sich 15–50 Jäger und Sammler auf, die von Karibus und Meeressäugern lebten. Vielleicht nutzte man das Lager als Basis; es wurden einige Pfeilspitzen mit Schäftungsrinne und Reste von Feuerstellen gefunden.

11 P5 L'ANSE-AMOUR

5. JT. V. CHR.
ORT: Labrador, Kanada
TYPUS: Grabhügel
Eine Grabstätte mit Beigaben, wie Anhänger aus Knochen, einem Walroßstoßzahn und einer Harpune aus Geweihknochen.

12 P5 L'ANSE AUX MEADOWS

9. JH. N. CHR.
ORT: Neufundland, Kanada
TYPUS: Wikingersiedlung
Siehe Seiten 80, 87.

13 P6 PORT AUX CHOIX

3.–2. JT. V. CHR.
ORT: Neufundland, Kanada
TYPUS: Grabhügel
Ein Friedhof der arktischen Dorset-Kultur. Zu den Grabbeigaben gehörten Ocker, Harpunenspitzen aus Geweihknochen, Perlen, Kämme, Messer und Schaber.

14 F1 UTGIAVIK

16. JH. N. CHR.
ORT: Alaska, USA
TYPUS: Inuitsiedlung
In den Überresten von 60 Inuithäusern lagen fünf menschliche Körper, die von einem winterlichen Eiseinbruch überrascht worden waren. Die Archäologen konnten aus zwei Körpern die Ernährung der Inuit ableiten: Sie lebten von einer fleischreichen Kost und litten unter eingeatmetem Rauch. Daneben fand man Kleidung und Jagdgeräte.

15 D2 IPIUTAK

100 V. CHR.–800 N. CHR.
ORT: Alaska, USA
TYPUS: Inuitsiedlung
Auf mehreren Kämmen oberhalb des Strandes standen 500 rechtwinklige Häuser mit abgerundeten Ecken und eingesenkten Fußböden. Es gab einen Friedhof mit Särgen aus Baumstämmen, in einigen Fällen auch Grabbeigaben (Gliederketten, Schneebrillen und aus Elfenbein geschnitzte Tiere). Weitere Fundstücke waren Harpunen, Steinspitzen und Schneiden von Hacken.

16 E3 SAFETY SOUND

500 V. CHR.–800 N. CHR.
ORT: Alaska, USA
TYPUS: frühe Siedlung
Etwa 400 Wohnstätten der Norton-Kultur, die meisten mit zentralen Feuerstellen und auf Stützen stehenden Grassodendächern.

17 D3 OKVIK

3. JH. V. CHR.
ORT: Alaska, USA
TYPUS: freies Feld
In diesem Gebiet fand man charakteristische Elfenbeinartefakte, das berühmteste war die Okvik-»Madonna mit dem Kind«.

18 F3 DRY CREEK

9.–4. JT. V. CHR.
ORT: Alaska, USA
TYPUS: Jäger und Sammler
Fundstätte im freien Feld mit Ablagerungsschichten aus drei Epochen. Die älteste Schicht enthält Werkzeuge aus Steinen und Abschlägen, zerbrochene Klingen und beidseitig abgeschlagene Messer. Die zweite Schicht, mit Mikroklingen und anderen Artefakten, ist 5000 Jahre jünger.

19 G3 HEALY LAKE

9. JT. V. CHR.
ORT: Alaska, USA
TYPUS: Jäger und Sammler
Stratifizierter Fundort im freien Feld, an dem man Artefakte, wie Pfeilspitzen und Klingen, fand *(siehe Seite 12)*.

20 F4 BROOKS RIVER

15. JH. V. CHR.
ORT: Alaska, USA
TYPUS: frühe Siedlung
Überreste von 14 Häusern; die Bewohner hoben eine quadratische Grube aus und legten einen schrägen Zugang, ein Grassodendach und eine zentrale Feuerstelle an.

21 F4 KACHEMAK BAY

8. JH. V. CHR.
ORT: Alaska, USA
TYPUS: Inuitsiedlung
Siedlungen mit teilweise unterirdischen Häusern. Die Menschen lebten von der Jagd und dem Fischfang, arbeiteten mit Holz, webten und benutzten steinerne Öllampen, Schieferklingen und gezackte Knochenpfeile.

22 I6 HOKO RIVER

10.–3. JH. V. CHR.
ORT: Washington, USA
TYPUS: frühe Siedlung
Hier gibt es drei ähnliche Fundstätten: die erste unter Wasser, einen trockenen Lagerplatz und die dritte unter einem großen Abri (Felsüberhang) an einer Flußmündung. Zu den ausgegrabenen Artefakten gehören 400 Angelhaken und Holzgestelle.

23 I6 OZETTE

15.–20. JH. N. CHR.
ORT: Washington, USA
TYPUS: Jagdsiedlung
Bis in die 30er Jahre des 20. Jahrhunderts lebten hier die Makah in einer Reihe von Siedlungen auf natürlichen Terrassen. Unter einer Schlammlawine blieben sechs Langhäuser aus Zedernholz (16. Jahrhundert) erhalten.

24 I7 SURPRISE VALLEY

5. JT. V. CHR.
ORT: Kalifornien, USA
TYPUS: Jäger und Sammler
Die Einwohner dieser Siedlung bauten kleine, halb in den Boden eingesenkte Häuser mit Flechtwänden aus Pfählen, Gestrüpp und Erde.

25 J8 CALICO MOUNTAINS

VOR 200 000 JAHREN
ORT: Kalifornien, USA
TYPUS: Jäger und Sammler
Im freien Feld fand man eine Ansammlung von Steinen, die sich – obwohl

unwahrscheinlich – als die vielleicht älteste archäologische Stätte Nordamerikas erweisen könnte.

26 J7 WILSON BUTTE CAVE
VOR 14500–10000 JAHREN
ORT: Idaho, USA
TYPUS: archaische Siedlung
Dieser Ort könnte eine der ältesten Siedlungen in Nordamerika darstellen. Man fand u. a. retuschierte Klingen und Abschläge sowie Reste von Kamelen, Pferden und Riesenfaultieren.

27 J8 TULE SPRINGS
10.–7. JT. V. CHR.
ORT: Nevada, USA
TYPUS: archaische Siedlung
Die hier ausgegrabenen Feuerstellen und Artefakte schätzte man zunächst auf ein Alter von 25000 Jahren; damit wären sie die ältesten in Nordamerika gewesen. Weitere Untersuchungen stellten sie jedoch in eine jüngere Zeit.

28 J8 LOST CITY
8. JH. N. CHR.
ORT: Nevada, USA
TYPUS: dörfliche Siedlung
Hier steht eine große Siedlung der Anasazi mit Wänden aus Sandsteinblöcken, die mit Lehm verputzt wurden.

29 J7 DANGER CAVE
9. JT. V. CHR.
ORT: Utah, USA
TYPUS: archaische Siedlung
Siehe Seiten 12, 23

30 J8 VENTANA CAVE
9000 V. CHR.–1. JT. N. CHR.
ORT: Arizona, USA
TYPUS: archaische Siedlung
Der Abri (Felsüberhang) wurde zuerst von Jägern und Sammlern genutzt; sie jagten Pferde, Bisons und Faultiere. Später lebten hier die Menschen der Hohokam-Kultur.

31 J8 SNAKETOWN
10.–12. JH. N. CHR.
ORT: Arizona, USA
TYPUS: Bauerndorf
Eines der eindrucksvollsten Dörfer der Hohokam-Kultur. In den rituellen Ballspielplätzen wird der Einfluß Mexikos deutlich. Außerdem legte man die Fundamente von Plattformhügeln frei (Erdhügel, auf denen rituelle Bauten standen).

32 J8 BROKEN K PUEBLO
13. JH. N. CHR.
ORT: Arizona, USA
TYPUS: Pueblosiedlung
Großes Dorf mit 95 Häusern und drei Kategorien von Räumen: In den größten hielt man sich tagsüber auf, die kleinsten dienten als Speicher und die übrigen waren *kivas* – unterirdische Kammern, die rituellen Zwecken dienten.

33 K6 LITTLE BIGHORN
1876 N. CHR.
ORT: Wyoming, USA
TYPUS: Schlachtfeld
Hier töteten die Krieger der Sioux General Custer und seine Männer. Aus der Lage der Patronenhülsen und den Spuren gefallener Soldaten und Indianer rekonstruierten Archäologen den Verlauf der Schlacht.

34 K7 BIG HORN
SPÄTES 1. JT. V. CHR.
ORT: Wyoming, USA
TYPUS: Cairn
Ein D-förmiges Medizinrad mit 28 von der Mitte ausgehenden Speichen. Es ist von sechs kleineren Cairns umgeben.

35 K7 CASPER
6000 V. CHR.
ORT: Wyoming, USA
TYPUS: Jäger und Sammler
Hier trieben Jäger 75 Bisons in eine Sanddüne, töteten sie mit Speeren und schlachteten sie aus.

36 K7 HELL GAP
9.–7. JT. V. CHR.
ORT: Wyoming, USA
TYPUS: Jäger und Sammler
Tief stratifizierter Fundort; die Schichten lieferten eine komplette Chronologie der Paläo-Indianer sowie eine charakteristische Form von Pfeilspitzen.

37 K7 CROW CREEK
FRÜHES 2. JT. N. CHR.
ORT: South Dakota, USA
TYPUS: Grabhügel
Dorf der Prärieindianer; in einem Massengrab lagen Skelette von 500 massakrierten, verstümmelten Menschen.

38 K7 MESA VERDE
11.–13. JH. N. CHR.
ORT: Colorado, USA
TYPUS: Pueblosiedlung
Große, bäuerliche Siedlung der Anasazi an einer Felsenklippe; die Wohnungen – darunter auch der eindrucksvolle Cliff Palace mit 200 Räumen und 23 *kivas* – wurden in den Fels eingehauen.

39 K8 CHACO CANYON
10.–13. JH. N. CHR.
ORT: New Mexico, USA
TYPUS: Pueblosiedlung
Eine Gruppe bäuerlicher Siedlungen, u. a. mit dem eindrucksvollen D-förmigen Pueblo Bonito. Zu den umfangreichen Ruinen zählen Bewässerungskanäle, Straßen, Signalstationen und große Pueblos, davon viele mit *kivas*.

40 K8 BANDELIER
4000 V. CHR.–1500 N. CHR.
ORT: New Mexico, USA
TYPUS: Abri (Felsüberhang)
Ein nationales Denkmal mit Tausenden von archäologischen Fundstätten. Die Abris wurden auf 4000 v. Chr. datiert. Die Anasazi lebten hier ab dem 11. Jahrhundert n. Chr. 400 Jahre lang.

41 K8 PECOS
15. JH. N. CHR.
ORT: New Mexico, USA
TYPUS: Pueblosiedlung
Ein viereckiges, vielstöckiges Gebäude mit 600 *kivas*, Wohn- und Speicherräumen um eine zentrale Plaza. Hier steht außerdem eine verfallene spanische Mission aus dem 17. Jahrhundert.

42 K8 BAT CAVE
8000 V. CHR.–1200 N. CHR.
ORT: New Mexico, USA
TYPUS: Abri
Stratifizierter Fundort, der zunächst als Unterschlupf für jagende Gruppen diente. Im 3. Jahrtausend v. Chr. baute man Feuerstellen; Keramikfunde reichen bis 800 Jahre zurück.

43 K8 CLOVIS
9500–9000 V. CHR.
ORT: New Mexico, USA
TYPUS: Jäger und Sammler
Patenstätte mit für diese Periode typischen Spitzen mit Schäftungsrinne. Sie wurden zur Mammutjagd verwendet und waren symmetrisch geformt.

44 K8 BLACKWATER DRAW
7. JT. V. CHR.
ORT: New Mexico, USA
TYPUS: Jäger und Sammler
Man grub Clovis- und Folsom-Spitzen, die Reste von Kamelen, Pferden und Mammuts aus, dazu einige Gebeine von Paläo-Indianern *(siehe Seite 12)*.

45 L9 ALAMO
19. JH. N. CHR.
ORT: Texas, USA
TYPUS: Kolonialsiedlung
Die Mission von San Antonio de Valero steht noch immer. Sie war Schauplatz der Grenzschlacht von Alamo (1836). Neben Überresten aus dieser Periode fand man auch Artefakte der Kolonialzeit.

46 L9 PADRE ISLAND
16. JH. N. CHR.
ORT: Texas, USA
TYPUS: Schiffswrack
Hier sanken mehrere spanische Schiffe, z. B. die Espiritu Santo, die San Esteban und die Santa Maria de Yciar. Zur Fracht der letzteren gehörten u. a. Silbermünzen, Münzbarren, Bernstein, Zucker, Wolle und Rindsleder.

47 L8 BEAUMONT
20. JH. N. CHR.
ORT: Texas, USA
TYPUS: Industrie
Eine Stadt des Ölbooms, deren Aufstieg zu Anfang des 20. Jahrhunderts einsetzte *(siehe Seite 110)*.

48 L8 SPIRO MOUNDS
11.–15. JH. N. CHR.
ORT: Oklahoma, USA
TYPUS: zeremonielles Zentrum
Acht Erdhügel, die als Zeremonien- und Begräbnisstätten dienten; zahlreiche Artefakte.

49 M6 ISLE ROYALE
19. JH. N. CHR.
ORT: Michigan, USA
TYPUS: Schiffswrack
Ein gesunkenes Schiff, das sich im Süßwasser des Oberen Sees in außerordentlich gutem Zustand erhielt.

50 M8 POWERS FORT
13. JH. N. CHR.
ORT: Missouri, USA
TYPUS: zeremonielles Zentrum
Ein befestigtes religiöses Zentrum mit einer zentralen Plaza und vier Hügeln.

51 L8 TOLTEC
10.–11. JH. N. CHR.
ORT: Arkansas, USA
TYPUS: zeremonielles Zentrum
Komplexe Siedlung der Plum-Bayou-Kultur. Sie diente als wichtiges religiöses Zentrum und bestand aus mehreren Grab- und Plattformhügeln.

52 L8 POVERTY POINT
13.–5. JH. V. CHR.
ORT: Louisiana, USA
TYPUS: archaische Siedlung
Große Erdaufschüttungen, eine davon in Form eines Vogels. Man grub Perlen, Steinwerkzeuge, Mikrolithen, Steinritzungen, Tausende von Tonkugeln, Vogelbildnisse und andere Tonobjekte aus.

53 L7 CAHOKIA
8.–15. JH. N. CHR.
ORT: Illinois, USA
TYPUS: zeremonielles Zentrum
Mehrere Erdhügel, die der mittleren Mississippi-Kultur zugeschrieben werden. Einst sollen hier 38000 Menschen gelebt haben. Einige Hügel dienten der Verteidigung, andere als Grabstätten. Aus einem der Hügel grub man Pfeilspitzen, polierte Steine und eine Reihe von Skeletten aus *(siehe Seite 34)*.

54 L7 KOSTER
7500 V. CHR.–1200 N. CHR.
ORT: Illinois, USA
TYPUS: archaische Siedlung
Diese stratifizierte Fundstätte dient zur Datierung der vorgeschichtlichen Epoche des mittleren Westens. Sie gab Spuren einer einfachen Subsistenzlandwirtschaft und der Kultivierung von Wildpflanzen frei.

55 M7 BLACK EARTH
4. JT. V. CHR.
ORT: Illinois, USA
TYPUS: archaische Siedlung
Abfallhaufen mit Nahrungsresten sowie Vorrats- und Verarbeitungsgruben. Daneben fand man 150 Begräbnisstätten; in einem Grab lag ein Mann mit einem Beutel voller Adlerkrallen, Pfeilspitzen und anderen Artefakten.

56 M7 INDIAN KNOLL
4. JT. V. CHR.
ORT: Kentucky, USA
TYPUS: frühe Siedlung
Ein Hügel aus Muscheln sowie Sied-

lungsebenen, in denen die Reste von etwa 1100 Bestattungen mit Grabbeigaben gefunden wurden.

57 M7 DETROIT
20. JH. N. CHR.
ORT: Michigan, USA
TYPUS: Industrie
Gegründet als Handelsstation im Jahre 1701; hier errichtete Henry Ford seine wegweisende Autofabrik mit Fließbandproduktion. Es blieben zahlreiche Industriemaschinen erhalten, die Einblick in die Entwicklung der amerikanischen Fabriken des 20. Jahrhunderts erlauben *(siehe Seite 110)*.

58 M8 MOUNDVILLE
14. JH. N. CHR.
ORT: Alabama, USA
TYPUS: zeremonieller Hügel
Hier standen 20 Tempelplattformen der Mississippi-Kultur; die Fundstücke waren mit Hand-Augen-Motiven verziert. Es wurden mehr als 3000 Grabstätten analysiert, die belegen, daß man eine reiche Elite mit verschwenderischen Beigaben bestattete.

59 M7 NEWARK MOUNDS
2.–4. JH. N. CHR.
ORT: Ohio, USA
TYPUS: zeremonielles Zentrum
Eine Reihe von Hügeln, die von den Hopewell erbaut wurden und wahrscheinlich rituellen Zwecken dienten.

60 M7 SERPENT MOUND
200 V. CHR.–400 N. CHR.
ORT: Ohio, USA
TYPUS: rituelle Erdaufschüttungen
Eine langgestreckte, gewundene Erdaufschüttung in Form einer 400 m langen Schlange, die ein ovales Objekt (Grabhügel) in ihrem Maul trägt *(siehe Seite 34)*.

61 M8 MUD GLYPH CAVE
5.–18. JH. N. CHR.
ORT: Tennessee, USA
TYPUS: Höhlenkunst
Eine Reihe von Galerien mit reichhaltigen künstlerischen Darstellungen (in die natürlichen Lehmwände der Höhle geritzte Linien).

62 M8 ICEHOUSE BOTTOM
3. JH. N. CHR.
ORT: Tennessee, USA
TYPUS: frühe Siedlung
Dorf in einem Flußtal; runde Gebäude (Pfosten und Strohdächer); jedes beherbergte etwa 20 Menschen.

63 M8 ETOWAH
SPÄTES 1. JT. N. CHR.
ORT: Georgia, USA
TYPUS: zeremonielles Zentrum
Drei Einzelhügel, die zusammen einen großen Tempelhügel bilden (Mississippi-Kultur der südlichen Appalachen). Zu den Artefakten gehören auch Statuetten.

64 M8 ROCK EAGLE MOUND
10. JH. N. CHR.
ORT: Georgia, USA
TYPUS: rituelles Monument
Ein großer, künstlicher Hügel in Form eines Adlers. Zum Bau dieser Figur wurden Hunderttausende von Steinen zusammengetragen.

65 M8 KOLOMOKI
1. JH. N. CHR.
ORT: Georgia, USA
TYPUS: frühe Siedlung
Große Fläche mit zahlreichen Grabhügeln und einem Plattformhügel. In jeder der Siedlungen lebten rund 2000 Menschen.

66 M8 CATHERINE'S ISLAND
17. JH. N. CHR.
ORT: Georgia, USA
TYPUS: Kolonialsiedlung
Santa Catalina de Guale wurde auf einem Ort erbaut, der seit 4000 Jahren besiedelt war. Die Mission, die 25000 Indianer betreute, bestand aus einem Mönchskloster und einer Kirche, umgeben von Befestigungsanlagen. Unter den Fundamenten eines Kirchenschiffs lagen die Gräber von 400 Guale-Indianern. Neben anderen Artefakten wurden Majolikagefäße und gläserne Perlen ausgegraben.

67 M8 CRYSTAL RIVER MOUNDS
FRÜHES 1. JT. N. CHR.
ORT: Florida, USA
TYPUS: zeremonieller Hügel
Ausgrabungen in sechs Hügeln legten eine Reihe von Grabstätten frei.

68 M8 TATHAM
16. JH. N. CHR.
ORT: Florida, USA
TYPUS: Grabhügel
Gebeine von 70 Indianern, die vielleicht einer Epidemie zum Opfer gefallen waren; einige der Körper wiesen jedoch auch Schwertwunden auf. Man fand außerdem spanische Artefakte, wie Metall, Glas, Perlen und Teile von Harnischen.

69 M8 ST. AUGUSTINE
16.–18. JH. N. CHR.
ORT: Florida, USA
TYPUS: Kolonialsiedlung
Gegründet 1585; noch immer stehen hier die Reste des Castillo de San Marcos (17. Jahrhundert). Man fand außerdem Reste eines Hauses aus dem 18. Jahrhundert *(siehe Seite 100)*.

70 M9 WINDOVER
CA. 5400 V. CHR.
ORT: Florida, USA
TYPUS: Grabstätte
Bis zu seiner Ausgrabung lag dieses früheste Massengrab Amerikas im Feuchtboden. Bei einigen der 168 hier gefundenen Leichen war das Gehirn vollständig erhalten und konnte im Ganzen geborgen werden.

71 M9 LITTLE SALT SPRING
10.–4. JT. V. CHR.
ORT: Florida, USA
TYPUS: Jäger und Sammler
Stratifizierte Fundstätte, in der man eine Feuerstelle, einen Bumerang aus Eiche und eine Pfeilspitze aus Geweihknochen fand. Eine jüngere archaische Schicht gab ein Massengrab frei.

72 M9 KEY MARCO
FRÜHES 2. JT. V. CHR.
ORT: Florida, USA
TYPUS: frühe Siedlung
Auf Stelzen gebaute, strohgedeckte Häuser blieben im Sumpf einer Lagune erhalten. Die Bewohner fischten und jagten; zu ihren Waffen gehörten Schwerter aus Haizähnen. Daneben fand man ungewöhnliche Holzskulpturen mit naturalistischen Tierschnitzereien, Hocker, Tabletts, Schalen und hölzerne Einbäume.

73 N7 LAMOKA LAKE
8.–5. JT. V. CHR.
ORT: New York, USA
TYPUS: frühe Siedlung
Wahrscheinlich ein Basislager, wie die Grundrisse von 27 rechteckigen Häusern andeuten. Die Böden waren mit Rinde, Häuten und Matten bedeckt. Außerdem gab es Speichergruben und Gestelle zum Trocknen von Fleisch.

74 N7 SACKETT
12. JH. N. CHR.
ORT: New York, USA
TYPUS: befestigte Siedlung
Von Erdwällen geschützte dörfliche Siedlung; sie wird der Owasco-Kultur zugeschrieben.

75 N7 HOPEWELL VILLAGE
19. JH. N. CHR.
ORT: Pennsylvania, USA
TYPUS: Industrie
Bestes Beispiel für eine industrielle Eisenverarbeitung in Nordamerika – jetzt restauriert. Die Produktpalette reichte von Kanonen und Kanonenkugeln bis hin zu verschiedenen Öfen.

76 M7 MEADOWCROFT
VOR 17000 JAHREN
ORT: Pennsylvania, USA
TYPUS: stratifizierter Abri
Diese Höhle wurde mit Unterbrechungen über einen sehr langen Zeitraum besiedelt. Die Schichten repräsentieren alle wichtigen Epochen menschlicher Besiedlung in Nordamerika. Neben anderen Artefakten fand man hier Abschläge und ein- und zweischneidige Klingen.

77 M7 GRAVE CREEK MOUND
3.–2. JH. V. CHR.
ORT: West Virginia, USA
TYPUS: Grabhügel
Der größte konische Erdhügel Nordamerikas (73 m Durchmesser, 19 m hoch); er wurde über dem Grab einer Persönlichkeit von hohem Rang aufgetürmt und war von einem Graben umgeben. Hier lag das Zentrum der Adena-Kultur.

78 N7 ST. MARY'S CITY
17. JH. N. CHR.
ORT: Maryland, USA
TYPUS: Kolonialsiedlung
Siehe Seiten 100, 102–105.

79 N7 ANNAPOLIS
17. JH. N. CHR.
ORT: Maryland, USA
TYPUS: Kolonialsiedlung
In der Stadt blieben zahlreiche Bauten aus der Kolonialzeit erhalten. Gut untersucht wurden u. a. ein Wirtshaus (18. Jahrhundert), eine Druckerei, private Wohnhäuser und einige Gärten.

80 N7 WOLSTENHOLME TOWNE
1616–1622 N. CHR.
ORT: Virginia, USA
TYPUS: Kolonialsiedlung
Diese englische Siedlung wurde bei einem Indianerangriff zerstört. Erhalten blieben Reste von Speichern, Wohnhäusern, einer Holzbefestigung, englische Waffen und Harnische sowie die Gräber der getöteten Opfer.

81 N8 JAMESTOWN
17. JH. N. CHR.
ORT: Virginia, USA
TYPUS: Kolonialsiedlung
Die erste dauerhafte Siedlung der Engländer in Amerika, gegründet 1607. Eine Verteidigungsmauer, die an drei Ecken durch Gefechtsstationen verstärkt wurde, umgab 17 Häuser.

82 N8 MARTIN'S HUNDRED
1619 N. CHR.
ORT: Virginia, USA
TYPUS: Kolonialsiedlung
Indianer griffen diese von Pilgern betriebene Plantage an und töteten 58 der Siedler. Es blieben viele Reste erhalten.

83 N7 LOWELL
19. JH. N. CHR.
ORT: Massachusetts, USA
TYPUS: Industrie
Von der Tuchfabrik, die Francis Lowell am Merrimack River gründete, blieben die Gebäude erhalten *(siehe Seite 110)*.

84 N7 HARTFORD
17.–19. JH. N. CHR.
ORT: Connecticut, USA
TYPUS: Kolonialsiedlung
Hier stand zunächst ein niederländisches Fort, das später von den Engländern übernommen wurde. Seine Bedeutung verdankt der Ort den Überresten der 1855 gegründeten Waffenfabrik von Colt *(siehe Seite 110)*.

86 N7 NEW YORK
17. JH. N. CHR.
ORT: New York, USA
TYPUS: Kolonialsiedlung
Siehe Seiten 100, 106–107.

MITTELAMERIKA

Karte auf den Seiten 138–139

1 A2 CASAS GRANDES
11.–14. JH. N. CHR.
ORT: Mexiko
TYPUS: Handelssiedlung
Beeinflußt von der toltekischen Kultur; Reste von einigen Pyramiden, darunter der Hügel des Kreuzes, der Hügel der Helden und ein ritueller Ballspielplatz.

2 C5 TZINTZUNTZAN
14.–15. JH. N. CHR.
ORT: Hochland von Mexiko
TYPUS: präkolumbische Siedlung
Neben anderen Ruinen haben sich die fünf runden Stufenpyramiden als Plattformen für Tempel der Purépecha erhalten. Außerdem gibt es Reste von Häusern, in denen die Hohepriester gewohnt haben sollen. In den Gräbern fand man riesige Mengen menschlicher Knochen.

3 D5 TULA
9.–12. JH. N. CHR.
ORT: Hidalgo, Mexiko
TYPUS: präkolumbische Stadt
Hauptstadt mit mehreren Pyramiden und Chacmools (Altäre in Form zurückgelehnter menschlicher Figuren), auf denen man Opfergaben ablegte. In die Oberflächen wurden Jaguare, Kojoten und Adler eingemeißelt. Später siedelten hier die Azteken.

4 D5 TENOCHTITLAN
14.–16. JH. N. CHR.
ORT: Mexiko-Stadt, Mexiko
TYPUS: Hauptstadt der Azteken
Die Hauptstadt der Azteken wurde im Zentrum von Mexiko-Stadt entdeckt. Sie hatte einen umfriedeten zeremoniellen Hauptplatz mit einem Zwillingstempel (Templo Mayor). Die Stadt stand auf künstlichen Inseln und war von Kanälen durchzogen. Außerdem fand man Reste eines Marktplatzes, von Ballspielplätzen und anderen Bauten.

5 D5 TEOTIHUACÁN
1.–8. JH. N. CHR.
ORT: Mexiko
TYPUS: zeremonielle Stadt
Siehe Seiten 34, 43.

6 D5 SANTA ISABEL IZTAPAN
8. JT. V. CHR.
ORT: Chiapas, Mexiko
TYPUS: Jäger und Sammler
Hier wurden zwei Mammuts getötet; zu den Funden gehören Spitzen mit gerader bzw. kurz gestielter Basis, Obsidianklingen und Schaber.

7 D5 TLATILCO
12. JH. V. CHR.
ORT: Mexiko
TYPUS: Friedhof
Verschwenderisch ausgestattete Grabstätten mit weißen Figurinen (erinnern an Olmeken) und »hohlen Babys« oder Zwergen, die eine Art von Fruchtbarkeitskult vermuten lassen.

8 D5 CALIXTLAHUACA
13.–16. JH. N. CHR.
ORT: Mexiko
TYPUS: präkolumbische Stadt
Besiedelt von den Matlatzinca, Feinden der Azteken. Der Ort ist berühmt für seinen runden Tempel des Quetzalcoatl. Später siedelten hier die Azteken.

9 D5 CUICUILCO
600 V. CHR.–200 N. CHR.
ORT: Mexiko
TYPUS: vorklassisches Zentrum
Zeremonielle Stätte mit eindrucksvoller, runder Tempelplattform; einst mit vier Stufen und Rampen (von Lava bedeckt). Die Oberfläche des mehr als 119 m langen zeremoniellen Mittelbaus war von zahlreichen Steinplatten bedeckt.

10 D5 XOCHICALCO
6.–10. JH. N. CHR.
ORT: Morelos, Mexiko
TYPUS: befestigte Siedlung
Wichtiges Zentrum der spätklassischen Periode auf einem künstlich terrassierten Hügel. Hierher soll sich die Elite von Teotihuacán zurückgezogen haben. Unter anderem blieben die Pyramide der gefiederten Schlange, ein zeremonieller Ballspielplatz, Stelen und unterirdische Gänge erhalten.

11 D5 CHALCATZINGO
9.–4. JH. V. CHR.
ORT: Puebla, Mexiko
TYPUS: vorklassische Siedlung
Eine Siedlung der Olmeken, in der mehrere behauene Köpfe gefunden wurden. Das Hauptrelief zeigt eine reich gekleidete olmekische Frau, die im Eingang einer Höhle sitzt – unter Wolken mit herabfallendem Regen.

12 D5 CHOLULA
2.–12. JH. N. CHR.
ORT: Puebla, Mexiko
TYPUS: frühe Siedlung
Zentrum der Olmeken mit einem eindrucksvollen Pyramidenhügel, der während vier Epochen entstand (einst 55 m hoch). Außerdem fand man hier Keramik mit bemerkenswerter Bemalung.

13 D5 CACATXLA
8.–9. JH. N. CHR.
ORT: Tlaxcala, Mexiko
TYPUS: spätklassische Siedlung
Stelen und mit Kriegsszenen bemalte Gebäude. Ein Bild zeigt den Sieg eines Jaguars über eine vogelartige Figur.

14 D5 EL TAJIN
7.–11. JH. N. CHR.
ORT: Tamaulipas, Mexiko
TYPUS: zeremonielles Zentrum
Klassischer Standort, der Verbindungen zu vielen herrschenden Kulturen dieser Periode aufweist. Die Pyramide der Nischen hat 365 Nischen, in denen für jeden Tag des Jahres ein Idol stand. Darunter entdeckte man einen Vorläuferbau. Neben anderen Ruinen fand man elf Ballspielplätze und das Gebäude der Säulen.

15 D6 JUXTLAHUACA
9.–7. JH. V. CHR.
ORT: Guerrero, Mexiko
TYPUS: Höhlenkunst
Zweikammerige Höhle; die Malerei zeichnet sich durch Menschen- und Tiermotive aus, die mit Fruchtbarkeits-Regen-Kult und Abstammungsmythen kombiniert wurden.

16 D6 TAL VON TEHUACÁN
7000 V. CHR.–1520 N. CHR.
ORT: Puebla, Mexiko
TYPUS: frühes Ackerland
In diesem großen Tal entstand die mesoamerikanische Landwirtschaft. Hier findet man Spuren des Übergangs von einer Jäger-und-Sammler-Kultur zu Vorratswirtschaft mit angebauten Feldfrüchten (*siehe Seite 24*).

17 D6 MONTE ALBAN
500 V. CHR.–750 N. CHR.
ORT: Mexiko
TYPUS: frühe Siedlung
Die klassische Periode gilt als die wichtigste Besiedlungszeit, doch fand man Spuren von insgesamt vier Epochen: Plazas, Terrassen, behauene Stelen, Tempelplattformen und einen noch nicht ausgegrabenen Hügel. Den Toten wurden Terrakottaurnen als Beigabe ins Grab gelegt.

18 E5 CEMPOALA
7.–15. JH. N. CHR.
ORT: Veracruz, Mexiko
TYPUS: klassische Siedlung
Stätte mit charakteristischen Reliefskulpturen und Ballspielplätzen. Im 13. Jahrhundert entstand hier ein Vorposten der Azteken.

19 E5 CERRO DE LAS MERAS
6. JH. N. CHR.
ORT: Mexiko
TYPUS: frühe Siedlung
Erdhügel und 15 Stelen; die Grabbeigaben weisen auf eine Verbindung mit Teotihuacán hin. Außerdem wurden hier große Mengen olmekischer Jade gefunden.

20 E6 GUILA NAQUITZ
9.–7. JT. V. CHR.
ORT: Oaxaca, Mexiko
TYPUS: Abri
In dieser Höhle lebten – mit Unterbrechungen – lange Zeit Jäger und Bauern. Man fand sechs Siedlungsschichten; dazu wurden Wege, Feuerstellen, Vorratslager und Kochbereiche ausgegraben (*siehe Seite 12*).

21 E6 MITLA
9.–12. JH. N. CHR.
ORT: Oaxaca, Mexiko
TYPUS: präkolumbische Stadt
Frühes religiöses Zentrum der Zapoteken mit einem Schrein und einer von Pyramiden umstandenen Plaza. Später siedelten hier die Mixteken und erbauten fünf Gruppen von Palästen aus langen Gebäuden. Gefunden wurde auch ältere Keramik.

22 E6 TRES ZAPOTES
10.–1. JH. V. CHR.
ORT: Veracruz, Mexiko
TYPUS: zeremonielles Zentrum
Olmekische Stätte mit einer auf 32 v. Chr. datierten Stele; daneben 50 Erdhügel, Keramik und Tonfigurinen.

23 E6 SAN LORENZO
12. JH. V. CHR.
ORT: Mexiko
TYPUS: frühes Dorf
Zentrum der Olmeken mit Bauwerken und Skulpturen, darunter acht große, typisch olmekische Köpfe. Man grub Perlen aus Eisenerz, eine Stele, einen Altar, Erdplattformen und etwa 200 Siedlungshügel aus.

24 E6 LA VENTA
FRÜHES 1. JT. V. CHR.
ORT: Mexiko
TYPUS: zeremonielles Zentrum
Eine olmekische Stätte mit Hinweisen auf Häuser der Elite und öffentliche Gebäude. In einer Grabstätte wurde ein Versteck mit Votivfiguren entdeckt, die wie zu einer rituellen Handlung angeordnet waren (*siehe Seite 46*).

25 F6 CHIAPA DE CORZO
15.–9. JH. V. CHR.
ORT: Chiapas, Mexiko
TYPUS: frühe Siedlung
Eine bäuerliche Siedlung mit Hinweisen auf Maismühlen (Mahlsteine) und Keramikherstellung. Der Ort ist für mexikanische Archäologen wegen seiner Schichtung von Bedeutung. Später bauten hier die Maya eine Stadt.

26 F6 TONINA
4. JH. N. CHR.
ORT: Chiapas, Mexiko
TYPUS: Mayasiedlung
Die Stätte wird derzeit ausgegraben; bis 1997 entdeckte man einen Pyramidenhügel, zwei rituelle Ballspielplätze, Tempelruinen, Skulpturen und einige eindrucksvolle Reliefs.

27 F7 IZAPA
100 V. CHR.–100 N. CHR.
ORT: Chiapas, Mexiko
TYPUS: Mayasiedlung
In diesem Zentrum der Maya wurden etwa 80 Pyramidenhügel, große Stelen und Altäre ausgegraben.

28 F6 BONAMPAK
9. JH. N. CHR.
ORT: Chiapas, Mexiko
TYPUS: Mayasiedlung
Wahrscheinlich eine klassische Palastanlage der Maya mit Monumenten und Malereien, die Opferungen und andere Mayarituale darstellen.

29 F6 PALENQUE
6.–9. JH. N. CHR.
ORT: Chiapas, Mexiko
TYPUS: Mayasiedlung
Eine besonders berühmte Stadt der spätklassischen Periode. Sie wurde von Fürst Pacal beherrscht, der im Innern des Tempels der Inschriften begraben liegt. Weitere Bauwerke sind der Tempel des Kreuzes, der Tempel des Blattkreuzes und der Sonnentempel – alle im Innern mit komplizierten Reliefs.

30 G6 RIO BEC
7.–9. JH. N. CHR.
ORT: Mexiko
TYPUS: Mayasiedlung
Pyramidenpalast, zu dem hoch aufragende Tempel – meist mit verzierten Außenwänden – gehören.

31 F5 EDZNA
7. JH. N. CHR.
ORT: Campeche, Mexiko
TYPUS: Mayasiedlung
Ein ritueller Ballspielplatz und der Tempel de los Cinco, der zu Wohn- wie zu rituellen Zwecken diente.

32 F5 INSEL JAINA
7.–9. JH. N. CHR.
ORT: Mexiko
TYPUS: Mayasiedlung
Hier entdeckte man eine Reihe von bemerkenswerten Tonfigurinen, häufig hohl und mit Flöten versehen. Wahrscheinlich wurden hier die Eliten begraben.

33 G5 DZIBILCHALTUN
500 V. CHR.–1200 N. CHR.
ORT: Yucatán, Mexiko
TYPUS: Mayasiedlung
Zeremonielles Zentrum; im Tempel der Sieben Puppen (so benannt nach den hier entdeckten Figurinen) fand man über 6000 Opfergaben. Insgesamt wurden über 8400 Baureste registriert.

34 G5 MAYAPÁN
13.–14. JH. N. CHR.
ORT: Yucatán, Mexiko
TYPUS: präkolumbische Stadt
Gegründet von den Itzá; viele Schreine und Tonscherben, die manchmal Götter darstellen. Das Castillo war in der Tat eine Kopie des Baus von Cichén Itzá. Die Bevölkerung schwankte zwischen 6000 und 15000.

35 G5 CHICHÉN ITZÁ
8.–10. JH. N. CHR.
ORT: Yucatán, Mexiko
TYPUS: Mayasiedlung
Berühmte Mayastätte mit einer Reihe von zeremoniellen und religiösen Komplexen: Kriegertempel, Tausendsäulenkomplex, ein eindrucksvoller Ballspielplatz und das Castillo (Tempel des Kukulkán). Es gibt einige Chacmools, und man fand Jadeobjekte, hölzerne Bildnisse, Glocken aus Kupfer und gegossenem Gold sowie menschliche Gebeine.

36 G5 UXMAL
7.–10. JH. N. CHR.
ORT: Yucatán, Mexiko
TYPUS: Mayasiedlung
Große Stadt mit der beherrschenden Hauptpyramide des Zauberers (auch Wahrsagers), in die Reliefs der Himmelsschlange und göttliche und menschliche Figuren eingemeißelt wurden. Hier stehen auch der Palast des Gouverneurs und die Große Pyramide. Viele der Bauwerke sind mit eindrucksvollen Reliefs verziert.

37 G5 KABAH
8.–10. JH. N. CHR.
ORT: Yucatán, Mexiko
TYPUS: Mayasiedlung
Zentrum der spätklassischen Periode, das aus unbekanntem Grund verlassen wurde. Ein Damm führt von hier nach Uxmal.

38 G5 SAYIL
9. JH. N. CHR.
ORT: Yucatán, Mexiko
TYPUS: Mayasiedlung
Zentrum der spätklassischen Periode mit einem Palast, Wohnsitzen, Plazas und einer Reihe von Tempelpyramiden. Das eindrucksvollste Bauwerk ist ein dreistöckiger Palast mit 94 Räumen.

39 G5 TULUM
11.–12. JH. N. CHR.
ORT: Yucatán, Mexiko
TYPUS: Mayasiedlung
Zeremonielles Zentrum mit konzentrisch darum herum angelegten Wohnhäusern. Zu den erhaltenen Bauten zählen der Tempel der Fresken – der Schrein ist von einem größeren Gebäude umgeben – und der Tempel des Fallenden Gottes.

40 G5 COZUMEL
1.–14. JH. N. CHR.
ORT: Mexiko
TYPUS: präkolumbische Stadt
Diese Inselstadt, die um 1400 ihre Blütezeit hatte, war ein wichtiger Hafen und Pilgerort für den Kult der Mondgöttin Ix Chel (Mayagöttin der Frauen). Lange Dämme führten zu Vorratsplattformen auf dem Festland.

41 G6 CERROS
1.–9. JH. N. CHR.
ORT: Belize
TYPUS: Mayasiedlung
Ursprünglich ein kleines Fischerdorf; nach größeren Umbauten stieg es zu einer wichtigen Handelsstadt auf – man fand Tempel und Ruinen weiterer Bauwerke, die mit Maskenfassaden geschmückt sind. Es gibt zwei Ballspielplätze und einen Kanal, der Reste von Feldern umgibt.

42 G6 ALTUN HA
3.–9. JH. N. CHR.
ORT: Belize
TYPUS: Mayazentrum
Klassische Stadt mit Gräber- und Tempelruinen, die vom Tempel des Steinaltars beherrscht wird. Man fand eine Reihe von Artefakten aus Jade.

43 G6 CARACOL
FRÜHES 1. JT. N. CHR.
ORT: Belize
TYPUS: Mayastadt
Wird derzeit ausgegraben; eine Akropolis, ein ritueller Ballspielplatz und der Tempel des hölzernen Türsturzes wurden bereits freigelegt. Zu ihrer Blütezeit lebten 30000–60000 Menschen in der Stadt. Es gibt eine Reihe erhöhter Dämme, die *sache*, die zu kleineren Orten führen.

44 G6 EL MIRADOR
4.–6. JH. N. CHR.
ORT: Petén, Guatemala
TYPUS: Mayasiedlung
Ein frühes städtisches Zentrum mit einer der größten Tempelpyramiden dieser Kultur. Ein Damm führt zu dem nahegelegenen Nakbe.

45 G6 RIO AZUL
4.–9. JH. N. CHR.
ORT: Petén, Guatemala
TYPUS: frühe Siedlung
Eine kleineres Zentrum mit Palastbauten im frühklassischen Stil. Außerdem gibt es einige, teilweise bemalte Gräber.

46 G6 UAXACTÚN
3.–6. JH. N. CHR.
ORT: Petén, Guatemala
TYPUS: Mayasiedlung
Späte vorklassische Periode mit Pyramiden und Tempeln; die Grundmauern eines Tempels könnten 4000 Jahre alt sein.

47 G6 TIKAL
800 V. CHR.– 900 N. CHR.
ORT: Petén, Guatemala
TYPUS: zeremonielles Zentrum der Maya
Auf einer Fläche von 15 km² stehen etwa 3000 Bauwerke, darunter fünf riesige Tempelpyramiden mit prunkvollen Grabstätten. Es gibt eine große Plaza mit zahlreichen Altären und Stelen. Der Tempel des Jaguars ist 43 m hoch. Ein 65 m hoher Hügel wurde noch nicht ausgegraben; er dürfte die größte Pyramide der Maya enthalten.

48 F6 PIEDRAS NEGRAS
6. JH. N. CHR.
ORT: Guatemala
TYPUS: Mayasiedlung
Stätte der spätklassischen Periode mit einer Reihe von Stelen, Hügeln und Pyramiden sowie berühmten Skulpturen.

49 F6 YAXCHILAN
6.–8. JH. N. CHR.
ORT: Guatemala
TYPUS: Mayasiedlung
Dieser Mayaort folgt dem natürlichen Verlauf des Flusses. Er ist besonders bekannt für seine Flachreliefs auf den Stelen und die Türstürze seiner Bauten.

50 F6 ALTAR DE SACRIFICIOS
800 V. CHR.–900 N. CHR.
ORT: Guatemala
TYPUS: Mayasiedlung
Hier wurde hochwertige, orangerot bemalte Keramik gefunden, die sich von jener der klassischen Mayaperiode unterscheidet – ein Hinweis darauf, daß die Gegend im 9. Jahrhundert erobert wurde. Die meisten Ruinen stammen aus der klassischen Periode, als man Plattformen und Pyramiden um zentrale Plazas anlegte.

51 F6 DOS PILAS
7.–8. JH. N. CHR.
ORT: Guatemala
TYPUS: Mayastadt
Eine große Stadt; das eindrucksvollste Bauwerk ist das Grab eines Mayaherrschers. Auf der Basis eines Tempels fand man einen eindrucksvollen Kopfschmuck.

52 F6 SEIBAL
9. JH. N. CHR.
ORT: Guatemala
TYPUS: Mayasiedlung
Ein Zentrum mit Stelen und Spuren von runden Bauwerken, die im Zusammenhang mit der Verehrung des Gottes Quetzalcoatl stehen.

53 G6 NAJ TUNICH
8. JH. N. CHR.
ORT: Guatemala
TYPUS: Höhlenkunst
Eine Höhle der Maya mit 100 Bildern; einige mit Hieroglyphentexten und menschlichen Figuren.

54 G7 QUIRIGUA
4.–12. JH. N. CHR.
ORT: Guatemala
TYPUS: Mayasiedlung
Ein kleines Zentrum mit einer Reihe von Zoomorphen (Objekte in Tierform). Hier steht auch die größte Stele der Maya, deren Relief einen berühmten Mayaherrscher zeigt. Später siedelten hier die Tolteken.

55 F7 ZACULEU
FRÜHES 2. JT. N. CHR.
ORT: Guatemala
TYPUS: Mayasiedlung
Religiöses Zentrum der klassischen und spätklassischen Periode mit Ballspielplätzen und Tempeln. Gräber erhellen die Begräbnispraxis der Maya: Die eingeäscherten Körper wurden in Urnen, zusammen mit Gedenktafeln aus Schiefer und Jadeschnitzereien, begraben.

56 F7 OCÓS
SPÄTES 2. JT. V. CHR.
ORT: Guatemala
TYPUS: freies Feld
Hier fand man die älteste Keramik von Mesoamerika, oft mit Muscheleindrücken und manchmal mit Malereien verziert – typisch für die Ocós-Kultur. Häufig bestanden die Funde aus *tecomates*, halslosen Krügen, und flachbödigen Schalen.

57 F7 LA VICTORIA
MITTE 2. JT. V. CHR.
ORT: Guatemala
TYPUS: frühe Siedlung
Dorf der Ocós-Kultur mit einer Gruppe von rund zwölf Häusern auf niedrigen Plattformen; in der Nähe einer verschlammten Flußmündung.

58 F7 ABAJ TAKALIK
1. JH. V. CHR.
ORT: Guatemala
TYPUS: Mayasiedlung
Die Stätte wird noch ausgegraben; zu den Funden gehören Köpfe im Stil der Olmeken, von denen einer einen abschreckenden Jaguarbart trug.

59 F7 IXIMCHÉ
12. JH. N. CHR.
ORT: Guatemala
TYPUS: Mayazentrum
Hauptstadt der Cakchiquel-Maya mit vier zeremoniellen Plazas, Tempeln und rituellen Ballspielplätzen; im Stil ähnlich wie Monte Albán.

60 F7 KAMINALJUYU
5.–6. JH. N. CHR.
ORT: Guatemala
TYPUS: Mayazentrum
Verbindung mit Teotihuacán; Zentrum von Handel und Religion der Las-Charcas-Kultur. Man fand über 200 Hügel aus Erde und Ton, die kostbar ausgestattete Balkengräber enthielten; eines davon mit mehr als 340 Beigaben.

61 F7 MONTE ALTO
1. JT. V. CHR.
ORT: Guatemala
TYPUS: frühe Siedlung
Fundstätte der mittleren vorklassischen Periode; gefunden wurden Köpfe, eine Jademaske und viele Reliefs, die Verbindungen zur Izapa-Kultur aufweisen. Später siedelten hier die Maya.

62 G7 NACO
11.–16. JH. N. CHR.
ORT: Honduras
TYPUS: Mayasiedlung
Großer Handelsort an der Küste; hier lebten einst bis zu 10000 Menschen. Erhalten blieben Reste kleiner Wohnhügel, Wohnsitze der Eliten, öffentliche Gebäude und ein Ballspielplatz. Außerdem fand man charakteristische Keramik.

63 G7 PLAYA DE LOS MUERTOS
7.–3. JH. V. CHR.
ORT: Honduras
TYPUS: frühe Siedlung
Der Ort wurde fast völlig aus einem Fluß geborgen und weist mindestens vier Besiedlungsperioden auf. Seine Bewohner lebten in strohgedeckten Häusern und begruben ihre Toten, zusammen mit reichen Beigaben, in Friedhöfen – man fand 100 Figurinen, die meisten individuell gestaltet.

64 G7 COPÁN
4.–9. JH. N. CHR.
ORT: Honduras
TYPUS: Mayazentrum
Ausgedehnte Stätte mit mehreren Grabpyramiden und anderen Bauwerken. Das größte ist der Bau Nr. 16, eine Pyramide mit neun Stockwerken.
Auf eine der Pyramiden führt die Hieroglyphentreppe (63 Stufen mit 2200 Glyphen). Außerdem fand man Stelen, rituelle Ballspielplätze und eine Akropolis.

65 G7 NARANJO
8.–5. JH. V. CHR.
ORT: Honduras
TYPUS: befestigte Siedlung
Kompliziert aufgebaute Festung mit einer 6 m hohen Plattform, die die Grabstätte einer hochgestellten Persönlichkeit enthielt (Jadeschmuckstücke, eine Axt).

66 G7 CHALCHUAPA
12.–3. JH. V. CHR.
ORT: El Salvador
TYPUS: vorklassische Siedlung
Der früheste Hinweis auf menschliche Siedlungen im Land; gefunden wurden Scherben, Figurinen sowie abgeschlagene und geschliffene Steine. Später befand sich hier eine Obsidianmanufaktur. Es gibt eine 20 m hohe Pyramide und eine große Plattform-Plaza. Wahrscheinlich bestanden Beziehungen zur olmekischen Kultur.

67 G7 SANTA LETICIA
400 V. CHR.–200 N. CHR.
ORT: El Salvador
TYPUS: frühe Siedlung
Große, künstlich angelegte Terrasse und eine Reihe von Bauten; neben anderen Artefakten fand man hier mehrere dickbäuchige Skulpturen, Steinmaskenreliefs und glockenförmige Becher, die noch Mais und Sonnenblumensamen enthielten.

68 G7 CEREN
6. JH. N. CHR.
ORT: El Salvador
TYPUS: Mayasiedlung
Das Dorf wurde von der Asche eines nahen Vulkanes verschüttet und blieb so gut erhalten. Man fand hölzerne Grabstöcke, Mörser und Essensreste auf der Feuerstelle. Die Felder waren in gutem Zustand und erlaubten viele Einblicke in das Alltagsleben der Maya.

69 G7 CIHAUTAN
8. JH. N. CHR.
ORT: El Salvador
TYPUS: frühe Siedlung
Der Ort wird von einem zentralen Komplex aus Pyramide, Plaza und Ballspielplatz beherrscht; Funde von Keramik, Figuren mit Rädern und Chacmools.

70 G7 QUELEPA
500 V. CHR.– 625 N. CHR.
ORT: El Salvador
TYPUS: frühe Siedlung
Hinweise auf mesoamerikanische Klingenherstellung. In der Mitte einer Plattform steht ein Jaguaraltar, der von Schlangen und stilisierten Jaguaren flankiert wird. Später baute man große rituelle Pyramiden auf künstlichen Plattformen. Zu den Funden gehören kleine geschnitzte Jadeperlen, mit Beinen versehene *metates* (rituelle Gefäße) und Steinkugeln.

71 G7 LOS LLANITOS
SPÄTES 1. JT. N. CHR.
ORT: El Salvador
TYPUS: frühe Siedlung
Riten- und Siedlungszentrum mit einem Ballspielplatz und zehn kleinen Bauten um zwei Plazas.

72 H8 BARRIAL DE HEREDIA
500 V. CHR.–1300 N. CHR.
ORT: Costa Rica
TYPUS: präkolumbische Siedlung
Während mehrerer Epochen besiedelt; die wichtigsten Funde stammen aus dem 8.–11. Jahrhundert n. Chr. Acht Häuser mit Fundamenten aus Kopfsteinen wurden ausgegraben – vier davon rechteckig mit Grabstätten unter den Böden (importierte Nicoya-Keramik als Beigaben), die übrigen rund mit Herden, Steinwerkzeugen und Abschlägen.

73 H8 TORRALBA
8. JT. V. CHR.
ORT: Costa Rica
TYPUS: Jäger und Sammler
Stratifizierte Fundstätte mit vielen Artefakten aus Steinsplittern, darunter 18 Spitzen mit Schäftungsrinne, Schaber und Klingen.

74 I9 CHIRIQUI
12.–16. JH. N. CHR.
ORT: Panama
TYPUS: präkolumbische Siedlung
Hier wurde eine Reihe von tiefen Gräbern mit goldenen Objekten und Keramik – manche bemalt – ausgegraben.

75 I9 SITIO CONTE
3.–13. JH. N. CHR.
ORT: Provinz Coclé, Panama
TYPUS: Grabhügel
Friedhof mit 60 Gräbern; sie enthielten Gold, Königsinsignien, Steinskulpturen, Knochenornamente und bemalte Keramik. Alle Teile waren mit komplizierten Schnörkeln und Tierdastellungen verziert.

76 J9 CERRO MANGOTE
6. JT. V. CHR.
ORT: Panama
TYPUS: Abfallhaufen (Weichtierschalen)
Hügel aus Muschelschalen, aus dem Werkzeuge zum Abschlagen und Retuschieren ausgegraben wurden.

77 J6 SEVILLA NUEVA
16. JH. N. CHR.
ORT: Jamaika
TYPUS: Kolonialsiedlung
Ruine eines 1509 erbauten spanischen Forts; im Hafen legte man die Wracks zweier Karavellen frei.

78 J6 PORT ROYAL
17. JH. N. CHR.
ORT: Jamaika
TYPUS: Kolonialsiedlung
Der blühende Hafen versank 1692 durch ein Erdbeben im Meer und blieb, weil unter Wasser, hervorragend erhalten. Geborgen wurden u. a. Kanonenkugeln, Gewehre, Tonpfeifen, Rumflaschen und sogar eine Uhr, die zu Beginn des Erdbebens stehengeblieben war.

79 L5 SCHLOSS SANS SOUCI
19. JH. N. CHR.
ORT: Milot bei Cap-Haïtien, Haiti
TYPUS: koloniales Schloß
Durch ein Erdbeben zerstörtes großes Königsschloß; weitgehend intakt, mit vielen Säulenhallen, getäfelten Galerien und Malereien.

80 M6 LA ISABELA LUPERON
16. JH. N. CHR.
ORT: Dominikanische Republik
TYPUS: Kolonialsiedlung
Hier stand Kolumbus' erstes Basislager; es wurde ausgegraben und restauriert.

81 N6 CASTILLO DE SAN FELIPE DEL MORRO
17. JH. N. CHR.
ORT: San Juan, Puerto Rico
TYPUS: befestigte Burg
Ruinen einer großen Festung, die sich 44 m über das Meer erhebt.

82 O6 ANGUILLA
2. JT. V. CHR.
ORT: Anguilla
TYPUS: freies Feld
Auf dieser winzigen Insel befindet sich die bisher älteste indigen karibische Stätte. Zu den Funden gehören zahlreiche Werkzeuge und andere Artefakte. In einem Nationalpark auf der Insel sind eine Reihe von Petroglyphen zu sehen.

83 O6 FORT THOMAS
17. JH. N. CHR.
ORT: St. Kitts
TYPUS: frühe Siedlung
Ruinen eines kolonialen Forts mit einer Reihe von Artefakten aus der Epoche – Waffen, Kleidung und Gegenstände des täglichen Lebens.

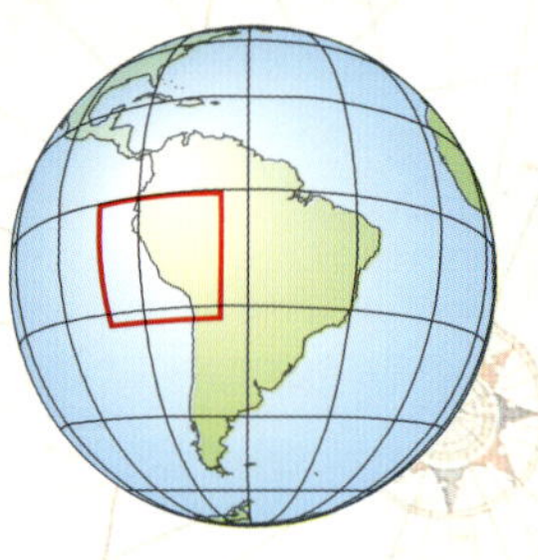

PERU

Karte auf Seite 140

1 B3 SIPÁN
FRÜHES 1. JT. N. CHR.
ORT: Lambayeque, Peru
TYPUS: Grabhügel
Eine Reihe verschwenderisch ausgestatteter Grabstätten. In der wichtigsten lag der Fürst von Sipán, neben ihm vier weitere Gebeine und Keramik.

2 C3 EL CUMBEMAYO
3. JH. V. CHR.
ORT: Cajamarca, Peru
TYPUS: Kanal
Sehr kunstfertig hergestellter Wasserkanal, der lange vor den Inkas entstand. Seine Konstruktion ist so aufwendig, daß er wohl rituellen Zwecken diente.

3 C3 HUACALOMA
1400 V. CHR.–FRÜHES 1. JT. N. CHR.
ORT: Cajamarca, Peru
TYPUS: Siedlung des frühen Horizontes
Zu den ältesten Funden gehört eine zentrale Feuerstelle. Später entstanden sechs Plattformen auf einem Hügel. Seine Blüte erreichte der Ort in den ersten Jahrhunderten nach Christi Geburt.

4 C4 PACATNAMÚ
7.–15. JH. N. CHR.
ORT: Jequetepeque-Tal, Peru
TYPUS: Siedlung des mittleren Horizontes
Komplex aus mehr als 50 Pyramidenstümpfen mit Hügeln, Innenhöfen und Plazas. Der Ort wurde kurz vor dem Eintreffen der Inkas besiedelt.

5 C4 HUACA PRIETA
CA. 2300 V. CHR.
ORT: Chicama, Peru
TYPUS: bäuerliche Siedlung
Bäuerliche Siedlung der vorkeramischen Zeit; man fand kunstvoll gewebte Baumwolltextilien mit Vögeln und anderen Darstellungen.

6 C4 CHAN CHAN
12. JH. N. CHR.
ORT: Trujillo, Peru
TYPUS: Hauptstadt der Chimú
Die Hauptstadt des Reiches der Chimú mit drei Stadtteilen; die Tempelpyramide Tschudi war der größte. Hier stehen auch zwei wichtige *huacas* (Tempelbauten) – Huaca Esmeralda und Arco Iris.

7 C4 ALTO SALAVERY
18.–10. JH. V. CHR.
ORT: Moche-Tal, Peru
TYPUS: frühe Siedlung
Ruinen von Wohngebäuden und religiösen Bauten in Verbindung mit einer vorkeramischen Kultur. Es gibt einen abgesenkten, zeremoniellen Raum – typisch für die Anfangsperiode, als in Südamerika erstmals Keramik hergestellt wurde.

8 C4 CABALLO MUERTO
19.–1. JH. V. CHR.
ORT: Moche-Tal, Peru
TYPUS: zeremonielles Zentrum
Hügel der Prä-Chavín-Kultur; besonders faszinierend ist der U-förmige, vielgeschossige Huaca de los Reyes mit roten, gelben und weißen Reliefs.

9 C4 GUITARRERO-HÖHLE
8. JT. V. CHR.
ORT: Callejón de Huaylas, Peru
TYPUS: Abri
Hier fand man die ältesten Überreste kultivierter Bohnen (10 000 Jahre alt). Vielleicht war die Höhle nur während der Regenzeit bewohnt.

10 C4 HUARICOTO
2. JT. V. CHR.
ORT: Callejón de Huaylas, Peru
TYPUS: zeremonielles Zentrum
Kleiner künstlicher Hügel, der über einen langen Zeitraum genutzt wurde; er besteht aus 13 Bauten mit rituellen Kammern und Feuerstellen.

11 C4 LA GALGADA
FRÜHES 2. JT. V. CHR.
ORT: Peru
TYPUS: zeremonielles Zentrum
In den Tempelbauten fand man zentral liegende Feuergruben, in denen Reste von Chilisamen lagen. Sobald ein Tempel aufgefüllt war – manchmal durch eine Bestattung –, baute man den nächsten darüber.

12 C4 MOXEKE
9. JH. V. CHR.
ORT: Casma-Tal, Peru
TYPUS: zeremonielles Zentrum
Terrassierte Pyramidenplattform mit acht Terrassen. Die meisten Bauten waren mit Tonreliefs verziert.

13 C4 CERRO SECHIN
9.–7. JH. V. CHR.
ORT: Ancash-Küste, Peru
TYPUS: zeremonielles Zentrum
Tempelplattformen, Wohnhäuser und Friedhöfe wurden ausgegraben. Auf dem zentralen Pyramidenstumpf stehen 90 Steinmonolithe, die Krieger und Trophäenköpfe darstellen.

14 C4 CHAVÍN DE HUANTAR
9.–3. JH. V. CHR.
ORT: Peru
TYPUS: zeremonielles Zentrum
Zu seiner Blütezeit mit etwa 3000 Priestern und Tempeldienern eines der größten religiösen Zentren der Erde. Der Südflügel des Haupttempels wird Castillo genannt; er besteht aus behauenen Steinen mit Wasserspeiern. Im Innern steht die Reliefstele »El Lanzón«. Bei Ausgrabungen kam innerhalb des Tempels ein Kanalsystem zu Tage.

15 C4 KOTOSH
8. JH. V. CHR.
ORT: Peru
TYPUS: zeremonielles Zentrum
Wichtiger religiöser Ort der Chavín-Kultur mit einigen Tempeln, darunter der Tempel der Gekreuzten Hände.

16 D4 HUANUCO PAMPA
15.–16. JH. N. CHR.
ORT: Peru
TYPUS: Inkastadt
Verwaltungszentrum, erbaut um eine zentrale Plaza. Die Ausgrabung von Häusern hochgestellter Persönlichkeiten weist auf eine sozial geschichtete Gesellschaft hin. Hunderte von Vorratsgebäuden überblickten die Stadt.

17 D4 LAURICOCHA
8.–5. JT. V. CHR.
ORT: Peru
TYPUS: stratifizierter Abri
Die Höhle diente als jahreszeitlicher Unterschlupf; man fand Reste von Hirschen und einige Pfeilspitzen.

18 C5 ASPERO
CA. 2600 V. CHR.
ORT: Peru
TYPUS: frühe Siedlung
Zentrum mit sechs Plattformhügeln; der größte war der Huaca de Los Idolos. Darin lag ein begrabenes, in Tüchern eingewickeltes Kind. Unter anderem fand man 135 geschnitzte Holzstöcke, Zuckerrohr, Baumwolle, Pflanzen, Tonfiguren und Federn.

19 C5 CHANCAY
11.–15. JH. N. CHR.
ORT: Peru
TYPUS: Friedhof der Prä-Inka-Zeit
Wegen der charakteristischen Keramik wichtige Grabstätte. Die meist langgestreckten Gefäße zeichnen sich durch aufgemalte Gesichter auf den Hälsen und schwarze, geometrische Formen auf dem Bauch aus. Nahegelegene Gräber weisen auf eine sozial geschichtete Gesellschaft hin. Später wurde der Ort von den Inkas erobert.

20 C5 ANCÓN
3000 V. CHR.–1500 N. CHR.
ORT: Peru
TYPUS: frühe Siedlung
In Grabhügeln fand man eine Reihe von Artefakten, darunter Keramik, Textilien und einen alten Bogen. Später siedelten hier die Chimú und die Inkas.

21 C5 EL PARAISO
MITTE 2. JT. V. CHR.
ORT: Chillón-Tal, Peru
TYPUS: zeremonielles Zentrum
Wichtiges religiöses Zentrum der vorkeramischen Epoche mit U-förmigen Hügeln. Die Ausgrabungen zeigten, daß die Bewohner in Subsistenzwirtschaft von Fischen und Pflanzen lebten.

22 C5 HUACA PUQUIANA
15. JH. N. CHR.
ORT: Lima, Peru
TYPUS: zeremonieller Hügel
Ein riesiger, innen hohler Hügel der Prä-Inka-Epoche; manche Archäologen glauben, der Hohlraum sei froschförmig – als Symbol eines Regengottes.

23 C5 GARAGAY
18.–10. JH. V. CHR.
ORT: bei Lima, Peru
TYPUS: zeremonielles Zentrum
Stätte der Anfangsperiode, an der ein U-förmiger Tempel gefunden wurde. Der Baustil entspricht einer lokalen Spielart der Chavín-Kunst.

24 D5 TELARMACHAY
7.–4. JT. V. CHR.
ORT: Peru
TYPUS: Abri
Jahreszeitlich genutzter Unterschlupf mit Hinweisen auf die Domestikation von Lamas; er markiert auch den Übergang von einer jagenden zu einer Hirtengesellschaft (um 3800 v. Chr.).

25 C5 TAMBO COLORADO
15. JH. N. CHR.
ORT: Peru
TYPUS: Inkazentrum
Verwaltungszentrum und Depot an einer Straße mit einem hervorragend erhaltenen Adobebau (luftgetrocknete Ziegel). Die mit Nischen versehenen Wände weisen noch rote Farbspuren auf.

26 C5 PACHACAMAC
7.–15. JH. N. CHR.
ORT: Peru
TYPUS: zeremonielles Zentrum
Die Siedlung wurde später von den Inkas bewohnt. Erhalten blieben u. a. der Mondtempel und das »Kloster der Sonnenjungfrauen«. Man fand charakteristische Keramik und kleine Baumwollsäckchen, die Pigmente, Schilf und menschliches Haar enthielten.

27 C5 ASIA
3. JT. V. CHR.
ORT: Peru
TYPUS: vorkeramische Siedlung
Eine frühe bäuerliche Siedlung; die Grabstätten weisen auf eine sozial geschichtete Gesellschaft hin. Einige der Körper wiesen Trepanationen auf – in ihre Schädel hatte man Löcher gebohrt.

28 D6 CABEZAS LARGAS
4. JT. V. CHR.
ORT: Peru
TYPUS: früher Friedhof
Man fand hier bis zu 60 Mumien in einem Grab, als Beigaben einige persönliche Gegenstände.

29 D6 PARACAS
10.–2. JH. V. CHR.
ORT: Peru
TYPUS: zeremonielles Zentrum
Religiöses, von den Chavín beeinflußtes Zentrum; dank des Wüstenklimas erhielten sich hier einige empfindliche prähistorische Textilien. Die Keramik mit geritzten geometrischen Mustern gilt als Vorläufer des Nazca-Stils.

30 D6 PACHECO
7.–10. JH. N. CHR.
ORT: Nazca-Tal, Peru
TYPUS: frühe Siedlung
Die Stätte gehört der Huari-Kultur an – ein Reich des mittleren Horizontes. Man fand eine Reihe von Bauten und in einer Grube polychrome (vielfarbige) Gefäße.

31 D6 CAHUACHI
3.–5. JH. N. CHR.
ORT: Nazca-Tal, Peru
TYPUS: zeremonielles Zentrum
Wichtigstes religiöses Zentrum der Nazca-Kultur mit 40 Hügeln aus Adobeziegeln und ausgedehnten Friedhöfen (*siehe Seite 46*).

32 D6 NAZCA
200 V. CHR.–600 N. CHR.
ORT: Nazca-Tal, Peru
TYPUS: Zentrum der Prä-Inka-Kultur
Die Nazca-Kultur ist vor allem durch ihre mysteriösen Linien in der Wüste berühmt. Sie zeigen in geometrischer Form abstrakte Kreaturen. Auch die charakteristischen Formen der polychromen (vielfarbigen) Keramik sind bemerkenswert.

33 D6 ESTAQUERIA
10. JH. N. CHR.
ORT: Nazca-Tal, Peru
TYPUS: Siedlung des mittleren Horizontes
Die Stätte besteht aus einer großen rechteckigen Fläche mit zwölf Pfostenreihen, einem Adobekomplex und Friedhöfen.

34 D5 CONCHOPATA
6.–7. JH. N. CHR.
ORT: Ayacucho, Peru
TYPUS: Friedhof des mittleren Horizontes
In Gräbern lag, als Opfergabe, Keramik der Huari (häufig zerschlagen). Die Scherben gleichen der in Tiahuanaco gefundenen Töpferware.

35 D5 WICHQUANA
SPÄTES 4. JT. V. CHR.
ORT: Peru
TYPUS: bäuerliche Siedlung
Sehr frühe dörfliche Siedlung mit Anzeichen für Subsistenzwirtschaft.

36 D5 PACHAMACHAY-HÖHLE
11.–1. JH. V. CHR.
ORT: Peru
TYPUS: Jäger und Sammler
Der älteste bekannte Siedlungsort in den Anden. Um 1600 v. Chr. treten hier erstmals Hirten auf.

37 E5 TRES CRUCES
6. JH. N. CHR.
ORT: Peru
TYPUS: zeremonielles Zentrum
Eine berühmte Erdaufschüttung, die auch als Pilgerort diente; Keramikfunde der späten Nazca-Epoche.

38 E5 MACHU PICCHU
15.–16. JH. N. CHR.
ORT: Peru
TYPUS: Inkazentrum
Die eindrucksvollste Stätte der Inkas auf einem unzugänglichen Bergrücken. Zu den eindrucksvollen Bauwerken gehören der Tempel der drei Fenster, der königliche Palast und der »Ort, an dem die Sonne angebunden wird« (Intihuatana). Nördlich der Hauptplaza liegen die Wohnhäuser und Felder.

39 E6 CUZCO
13.–16. JH. N. CHR.
ORT: Peru
TYPUS: Inkastadt
Die Hauptstadt der Inkas war zweigeteilt und wurde in der Form eines Pumas erbaut. Im Zentrum lag eine U-förmige Plaza, die von Gebäuden aus sehr sorgfältig behauenen und eng gefugten Steinen umstanden war.

40 E6 PISAC
15. JH. N. CHR.
ORT: Tal von Cuzco, Peru
TYPUS: Inkazentrum
Auf einem anstehenden Felsen erbaute Siedlung mit einem Sonnentempel. Große Teile der Fläche wurden noch nicht ausgegraben; mehrere Grabstätten in der Umgebung.

41 E6 PIKILLACTA
7.–10. JH. N. CHR.
ORT: bei Cuzco, Peru
TYPUS: Huari-Zentrum
Verwaltungszentrum mit kleinen Gebäuden, die als Wohn- und Speicherhäuser gedeutet werden.

42 F6 PUCARA
3. JH. V. CHR.
ORT: Peru
TYPUS: frühe Siedlung
Monumentaler eingesenkter Hof und Gebäude mit Wänden aus Steinplatten; Funde von eingeritzter Paracas-Keramik. Später wurde es ein Zentrum der Inkas.

43 F7 ASANA
8. JT. V. CHR.
ORT: Peru
TYPUS: vorkeramische Siedlung
Es wurden runde und ovale Wohnhäuser ausgegraben. Es gibt einen jüngeren religiösen Komplex mit zwei Strukturen, die als Altäre gedeutet werden können.

SÜDAMERIKA
Karte auf Seite 141

1 C1 PUERTO HORMIGA
CA. 3200 V. CHR.
ORT: Kolumbien
TYPUS: frühe Siedlung
Dem Ton der sehr alten hier gefundenen Keramik hatte man wahrscheinlich Pflanzenfasern beigemischt.

2 C1 MONSU
FRÜHES 4. JT. V. CHR.
ORT: Kolumbien
TYPUS: freies Feld
Der wahrscheinlich älteste Fundort amerikanischer Keramik, die durch breite Ritzungen charakterisiert ist.

3 C1 PUEBLITO
FRÜHES 2. JT. N. CHR.
ORT: Kolumbien
TYPUS: frühe Siedlung
Siedlung der prähistorischen Tairona-Kultur mit etwa 3000 Häusern und öffentlichen Gebäuden.

4 C1 BURITACA
14. JH. N. CHR.
ORT: Kolumbien
TYPUS: frühe Siedlung
Großes Zentrum der Tairona mit Ruinen von Wohnplattformen, steinernen Treppen, Kanälen und Abwassersystem, zeremoniellen Plazas und Straßen.

5 C2 ZIPE
FRÜHES 2. JT. N. CHR.
ORT: Kolumbien
TYPUS: Zentrum der Muisca (Chibcha)
Die Hauptstadt der Muisca-Kultur, die sich über 3 km Länge an einer Lagune erstreckte.

6 C2 QUIMBAYA-TAL
4.–16. JH. N. CHR.
ORT: Kolumbien
TYPUS: freies Feld
Wichtige Fundstätte; beste Beispiele für Metallverarbeitung in Amerika, vor allem von Gold. Außerdem fand man Keramik.

7 C2 TIERRADENTRO
8.–9. JH. N. CHR.
ORT: Kolumbien
TYPUS: Friedhof
Über Schächte zugängliche unterirdische Grabkammern, viele mit Figuren in Schwarz, Orange und Rot bemalt. Die Artefakte stammen wahrscheinlich aus dem Amazonasgebiet.

8 C2 SAN AGUSTIN
1. JT. N. CHR.
ORT: Kolumbien
TYPUS: Grabhügel
Megalithische Hügel auf einer riesigen Fläche, viele mit steinverkleideten Kammern im Innern. Außerdem fand man hier etwa 300 Skulpturen und monumentale Figuren.

9 C2 LA TOLITA
300 V. CHR.–350 N. CHR.
ORT: Ecuador
TYPUS: Grabhügel
Friedhof an der Küste mit Grabhügeln um eine Plaza. Pfostenlöcher belegen, daß auf dem Gipfel der Hügel einst Bauten standen. Die Einwohner stellten außerdem Ton- und Goldobjekte her.

10 C2 COTOCOLLAO
CA. 540 V. CHR.
ORT: Tal von Quito, Ecuador
TYPUS: früher Friedhof
Große Grabstätte mit knapp 400 Grablegungen und verzierten Steinschalen.

11 C2 EL INGA
10.–2. JT. V. CHR.
ORT: Ecuador
TYPUS: Jäger und Sammler
Hier fand man Fischschwanz-Pfeilspitzen mit Schäftungsrinne der Clovis- und Folsom-Kultur.

12 C2 MACHALILLA
CA. 2000 V. CHR.
ORT: Ecuador
TYPUS: frühe Siedlung
Frühe Ackerbausiedlung, in der Keramik (Ritzmuster vor dem Brennen eingetieft) ausgegraben wurde – vielleicht eine Form der Valdivia-Keramik.

13 C2 INSEL LA PLATA
2500 V. CHR.–1500 N. CHR.
ORT: Ecuador
TYPUS: frühe Siedlung
Markt für Muscheln (Gattung Spondylus), die rituellen Zwecken dienten. Außerdem gab es hier ein Heiligtum, in dem man Hunderte von Figurinen fand.

14 C2 VALDIVIA
CA. 3200 V. CHR.
ORT: Ecuador
TYPUS: vorklassische Siedlung
Neben Figurinen und Textilien wurden hier einige der ältesten Keramiken Amerikas gefunden (*siehe Seite 24*).

15 C2 REAL ALTO
1. JT. V. CHR.
ORT: Ecuador
TYPUS: frühes Dorf
Siedlung der Valdivia-Kultur mit einer von Hügeln umstandenen offenen Plaza. Man grub große strohgedeckte Häuser aus Holz und Gräber hochgestellter Persönlichkeiten aus.

16 C2 INCA PIRCA
1463–1471 N. CHR.
ORT: Ecuador
TYPUS: Inkazentrum
Ruinen einer ehemaligen Garnison. Im Sonnentempel finden sich eindrucksvolle Steinmetzarbeiten.

17 D1 RANCHO PELUDO
2800 V. CHR.–1600 N. CHR.
ORT: Venezuela
TYPUS: frühe Siedlung
Mehrfach besiedelte Wohnstätte an einem Fluß mit einer eigenen, groben, sandhaltigen Keramik.

18 D1 EL JOBO
CA. 10000 V. CHR.
ORT: Venezuela
TYPUS: frühe Siedlung
Neben anderen Artefakten fand man hier charakteristische blattförmige Speerspitzen vom Jobo-Typus. Sie lagen an mehreren nahegelegenen Stellen, wo Mammuts getötet wurden.

19 D1 TAIMA-TAIMA
VOR 15000–12000 JAHREN
ORT: Venezuela
TYPUS: frühe Siedlung
Hier fand man u. a. Mastodonknochen und Steinwerkzeuge *(siehe Seite 12)*.

20 E2 PACOVAL
11. JH. N. CHR.
ORT: Brasilien
TYPUS: frühe Bestattung
Ein Friedhof mit Graburnen, die in geraden Linien oder Halbkreisen angeordnet waren; dazu Keramikfunde.

21 E2 TAPERINHA
6. JT. V. CHR.
ORT: Brasilien
TYPUS: Abfallhaufen (Weichtierschalen)
Man fand Weichtierschalen und Anzeichen für alte Keramik *(siehe Seite 12)*.

22 F2 ATERRO DOS BICHOS
400 V. CHR.–1300 N. CHR.
ORT: Insel Marajó, Brasilien
TYPUS: frühe Siedlung
In Hügeln fand man die Grundmauern von 20 Häusern, die um einen offenen Platz angeordnet und von einem mächtigen Erdwall umgeben waren. Die Menschen lebten von Mais, Samen und Fisch.

23 F2 OS CAMUTINS
400 V. CHR.–1300 N. CHR.
ORT: Insel Marajó, Brasilien
TYPUS: frühe Siedlung
Ein Dorf mit etwa 40 künstlichen Hügeln auf Plattformen.

24 G3 PEDRA FURADA
VOR 25000 JAHREN
ORT: Brasilien
TYPUS: frühe Wohnstätte
Höhle mit den ältesten bekannten Anzeichen menschlicher Besiedlung in Südamerika. Einige Wandzeichnungen entstanden 10000 Jahre später.

25 G3 TOCO DE ESPERANZA
VOR 295000 JAHREN
ORT: Brasilien
TYPUS: Jäger und Sammler
Das hohe Alter ist sehr unwahrscheinlich, doch man fand hier Tierreste und einfachste Steinwerkzeuge.

26 F4 SANTANA DO RIACHO
8.–2. JT. V. CHR.
ORT: Minas Gerais, Brasilien
TYPUS: Jäger und Sammler
Felsmalereien und ein Friedhof; kleine Abschläge, Faustkeile sowie Pfeilspitzen aus Knochen wurden ausgegraben.

27 F5 PRAIA DA TAPEIRA
6.–10. JH. N. CHR.
ORT: Brasilien
TYPUS: frühe Siedlung
Man grub Hügel aus Weichtierschalen und Häuser (15 m Durchmesser) mit Pfostenwänden aus.

28 D4 VELARDE
7. JH. N. CHR.
ORT: Bolivien
TYPUS: Grabhügel
Hier wurde Keramik aus verschiedenen Epochen gefunden, außerdem Graburnen, Schalen, Knochen und Reste von Schalentieren.

29 D4 ISKANWAYA
10.–15. JH. N. CHR.
ORT: Bolivien
TYPUS: frühe Siedlung
Zentrum der Mollo; die Häuser standen auf Plattformen und Terrassen. Einige der Häuser waren mit rotem Ocker bemalt, unter den Fußböden hatte man Kinder begraben. Die Erwachsenen lagen in *chullpas* (Grabtürmen).

30 D4 CHIRIPA
13.–6. JH. V. CHR.
ORT: Bolivien
TYPUS: zeremonieller Hügel
Er steht mitten auf einer künstlichen Plattform und bildet die Patenstätte für eine der ältesten Kulturen des Landes; in der Nähe einige *chullpas*.

31 D4 TIAHUANACO
4.–7. JH. N. CHR.
ORT: Bolivien
TYPUS: frühe Stadt
Als erstes größeres Bauwerk errichtete man den Kalasasaya-Komplex; damals lebten hier zwischen 100000 und 400000 Menschen. Mittelpunkt der Stadt war die Acapana-Stufenpyramide, deren monumentales Sonnentor mit Reliefs verziert ist *(siehe Seite 34)*.

32 D4 WAKALLANI
4.–8. JH. N. CHR.
ORT: Bolivien
TYPUS: frühe Siedlung
Überreste von drei Grabtürmen und zwei Stelen.

33 D4 CHULLPA PAMPA
FRÜHES 1. JT. N. CHR.
ORT: Bolivien
TYPUS: freies Feld
Die Stätte gehört zu einer Kultur, die unmittelbar vor der von Tiahuanaco existierte. Man fand Graburnen und charakteristische graue und rote flachbödige Becher.

34 D4 WANKARANI
CA. 1200 V. CHR.
ORT: Bolivien
TYPUS: frühe Siedlung
Überreste runder Adobehäuser, in denen man die Toten unter den Fußböden begraben hatte. Außerdem fand man Lama- und Alpakaköpfe aus Stein.

35 D4 POTOSI
16. JH. N. CHR.
ORT: Bolivien
TYPUS: Kolonialsiedlung
Die einstmals größte Industriesiedlung der Welt, von der einige Fabriken und industrielle Bauwerke erhalten blieben. Zur Kolonialstadt gehörten eine Kirche und die Barrios Mitayos – die Wohnbezirke der Arbeiter *(siehe Seite 100)*.

36 D4 CHINCHORRO
3.–1. JT. V. CHR.
ORT: Chile
TYPUS: Grabhügel
Hier liegen einige der ältesten Mumien Amerikas; sie waren rot angemalt, enthäutet und mit Ton bedeckt.

37 D4 QUIANI
4. JT. V. CHR.
ORT: Chile
TYPUS: Abfallhaufen (Weichtierschalen)
Typisch für die ältesten Funde sind Angelhaken und blattförmige Spitzen. Später kommen *bolas* (runde, facettierte Steine) und Chopper (um 250 v. Chr.) hinzu.

38 D4 AZAPA
1. JT. V. CHR.
ORT: Chile
TYPUS: frühe Siedlung
Eine Grabstätte der Alto-Ramirez-Kultur mit Silber- und Kupferschmuck sowie Textilien.

39 D4 CAMARONES
3.–1. JT. V. CHR.
ORT: Chile
TYPUS: frühe Siedlung
Wohnstätte der Chinchorro; ein Friedhof mit etwa 150 Grabstätten.

40 D4 TILIVICHE
CA. 3500 V. CHR.
ORT: Chile
TYPUS: bäuerliche Siedlung
Ovale Fläche mit den Resten von 90 Häusern. Es gibt Hinweise auf frühen Maisanbau und diverse Funde (Mörser, Stößel, Steinspitzen und Schaber).

41 D5 LAS CONCHAS
CA. 7500 V. CHR.
ORT: Chile
TYPUS: Abfallhaufen (Weichtierschalen) Patenstätte; man grub u. a. Chopper, Abschlagwerkzeuge, Mörser, Knochenwerkzeuge und charakteristische geometrische Sandsteinobjekte aus.

42 D6 TAGUA-TAGUA
CA. 9400 V. CHR.
ORT: Chile
TYPUS: Jäger und Sammler
An dieser Stelle grub man Artefakte wie einschneidige Werkzeuge, Klingen und Werkzeuge aus Mastodonknochen aus.

43 D7 PADRE LAS CASAS
SPÄTES 1. JT. N. CHR.
ORT: Chile
TYPUS: Grabhügel
Friedhof mit Graburnen, die in Bestattungskanus lagen. Die Beigaben der reicheren Grabstätten waren Perlen aus Stein, Ringe aus Kupfer und Keramik.

44 D7 MONTE VERDE
13000 JAHRE ALT
ORT: Chile
TYPUS: frühe Siedlung
Siehe Seite 12

45 D9 HÖHLE VON FELLS
10.–9. JT. V. CHR.
ORT: Chile
TYPUS: frühe Wohnstätte
Höhle der vorkeramischen Zeit; sie enthielt Fischschwanz-Pfeilspitzen mit Schäftungsrinne und Überreste von Vorfahren der heutigen Lamas.

46 D9 ABRI VON MARASSI
CA. 7640 V. CHR.
ORT: Chile
TYPUS: Jäger und Sammler
Abri, der nur zu einer bestimmten Jahreszeit genutzt wurde; man fand u. a. Steinwerkzeuge, Knochen von kleinen Säugetieren und zwei *bolas* (Steinkugeln).

47 D5 TAFI
200 V. CHR.–600 N. CHR.
ORT: Argentinien
TYPUS: frühe Siedlung
Hier fanden Rituale auf künstlichen Hügeln statt; man fand eingeritzte Katzenfiguren.

48 D8 LOS TOLDOS
9. JT. V. CHR.
ORT: Argentinien
TYPUS: frühe Wohnstätte
In einer Höhle grub man große Werkzeuge aus Abschlägen, ein- und zweiseitige Werkzeuge, fischschwanzförmige Pfeilspitzen und Abschlagpfeilspitzen sowie Knochenahlen und Spatel aus. Außerdem gibt es hier frühe südamerikanische Höhlenkunst.

AFRIKA

Karte auf Seite 142

1 B1 LIXUS
MITTE 1. JT. V. CHR.
ORT: Marokko
TYPUS: antike Stadt
Ursprünglich eine karthagische Küstenstadt; die wichtigsten Ruinen stammen jedoch aus dem 1. Jahrhundert n. Chr. (römische Tempel und Heiligtümer).

2 B1 BELYUNECH
10. JH. N. CHR.
ORT: Marokko
TYPUS: islamische Stadt
Der Palast dieses islamischen Städtchens gilt als erstes Beispiel für den andalusisch-marokkanischen Mischstil. Außerdem gibt es Funde verzierter Keramik.

3 B2 VOLUBILIS
3. JH. V. CHR.
ORT: Marokko
TYPUS: römische Kolonie
Gegründet von den mauretanischen Königen; die meisten Ruinen stammen jedoch aus der römischen Epoche: Kapitoltempel, Caracallabogen, eine Basilika, Gerichtsgebäude und einige eindrucksvolle Mosaiken.

4 C2 TAFORALT
20 000–10 000 V. CHR.
ORT: Marokko
TYPUS: Jäger und Sammler
Höhle mit vielen Siedlungsschichten, von einer Moustérien-Wohnstätte bis zu einem Friedhof der maurisch-spanischen Zeit, in dem die Gebeine von 185 Menschen liegen.

5 C1 TIPASA
2.–4. JH. N. CHR.
ORT: Algerien
TYPUS: frühe Stadt
Ursprünglich ein phönizischer Handelsposten; zu den Ruinen gehören zwei römische Tempel, Mosaiken, ein gut erhaltenes Forum, eine christliche Basilika und eine Kapelle.

6 C1 DJEMILA
3. JH. N. CHR.
ORT: Algerien
TYPUS: römische Kolonie
Eindrucksvolle Ruinen; u. a. Tempel des Septimius, eine Reihe von Mosaiken, ein altes Forum, eine weltliche Basilika, prächtige Thermen, Taufkapellen und ein Theater für 3000 Zuschauer.

7 C1 AFALOU BOU RHUMMEL
VOR 15 000 JAHREN
ORT: Algerien
TYPUS: Jäger und Sammler
Man fand Figurinen aus Terrakotta; es gibt Hinweise, daß hier erstmals transportable Kunst hergestellt wurde.

8 D1 TIMGAD
1. JH. N. CHR.
ORT: Algerien
TYPUS: römische Stadt
Fast vollständig erhalten, deshalb »Pompeji von Afrika« genannt. Die Stadtmitte bildet ein fast perfektes Quadrat aus *insulae* (Wohnblocks). Zu den Gebäuden gehören ein Forum, eine Basilika, ein Tempel, Thermen und der Trajanbogen. Außerhalb der Stadt stand eine byzantinische Befestigung.

9 D2 TASSILI N'AJJER
6. JT. V. CHR.
ORT: Algerien
TYPUS: Felsmalerei
Die Saharaleute hinterließen über 15 000 Abbildungen, darunter viele menschliche Figuren.

10 D1 DOUGGA
2. JH. V. CHR.
ORT: Tunesien
TYPUS: römische Stadt
Die meisten Ruinen stammen aus römischer Zeit, mit Anklängen an libysche, punische und römische Kultur. Es gibt viele Tempel, Dolmen (megalithische Gräber), ein Theater, Thermen und Häuser.

11 D1 KARTHAGO
900 V. CHR.–200 N. CHR.
ORT: Tunesien
TYPUS: frühe Stadt
Diese phönizische Kolonie wuchs zu einer großen Stadt heran und erlangte eigene Macht. Die Ausgrabungen brachten ein Heiligtum und Spuren des Hafens zu Tage, in dem noch einige Schiffsreste lagen. Im Jahr 146 v. Chr. zerstörten die Römer die Stadt; das von ihnen gebaute Amphitheater und der Aquädukt blieben erhalten *(siehe Seite 68)*.

12 D1 AQUÄDUKT VON ZAGHOUAN
2. JH. N. CHR.
ORT: Tunesien
TYPUS: römischer Aquädukt
Eindrucksvoller Aquädukt; Teile erheben sich noch 20 m über den Boden. Meist verläuft er auf Bodenniveau, an einigen Stellen wurden jedoch Tunnel gegraben, um das Gefälle zu erhalten.

13 D1 MAHDIA
10. JH. N. CHR.
ORT: Tunesien
TYPUS: islamische Stadt
Befestigter islamischer Hafen mit einer ungewöhnlichen Ringmauer.

14 D2 SABRATHA
MITTE 1. JT. V. CHR.
ORT: Libyen
TYPUS: frühe Stadt
Ein phönizischer Handelsposten, der im 2. Jahrhundert n. Chr. von den Römern erobert wurde. Inzwischen konnte mehr als die Hälfte der römischen Stadt ausgegraben werden, darunter Forum, Hafen, Thermen, Tempel, Brunnen, eine Katakombe sowie jüngere christliche Kirchen *(siehe Seite 68)*.

15 D2 LEPTIS MAGNA
2. JH. N. CHR.
ORT: Libyen
TYPUS: römische Stadt
Phönizische Küstenstadt, die von den Römern erobert wurde – römische Ruinen bestimmen das Stadtbild. Man sieht eine Reihe beeindruckender Tempel, das besterhaltene Bauwerk sind jedoch die Jagdthermen.

16 E2 KYRENE
630 V. CHR.–200 N. CHR.
ORT: Libyen
TYPUS: griechische Stadt
Die Kolonie wurde von Emigranten aus Thera gegründet. Eine Straße verbindet den großen dorischen Apollotempel mit der Akropolis und der Agora. Besonders eindrucksvoll sind die aus dem Fels gehauenen griechischen Thermen. Die Stadt ist von Tausenden von Gräbern umgeben.

17 E2 HÖHLE VON HAUA FTEAH
VOR 60 000–7000 JAHREN
ORT: Libyen
TYPUS: Jäger und Sammler
Diese Höhle diente als Sommerlager, um die Ressourcen der Küstenregionen auszubeuten: es gibt Hinweise auf die Herstellung von Stein- und Klingenwerkzeugen *(siehe Seite 13)*.

18 B3 GEBIET VON AKJOUJT
1. JT. V. CHR.
ORT: Mauretanien
TYPUS: freies Feld
In diesem Gebiet gibt es Hinweise auf frühen Kupferabbau; außerdem grub man einige Pfeilspitzen aus.

19 B3 DAR TICHITT
12.–4. JH. V. CHR.
ORT: Mauretanien
TYPUS: bäuerliche Siedlung
Eines der ältesten Zeugnisse für Ackerbau in der südlichen Sahara. Die Dörfer mit runden Bauwerken waren über breite Wege miteinander verbunden. Man fand Steinäxte, Pfeilspitzen, Meißel und Keramik. Aus späterer Zeit stammen Wehrmauern und befestigte Eingangstore.

20 B3 AWADAGHOST
11. JH. N. CHR.
ORT: Mauretanien
TYPUS: mittelalterliche Stadt
Handelsort mit vielen Verbindungen zum islamischen Handel. Später gehörte er zum Königreich Ghana.

21 A4 SINE-SALOUM
8. JH. N. CHR.
ORT: Gambia
TYPUS: Friedhof
Über 4000 megalithische Gräber; viele enthalten Grabbeigaben.

22 B4 TIEKENE-BOUSSOURA
6.–8. JH. N. CHR.
ORT: Senegal
TYPUS: Friedhof
Megalithische Monumente – neun Kreise aufrechtstehender Steine; einige Keramikfunde.

23 B5 NDALOA
17. JH. N. CHR.
ORT: Elfenbeinküste
TYPUS: rituelles Monument
Stätte der Eotile-Kultur; es wurden zwei Terrakottaköpfe ausgegraben, die vielleicht Häuptlinge darstellen.

24 C4 KINTAMPO
CA. 1400 V. CHR.
ORT: Ghana
TYPUS: frühe Siedlung
Man fand Keramik und Steinwerkzeuge aus Abschlägen, die von Jägern und Sammlern benutzt wurden; außerdem Reste von Ziegen und Wildrindern.

25 C5 ELMINA
16. JH. N. CHR.
ORT: Ghana
TYPUS: Kolonialsiedlung
Festung und frühe Kolonie der Portugiesen *(siehe Seite 101)*.

26 B3 KARKARICHINKAT
4. JT. V. CHR.
ORT: Tilemsi-Tal, Mali
TYPUS: frühe Wohnstätte
Zwei Hügel, auf denen Fischer und Hirten lebten.

27 B4 KOUMBI SALEH
SPÄTES 1. JT. N. CHR.
ORT: Mali
TYPUS: islamische Stadt
Diese große Siedlung soll die Hauptstadt des ghanaischen Reiches gewesen sein. Man fand zwei Friedhöfe und die Ruinen einer großen Moschee und grub Gruppen von Häusern mit kleinen Zimmern aus; mit vielleicht 15 000 Einwohnern die damals größte Stadt.

28 C4 BANDIAGARA
11.–16. JH. N. CHR.
ORT: Mali
TYPUS: Felsengräber
Große Nekropolen, die z. T. auf die Zeit vor den Dogon zurückgehen. Die hiesigen Tellem begruben ihre Toten in Höhlen der Klippen. Neben anderen Artefakten wurden zerbrochene Töpfe und Schädel ausgegraben.

29 B4 JENNÉ (DJENNÉ)
3. JH. V. CHR.
ORT: Mali
TYPUS: alte Stadt
Die älteste Stadt südlich der Sahara; ur-

sprünglich lebte hier eine eisenverarbeitende Kultur. Im 4. Jahrhundert n. Chr. wuchs die Stadt stark an und entwikkelte sich zu einem blühenden Zentrum. Nachdem die Herrscher zum Islam übergetreten waren, bauten sie eine völlig neue Stadt. Teilweise blieben bis 11 m hohe Mauern erhalten. Zu den Überresten gehören ein Wohnbezirk, ein Friedhof, Graburnen und Häuser.

30 D3 TAGALTAGAL
8. JT. V. CHR.
ORT: Niger
TYPUS: frühe Wohnstätte
Jungsteinzeitliche Fundstätte mit alter Keramik, Steinwerkzeugen, Pfeilspitzen und Mahlsteinen.

31 D3 AFUNFUN
2. JT. V. CHR.
ORT: Niger
TYPUS: Metallverarbeitung
Stätte früher Kupferbearbeitung, an der Schlacken und eine Reihe von Schmelzöfen gefunden wurden.

32 C4 AZELIK
MITTE 1. JT. V. CHR.
ORT: Niger
TYPUS: frühe Siedlung
Die Hinweise auf Kupferverhüttung zeigen, daß hier – vor der Einführung von Eisen – eine kurze Phase des Kupferzeitalters herrschte.

33 D4 TARUGA
5.–3. JH. V. CHR.
ORT: Niger
TYPUS: frühe Siedlung
Zehn Schmelzöfen weisen auf die hochentwickelte Eisenverarbeitung der Nok-Kultur hin. Man fand einige Terrakottaskulpturen.

34 D4 NOK
500 V. CHR.–200 N. CHR.
ORT: Nigeria
TYPUS: eisenzeitliche Siedlung
Patenstätte einer künstlerischen, blühenden Kultur, die für ihre Terrakottafiguren mit menschlichen und tierischen Formen berühmt ist. Es gibt Hinweise auf Eisenverarbeitung.

35 D4 DAIMA
800 V. CHR.–400 N. CHR.
ORT: Nigeria
TYPUS: frühe Siedlung
Dauersiedlung von Viehhirten und Fischern, die sich kaum veränderte – außer durch technische Neuerungen durch die Eisenverarbeitung.

36 C4 IFE
13.–15. JH. N. CHR.
ORT: Nigeria
TYPUS: städtisches Zentrum
Die Siedlung ist berühmt für Terrakotta- und Bronzeskulpturen, die von der Nok- und Benin-Kultur beeinflußt sind. Man setzte Kopfskulpturen auf hölzerne Götzenbilder und verwendete sie bei Begräbnisriten. Die alten Stadtmauern umschließen heilige Haine, in denen man die Skulpturen fand.

37 D4 IGBO UKWU
9. JH. N. CHR.
ORT: Nigeria
TYPUS: frühe Siedlung
Ein Dorf mit einem Schrein voller Bronzegefäße; in der mit Holz ausgekleideten Grabkammer lag, neben fünf weiteren Körpern, eine hochgestellte Persönlichkeit mit beschlagenem Kopfschmuck, Perlen, Armreifen, Fußspangen und Kupferkrone. Zudem fand man eine Abfallgrube mit Gegenständen aus Bronze und Kupfer.

38 E4 DARFUR
18. JH. N. CHR.
ORT: Tschad
TYPUS: islamischer Palast
Ruinen des großen aus roten Ziegeln erbauten Palastes von Sultan Teirab (1752–1785).

39 D4 BOUAR
6.–5. JT. V. CHR.
ORT: Zentralafrikanische Republik
TYPUS: Grabhügel
Hier stehen zahlreiche aufrechte Menhire auf ovalen Tumuli.

40 E5 BATALIMO
4. JH. N. CHR.
ORT: Zentralafrikanische Republik
TYPUS: frühe Wohnstätte
Hier wurden Abschläge, einschneidige Schaber, dunkle Keramik und Äxte ausgegraben.

41 D6 SANGA
8.–18. JH. N. CHR.
ORT: Demokratische Republik Kongo (Zaire)
TYPUS: frühe Siedlung
Eine alte Stadt mit einem eisenzeitlichen Friedhof; Funde von Kisali-Keramik, verschwenderischen Bestattungen und fortschrittlicher Metallverarbeitung.

42 F5 ISHANGO
VOR 20000–9000 JAHREN
ORT: Demokratische Republik Kongo (Zaire)
TYPUS: Jäger und Sammler
Steinzeitlicher Abfallhaufen mit steinernen Artefakten, bearbeiteten Knochen und stumpfrückigen Mikrolithen.

43 E6 KATOTO
13. JH. N. CHR.
ORT: Demokratische Republik Kongo (Zaire)
TYPUS: Friedhof der Eisenzeit
Grabstätte mit Gemeinschaftsgräbern, die der Kisali-Kultur zugeordnet werden – eisenzeitlicher Komplex.

44 D6 BENFICA
2. JH. N. CHR.
ORT: Angola
TYPUS: Abfallhaufen (Weichtierschalen)
Küstendorf mit Hügeln, aus denen man eisenzeitliche Keramik ausgrub.

45 F3 BUHEN
3.–2. JT. V. CHR.
ORT: Sudan
TYPUS: frühe Stadt
Ägyptische Siedlung, die als Handelsstation und Standort der Erzgewinnung diente. Es gibt Ruinen einiger Tempel des Gottes Min und der Göttin Isis. Später wurde hier eine wichtige Festung erbaut.

46 F3 ARKIN
VOR 100000 JAHREN
ORT: Sudan
TYPUS: Jäger und Sammler
Altsteinzeitliche Stätte mit Spuren eines Lagers sowie einigen Abschlägen des Moustérien und einschneidigen Schabern.

47 F3 SAI
2. JT. V. CHR.
ORT: Sudan
TYPUS: frühe Siedlung
Städtchen auf einer Insel und eine Festung mit Ruinen eines Tempels; außerdem ein Friedhof der Kerma.

48 F3 SEMNA
19.–18. JH. V. CHR.
ORT: Sudan
TYPUS: befestigte Siedlung
Zwei ägyptische Festungen aus Lehmziegeln; die Inschriften weisen Senusert III. aus, der hier die Grenze nach Nubien festlegte. In jeder Festung stand ein Tempel, einer dem Thutmosis III., der andere dem Taharqa geweiht.

49 F3 SOLEB
2. JT. V. CHR.
ORT: Sudan
TYPUS: frühe Stadt
Stadt in Obernubien, die den Tempel des Amenhotep III. und einen Friedhof des Neuen Reiches beherbergt.

50 F3 KERMA
17.–16. JH. V. CHR.
ORT: Sudan
TYPUS: frühe Stadt
Wichtige Siedlung des Reiches von Kusch mit der westlichen Deffufa – Festungsbau mit einer Reihe von Wohnungen. Der nahegelegene Friedhof enthält Tumuli-Gräber und eine königliche Nekropole.

51 F3 DJEBEL BARKAL
2. JT. V. CHR.
ORT: Sudan
TYPUS: zeremonielles Zentrum
Religiöses Zentrum, in dem der Gott Amun Ra verehrt wurde; ein Tempel wurde von Ramses II. erbaut und von späteren Königen erweitert. Daneben gibt es einige andere Paläste und nahegelegene Pyramiden.

52 F3 MEROE
3. JH. V. CHR.–4. JH. N. CHR.
ORT: Sudan
TYPUS: alte Stadt
Hauptstadt der Königreiche von Meroe und Kusch; gegründet nach ihrer Herrschaft über Ägypten. Zu den Ruinen gehören Paläste, Tempel und Pyramidengräber. Später wurde sie von den Axumitern zerstört.

53 F3 NURI
7–3. JH. V. CHR.
ORT: Sudan
TYPUS: alter Friedhof
Pyramide für die Könige von Napata; darin der Granitsarkophag für König Aspelta.

54 G4 GOBEDRA
10.–3. JT. V. CHR.
ORT: Äthiopien
TYPUS: Abri
Unterschlupf, in dessen jüngeren Schichten Keramik gefunden wurde. Es gibt Überreste von kultiviertem Getreide und Nutztieren.

55 G4 AKSUM
1.–7. JH. N. CHR.
ORT: Äthiopien
TYPUS: frühe Stadt
Hauptstadt eines großen christlichen Reiches mit Ruinen eines Palastes und einer beeindruckenden 30 m hohen Stele mit religiösen Motiven.

56 G4 LALIBELA
500 V. CHR.–14. JH. N. CHR.
ORT: Äthiopien
TYPUS: frühe Siedlung
Höhle, in der Knochen, Keramik und Überreste von Gemüse gefunden wurde. Die spätere, christliche Siedlung zeichnet sich durch eindrucksvolle Felsenkirchen aus.

57 G4 HADAR
VOR 3,4 MILLIONEN JAHREN
ORT: Äthiopien
TYPUS: freies Feld
Hier wurde die aufrecht gehende Hominide »Lucy« entdeckt, deren Skelett zu 40 Prozent intakt geblieben war.

58 F4 MELKA KUNTURE
VOR 1,7 MILLIONEN JAHREN
ORT: Äthiopien
TYPUS: Jäger und Sammler
Man entdeckte eine große Zahl von steinernen Artefakten, darunter Abschläge, Kernsteine, Chopper und Knochen von Antilopen und Flußpferden.

59 F5 OMO-TAL
VOR 2,5 MILLIONEN JAHREN
ORT: Äthiopien
TYPUS: Jäger und Sammler
Eines der ältesten Lager von Hominiden; man fand Abschläge und Quarzkiesel.

60 F5 KOOBI FORA
VOR 2,5–1 MILLION JAHREN
ORT: Kenia
TYPUS: Jäger und Sammler
Etwa 150 Fossilien von Hominiden und Steinartefakte wurden gefunden. Wahrscheinlich wurde hier die Nahrung zubereitet.

61 F5 LOTHAGAM
VOR 5,5 MILLIONEN JAHREN
ORT: Kenia
TYPUS: Jäger und Sammler
Vielleicht gehören die hier gefundenen Knochenreste verschiedenen hominiden Arten an. Später befand sich hier wahrscheinlich ein Fischerdorf der späten Steinzeit.

62 F5 GAMBLES-HÖHLEN
6. JT. V. CHR.
ORT: Kenia
TYPUS: frühe Wohnstätte
Herstellungsplatz für Werkzeuge vom Eburnéen-Typ; Knochenharpunen, verzierte Keramik und mehrere Skelette.

63 F5 HYRAX HILL
3. JT. V. CHR.
ORT: Kenia
TYPUS: frühe Siedlung
Steinschalen, Keramik und eine jungsteinzeitliche Siedlung mit nahegelegenem Friedhof, auf dem 19 Gräber freigelegt wurden.

64 F5 OLORGESAILIE
VOR 900000–700000 JAHREN
ORT: Kenia
TYPUS: Jäger und Sammler
In einem Acheuléen-Lager fand man zahlreiche Artefakte: Reste von Tierknochen und Faustkeile (Schneidenkeile).

65 F5 NAROSURA
9.–5. JH. V. CHR.
ORT: Kenia
TYPUS: frühe Siedlung
Hirtensiedlung der Jungsteinzeit; hier wurden stumpfrückige Mikrolithe und Stichel aus Obsidian, Steinäxte, polierte Schalen und eingeritzte Keramik hergestellt.

66 G5 SHANGA
15.–16. JH. N. CHR.
ORT: Kenia
TYPUS: islamische Stadt
Handelsniederlassung, von der eine Moschee, Paläste, Hunderte von Gräbern und importierte Keramik der Ming-Dynastie erhalten blieb.

67 G5 MANDA
9. JH. N. CHR.
ORT: Kenia
TYPUS: islamische Stadt
Islamische Handelsniederlassung an der Küste mit einer Reihe von Ruinen. Man fand sassanidisch-islamische Keramik und jüngeres chinesisches Porzellan. Es gibt Ruinen von Häusern und Hinweise auf Eisenverhüttung.

68 G5 GEDI
14. JH. N. CHR.
ORT: Kenia
TYPUS: islamische Stadt
Ruinen einer blühenden islamischen Handelsstadt mit einem Palast, sechs Moscheen und drei Säulengräbern.

69 G5 FORT JESUS
16. JH. N. CHR.
ORT: Mombasa, Kenia
TYPUS: Kolonialsiedlung
Siehe Seite 101, 108.

70 F5 BIGO
13.–16. JH. N. CHR.
ORT: Uganda
TYPUS: frühe Siedlung
Einige Erdaufschüttungen nähren die Legende von einem frühen Königreich in dieser Region; etwas Keramik wurde gefunden.

71 F5 BUHAYA (KATURUKA)
5. JH. V. CHR.
ORT: Tansania
TYPUS: eisenzeitliche Siedlung
Hier wurde Eisen verhüttet, damit gehört der Standort zu den ältesten dieser Art in Afrika (*siehe Seite 59*).

72 F5 KANSYORE
1. JT. V. CHR.
ORT: See Ukerewe, Tansania
TYPUS: Abfallhaufen aus Weichtierschalen
In einem Schalenhaufen fand man charakteristische Keramikreste.

73 F5 OLDUVAI-SCHLUCHT
VOR CA. 1,9 MILLIONEN–100000 JAHREN
ORT: Tansania
TYPUS: Jäger und Sammler
Siehe Seiten 13, 20.

74 F5 ENGARUKA
15. JH. N. CHR.
ORT: Tansania
TYPUS: frühe Siedlung
Frühe eisenzeitliche Gemeinschaft, die Steinmauern und Gräben erbaute sowie intensiven Ackerbau betrieb.

75 F5 LAETOLI
VOR 4–3,5 MILLIONEN JAHREN
ORT: Tansania
TYPUS: Jäger und Sammler
Im verhärteten Schlamm erhielten sich Spuren von Hominiden und Tieren. Sie werden *Australopithecus afarensis* oder *Australopithecus africanus* zugeschrieben.

76 F6 BOMBA KABURI
3. JH. N. CHR.
ORT: Tansania
TYPUS: frühe Siedlung
Eisenzeitliches Dorf, in dem charakteristische Keramik ausgegraben wurde.

77 F6 UVINZA
5.–18. JH. N. CHR.
ORT: Tansania
TYPUS: eisenzeitliche Siedlung
Umfassende Hinweise auf eine salzverarbeitende Industrie. Neben Metall galt Salz in Afrika damals als eine wichtige Handelsware.

78 G6 KILWA KISIWANI
9. JH. N. CHR.
ORT: Tansania
TYPUS: islamischer Hafen
Handelszentrum auf einer Insel, das in portugiesische Hände fiel. Die Kaufleute handelten mit Gold, Silber, Perlen, Parfüm, Geschirr und chinesischem und persischem Porzellan.

79 F6 NKOPE
FRÜHES 1. JT. N. CHR.
ORT: Malawi
TYPUS: frühe Siedlung
Die Orte stehen in Verbindung mit der eisenzeitlichen Chifumbaze-Kultur.

80 F6 NKUDZI
18.–19. JH. N. CHR.
ORT: Malawi
TYPUS: Friedhof
Eisenzeitlicher Friedhof, dessen Grabbeigaben die Bedeutung des Handels mit der ostafrikanischen Küste belegen.

81 F6 KALAMBO-FÄLLE
VOR 120000 JAHREN
ORT: Sambia
TYPUS: Jäger und Sammler
Stratifizierte Fundstätte mit den ältesten Artefakten aus der Mittelsteinzeit; auch gut erhaltene Pollen, Holzkohle und pflanzliches Material. Außerdem Hinweise auf Lager des Acheuléen. Zu den späteren Artefakten gehören Äxte und durchbohrte Steine (ca. 1900 v. Chr.). Die letzte Epoche (360–1000 n. Chr.) ist durch rillenverzierte Keramik gekennzeichnet.

82 F7 INGOMBE ILEDE
12. JH. N. CHR.
ORT: Sambia
TYPUS: eisenzeitliche Stadt
Handelszentrum, in dem hochentwickelte Metallverarbeitung bekannt war. Man fand Gräber mit gewebten Stoffen, Armbändern und Eisenbarren.

83 E7 ISAMU PATI
11. JH. N. CHR.
ORT: Sambia
TYPUS: eisenzeitliche Siedlung
Dorf unter einem Hügel, der Vorratsgruben, gedrechseltes Elfenbein, Eisengeräte und Tonfigurinen freigab; Hinweise auf Fernhandel.

84 E7 KUMADZULO
5.–7. JH. N. CHR.
ORT: Sambia
TYPUS: eisenzeitliche Siedlung
Zu den Überresten des Dorfes gehören Mahlsteine, eiserne Hacken, Kupferbarren und Glasscherben.

85 F7 GWISHO
3000–1500 V. CHR.
ORT: Sambia
TYPUS: frühe Siedlung
Ein Hügel, der von den steinzeitlichen Wilton besiedelt war. Man fand in Gräbern die Gebeine von 35 Personen.

86 F6 NACHIKUFU
VOR 22000–14000 JAHREN
ORT: Sambia
TYPUS: Jäger und Sammler
Nach dieser Höhle sind bestimmte Mikrolithe benannt. Zu den charakteristischen Artefakten gehören spitze und stumpfrückige Klingen, Schaber und kleine Steine.

87 F7 MAXTON
11. JH. N. CHR.
ORT: Simbabwe
TYPUS: frühe Siedlung
Die Patenstätte eines eisenzeitlichen Komplexes liegt auf einem Hügel und hat die charakteristischen Mauern aus Stein.

88 F7 POMONGWE
9.–8. JT. V. CHR.
ORT: Simbabwe
TYPUS: Jäger und Sammler
Funde von Schabern, die zur Oakhurst-Mikrolithengruppe gehören. Diese Werkzeuge sind durch große vierseitige Abschläge gekennzeichnet. In einer Höhle finden sich gute Beispiele von Höhlenkunst.

89 F7 DHLO-DHLO
17. JH. N. CHR.
ORT: Simbabwe
TYPUS: eisenzeitliche Siedlung
Dieser Ort folgte als wichtiges Zentrum auf Alt-Simbabwe und Khami.

90 F7 ALT-SIMBABWE
13.–15. JH. N. CHR.
ORT: Simbabwe
TYPUS: eisenzeitliche Siedlung
Siehe Seiten 59, 64–65.

91 E7 KHAMI
16.–17. JH. N. CHR.
ORT: Simbabwe
TYPUS: eisenzeitliche Siedlung
Die Steinruinen gehören zu einer Stadt, die Alt-Simbabwe nachfolgte; es gab Häuserplattformen und verzierte Wände.

92 E7 GI
VOR 150000–30000 JAHREN
ORT: Botswana
TYPUS: Jäger und Sammler
Überreste der Mittelsteinzeit; man fand eine Mikrolithenwerkstatt, Gruben und einen offenen Wohnplatz.

93 F7 MANEKWENIGI
9.–10. JH. N. CHR.
ORT: Mosambik
TYPUS: eisenzeitliche Stadt
Ähnliche Steinumwallung wie in Alt-Simbabwe; der Ort war in die wirtschaftlichen Aktivitäten der Region eingebunden.

94 F7 CHIBUENE
8. JH. N. CHR.
ORT: Mosambik
TYPUS: eisenzeitliche Stadt
Handelszentrum an der Küste, das zur wichtigen Verbindung zwischen Alt-Simbabwe und den Küstenorten wurde. Ausgrabungen brachten glasierte und unglasierte Keramik zu Tage.

95 D8 APOLLO-II-HÖHLE
VOR 26000–19000 JAHREN
ORT: Namibia
TYPUS: Felsenkunst
Die ältesten Felszeichnungen in Afrika.

96 F7 MAPUNGUBWE
13. JH. N. CHR.
ORT: Südafrika
TYPUS: eisenzeitliche Stadt
Ein ähnlicher Ort wie Alt-Simbabwe *(siehe Seiten 64–65)*. Es ist noch nicht geklärt, wer die Stadt erbaute.

97 F7 LYDENBURG
6. JH. N. CHR.
ORT: Südafrika
TYPUS: frühe Siedlung
In diesem Dorf wurden modellierte Terrakottaköpfe ausgegraben, die vielleicht bei rituellen Zeremonien verwendet wurden. Die dicken Steinmauern entstammen einer späteren Zeit.

98 E8 BROEDERSTROOM
5. JH. N. CHR.
ORT: Südafrika
TYPUS: eisenzeitliche Siedlung
Dorf mit Überresten von runden Hütten, Eisenabfall, Skeletten und Tieren.

99 F7 KALKGRUBE VON MAKAPAN
VOR 2,5 MILLIONEN JAHREN
ORT: Südafrika
TYPUS: Jäger und Sammler
Hier wurden fossile Überreste früher Hominiden und Tiere ausgegraben und ein Teil eines Schädels von *Australopithecus africanus* gefunden.

100 F8 STERKFONTEIN
VOR 2,5 MILLIONEN JAHREN
ORT: Südafrika
TYPUS: Jäger und Sammler
Eine Höhle, in der ein »Mrs. Ples« genannter Schädel (Plesianthropus transvaalensis) vom Typus *Homo habilis* und einige *Australopithecus*-Fossilien ausgegraben wurden.

101 F8 JOHANNESBURG
19. JH. N.CHR.
ORT: Südafrika
TYPUS: Kolonialsiedlung
Eine der ersten Kolonien in Südafrika; sie wurde gegründet, nachdem man Gold gefunden hatte *(siehe Seite 101)*.

102 F8 DRAKENSBERGE
16.–19. JH. N. CHR.
ORT: Südafrika
TYPUS: Felsenkunst
Buschmannkunst; von der San-Mythologie beeinflußte Darstellungen der Elenantilope.

103 F8 BORDER-HÖHLE
VOR 130000–30000 JAHREN
ORT: Südafrika
TYPUS: Jäger und Sammler
Stätte der Mittelsteinzeit, in der ganze Skelette des modernen Menschen gefunden wurden. Das Skelett eines Kindes – wahrscheinlich etwa 100000 Jahre alt – ist das einzige seiner Art im Süden Afrikas.

104 E8 ORANGIA
VOR 120000–35000 JAHREN
ORT: Südafrika
TYPUS: Jäger und Sammler
Patenstätte für eine frühe Steinbearbeitung; man fand sechs Halbkreise aus Steinen – vielleicht Reste saisonaler Jagdlager.

105 F8 NDONDONDWANE
8. JH. N. CHR.
ORT: Südafrika
TYPUS: eisenzeitliche Siedlung
Ruinen eines Dorfes mit 2000 Fragmenten; von Armreifen aus Elfenbein bis zu großer Keramik.

106 E8 MELKOUTBOOM
VOR 15000 JAHREN
ORT: Südafrika
TYPUS: Jäger und Sammler
Höhle mit Werkzeugfunden und pflanzlichen Überresten, aus denen sich auf die damalige lokale Ernährung schließen läßt.

107 E8 ZEEKOEI-TAL
FRÜHES 1. JT. N. CHR.
ORT: Südafrika
TYPUS: Jäger und Sammler
Viele steinzeitliche Stätten; aus den Keramikfunden wurden Typologien erstellt.

108 E8 DIE KELDERS
FRÜHES 2. JT. V. CHR.
ORT: Südafrika
TYPUS: frühe Wohnstätte
Erste Hinweise auf die Domestikation von Schafen in dieser Region; auch Keramik wurde gefunden.

109 F8 NGWENYA
7. JT. V. CHR.
ORT: Swasiland
TYPUS: Jäger und Sammler
Höhlen mit Hinweisen auf spätsteinzeitlichen Abbau von Hämatit, das man für Körperbemalung verwendete.

110 F8 SEHONGHONG
VOR 70000 JAHREN
ORT: Lesotho
TYPUS: Jäger und Sammler
Abri mit einer sehr langen Abfolge von Funden; insbesondere aus einer Epoche vor rund 20000 Jahren.

111 H6 IHARANA
12.–13. JH. N. CHR.
ORT: Madagaskar
TYPUS: Friedhof
Reich ausgestattete Grabstätten; die Toten wurden, zusammen mit Schwertern und Dolchen, auf islamische Art beigesetzt. Man fand u. a. chinesische und persische Teller und Schüsseln, Löffel aus Perlmutt, Bronzespiegel, Silberschmuck und eine Halskette aus Perlen.

ÄGYPTEN

Karte auf Seite 143

1 C4 ALEXANDRIA
3.–1. JT. V. CHR.
ORT: Ägypten
TYPUS: griechische Stadt
Es gibt zwar Hinweise auf ältere Mauern, die antike Stadt wurde jedoch erst von Alexander dem Großen gegründet. Der Leuchtturm war eines der sieben Weltwunder der antiken Welt. Es gab eine riesige, im gesamten Mittelmeerraum berühmte Bibliothek. Weitere Bauten waren das Serapeum, zwei Obelisken und Katakomben mit Skulpturen und Reliefs *(siehe Seite 69)*.

2 C4 KIRCHE VON ABU MENA
5.–6. JH. N. CHR.
ORT: Ägypten
TYPUS: frühchristlich
Die Ruinen einer großen Kirche und ein bedeutender Pilgerort; die archäologischen Belege für frühere Epochen sind unzureichend.

3 D4 BEHBEIT EL-HAGAR
4. JH. V. CHR.
ORT: Nildelta, Ägypten
TYPUS: früher Tempel
Ruinen eines der wichtigsten frühen Tempel Ägyptens. Er wurde aus kostbaren Steinen erbaut und war der Göttin Isis geweiht. Obwohl der Tempel eingestürzt ist, sind noch Elemente des ursprünglichen Baus zu erkennen.

4 D4 MINSHAT ABU OMAR
4. JT. V. CHR.
ORT: Ägypten
TYPUS: Friedhof
Wichtiger Friedhof des vordynastischen Reiches; man fand Keramik, Steingefäße, Kupferwerkzeuge und Schmuck, der teilweise aus Oberägypten und Palästina eingeführt worden war.

5 D4 TANIS
CA. 2300 V. CHR.
ORT: Ägypten
TYPUS: alte Stadt
Die Ausgrabungen brachten Seen, die Grundmauern des Amuntempels und einige reich ausgestattete Königsgräber zutage.

6 D4 AVARIS
2. JT. V. CHR.
ORT: Ägypten
TYPUS: alte Stadt
Wird derzeit noch ausgegraben; wahrscheinlich die Hauptstadt der Hyksoskönige, es gibt Hinweise auf Verbindungen zu Mykene.

7 D4 KELLIA
4.–8. JH. N. CHR.
ORT: Ägypten
TYPUS: christliche Siedlung
Hier lebten koptische Mönche; bedeutende Funde spätrömischer Keramik.

8 D4 MERIMDA
5. JT. V. CHR.
ORT: Ägypten
TYPUS: frühe Siedlung
Kleine Wohnhäuser, in denen insgesamt bis zu 16000 Menschen lebten. In dem 2 m hohen Siedlungshügel lagen u. a. Keramik, Steinäxte und Pfeilspitzen.

9 D4 WÂDI NATRÚN
CA. 330 N. CHR.
ORT: Ägypten
TYPUS: frühchristliche Siedlung
Ein frühes koptisches Kloster, das derzeit ausgegraben wird.

10 D4 GIZEH (GISE)
3. JT. V. CHR.
ORT: Ägypten
TYPUS: Grabkomplex
Hier stehen drei Pyramiden (von Cheops, Chephren und Mykerinos), die Sphinx und das Grab der Hetepheres. Zahlreiche weitere Bauwerke wurden ausgegraben und Tausende von Artefakten geborgen *(siehe Seite 35)*.

11 D4 BUBASTIS (TELL BASTA)
10.–8. JH. V. CHR.
ORT: Ägypten
TYPUS: alte Stadt
Große Siedlung, einst eine frühe Hauptstadt, mit einer Reihe von Ruinen; u. a. der Tempel der Bastet und weitere kleinere Tempel. Außerdem fand man einen kleinen Friedhof mit einer Reihe von Grablegen heiliger Katzen.

12 D4 HELIOPOLIS (TELL HISN)
3. JT. V. CHR.
ORT: Kairo, Ägypten
TYPUS: alte Stadt
Hauptstadt und Zentrum des Ra-Kultes mit einer Reihe von Tempeln, die dem Sonnengott geweiht waren. Da die Steine weitgehend abgetragen worden waren, war die archäologische Arbeit sehr schwierig, aber es verblieben noch Statuen, Obelisken und Reliefs. Außerdem entdeckte man Gräber von Hohepriestern.

13 D4 MA'ADI
SPÄTES 4. JT. V. CHR.
ORT: Ägypten
TYPUS: frühe Siedlung
Vordynastische Siedlung, vielleicht ein wichtiges Handelszentrum; es verblieben Ruinen von Häusern, Keramik und Vorratsgruben. Keller voller Krüge mit Tierknochen, Perlen und importiertem Erdpech wurden ausgegraben.

⑭ D4 MEMPHIS
3. JT. V. CHR.
ORT: Ägypten
TYPUS: alte Stadt
Die einstige Hauptstadt des alten Ägypten ist heute fast völlig verschwunden, verblieben ist eine riesige Statue von Ramses II. Man grub vier Kapellen mit Malereien, Schatullen, Steinen, Schmuck und Statuen aus.

⑮ D4 ABUSIR
3. JT. V. CHR.
ORT: Ägypten
TYPUS: königlicher Friedhof
Eine Reihe von Tempeln und Pyramiden. Der Sonnentempel ist der älteste dieser Art im alten Ägypten; die Pyramiden der 5. Dynastie wurden von Sahu-Re, Neferirka-Re und Ne-user-Re erbaut. Außerdem gibt es hier auch eine Reihe von privaten Gräbern.

⑯ D4 EL-OMARI
CA. 3200 V. CHR.
ORT: Ägypten
TYPUS: frühe Siedlung
Hier stehen etwa 100 Wohnhäuser der vordynastischen Epoche.

⑰ D4 SAKKARA
3. JT. V. CHR.
ORT: Ägypten
TYPUS: Grabkomplex
Eine Nekropole mit königlichen Mastabas, Gräbern und 15 Pyramiden, darunter die von Imhotep (ca. 2650 v. Chr.) erbaute Stufenpyramide des Djoser. In unterirdischen Gewölben fand man die sogenannten »ersten Pyramidentexte«.

⑱ D5 MEIDUM
3. JT. V. CHR.
ORT: Ägypten
TYPUS: Grabkomplex
Die Pyramide stürzte während der letzten Bauphase zusammen, da die oberste Lage der Ummantelungssteine das immense Gewicht nicht tragen konnte und nach außen weggedrückt wurde. Dennoch stellt sie wahrscheinlich die erste Pyramide Ägyptens dar.

⑲ D5 EL-LAHUN
2. JT. V. CHR.
ORT: Ägypten
TYPUS: frühe Siedlung
Städtchen und Pyramide des Mittleren Königreiches; es wurden Papyri gefunden.

⑳ E5 SERABIT EL-KHADIM
FRÜHES 2. JT. V. CHR.
ORT: Sinai, Ägypten
TYPUS: frühe Siedlung
Wichtiger Fundort mit dem Hathortempel, einem Schrein für Sopdu (den Gott der östlichen Wüste) und Stelen. In dieser Gegend befanden sich wichtige Türkisbergwerke.

㉑ E6 ABU SHAOAR
3. JH. N. CHR.
ORT: Ägypten
TYPUS: befestigte Siedlung
Die aus Kalksteinen erbaute Festung enthielt rund ein Dutzend Gebäude, Kasernen, Magazine, Verwaltungsgebäude und die Reste eines Bades.

㉒ D6 HERMOPOLIS
CA. 2000 V. CHR.
ORT: Ägypten
TYPUS: alte Stadt
Wichtiger Ort während des Mittleren Reiches; enthält die Tempel des Thoth und andere, fragmentarische steinerne Bauwerke. Außerdem gibt es imposante Ruinen einer römischen Basilika.

㉓ D6 TIHNA EL-DJEBEL
6. JH. V. CHR.
ORT: Ägypten
TYPUS: Grabkomplex
Eine Nekropole der späten Epoche und griechisch-römische Gräber; außerdem wurden die Reste dreier Tempel gefunden.

㉔ D6 BENI HASAN
CA. 2000 V. CHR.
ORT: Ägypten
TYPUS: frühe Siedlung
Dieses alte Dorf ist berühmt wegen der 39 in den Fels gehauenen Königsgräber des Alten Reiches; einige waren bemalt.

㉕ D6 MEIR
3. JT. V. CHR.
ORT: Ägypten
TYPUS: Grabkomplex
In den Fels gehauene Gräber lokaler Noblen (wichtige Beamte), mit Reliefverzierungen.

㉖ D6 TELL EL-AMARNA
16. JH. V. CHR.
ORT: Ägypten
TYPUS: alte Stadt
Die einstige Hauptstadt des Königs Echnaton, später wurde sie zum religiösen und administrativen Zentrum. Es gibt Ruinen von Palästen, Häusern und Tempeln. Tafeln mit Keilschrift weisen auf diplomatische Tätigkeit hin.

㉗ D6 EL-HAMMAMIYA
CA. 3700 V. CHR.
ORT: Ägypten
TYPUS: frühe Wohnstätte
Ein früher stratifizierter Fundort mit Keramik der Badari-Kultur. Außerdem steht hier das Grab eines Edelmannes.

㉘ D7 ABYDOS
FRÜHES 3. JT. V. CHR.
ORT: Ägypten
TYPUS: religiöses Zentrum
Königliche Gräber der Thinitenzeit und Tempel der 19. Dynastie, darunter ein Osiristempel. Der Pionier der ägyptischen Archäologie, Sir Flinders Petrie, grub diesen Ort aus.

㉙ D7 DENDARA (DENDERA)
1. JT. V. CHR.
ORT: Ägypten
TYPUS: alte Stadt
Der Hathortempel ist die am besten erhaltene Ruine dieser einst mächtigen Hauptstadt. In den Außenbezirken gibt es eine frühe königliche Nekropole und bemerkenswerte, von einer Lehmziegelmauer umgebene, römische Reste: ein ptolemäisches Geburtshaus, eine christliche Basilika und andere Bauten.

㉚ E6 COPTUS
1. JH. V. CHR.
ORT: Ägypten
TYPUS: frühe Siedlung
Die Ruinen eines Stapelplatzes am Nil mit Verbindung zu den Seehäfen am Roten Meer.

㉛ E7 THEBEN
CA. 2700–1070 V. CHR.
ORT: Ägypten
TYPUS: alte Stadt
Siehe Seiten 35, 44–45.

㉜ E7 NAQADA
4. JT. V. CHR.
ORT: Ägypten
TYPUS: frühe Siedlung
Ein Dorf, in dem die ersten Hinweise auf eine jungsteinzeitliche Besiedlung Ägyptens gefunden wurden. Im Norden liegen in den Fels gehauene Gräber. Unter den ausgegrabenen Fundstücken fanden sich Elfenbeintafeln, Vasenscherben und Tonsiegel.

㉝ E7 ESNA
2. JH. V. CHR.
ORT: Ägypten
TYPUS: religiöse Siedlung
Der Tempel des Chnum wurde von den römischen Kaisern ausgeschmückt. Eine Säulenvorhalle blieb vollständig erhalten, daneben findet man reich mit Inschriften verzierte Säulen und einen Friedhof des Mittleren und Neuen Reiches.

㉞ E7 KOM EL-AHMAR
4. JT. V. CHR.
ORT: Ägypten
TYPUS: frühe Siedlung
Wichtige Siedlung der vordynastischen Epoche mit einer Reihe von Schreinen und einem Versteck mit Votivgaben. Außerdem gibt es ein bemaltes Grab (4000 v. Chr.).

㉟ E7 EL-KAB
6. JT. V. CHR.
ORT: Ägypten
TYPUS: frühe Siedlung
Hier fand man eine Mikrolithenwerkstatt, die älter ist als die meisten übrigen jungsteinzeitlichen Fundstätten Ägyptens. Später stand hier eine Stadt der Frühen Dynastie, umgeben von einer mächtigen Ziegelmauer; darin der Tempel von Nekhbet und aus dem Fels gehauene Gräber.

㊱ E7 EDFU
3.–1. JT. V. CHR.
ORT: Ägypten
TYPUS: frühe Siedlung
Der Ort und ein Gräberkomplex überspannen die Epochen vom Alten Reich bis zur griechisch-römischen Zeit. Der Tempel gehört zu den besterhaltenen in Ägypten – sogar einige Dächer existieren noch. Im Innern stehen noch immer zwei schwarze Granitstatuen des Gottes Horus in Falkengestalt.

㊲ E8 WADI KUBBANIYA
VOR 18250–16960 JAHREN
ORT: Ägypten
TYPUS: Jäger und Sammler
Eine ziemlich fortschrittliche altsteinzeitliche Stätte; man grub Reste verkohlter Pflanzen, Mahlsteine, Mörser und Stößel aus. Es gibt Hinweise auf dauerhafte Häuser.

㊳ E8 SIMEONSKLOSTER
FRÜHES 1. JT. N. CHR.
ORT: Assuan, Ägypten
TYPUS: christliche (koptische) Siedlung
Der Ort besteht aus zwei Siedlungsschichten und war von einer Mauer umgeben.

㊴ E8 PHILAE
1. JT. V. CHR.
ORT: Ägypten
TYPUS: religiöses Zentrum
Der Isis geweihter Tempelkomplex, der weitgehend von den ptolemäischen Königen erbaut wurde. Außerdem gibt es Ruinen einer koptischen Kirche. Wegen der drohenden Überflutung der Region durch den Assuan-Staudamm wurden die Tempel verlegt.

㊵ D9 BALLANA
4.–6. JH. N. CHR.
ORT: Ägypten
TYPUS: Grabhügel
Hier befinden sich die Gräber der X-Gruppe (eine nubische Kultur, die auf ca. 350–600 n. Chr. datiert wird) mit Hinweisen auf Menschenopfer.

㊶ D9 ABU SIMBEL
13. JH. V. CHR.
ORT: Ägypten
TYPUS: Tempelkomplex
Zwei sehr eindrucksvolle, von Ramses II. erbaute Tempel. Der Eingang eines Tempels wird von Kolossalstatuen von Ramses und Nefertari flankiert.

㊷ D9 QASR IBRIM
2. JT. V. CHR.
ORT: Ägypten
TYPUS: frühe Siedlung
Der auf einer befestigten Felsklippe liegende Ort war fast ständig besiedelt. Man findet in den Fels gehauene Schreine, Reliefs und eine Stele; daneben wenige Reste der X-Gruppe (nubische Kultur, 350–600 n. Chr.) und christlicher Kulturen.

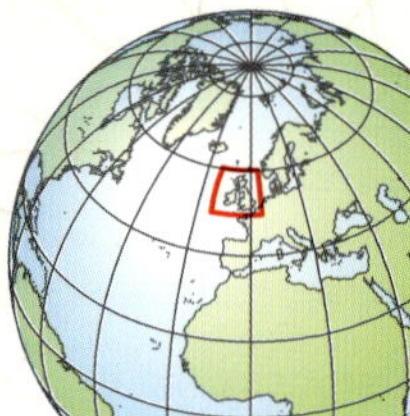

GROSSBRITANNIEN & IRLAND

Karte auf Seite 144

1 D4 MOUNT SANDEL
7. JT. V. CHR.
ORT: Nordirland
TYPUS: mittelsteinzeitliche Siedlung
Grundrisse hölzerner Hütten mit Resten von Feuerstellen und Artefakten (u. a. Mikrolithe, meißelförmige und frühe polierte Steinäxte). Die Bewohner lebten von Lachs und Schalentieren.

2 E5 CARRICKFERGUS CASTLE
12. JH. N. CHR.
ORT: Nordirland
TYPUS: mittelalterliche Burg
Massive Burg aus Stein mit einem großen Torbau und einem Bergfried. Dazu gehörten Ställe, ein Lagerraum, eine Kapelle und eine Bäckerei.

3 D5 DEVENISH ISLAND
FRÜHES 2. JT. N. CHR.
ORT: Nordirland
TYPUS: mittelalterliches Kloster
Die Siedlung wurde vom hl. Molaise gegründet. Heute sind die meisten Gebäude verfallen, nur Teampall Mor ist in relativ gutem Zustand. Es gibt einen steinernen Turm des 12. Jahrhunderts, Steinmetzarbeiten und ein verziertes Steinkreuz des 15. Jahrhunderts.

4 D5 ARMAGH
5. JH. N. CHR.
ORT: Nordirland
TYPUS: christliche Siedlung
Nach dem Untergang von Navan wurde Ard Macha – so der damalige Name des Ortes – zu einem wichtigen keltischen Zentrum. Der hl. Patrick erbaute 455 n. Chr. eine bedeutende Kirche mitten in einem eisenzeitlichen Ringwall. Die Straßen des modernen Stadtzentrums zeichnen noch den Verlauf des alten Grabens nach, der die ursprünglichen Gebäude umgab.

5 D5 NAVAN
1. JH. V. CHR.
ORT: Nordirland
TYPUS: keltische Siedlung
Siehe Seiten 58, 60–63.

6 C5 CARROWKEEL
4. JT. V. CHR.
ORT: Republik Irland
TYPUS: jungsteinzeitlicher Friedhof
Ganggräber und ein Friedhof von 14 Gräbern mit falschem Gewölbe; am Tag der Sommersonnenwende fällt Licht in eine Kammer.

7 D6 MONASTERBOICE
5.–10. JH. N. CHR.
ORT: Republik Irland
TYPUS: Klostersiedlung
Die Ruinen eines frühmittelalterlichen Klosters (vom hl. Buite gegründet). Dazu gehören ein dachloser Rundturm und Hochkreuze des 10. Jahrhunderts, deren Reliefs biblische Szenen zeigen.

8 D6 ABTEI MELLIFONT
11.–13. JH. N. CHR.
ORT: Republik Irland
TYPUS: mittelalterliches Kloster
Das erste Zisterzienserkloster der Republik Irland (gegründet vom hl. Malachias). Erhalten blieben die Ruinen eines romanischen Kreuzganges und ein einzigartiges Lavabo des 13. Jahrhunderts, in dem sich die Mönche vor dem Essen die Hände wuschen.

9 D6 KNOWTH
MITTE 4. JT. V. CHR.
ORT: Republik Irland
TYPUS: megalithisches Grab
Die größte Dichte megalithischer Kunst in ganz Europa, bestehend aus zwei reich verzierten Ganggräbern innerhalb eines großen Grabhügels der Jungsteinzeit (60 m Durchmesser). Es gibt Randsteine und eine Reihe von Gräbern, die das Monument umgeben.

10 D6 NEWGRANGE
CA. 3100 V. CHR.
ORT: Republik Irland
TYPUS: Grabhügel
Ein großer Hügel, der von einem Steinkreis umgeben wird; im Innern ein jungsteinzeitliches Ganggrab mit hervorragenden Beispielen megalithischer Kunst. Ursprünglich war der Hügel 12 m hoch; ein Loch über dem Eingang ist auf den Sonnenaufgang zur Wintersonnenwende ausgerichtet (*siehe Seite 35*).

11 D6 KELLS
6. JH. N. CHR.
ORT: Republik Irland
TYPUS: mittelalterliches Kloster
Die Siedlung wurde im 6. Jh. vom hl. Columban gegründet; später entstand hier das mit Buchmalereien verzierte Book of Kells. Es gibt viele Hochkreuze und die Ruinen des Columban-Hauses.

12 D6 TARA
300 V. CHR.–500 N. CHR.
ORT: Republik Irland
TYPUS: keltische Siedlung
Siehe Seiten 58, 67.

13 D6 DUBLIN
9. JH. N. CHR.
ORT: Republik Irland
TYPUS: Wikingersiedlung
Von den Wikingern im 9. Jahrhundert gegründetes Handeszentrum; Ausgrabungen legten die Ruinen von Wikingerhäusern frei; zu den Funden gehören Broschen, Stecknadeln und mit Inschriften versehene Holzgegenstände.

14 D6 CLONMACNOISE
6. JH. N. CHR.
ORT: Republik Irland
TYPUS: frühchristliche Siedlung
Der hl. Ciaran gründete 545 n. Chr. ein Kloster, das vom 7.–12. Jahrhundert seine Blütezeit erlebte: Erhalten blieben Steinkirchen, zwei Rundtürme, drei Hochkreuze und eine Kathedrale.

15 C6 ARANINSELN
1.–15. JH. N. CHR.
ORT: Republik Irland
TYPUS: frühe Siedlung
Auf den Inseln gibt es eine Reihe von Fundstätten: Dun Aenghus ist eine Festung der Eisenzeit mit vier konzentrischen Mauerringen und einem Ring aus aufrechten Steinblöcken; Clochán na Carraige, eine große, bienenkorbartige Hütte; Na Seacht d'Teampaill, die »Sieben Kirchen« (eine klösterliche Siedlung); Dun Eochla, eine runde Festung der Bronzezeit; Teampall Chiaráin, die Ruinen einer Kirche aus dem 12. Jahrhundert mit mehreren Steinen in der Umgebung, in die Kreuze eingehauen wurden.

16 C6 KILMACDUAGH
7. JH. N. CHR.
ORT: Republik Irland
TYPUS: Klostersiedlung
Gegründet vom hl. Colman; zu den Ruinen gehören ein Turm des 11. Jahrhunderts und eine vornormannische Kirche, die in gotischem Stil erneuert wurde (Gräber mit schönen Steinmetzarbeiten).

17 B7 SKELLIG MICHAEL
5. JH. N. CHR.
ORT: Republik Irland
TYPUS: mittelalterliches Kloster
Eine fast unzugängliche Klostersiedlung; erhalten blieben Reste von sechs bienenkorbartigen Zellen, zwei schiffsförmige Kapellen und das Kloster (10. Jahrhundert).

18 D7 ROCK OF CASHEL
5. JH. N. CHR.
ORT: Republik Irland
TYPUS: religiöse Siedlung
Diese starke Felsenfestung war der Wohnsitz der Könige von Munster, bis sie 1101 an die Kirche überging. Zu dem Gebäudekomplex gehören die »Hall of the Vicars Choral« und ein 28 m hoher Rundturm.

19 D6 GLENDALOUGH
6.–12. JH. N. CHR.
ORT: Republik Irland
TYPUS: Klostersiedlung
Zu den erhaltenen Bauten gehören der Torbau der Klostermauer, ein 33 m hoher Rundturm, eine dachlose Kirche und eine Reihe kleinerer Wohnhäuser, in denen die Priester lebten.

20 D7 WATERFORD
9. JH. N. CHR.
ORT: Republik Irland
TYPUS: mittelalterliche Stadt
Ursprünglich eine Wikingersiedlung; die Ausgrabungen legten ihre frühen Wohnhäuser frei. Später von den Normannen befestigt, u. a. mit einem heute noch stehenden hohen Turm. Der Ort ist auch wegen einer Fabrik des 18. Jahrhunderts berühmt, in der Kristallglas hergestellt wurde.

21 (KASTEN) UNDERHOULL
10. JH. N. CHR.
ORT: Shetland-Inseln, Schottland
TYPUS: Wikingersiedlung
Hier stand ein Wikingerhof mit einem Bootshaus in der nahegelegenen Bucht. Es gibt einen Broch – runder Steinturm – der Eisenzeit; früher gab es eine Wassermühle.

22 (KASTEN) JARLSHOF
9. JH. N. CHR.
ORT: Shetland-Inseln, Schottland
TYPUS: Wikingersiedlung
Man hat stehende Reste von langen Bauernhofgebäuden der Wikinger und die Nebengebäude eines befestigten Bauernhofes aus dem Mittelalter freigelegt; außerdem Ruinen einer Siedlung des 17. Jahrhunderts.

23 F1 MAES HOWE
CA. 2000 V. CHR.
ORT: Orkney-Inseln, Schottland
TYPUS: megalithisches Grab
Ganggrab der Jungsteinzeit mit jüngeren Runenzeichnungen an den Wänden. Die Menhire im nahegelegenen Stenness waren möglicherweise Bestandteil dieser megalithischen Grabstätte.

24 F1 SKARA BRAE
FRÜHES 3. JT. V. CHR.
ORT: Orkney-Inseln, Schottland
TYPUS: jungsteinzeitliche Siedlung
Siehe Seiten 25, 30–31.

25 D2 CALLANISH
CA. 1800 V. CHR.
ORT: Äußere Hebriden, Schottland
TYPUS: rituelles Monument
Dieser Steinkreis der Jungsteinzeit wurde niemals vollendet. Die axial angelegten Steinreihen sollten sich an einem zentralen Stein treffen. Aus späterer Zeit stammt ein Kammergrab mit kurzem Zuweg und zwei kleinen Kammern; dort entdeckte man ein großes Bronzegefäß.

26 E3 URQUHART CASTLE
13.–17. JH. N. CHR.
ORT: Schottland
TYPUS: mittelalterliche Burg
Eine der größten Burgen in Schottland (heute Ruinen); der Ort war seit der Zeit der Pikten von strategischer Bedeutung. 1509 erweiterte James IV. von Schottland die Befestigungsanlagen.

27 F3 INCHTUTHILL
1. JH. N. CHR.
ORT: Schottland
TYPUS: Römerkastell
Dieses Legionärskastell am River Tay wachte über die nördlichste römische Kolonie. Ausgrabungen ergaben, daß der Bau nicht fertiggestellt sondern regelrecht geschleift wurde. In einer Grube in der Nähe fand man mehr als eine Million ungebrauchter Nägel.

28 E4 ANTONINUSWALL
142 N. CHR.
ORT: Schottland
TYPUS: Grenzbefestigung
Die römische Befestigung erstreckte sich vom Firth of Forth bis zum Clyde. Sie wurde aus Grassoden errichtet, die man auf ein Fundament aus Steinen schichtete. Entlang dem 60 km langen Wall standen rund 19 Kastelle.

29 D3 IONA
6.–12. JH. N. CHR.
ORT: Schottland
TYPUS: Klostersiedlung
Auf dieser winzigen Insel gründete der hl. Columban im 6. Jahrhundert eine Siedlung. Es gibt eine Benediktinerabtei (12. Jahrhundert), den Hüttenkreis Cobhan Cuilteach und Cairns.

30 F4 CAIRNPAPPLE
3. JT. V. CHR.
ORT: Schottland
TYPUS: rituelles Monument
Eine Reihe von Überresten; darunter ein Steinkreis, eine Grabkammer und ein ritueller Komplex, der während mehrerer Epochen genutzt wurde.

31 F4 NEW LANARK
SPÄTES 18. JH. N. CHR.
ORT: Schottland
TYPUS: Industriedorf
Erbaut von David Dale als Wohnort für seine Arbeiter; die Anlage zeichnet sich durch einige eindrucksvolle wasserbetriebene Werke und Mietskasernen aus.

32 G4 LINDISFARNE
7.–11. JH. N. CHR.
ORT: England
TYPUS: Klostersiedlung
Bis zur Invasion der Dänen (793 n. Chr.) Kirche und Kloster, danach zur Festung ausgebaut. Die Bögen der im 11. Jahrhundert erbauten Priorei blieben erhalten.

33 F4 YEAVERING
5.–7. JH. N. CHR.
ORT: Northumbria, England
TYPUS: sächsische Siedlung
Sitz der Könige von Northumbria, an dem eine Versammlungstribüne und eine große Halle aus Holz ausgegraben wurden.

34 F5 HADRIANSWALL
CA. 122 N. CHR.
ORT: England
TYPUS: Grenzbefestigung
Die Nordgrenze des Römischen Reiches, die sich von Wallsend bis nach Bowness-on-Solway erstreckte. Der Wall war aus Steinen errichtet und durch Wachtürme, Meilenkastelle und Kastelle gesichert *(siehe Seite 68)*.

35 F5 VINDOLANDA
1.–2. JH. N. CHR.
ORT: England
TYPUS: Römerkastell
Eines der Kastelle am Hadrianswall (siehe oben). Es wurde 90 n. Chr. zusammen mit einer zivilen Siedlung mit Thermen, einem Wirtshaus und Mausoleen erbaut. Römische Schreibtafeln liefern Details über Ernährung, Kleidung und das tägliche Leben.

36 G5 HYLTON CASTLE
14. JH. N. CHR.
ORT: England
TYPUS: mittelalterliche Burg
Siehe Seiten 90, 92–95.

37 G5 JARROW UND MONKWEARMOUTH
7. JH. N. CHR.
ORT: Tyne & Wear, England
TYPUS: Klostersiedlung
Zwei Klosterkirchen, die eine wurde im 18. Jahrhundert zerstört. Ausgrabungen legten zwei rechteckige Hallen mit Glasfenstern und steinplattengedeckten Dächern frei.

38 F5 GREAT LANGDALE
CA. 4000 V. CHR.
ORT: Cumbria, England
TYPUS: jungsteinzeitliches Bergwerk
Hier wurden 1000 Jahre lang Steinäxte hergestellt – auf dem Hügel lagen unfertige Äxte und Steinabschläge.

39 G5 WHARRAM PERCY
9.–15. JH. N. CHR.
ORT: Yorkshire, England
TYPUS: mittelalterliches Dorf
Verlassene Siedlung mit Häusern aus verputztem Flechtwerk; zwei Herrenhäuser und eine Kirche (12. Jahrhundert). Zu jedem Haus gehörte ein kleiner Hof *(toft)* und ein Gehege *(croft)*.

40 G5 STAR CARR
8. JT. V. CHR.
ORT: Yorkshire, England
TYPUS: mittelsteinzeitliche Siedlung
Dank der Feuchtbodenlage blieben hölzerne Werkzeuge sowie Artefakte aus Knochen und Geweih erhalten. Man fand etwa 187 gezähnte Pfeilspitzen und Stirnplatten von Rothirschen, die wahrscheinlich bei zeremoniellen Handlungen getragen wurden.

41 F6 BACUP
19. JH. N. CHR.
ORT: Lancashire, England
TYPUS: Industriestadt
Die Gegend um das Tal von Rossendale war während der industriellen Revolution das Zentrum der Baumwollspinnerei, und Bacup ist das besterhaltene Beispiel für eine Spinnereistadt.

42 G6 CRESWELL CRAGS
VOR 20000–10000 JAHREN
ORT: Derbyshire, England
TYPUS: Jäger und Sammler
Einige der hier gefundenen stumpfrückigen Klingen sind namensgebend (Creswellien) für ähnliche Funde in anderen Höhlen.

43 G6 ARBOR LOW
CA. 2000 V. CHR.
ORT: Derbyshire, England
TYPUS: rituelles Monument
Ein Steinkreis, der manchmal als »Stonehenge des Nordens« bezeichnet wird; er besteht aus 46 Steinen, die von einem Graben umgeben sind.

44 F7 COALBROOKDALE (IRONBRIDGE)
18. JH. N. CHR.
ORT: Shropshire, England
TYPUS: Industriekomplex
Siehe Seiten 111, 118–119.

45 G7 SOHO-WERKE
18. JH. N. CHR.
ORT: Birmingham, England
TYPUS: Industriekomplex
Siehe Seiten 111, 112–115.

46 H7 GRIMES GRAVES
3. JT. V. CHR.
ORT: Norfolk, England
TYPUS: jungsteinzeitlicher Steinbruch
Hier brach man die Feuersteine mit Rothirschgeweihen aus den Schächten. Am Eingang der Stollen wurden die Steine beschlagen und dann abtransportiert. Ausgrabungen brachten Fruchtbarkeitsfiguren aus Kreide ans Licht *(siehe Seite 25)*.

47 H7 THETFORD
9. JH. N. CHR.
ORT: England
TYPUS: mittelalterliche Stadt
Handelsstadt seit angelsächsischer Zeit; als die Abtei während der Reformation im 16. Jahrhundert zerstört wurde, begann der Niedergang. Mitten in der Stadt steht ein großer Hügel – die Reste einer normannischen Motte.

48 H7 WEST STOW
5.–7. JH. N. CHR.
ORT: Suffolk, England
TYPUS: angelsächsische Siedlung
Gegen Ende der römischen Besatzung erbauter Weiler. Inzwischen wurde er ausgegraben und restauriert, dabei kamen römisch-britische Keramik und Münzen zutage *(siehe Seite 81)*.

49 H7 SUTTON HOO
7. JH. N. CHR.
ORT: Suffolk, England
TYPUS: angelsächsischer Friedhof
Hier liegen die Gräber der frühen angelsächsischen Könige. Der Ort ist besonders berühmt wegen eines Schiffsgrabes, in dem ein Schwert, ein Schild, ein verzierter Helm und eine Gürtelschnalle aus Gold gefunden wurden.

50 G8 ABBEY MILLS
1864 N. CHR.
ORT: London, England
TYPUS: Industrie
Pumpstation im byzantinischen Stil; sie enthielt acht Maschinen, die sich in hervorragendem Zustand erhalten haben.

51 G7 STANTON HARCOURT
VOR 200000 JAHREN
ORT: Oxfordshire, England
TYPUS: Jäger und Sammler
Siehe Seiten 13, 14–17.

52 G7 WAYLAND'S SMITHY
CA. 3500 V. CHR.
ORT: Oxfordshire, England
TYPUS: megalithisches Monument
Ein Langgrab der Jungsteinzeit und ein megalithisches Ganggrab; ein hölzernes Totenhaus mit 14 Bestattungen wurde ausgegraben.

53 F8 AQUAE SULIS
1. JH. N. CHR.
ORT: Bath, England
TYPUS: römische Siedlung
Der wichtigste religiöse Ort des römischen Britannien; er entstand um einige heiße Quellen und war der Göttin Sulis Minerva geweiht. Die Ausgrabungen legten einen Tempel und einen vergoldeten Bronzekopf der Göttin frei.

54 F8 TOCKENHAM
1. JH. N. CHR.
ORT: Wiltshire, England
TYPUS: römische Villa
Siehe Seiten 68, 70–73.

55 F8 AVEBURY
3. JT. V. CHR.
ORT: Wiltshire, England
TYPUS: rituelles Monument
Siehe Seiten 35, 36–39.

56 G8 DANEBURY
6.–1. JH. V. CHR.
ORT: Hampshire, England
TYPUS: eisenzeitlicher Ringwall
Eine befestigte keltische Siedlung mit zwei Eingängen und einer zweiten Verteidigungslinie. Es gibt Reste von Lagergruben, Kornspeichern und einigen Rundhäusern.

57 G8 STONEHENGE
3.–2. JT. V. CHR.
ORT: Wiltshire, England
TYPUS: rituelles Monument
Stonehenge, mit seinen berühmten Steinsetzungen innerhalb eines Ringes aus Wall und Graben, ist das wichtigste prähistorische Zeugnis Großbritanniens. Direkt innerhalb, entlang des Ringes, liegen die 57 »Aubrey Holes« (für Feuerbestattungen), die ca. 3000 v. Chr. angelegt wurden. Ab 2400 v. Chr. errichtete man die Steine: Die größeren bestehen aus einem lokalen Quarz-Sandstein, sind kreisförmig angeordnet und tragen Decksteine; sie umgeben ein »Hufeisen« aus fünf Trilithen (paarweise stehende Steine mit einem Deckstein). Weiterhin

standen kleinere Blaubasaltsteine aus Wales und ein weiteres Hufeisen im Innenraum. Das Monument wurde wahrscheinlich um 1100 v. Chr. aufgegeben *(siehe Seite 35)*.

58 F8 BUSH BARROW
3. JT. V. CHR.
ORT: Wiltshire, England
TYPUS: Grabhügel
Die Grabstätte eines Häuptlings der frühen Bronzezeit gehört zum Friedhof von Normanton Down. Man fand eine Brustplatte, eine goldene Gürtelschließe, Bronzedolche und eine Axt.

59 G8 WINTERBOURNE GUNNER
5.–6. JH. N. CHR.
ORT: Wiltshire, England
TYPUS: angelsächsische Siedlung
Siehe Seiten 81, 82–85.

60 G8 BOXGROVE
VOR 500 000 JAHREN
ORT: West-Sussex, England
TYPUS: Jäger und Sammler
Fundstätte des Acheuléen, wo Steinwerkzeuge, Abschlagsabfälle und menschliche Gebeine ausgegraben wurden.

61 G8 BUTSER
3. JH. V. CHR.
ORT: Hampshire, England
TYPUS: eisenzeitliche Siedlung
Die Anlage mit Rundhäusern, Lagergruben und Kornspeichern wurde jüngst rekonstruiert, um die Lebensweise der damaligen Bewohner nachzuvollziehen.

62 G8 MARY ROSE
16. JH. N. CHR.
ORT: Portsmouth, England
TYPUS: Schiffswrack
Das berühmte 1509 erbaute Schiff von Heinrich VIII. sank 1545. Als der Rumpf 1982 gehoben wurde, barg man Tausende von Objekten.

63 F8 MAIDEN CASTLE
500 V. CHR.–43 N. CHR.
ORT: Dorset, England
TYPUS: eisenzeitlicher Ringwall
Eine große Befestigung, in der mächtige Wälle und ein Kriegerfriedhof zutage kam. Es gibt Spuren von Rundhäusern und Straßen im Innern.

64 F8 BRISTOL
17. JH. N. CHR.
ORT: Avon, England
TYPUS: Handelshafen
Wichtiger Hafen der Kolonialzeit; beteiligt am Handel mit Tabak, Wein und Sklaven *(siehe Seite 101)*.

65 F8 GLASTONBURY
3. JH. V. CHR.
ORT: Somerset, England
TYPUS: eisenzeitliche Siedlung
Dorf an einem See; Spuren von 90 Rundbauten mit dicken Tonböden, Herden und den Resten hölzerner Schalen und Becken. Daneben stehen die Ruinen einer Abtei (8. Jahrhundert).

66 F8 GOUGH'S CAVE
VOR 20 000–10 000 JAHREN
ORT: Somerset, England
TYPUS: Jäger und Sammler
Höhle des Creswellien (siehe Nr. 42), in der Pferde- und Rothirschknochen, Schnitzereien, Feuerstein und einige menschliche Gebeine gefunden wurden sowie der Cheddar-Mann.

67 F8 DARTMOUTH
18. JH. N. CHR.
ORT: Devon, England
TYPUS: Industrie
Hier erfand Thomas Newcomen die erste atmosphärische Dampfmaschine, die in einigen der damaligen Zinnbergwerke eingesetzt wurde *(siehe Seite 111)*.

68 E8 TINTAGEL
9. JH. N. CHR.
ORT: Cornwall, England
TYPUS: mittelalterliche Burg
Ruine einer Burg, die über einer keltischen Siedlung erbaut wurde; man fand Keramik aus dem östlichen Mittelmeerraum.

69 E9 BOLEIGH
1.–5. JH. N. CHR.,.
ORT: Cornwall, England
TYPUS: eisenzeitliche Siedlung
Befestigte Siedlung, deren Bewohner Zinn verarbeiteten. Es gibt Reste von Hügelgräbern und Steinkreisen sowie eine *fougou* (unterirdische Höhle als Schutz- oder Lagerraum).

70 F7 TINTERN ABBEY
11.–15. JH. N. CHR.
ORT: Wales
TYPUS: mittelalterliche Abtei
Von Zisterziensermönchen 1131 n. Chr. gegründet; heute Ruine. Die meisten Überreste stammen von späteren Gebäuden (13.–15. Jahrhundert).

71 F7 CAERLEON
CA. 75 N. CHR.
ORT: Wales
TYPUS: römische Stadt
Eine befestigte römische Siedlung mit 64 Reihen von Kasernen für die Legionäre; daneben aber auch eine gänzlich autarke Stadt mit Amphitheater, Krankenhaus und Thermenkomplex.

72 F7 BLAENAFON
17.–18. JH. N. CHR.
ORT: Wales
TYPUS: Industriekomplex
Kohlebergwerke und Eisenindustrie, gegründet 1782; doch wurde in der Nähe bereits seit dem 16. Jahrhundert Eisen verhüttet. Aus den Überresten lassen sich viele Schlüsse über die frühe Eisenherstellung und die Lebensbedingungen der Arbeiter ziehen.

73 F7 HEN DOMEN
CA. 1070 N. CHR.
ORT: Wales
TYPUS: mittelalterliche Burg
Die am sorgfältigsten ausgegrabene normannische Motte auf den Britischen Inseln. Neben anderen Artefakten wurden auch Tonscherben ausgegraben.

74 F7 MARGAM
6.–10. JH. N. CHR.
ORT: Wales
TYPUS: mittelalterliches Kloster
Eine Abtei mit einem römischen Meilenstein und zwei Säulensteinen des 6. Jahrhunderts. Einer ist wegen der Ogham-Inschriften (keltisches Manuskript) berühmt.

75 E7 PAVILAND CAVE
VOR 38 000–10 000 JAHREN
ORT: Wales
TYPUS: Jäger und Sammler
Höhle, in der Überreste von Werkzeugherstellung ausgegraben wurden. An dieser Stelle fand die älteste zeremonielle Bestattung Großbritanniens statt: Die »Rote Dame von Paviland« war in Wirklichkeit ein Mann, der mit Ocker bedeckt und zusammen mit Beigaben aus Elfenbein beigesetzt wurde.

76 E7 GORS FAWR
3. JT. V. CHR.
ORT: Wales
TYPUS: rituelles Monument
Ein Kreis aus 16 Steinen, jeweils im Abstand von etwa 2 m; außerhalb stehen zwei Eingangssteine.

77 E6 CAERNARVON CASTLE
1283 N. CHR.
ORT: Wales
TYPUS: mittelalterliche Burg
Zunächst stand hier eine normannische Motte. Zu den heute sichtbaren Bauten gehören ein ungewöhnlicher polygonaler Turm und Mauerwerk mit bandartigen Ziegelreihen.

78 E6 GRAIG LLWYD
4.–3. JT. V. CHR.
ORT: Wales
TYPUS: jungsteinzeitlicher Steinbruch
Hier wurden ein Steinbruch und eine Werkstätte für Äxte ausgegraben. Man fand Bearbeitungsflächen mit Abschlägen. Mit Hilfe von petrologischen Untersuchungen ließ sich jede Axt der Stelle zuordnen, von der der Stein stammte.

79 E6 BRYN CELLI DDU
CA. 3000 V. CHR.
ORT: Wales
TYPUS: megalithisches Grab
Ganggrab mit einer Kammer unter einem Cairn, es wurde weißer Quarz geborgen sowie intakte und verbrannte Knochen, eine hohe, schlanke Säule im Innern der Kammer und das Skelett eines Stieres.

80 E6 BARCLODIAD Y GAWRES
3. JT. V. CHR.
ORT: Wales
TYPUS: megalithisches Grab
Große megalithische Grabkammer mit einigen Beispielen megalithischer Kunst.

SKANDINAVIEN & DAS BALTIKUM

Karte auf Seite 145

1 (KASTEN) HOFSTADIR
SPÄTES 1. JT. N. CHR.
ORT: Island
TYPUS: Winkingersiedlung
Hofanlage mit einer einzelnen Halle und einem kleinen Raum, in dem ein großer Kochtopf entdeckt wurde *(siehe Seite 81)*.

2 (KASTEN) THINGVELLIR
10. JH. N. CHR.
ORT: Island
TYPUS: frühe Siedlung
Ort des ersten isländischen Parlamentes; Artefakte und alte Gebäude.

3 (KASTEN) SKALHOLT
10. JH. N. CHR.
ORT: Island
TYPUS: Winkingersiedlung
Langhaus und frühe Kirche.

4 C4 VARJAREN
1. JT. V. CHR.
ORT: Norwegen
TYPUS: Friedhof der Samen
Ein Hügel, in dem auch ein Bär rituell begraben wurde.

5 C5 KRANKMARTENHOGEN
1.–12. JH. N. CHR.
ORT: Norwegen
TYPUS: Friedhof der Samen
Feuerbestattungen, die durch dreieckige Steinsetzungen gekennzeichnet wurden; obenauf lagen Geweihe und Tierknochen.

6 C6 RØROS
17. JH. N. CHR.
ORT: Norwegen
TYPUS: Industriestadt
Städtchen mit Resten von Bergwerken, Kupferhütten und weiteren Gebäuden.

7 B6 KAUPANGER
9. JH. N. CHR.
ORT: Norwegen
TYPUS: Wikingerzentrum
Ausgegraben wurden Häuser und Werkstätten, dabei fand man Holz- und Metallobjekte sowie Gefäße aus Speckstein.

8 B6 STABKIRCHE BORGUND
CA. 1150 N. CHR.
ORT: Norwegen
TYPUS: mittelalterliche Kirche
Gut erhaltene Stabkirche.

9 B7 OSEBERG
CA. 850 N. CHR.
ORT: Norwegen
TYPUS: Grabhügel
Eine Schiffsbestattung der Wikinger, möglicherweise eines Königs; zahlreiche Grabbeigaben *(siehe Seiten 81, 86)*.

10 B7 GOKSTAD
9. JH. N. CHR.
ORT: Norwegen
TYPUS: Grabhügel
Das längste Schiff der Nordmänner in Norwegen; es enthielt einen rituell bestatteten großen Mann mittleren Alters.

11 B8 AGGERSBORG
SPÄTES 1. JT. N. CHR.
ORT: Dänemark
TYPUS: Wikingersiedlung
Hier wurde die größte Wikingerfestung ausgegraben.

12 B8 ERTEBØLLE
6.–4. JT. V. CHR.
ORT: Dänemark
TYPUS: frühe Wohnstätte
Abfallhaufen einer Küche mit Keramik- und Steinaxtfunden.

13 B8 LINDHOLM HØJE
8.–10. JH. N. CHR.
ORT: Dänemark
TYPUS: Grabhügel
Gräber von mehr als 700 Menschen, darunter Feuerbestattungen und ovale Grabhügel; wahrscheinlich den Wikingern zugehörig.

14 B8 MOLS GRUPPE
4.–2. JT. V. CHR.
ORT: Dänemark
TYPUS: megalithische Gräber
Kammergräber und Steinkreis.

15 B8 BYGHOLM NORREMARK
CA. 4200 V. CHR.
ORT: Dänemark
TYPUS: Grabhügel
Totenhaus über einem Grubengrab; zwei Häuser aus jüngerer Zeit.

16 B8 BORUM ESHØJ
3. JT. V. CHR.
ORT: Dänemark
TYPUS: Grabhügel
Drei gut erhaltene Eichensärge; in einem wurde eine Frau bestattet (Bronzedolch und Verzierungen).

17 B8 MANN VON GRAUBALLE
CA. 310 N. CHR.
ORT: Dänemark
TYPUS: Moorleiche
In einem Moor wurde der fast 2000 Jahre alte Körper eines Mannes gefunden *(siehe Seite 58)*.

18 B8 JELLING
10. JH. N. CHR.
ORT: Dänemark
TYPUS: Wikingerstadt
In der Hauptstadt der Wikinger fand man einige Grabhügel und Runensteine.

19 B9 EGTVED
2. JT. V. CHR.
ORT: Dänemark
TYPUS: Grabhügel
Gut erhaltener Körper eines jungen Mädchens in einem Eichensarg; sie trug Kleider, u. a. ein kurzes wollenes Hemd und einen Gürtel mit einer großen Bronzescheibe.

20 B9 TYBRIND VIG
4. JT. V. CHR.
ORT: Dänemark
TYPUS: jungsteinzeitliche Siedlung
Die Fundstätte lag unter Wasser; gefunden wurden Angelhaken, Keramik, Textilien und ein Boot mit Paddel.

21 B9 HJORTSPRING
3. JH. V. CHR.
ORT: Dänemark
TYPUS: Grabhügel
Unter einem Hügel lag ein Kriegsschiff mit 150 hölzernen Schilden, 138 Speerspitzen aus Eisen und 20 Panzerhemden.

22 C9 BILDSØ
SPÄTES 4. JT. V. CHR.
ORT: Dänemark
TYPUS: Grabhügel
Ein langer Hügel mit einer Gruppe kleiner Kammern.

23 C9 SKUDELEV
11. JH. N. CHR.
ORT: Dänemark
TYPUS: Schiffswrack
Wrackteile von fünf Schiffen, die in einem Fjord gesunken waren.

24 C8 TRELLEBORG
10. JH. N. CHR.
ORT: Dänemark
TYPUS: Wikingerfestung
In dieser Siedlung, geschützt durch einen Wall, lebten 500 Menschen; man grub Straßen und einen Friedhof aus *(siehe Seite 81)*.

25 C8 DOM VON LUND
12. JH. N. CHR.
ORT: Schweden
TYPUS: mittelalterliche Kirche
Diese romanische Kirche gehört zu den besten Beispielen ihrer Art.

26 C8 SKATEHOLM
7. JT. V. CHR.
ORT: Schweden
TYPUS: mittelsteinzeitlicher Friedhof
Bestattung mit Beigaben von Hunden, Geweihen und Feuersteinklingen. Es gibt Hinweise auf ein großes zeremonielles Bauwerk.

27 C9 HAGESTAD
CA. 2500 V. CHR.
ORT: Schweden
TYPUS: früher Friedhof
Einige Grabhügel; einer war in neun Kammern unterteilt und enthielt die Gebeine von etwa 50 Toten.

28 C8 KIVIK
2. JT. V. CHR.
ORT: Schweden
TYPUS: Grabhügel
Ein Tumulus mit einem Steinkistengrab; einige eindrucksvolle Gravuren.

29 D8 VALLHAGAR
6. JH. N. CHR.
ORT: Schweden
TYPUS: bäuerliche Siedlung
Langhäuser mit zentralen Feuerstellen und Nebengebäuden.

30 D7 BIRKA
9.–10. JH. N. CHR.
ORT: Schweden
TYPUS: Wikingersiedlung
Handelszentrum und Friedhof mit 3500 Gräbern. Bei Ausgrabungen fand man Gegenstände aus Rußland und dem Fernen Osten.

31 D7 HELGO
6.–10. JH. N. CHR.
ORT: Schweden
TYPUS: Wikingersiedlung
Grundmauern von Häusern; darunter Schmieden sowie Werkstätten für Bronzeverarbeitung und Perlenherstellung.

32 D7 WASA
1628 N. CHR.
ORT: Schweden
TYPUS: Schiffswrack
Das hier gesunkene Flaggschiff wurde gehoben und konserviert.

33 D7 GAMLA UPPSALA
5. JH. N. CHR.
ORT: Schweden
TYPUS: Grabhügel
Hier wurden die frühen Könige begraben; später ein ritueller Ort der Wikinger.

34 D7 VALSGARDE
6.–11. JH. N. CHR.
ORT: Schweden
TYPUS: normannischer Friedhof
Grabstätte eines Häuptlings, in der ein Helm und Speerspitzen gefunden wurden.

35 D5 GRATASK
11.–13. JH. N. CHR.
ORT: Schweden
TYPUS: Friedhof der Samen
Ort einer samischen Opferstätte, an dem ein Vogel aus Metall ausgegraben wurde.

36 E6 KIRKONLAATTIA
CA. 1500 V. CHR.
ORT: Finnland
TYPUS: Grabhügel
Großes Grab mit Verzierung im Innern, die eine rituelle Prozession darstellt.

37 E7 SOUKAINEN
4. JH. N. CHR.
ORT: Finnland
TYPUS: Cairn
Ein großer, runder Cairn mit zwei Bestattungen – jede mit einem vollständigen Satz Waffen. Außerdem fand man ein Trinkhorn aus Glas und Gürtelschnallen aus Bronze.

38 D7 OTTERBOTE
3. JT. V. CHR.
ORT: Finnland
TYPUS: frühe Siedlung
Unter einer Klippe wurden die Böden von neun Rundhütten mit außenliegenden Feuerstellen, Abfallhaufen und die Reste eines Brunnens gefunden; dazu etwa 23000 Tonscherben.

39 E7 YLISKYLA
CA. 600 N. CHR.
ORT: Finnland
TYPUS: Friedhof
Ein Friedhof und ein Hügel mit einem reich ausgestatteten Schiffsgrab; man fand Schildbuckel und -handgriffe, außerdem Messer.

40 F7 KUNDA-LAMMASMAGI
7.–4. JT. V. CHR.
ORT: Estland
TYPUS: Jäger und Sammler
Funde kunstvoller Verarbeitung von Geweihen und Knochen für den Fischfang.

41 E7 BURG TOOMPEA
14. JH. N. CHR.
ORT: Estland
TYPUS: mittelalterliche Burg
Gegründet von den Dänen; die ältesten Funde reichen bis ins 14. Jahrhundert zurück. Auf den Wänden eines Eckturmes (Hoher Hermann) sind Geschoßeinschläge (16. Jahrhundert) zu sehen.

42 E8 SARNATE
4.–3. JT. V. CHR.
ORT: Lettland
TYPUS: frühe Siedlung
Reste von Häusern und Herden der Narva-Kultur; daneben eine Reihe hölzerner Artefakte.

43 E8 ZVEJNIEKI
7. JT. V. CHR.
ORT: Lettland
TYPUS: mittelsteinzeitlicher Friedhof
Über 300 Gräber neben einer Siedlung; man fand durchbohrte Elchzähne als Anhänger, Pfeilspitzen aus Knochen und Ocker.

44 E8 IMPILTIS
11.–13. JH. N. CHR.
ORT: Litauen
TYPUS: mittelalterliche Hügelfestung
Hölzerne Befestigungen aus hohen Zäunen und Türmen; in den Erdaufschüttungen fand man Wasserspeicher.

45 E8 SVENTOJI
3. JT. V. CHR.
ORT: Litauen
TYPUS: frühe Siedlung
Siedlung der Narva-Kultur; die Funde gleichen denen von Sarnate in Lettland.

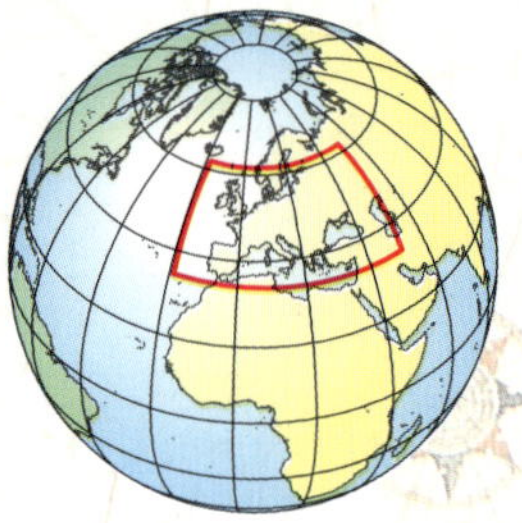

KONTINENTAL-EUROPA

Karte auf den Seiten 146–147

1 E7 ANTELAS
SPÄTES 4. JT. V. CHR.
ORT: Portugal
TYPUS: megalithisches Grab
Klassischer Dolmen, dessen Steine mit geometrischen Mustern verziert sind.

2 E7 VILA NOVA DE FOZ COA
VOR 20 000 JAHREN
ORT: Portugal
TYPUS: Felsenkunst
Eine jüngst entdeckte Reihe von Felsritzungen, die vielleicht die umfangreichsten ihrer Art in Europa sein könnten.

3 E8 VILA NOVA DE SÃO PEDRO
3. JT. V. CHR.
ORT: Portugal
TYPUS: frühe Siedlung
Befestigte Siedlung der Jungsteinzeit, die während dreier Phasen besiedelt war. Die Ausgrabungen brachten Meißel, Dolche, Kupferäxte und Becherkeramik zu Tage *(siehe Seite 25)*.

4 E8 ZAMBUJAL
2400–1800 V. CHR.
ORT: Portugal
TYPUS: alte Befestigungsanlage
Eine etwa 600 Jahre lang genutzte Zitadelle. Hier wurde Kupfer abgebaut, und es gibt Funde von Becherkeramik.

5 E8 SEIXAL
19. JH. N. CHR.
ORT: Portugal
TYPUS: Industriekomplex
Die hiesigen Glasflaschen- und Wollfabriken waren die ersten in Portugal ausgegrabenen Industriestandorte.

6 E8 LISSABON
16. JH. N. CHR.
ORT: Portugal
TYPUS: mittelalterlicher Hafen
Zentrum des portugiesischen Welthandels; entstanden um das Kastell São Jorge, das noch immer die Stadt beherrscht. Trotz des Erdbebens, das die Stadt 1755 zerstörte, verblieben Reste und Schätze aus der Kolonialzeit *(siehe Seite 101)*.

7 E8 PALMELA
FRÜHES 2. JT. V. CHR.
ORT: Portugal
TYPUS: Felsengräber
Eine Nekropole aus Gräbern mit je einer Vorkammer (Hypogäum); zu den Beigaben gehören Becherkeramik, Blattgold und Kupfermesser.

8 E8 ALALA
4. JT. V. CHR.
ORT: Portugal
TYPUS: megalithischer Friedhof
Ein langer Gang führt in eine Kammer mit falschem Gewölbe und einer Reihe von Gräbern. In Grab 3 lagen Callais-Perlen, Anhänger aus Bernstein und flache Kupferäxte.

9 E7 SANTIAGO DE COMPOSTELA
11. JH. N. CHR.
ORT: Spanien
TYPUS: mittelalterliche Kathedrale
Siehe Seiten 90, 99.

10 E7 GUARDA
SPÄTES 1. JT. V. CHR.
ORT: Spanien
TYPUS: keltische Siedlung
In den Resten einer keltischen Befestigung haben sich die Fundamente von etwa 100 runden Steinhäusern erhalten.

11 F7 ALTAMIRA
VOR 15 000–13 000 JAHREN
ORT: Spanien
TYPUS: Höhlenkunst
Die Höhle ist wegen ihrer Kunst des Magdalénien berühmt, besonders wegen der Bisondarstellungen. Es gibt auch einige Beispiele für transportable Kunstobjekte.

12 F7 EL CASTILLO
VOR 40 000 JAHREN
ORT: Spanien
TYPUS: Jäger und Sammler
Eine Höhle, deren Bewohner Pferde, Wildrinder und Rehe jagten. An den Wänden fand man 155 Tierfiguren und 50 rote Handabdrücke.

13 F7 AVILA
11. JH. N. CHR.
ORT: Spanien
TYPUS: mittelalterliche Stadt
Eindrucksvoll befestigte Stadt; die Stadtmauern, die z.T. aus römischem Material erbaut wurden, sind 12 m hoch und alle 20 m durch einen Rundturm unterbrochen *(siehe Seite 90)*.

14 F8 VASCOS
9.–10. JH. N. CHR.
ORT: Spanien
TYPUS: islamische Festung
Diese Festung war möglicherweise ein Rückzugsort oder eine Bergwerksstadt.

15 E8 MERIDA
1. JH. V. CHR.
ORT: Spanien
TYPUS: römische Stadt
Zu den Ruinen gehören ein gut erhaltenes Theater, ein Amphitheater, ein römisches Haus und Mosaiken. Daneben gibt es einen Dianatempel des 1. Jahrhunderts n. Chr., den Aquädukt Los Milagros und die maurischen Gebäude von Alcazaba.

16 E8 CANCHO RUANO
7. JH. V. CHR.
ORT: Spanien
TYPUS: frühe Siedlung
Zentrum der Tartessos-Kultur; die Ausgrabungen legten einen kleinen Tempel, einen Wassergraben sowie Keramik und Schmuck frei.

17 E8 SEVILLA
12. JH. N. CHR.
ORT: Spanien
TYPUS: mittelalterliche Stadt
Eine wichtige Stadt in der spanisch-maghrebinisch-islamischen Welt. Die archäologischen Entdeckungen gehen auf alte Stiche zurück; so fand man innerhalb der Kathedrale die Reste einer Moschee.

18 E8 HUELVA
8. JH. V. CHR.
ORT: Spanien
TYPUS: Bergbauzentrum
Wichtiges Erzbergwerk, in dem ein großer Bronzeschatz gefunden wurde.

19 F8 MADINAT AZ-ZAHRA
10.–11. JH. N. CHR.
ORT: Spanien
TYPUS: islamische Siedlung
Ruinen eines Königspalastes und einer kleinen Moschee sowie Wandverzierungen.

20 E8 ALCAZABA
8.–11. JH. N. CHR.
ORT: Spanien
TYPUS: mittelalterliche Burg
Die Burg wurde innerhalb der Wälle einer maurischen Stadt erbaut. Es gibt Ruinen eines römischen Amphitheaters und einen Bergfried. Man grub phönizische, römische und maurische Artefakte aus.

21 F8 GRANADA
13.–15. JH. N. CHR.
ORT: Spanien
TYPUS: mittelalterliche Stadt
Die Alhambra – Palast und Festung – ist das eindrucksvollste maurische Gebäude *(siehe Seite 90)*.

22 F9 LOS MILLARES
CA. 2400 V. CHR.
ORT: Spanien
TYPUS: befestigte Siedlung
Eine Wehrmauer, die rechteckige Häuser und Tholoi (bienenkorbartige Gräber) umschloß. Neben anderen Artefakten wurden importierte ägyptische Keramik, Elfenbeinsandalen, Götzenbilder aus Knochen und Kupferäxte gefunden.

23 F8 EL ARGAR
2. JT. V. CHR.
ORT: Spanien
TYPUS: befestigte Siedlung
Fast 1000 Bestattungen; zu den Funden gehören goldene und silberne Diademe, kupferne und bronzene Dolche und Schwerter.

24 F8 ALMIZARAQUE
3. JT. V. CHR.
ORT: Spanien
TYPUS: frühe Siedlung
Man fand Vorratsgruben und ovale Häuser mit Elfenbeinsandalen, Götzenbildern aus Alabaster und Kupferobjekten. In einem Grab lagen neben 50 Skeletten Perlen, Knöpfe, Werkzeuge und Schnitzereien.

25 F8 VILLENA
CA. 1000 V. CHR.
ORT: Spanien
TYPUS: frühe Siedlung
Ausgegrabener Schatz mit vielen Goldobjekten, darunter Schalen, Flaschen und Schmuck.

26 F7 TORRALBA
VOR 400 000–200 000 JAHREN
ORT: Spanien
TYPUS: Jäger und Sammler
An diesem Ort wurden zahlreiche Elefanten getötet; man fand Werkzeuge des Acheuléen.

27 F7 AMBRONA
VOR 400 000–200 000 JAHREN
ORT: Spanien
TYPUS: Jäger und Sammler
Auch hier wurden Elefanten getötet; ähnliche Funde wie in Torralba (Werkzeuge des Acheuléen).

28 G8 VALTORTA
VOR 20 000 JAHREN
ORT: Spanien
TYPUS: Jäger und Sammler
Höhle mit steinzeitlicher Kunst: Menschen, die Waffen in den Händen halten *(siehe Seite 12)*.

29 G7 TARRAGONA
3. JH. V. CHR.
ORT: Spanien
TYPUS: römische Stadt
Frühe Stadt mit Ruinen eines Palastes, einer Nekropole und einem Aquädukt.

30 G7 AMPURIAS
6.–3. JH. V. CHR.
ORT: Spanien
TYPUS: griechisch-römische Stadt
Hier gab es drei getrennte Siedlungen; wenige Überreste aus der phönizischen Epoche, dann eine griechische Stadt (550 v. Chr.), aus der Ruinen mehrerer Tempel, die Agora und Mosaiken erhalten blieben; schließlich einige römische Ruinen.

31 G8 TORRE D'EN GAUMES
2. JT. V. CHR.
ORT: Spanien
TYPUS: bronzezeitliche Siedlung
Ein Dorf, in dem Menhire, Taulas (T-förmige Steine) und Gräber freigelegt wurden.

32 F5 FRENOUVILLE
4.–7. JH. N. CHR.
ORT: Frankreich
TYPUS: großer Friedhof
Ursprünglich ein gallorömischer Friedhof; nach dem Aufstieg der Merowinger änderte sich die Ausrichtung der Gräber.

33 F6 CARNAC
5.–3. JT. V. CHR.
ORT: Frankreich
TYPUS: megalithisches Monument
Siehe Seiten 35, 42.

34 F6 GAVRINIS
CA. 3400 V. CHR.
ORT: Frankreich
TYPUS: megalithisches Grab
Der ursprüngliche Menhir (ein einzelner, vertikal stehender Stein) wurde zerbrochen, um daraus einen rechteckigen jungsteinzeitlichen Cairn herzustellen.

35 F6 DISSIGNAC
CA. 4000 V. CHR.
ORT: Frankreich
TYPUS: Grabhügel
Zwei Ganggräber, in denen Keramik und Mikrolithen gefunden wurden.

36 F6 SAUMUR
14. JH. N. CHR.
ORT: Frankreich
TYPUS: mittelalterliche Burg
Eindrucksvolle Burg an der Stelle einer älteren Befestigung (*siehe Seite 90*).

37 F6 BAGNEUX
SPÄTES 4. JT. V. CHR.
ORT: Frankreich
TYPUS: megalithisches Grab
Das größte und eindrucksvollste megalithische Grab Frankreichs.

38 G6 BOUGON
MITTE 5. JT. V. CHR.
ORT: Frankreich
TYPUS: megalithischer Friedhof
Siehe Seiten 25, 32.

39 G7 LASCAUX
VOR 17 000 JAHREN
ORT: Frankreich
TYPUS: Höhlenkunst
Höhle für rituelle Zwecke; Bilder von Pferden und Bisons; man fand Knochenwerkzeuge, Feuersteine und Abschläge (*siehe Seite 13*).

40 F7 DURUTHY
14.–12. JT. V. CHR
ORT: Frankreich
TYPUS: Jäger und Sammler
Abri mit Bestattungen des Chalkolithikums. In der Spätphase des Magdalénien diente er als Winterlager bei der Jagd nach Rentieren und Rindern; einige Funde transportabler Kunst.

41 G7 LE TUC D'AUDOUBERT
VOR 35 000–15 000 JAHREN
ORT: Frankreich
TYPUS: altsteinzeitliche Felsenkunst
Eine große Höhle, in der eindrucksvolle Tonskulpturen, z. B. das Abbild eines Bisons, gefunden wurden.

42 G7 NIAUX
VOR 13 000 JAHREN
ORT: Frankreich
TYPUS: Höhlenkunst
Prähistorische Höhle mit einigen Beispielen für die Kunst des Magdalénien (Jagdszenen). Die Bilder zeigen u. a. schwarze Tierfiguren; dazu Ritzungen auf dem Boden.

43 F5 CAEN
11. JH. N. CHR.
ORT: Frankreich
TYPUS: mittelalterliche Stadt
Zwei eindrucksvolle Abteien aus der Zeit von Wilhelm dem Eroberer blieben erhalten – schöne Beispiele von normannisch-romanischer Architektur.

44 G5 ROUEN
12. JH. N. CHR.
ORT: Frankreich
TYPUS: mittelalterliche Stadt
In der Stadt stehen eine gotische Kathedrale und andere schöne Beispiele mittelalterlicher Architektur. Bekannt als »Museumsstadt«.

45 G5 CHÂTEAU GUYARD
12. JH. N. CHR.
ORT: Frankreich
TYPUS: mittelalterliche Burg
Erbaut von Richard II. Löwenherz; viele Reste erhalten.

46 G5 SAMARA
CA. 5000 V. CHR.
ORT: Frankreich
TYPUS: frühe Siedlung
Rekonstruierte prähistorische Wohnstätten. Der Ort war während der Eisenzeit besiedelt, außerdem gibt es hier ein römisches Oppidum, genannt »Lager Cäsars«.

47 G5 CUIRY
CA. 4800 V. CHR.
ORT: Frankreich
TYPUS: frühe Siedlung
Rekonstruierte Siedlung der Jungsteinzeit; Gruben gaben Tonscherben, Feuersteinwerkzeuge und Abschläge frei.

48 G5 ST. ACHEUL
VOR 750 000–60 000 JAHREN
ORT: Frankreich
TYPUS: Jäger und Sammler
Hier wurden mehrere tausend Artefakte gefunden. Der Ort ist namensgebend (Patenstätte) für eine Form der Werkzeugherstellung in der frühen Altsteinzeit – Acheuléen.

49 G5 ST. DENIS
12. JH. N. CHR.
ORT: Paris, Frankreich
TYPUS: mittelalterliche Kathedrale
Eindrucksvolle Kirche, die in Teilen ausgegraben wurde. Unter den Funden waren auch die Skulpturen von Köpfen einer Königin und eines Propheten

50 G5 PINCEVENT
VOR 35 000–12 000 JAHREN
ORT: Frankreich
TYPUS: frühe Siedlung
Fundort im freien Feld mit mindestens 100 Wohnbauten und 20 großen Feuerstellen. Zu den Artefakten gehören Pfeilspitzen und Kochsteine.

51 G5 BIBRACTE
SPÄTES 1. JT. V. CHR.
ORT: Frankreich
TYPUS: eisenzeitliche Siedlung
Großes Oppidum, das derzeit ausgegraben wird; es war unterteilt in Wohn- und Werkstattbezirke.

52 G5 POUAN
450–500 N. CHR.
ORT: Frankreich
TYPUS: merowingischer Friedhof
Siehe Seiten 81, 87.

53 H5 GRAND
1. JH. V. CHR.
ORT: Frankreich
TYPUS: römische Siedlung
Siehe Seiten 68, 79.

54 G6 CÎTEAUX
12. JH. N. CHR.
ORT: Frankreich
TYPUS: mittelalterliche Abtei
Mutterkloster der Zisterzienser; außer einem gotischen Kreuzgang und einigen Gebäuden des 18. Jahrhunderts blieb jedoch nichts erhalten.

55 G6 MONT LASSOIS & VIX
6. JH. V. CHR.
ORT: Frankreich
TYPUS: eisenzeitliches Grab
Siehe Seiten 58, 66.

56 H6 AILLEVANS
4. JT. V. CHR.
ORT: Frankreich
TYPUS: megalithisches Grab
Drei megalithische Bauwerke der Jungsteinzeit mit Kammern und Vorraum. In einem Grab lagen 23 Tote, in einem anderen waren 100 Körper mit Beigaben, wie Pfeilspitzen und einer Dolchklinge aus Feuersteinen, einer Kupferperle und Tierknochen, begraben.

57 G6 LE CREUSOT
19. JH. N. CHR.
ORT: Frankreich
TYPUS: Industriekomplex
Große erhaltene Eisenwerke mit einer Lokomotivwerkstatt, einem alten Kran und zwei Glaskegeln. Außerdem erhielten sich ein Walzwerk, Fabrikationshallen für Maschinen sowie Arbeiterhäuser (*siehe Seite 111*).

58 H6 CHALAIN
SPÄTES 4. JT. V. CHR.
ORT: Frankreich
TYPUS: jungsteinzeitliche Siedlung
Frühe Siedlung aus etwa 20 Häusern an einem See; u. a. fand man Äxte und Haken mit Hirschgeweihen als Handgriff.

59 G6 CLUNY
10. JH. N. CHR.
ORT: Frankreich
TYPUS: mittelalterliches Kloster
Siehe Seiten 90, 96.

60 G6 AULNAT
3. JH. V. CHR.
ORT: Frankreich
TYPUS: frühe Siedlung
Zentrum der Eisenzeit mit Hinweisen auf die Verarbeitung von Gold, Silber, Bronze, Korallen, Messing und Textilien.

61 G7 COMBE D'ARCHE
VOR 30 000 JAHREN
ORT: Frankreich
TYPUS: Höhlenkunst
Jüngst entdeckte Höhlenmalerei der Altsteinzeit mit Bildern von Nashörnern, Bisons und Hirschen.

62 G7 NÎMES
1. JH. V. CHR.
ORT: Frankreich
TYPUS: römische Stadt
Die gut erhaltenen Überreste des römischen Aquäduktes Pont du Gard (*siehe Seite 68*) befinden sich in der Nähe der Stadt. Weitere Bauten sind u. a. ein Amphitheater, das 24 000 Zuschauern Platz bot, der Tempel Maison Carrée und ein verfallenes Stadttor. Man fand Artefakte der Eisen- und Römerzeit.

63 G7 LA COUVERTOIRADE
11. JH. N. CHR.
ORT: Frankreich
TYPUS: mittelalterliche Stadt
Befestigte, von einer Burg beherrschte Siedlung. Die Verteidigungsanlagen erhielten sich in unterschiedlich gutem Zustand.

64 G7 WASSERMÜHLE VON BARBEGAL
ORT: Frankreich
TYPUS: römische Wassermühle
Diese Mühle lieferte Mehl für 80 000 Menschen; dazu gehören eine Ladezone, die Mühlkammer und ein Aquädukt.

65 G7 ORANGE
1. JH. V. CHR.
ORT: Frankreich
TYPUS: römische Siedlung
Römische Stadt mit einem eindrucksvollen Theater und einem verzierten Triumphbogen.

66 G7 ARLES
1. JH. V. CHR.
ORT: Frankreich
TYPUS: römische Stadt
Eine Siedlung mit einem prächtig verzierten Theater und einem riesigen Amphitheater mit 60 Bögen, das 21 000 Zuschauern Platz bot. Man fand u. a. Geweihe und Wildschweinhauer, Keramik, eine Statue des Augustus und eine Votivplatte.

67 G7 CARCASSONNE
3. JH. V. CHR.–17. JH. N. CHR.
ORT: Frankreich
TYPUS: mittelalterliche Stadt
Siehe Seiten 90, 98.

68 H7 MARSEILLE
6. JH. V. CHR.–2. JH. N. CHR.
ORT: Frankreich
TYPUS: frühe Siedlung
Ausgrabungen brachten einen römischen Hafen, ein guterhaltenes Handelsschiff und Verteidigungsanlagen zutage.

69 H7 ROUGIER
12.–15. JH. N. CHR.
ORT: Frankreich
TYPUS: mittelalterliches Dorf
Siedlung auf einem Hügel mit einer steinernen Burg und terrassenförmig angelegten Wohnvierteln.

70 H7 TERRA AMATA
VOR 380000 JAHREN
ORT: Frankreich
TYPUS: Jäger und Sammler
Jäger und Sammler des Acheuléen dürften diesen Ort 15 aufeinanderfolgende Jahre lang als Lager benutzt haben.

71 H7 ENTREMONT
3.–2. JH. V. CHR.
ORT: Frankreich
TYPUS: befestigte Siedlung
Ein Oppidum, in dem aus Trockenmauern erbaute Häuser auf einem Gitternetzplan angeordnet waren. An einigen Gebäuden waren zu rituellen Zwecken Totenschädel angebracht.

72 H7 GROTTE DU LAZARET
VOR 150000 JAHREN
ORT: Frankreich
TYPUS: Jäger und Sammler
Winterlager mit den Resten von zwei Feuerstellen, Schlafstätten, Schalen von Weichtieren sowie Fußknochen von anderen Tieren.

73 H7 FILITOSA
SPÄTES 3. JT. V. CHR.
ORT: Frankreich
TYPUS: frühe Siedlung
Befestigte Siedlung mit großen Rundtürmen aus Trockenmauern. Außerdem fand man megalithische Kammern und Menhire.

74 G5 TOURNAI
5. JH. N. CHR.
ORT: Belgien
TYPUS: Grabhügel
Das Grab des Frankenkönigs Childerich; es wurde 1653 geöffnet und gab Schmuckstücke preis.

75 G5 LE GRAND HORNU
1819–1840 N. CHR.
ORT: Belgien
TYPUS: Industriedorf
Siehe Seiten 111, 121.

76 G4 ZAANDAM
17.–18. JH. N. CHR.
ORT: Niederlande
TYPUS: Industriekomplex
Neben anderen Gebäuden blieben drei hölzerne Lagerhäuser (ca. 1875–1880), Lagerhäuser mit Stützen aus Gußeisen und Werkhallen erhalten.

77 G4 AMSTERDAM
16. JH. N. CHR.
ORT: Niederlande
TYPUS: Handelshafen
Die Stadt war einst ein Zentrum des Welthandels und Sitz der Niederländischen Ostindienkompanie *(siehe Seite 101)*.

78 H4 SCHIMMERES
FRÜHES 4. JT. V. CHR.
ORT: Niederlande
TYPUS: Grabhügel
Zwei Kammern in Form eines großen Langbootes.

79 G4 DORESTAD
6.–9. JH. N. CHR.
ORT: Niederlande
TYPUS: mittelalterliche Stadt
Früher mittelalterlicher Hafen; das Hafenbecken wurde jüngst ausgegraben. Man fand eine Reihe von karolingischen Münzen, was auf eine königliche Münzprägeanstalt hindeutet.

80 H4 NOVIOMAGUS
1. JH. N. CHR.
ORT: Niederlande
TYPUS: Römerkastell
Legionärsfestung, deren Hauptgebäude *(principia)* als religiöses Zentrum, Hauptquartier und Versammlungsort diente.

81 H4 STEIN
SPÄTES 3. JT. V. CHR.
ORT: Niederlande
TYPUS: Grabhügel
In dem Grab lagen die verbrannten Überreste von Skeletten und Grabbeigaben, u. a. jungsteinzeitliche Keramik und mehr als 100 Pfeilspitzen.

82 H3 HAITHABU
7.–9. JH. N. CHR.
ORT: Deutschland
TYPUS: Wikingerstadt
Handelsstadt, die sich zu einem wichtigen Zentrum der Wikinger entwickelte. Sie war durch Erdwälle geschützt und besaß hölzerne Häuser und Werkstätten.

83 H4 FEDDERSEN WIERDE
1. JH. V. CHR.
ORT: Deutschland
TYPUS: eisenzeitliche Siedlung
Ein Bauernhof, der von kleineren Häusern und kleinen, auf Ständern stehenden Kornspeichern neben jedem Haus umgeben war. Im Innern fand man römische Importware, darunter Bronzegefäße und Terra-sigillata-Keramik.

84 I4 LEUBINGEN
17.–16. JH. V. CHR.
ORT: Deutschland
TYPUS: Hügelgrab
Grab der frühen Bronzezeit, gestützt durch eine Eichenkonstruktion. In einem Grab lagen zwei Äxte, drei Stichel und Bronzedolche. Neben dem Skelett eines Mädchens hatte man eine Reihe goldener Beigaben niedergelegt.

85 H4 NEANDERTAL
VOR 120000–35000 JAHREN
ORT: Deutschland
TYPUS: Jäger und Sammler
Das Tal gab einer Unterart des *Homo sapiens* seinen Namen (großes Gehirn und Augenwülste).

86 H4 XANTEN
1. JH. N. CHR.
ORT: Deutschland
TYPUS: römisches Legionärslager
Standort römischer Legionen; erhalten blieben Thermen, ein Amphitheater, ein Tempel, Wohngebäude *(insulae)*, Werkstätten und ein Palast.

87 H4 ESSEN
18. JH. N. CHR.
ORT: Deutschland
TYPUS: Industrie
Siehe Seiten 111, 120.

88 H5 AACHEN
8. JH. N. CHR.
ORT: Deutschland
TYPUS: frühe Stadt
Karl der Große wählte diesen Ort als seine Hauptstadt. Es gibt einige eindrucksvolle mittelalterliche Kirchen. Das Rathaus entstand auf den Ruinen des Karlspalastes.

89 H5 GONNERSDORF
VOR 12600 JAHREN
ORT: Deutschland
TYPUS: Felsenkunst
Etwa 500 Ritzungen der Altsteinzeit; sie zeigen Frauen, die in einer Reihe gehen.

90 H5 TRIER
1. JH. N. CHR.
ORT: Deutschland
TYPUS: Römerstadt
Wichtiges Zentrum mit Resten eines Amphitheaters, öffentlichen Thermen, einem Aquädukt, einem Forum und Friedhöfen.

91 I5 ROTHENBURG OB DER TAUBER
14. JH. N. CHR.
ORT: Deutschland
TYPUS: mittelalterliche Stadt
Neu erbaut nach einem Erdbeben; zur Stadt gehören die Ruinen einer Stauferburg. Es gibt Mauern und Türme des 14. Jahrhunderts (Tore aus dem 17. Jahrhundert) sowie eine vorgelagerte Befestigung *(siehe Seite 91)*.

92 H5 HOCHDORF
6. JH. V. CHR.
ORT: Deutschland
TYPUS: Grabhügel
Grab mit einem Streitwagen; zu den Beigaben gehörten goldene Fibeln (Nadeln), Armreifen, ein Gürtel, ein Dolch, ein Trinkhorn aus Eisen und ein Bronzekessel.

93 H5 MAGDALENENBERG
CA. 500 V. CHR.
ORT: Deutschland
TYPUS: Grabhügel
Ein riesiges Hügelgrab, dessen Hauptvon mehreren Nebenkammern umgeben ist. Im Innern stand ein Bestattungswagen.

94 H5 HEUNEBURG
8.–5. JH. V. CHR.
ORT: Deutschland
TYPUS: eisenzeitliche Siedlung
Ringwall mit Mauern aus sonnengetrockneten Ziegeln. Die Fundstücke lassen einen Handel mit dem Mittelmeerraum vermuten.

95 H5 FEDERSEE
12. JH. V. CHR.
ORT: Deutschland
TYPUS: bronzezeitliche Siedlung
Die 50 Häuser wurden durch eine Palisade aus 15000 Holzpfosten geschützt. Als das Wasser stieg, verließ man die Siedlung; später mit neun Blockhäusern neu besiedelt. Man fand u. a. Keramik und Bronzen *(siehe Seite 47)*.

96 I5 MANCHING
2.–1. JH. V. CHR.
ORT: Deutschland
TYPUS: keltische Siedlung
Dieses Oppidum war ein wichtiges Handelszentrum mit zahlreichen Einwohnern. Die Ausgrabungen brachten Werkstätten, Wohnhäuser sowie Hinweise auf Eisenbearbeitung und Münzprägung zutage *(siehe Seite 58)*.

97 H6 SISSACH
18.–17. JH. V. CHR.
ORT: Schweiz
TYPUS: bronzezeitliche Siedlung
Dorf an einem See mit Resten alpiner Blockhäuser. Die Dächer bestanden aus Schindeln oder Holzplatten, die mit großen Steinen beschwert wurden.

98 H6 CORTAILLOD
CA. 4000 V. CHR.
ORT: Schweiz
TYPUS: frühe Siedlung
Dorf an einem See; dank des hervorragend erhaltenen organischen Materials namensgebend für örtliche Funde der Jungsteinzeit.

99 H6 LE PETIT CHASSEUR
4. JT. V. CHR.
ORT: Schweiz
TYPUS: frühe Siedlung
Altes Dorf mit einem Friedhof, der durch Steine kenntlich gemacht war.

100 H8 ANGHELU RUJU
3. JT. V. CHR.
ORT: Italien
TYPUS: früher Friedhof
Ganggräber, verziert mit Pferderitzungen; Funde von Armreifen aus Marmor und Alabaster, Kupferwerkzeuge und -waffen sowie Figurinen.

101 H7 LOLGHI
2. JT. V. CHR.
ORT: Italien
TYPUS: megalithisches Grab
»Riesengräber« – megalithische Kammern, umgeben von großen zyklopischen Figuren mit gebogenen Flügeln.

102 H8 BARAMUNI
CA. 1800 V. CHR.
ORT: Italien
TYPUS: frühe Siedlung
Befestigter Nuraghen (großer Turm) und weitere Befestigungen, die später errichtet wurden, um das naheliegende Dorf zu schützen.

103 H7 ARENE CANDIDE
CA. 9000 V. CHR.
ORT: Italien
TYPUS: Jäger und Sammler
Grabstätte der Mittelsteinzeit mit einem Feuersteinmesser und einer mit Weichtierschalen verzierten Kopfbedeckung. Es gab drei Grabstätten der Jungsteinzeit, daneben spätere Funde aus der Bronze-, Eisen- und Römerzeit.

104 H7 GENUA
12. JH. N. CHR.
ORT: Italien
TYPUS: mittelalterliche Stadt
Wichtiges Handelszentrum, das sich nach dem Bau der Stadtmauern (1155) stark ausdehnte. Noch immer stehen eine Reihe mittelalterlicher Gebäude, so auch die Porta Soprana (Stadttor).

105 I7 POPULONIA
1. JT. V. CHR.
ORT: Italien
TYPUS: frühe Stadt
Etruskische, später römische Stadt, die die Silber- und Eisenbergwerke auf Elba versorgte.

106 I6 PADUA
13. JH. N. CHR.
ORT: Italien
TYPUS: mittelalterliche Stadt
In der Stadt blieben bemerkenswert viele mittelalterliche Gebäude erhalten, nicht zuletzt die Basilika San Antonio und die älteste Universität Italiens.

107 I6 VENEDIG
10. JH. N. CHR.
ORT: Italien
TYPUS: mittelalterliche Stadt
Handelszentrum, das dank seiner außerordentlichen Glaskunst zur Blüte kam; eine Reihe eindrucksvoller mittelalterlicher Gebäude (*siehe Seite 91*).

108 I6 VILLANOVA
10. JH. V. CHR.
ORT: Italien
TYPUS: eisenzeitliche Siedlung
Eine Kultur der frühen Eisenzeit; sie kontrollierte die örtlichen Eisen- und Kupferbergwerke. Die Toten wurden verbrannt und die Asche in Tongefäßen – verschlossen mit einer Schale – in den Friedhöfen beigesetzt.

109 I6 RAVENNA
5. JH. N. CHR.
ORT: Italien
TYPUS: frühe Stadt
Siehe Seiten 81, 88–89.

110 I7 CLUSIUM
7. JH. V. CHR.
ORT: Italien
TYPUS: etruskischer Friedhof
Siedlung mit einer Reihe von Grabkammern; später eine römische Kolonie.

111 I7 ORVIETO
7. JH. V. CHR.
ORT: Italien
TYPUS: etruskische Siedlung
Aus dem Fels gehauene Gräber oberhalb einer etruskischen Stadt.

112 I7 TARQUINIA
1. JT. V. CHR.
ORT: Italien
TYPUS: etruskische Stadt
Die wichtigste etruskische Siedlung; bemalte Gräber, Grundmauern eines prächtigen Tempels und Ruinen einer großen Stadtmauer. Es gibt einen ausgedehnten Friedhof mit Grabhügeln und freskenverzierten Felsengräbern.

113 I7 CAERE (CERVETERI)
9.–4. JH. V. CHR.
ORT: Italien
TYPUS: etruskische Stadt
Von einer Mauer umgebene Siedlung; darin ein eindrucksvoller Friedhof mit Gräbern (unter Tumuli oder im Tuff); Funde griechischer Keramik.

114 I7 ROM
1. JT. V. CHR.
ORT: Italien
TYPUS: frühe Stadt
Rom wurde erstmals im 9. Jahrhundert v. Chr. besiedelt und später von der Servianischen Mauer umgeben. Die Stadt wurde zum Nabel des Römischen Reiches, daher blieben Tausende von Überresten erhalten; u. a. das Forum, Kolosseum und die Katakombengräber außerhalb der Stadt (*siehe Seite 68*).

115 I7 VEII
7. JH. V. CHR.
ORT: Italien
TYPUS: etruskische Siedlung
Wird derzeit ausgegraben; eine Reihe von Grabstätten. Von der späteren Befestigung erhielten sich Ruinen der Mauern und Türme. In einem der Tempel standen große Götterfiguren aus Terrakotta.

116 I7 GROTTA GUATTARI
VOR 57 000–51 000 JAHREN
ORT: Italien
TYPUS: Jäger und Sammler
Durch einen Erdrutsch erhaltene Höhle, aus der Knochen von Hirschen, Pferden und Wildrindern sowie der Schädel eines männlichen Neandertalers ausgegraben wurden.

117 I7 ISERNIA LA PINETA
VOR 730 000 JAHREN
ORT: Italien
TYPUS: Jäger und Sammler
Die in einem Seeboden gefundenen Steinwerkzeuge – Chopper aus Kalk und Feuersteinabschläge – sind die ältesten bekannten Artefakte Europas.

118 I7 CUMAE
8. JH. V. CHR.
ORT: Italien
TYPUS: antike Stadt
Die Römer eroberten diese alte griechische Kolonie. In Gräbern fand man frühe griechische Keramik. Zu den Überresten der römischen Stadt gehören Jupiter- und Apollontempel auf der Akropolis.

119 I7 POMPEJI
1. JH. V. CHR.
ORT: Italien
TYPUS: römische Stadt
Siehe Seiten 68, 78.

120 I8 HERCULANEUM
1. JH. V. CHR.
ORT: Italien
TYPUS: römische Stadt
Siehe Seiten 68, 79.

121 I8 CASTELLUCCIO
3. JT. V. CHR.
ORT: Italien
TYPUS: früher Friedhof
Mehrere hundert Felsengräber mit Reliefs. Als Beigaben wurden u. a. Keramik, Kupfergegenstände und Knochenplatten gefunden.

122 J8 SYRAKUS
8. JH. V. CHR.
ORT: Italien
TYPUS: frühe Siedlung
Die älteste Stadt Siziliens war einst griechische Kolonie, später römische Stadt. Der mit Marmor reich verzierte Tempel der Athena ging später im Dom der Stadt auf.

123 I9 TARXIEN
2. JT. V. CHR.
ORT: Malta
TYPUS: megalithischer Komplex
Die Ausgrabung einiger Tempel brachte eine Statue der »Großen Göttin«, einen verzierten Altar und ein Opfermesser aus Feuerstein ans Licht. In einem Friedhof waren eingeäscherte Tote beigesetzt worden (um 1400 v. Chr.), und man fand man Keramik und Metalldolche.

124 I9 GGANTIJA
3. JT. V. CHR.
ORT: Malta
TYPUS: zeremonielles Zentrum
Kultkammern, in denen eine Statue der Erdmutter angebetet wurde. Die Tempel wurden aus massiven Steinblöcken und Steinpfeilern errichtet.

125 I9 BROCHTORFF-KREIS
SPÄTES 4. JT. V. CHR.
ORT: Malta
TYPUS: zeremonieller Komplex
Ein aus dem Fels gehauenes Grab mit Zwillingskammern enthielt die Gebeine von 60 Toten. Im zentralen Schrein lagen ein Schatz mit Idolen (u. a. geschnitzter, menschlicher Kopf; steinerner Schweinekopf) und ein großer Steinkrug.

126 I6 HALLSTATT
CA. 730 V. CHR.
ORT: Österreich
TYPUS: früher Friedhof
Patenstätte für eine Kultur der frühen Bronzezeit; 2000 Gräber. Zu den Artefakten gehören Schwerter mit Knäufen aus Bernstein und Elfenbein (*siehe Seite 58*).

127 J6 KLEINKLEIN
7. JH. V. CHR.
ORT: Österreich
TYPUS: früher Friedhof
Keltische Grabstätte, aus der man beschriftete Gefäße und eine menschliche Totenmaske barg.

128 J5 CARNUNTUM
CA. 14 N. CHR.
ORT: Österreich
TYPUS: römische Siedlung
Legionärslager, zunächst aus Holz, später aus Stein. Drei der vier Tore und mehrere Gebäude blieben erhalten. Außerhalb des Kastells fand man ein Amphitheater und zivile Wohnbauten.

129 I5 PŘIBRAM
19. JH. N. CHR.
ORT: Tschechische Republik
TYPUS: Industrie
Altes Zentrum des Silber- und Goldbergbaus; später Kohlebergbau. Die meisten Überreste stammen aus dem 19. Jahrhundert – ein Spindelstock, Verwaltungsgebäude, eine technische Werkstätte und Wohnhäuser der Arbeiter.

130 I5 UNĚTICE
CA. 2500 V. CHR.
ORT: Tschechische Republik
TYPUS: früher Friedhof
30 reich ausgestattete Gräber mit Dolchen und Perlen.

131 J5 LIBENICE
3. JH. V. CHR.
ORT: Tschechische Rebublik
TYPUS: religiöser keltischer Komplex
Heiligtum mit einer länglichen Umwallung und einem Opferplatz. Man grub die Gebeine mehrerer Menschen und Tiere aus.

132 **J5 STRADONICE**
2. JH. V. CHR.
ORT: Tschechische Republik
TYPUS: eisenzeitliche Siedlung
Ein keltisches Oppidum aus der La-Tène-Zeit, in dem bemalte Keramik und eine Münzprägeeinrichtung ausgegraben wurden.

133 **J5 DOLNI VESTONICE**
VOR 25000 JAHREN
ORT: Tschechische Republik
TYPUS: Jäger und Sammler
Frühe Siedlung, die wegen ihrer »Venusfigur« aus Knochenmehl und Ton berühmt ist; man fand Feuerstellen, Stichel, Schaber, breitrückige Klingen und Grabstätten.

134 **J5 STARE HRADISKO**
2.–1. JH. V. CHR.
ORT: Tschechische Republik
TYPUS: keltische Siedlung
Dieses Oppidum war innerhalb der Mauern weiter unterteilt; es gibt Reste von Holzgebäuden und Bezirke, in denen Ton, Emaille und Metall verarbeitet wurde.

135 **K5 SPISSKY STVRTOK**
2. JT. V. CHR.
ORT: Slowakei
TYPUS: frühe Siedlung
Ein Zentrum mit steinernen Verteidigungsanlagen, in dem Bronze und Gold gefunden wurde; es spielte eine wichtige Rolle beim überregionalen Handel.

136 **J5 ZAMECEK**
CA. 1800 V. CHR.
ORT: Slowakei
TYPUS: frühe Siedlung
Wichtiges Zentrum auf einem Hügel, umgeben von Erdwällen (durch Holzpalisaden verstärkt).

137 **J4 SARNOWO**
CA. 3000 V. CHR.
ORT: Polen
TYPUS: jungsteinzeitliche Siedlung
Hier wurden die Reste von Wohnhäusern und neun riesigen Hügelgräbern gefunden; Verbindungen mit der Kujawen-Kultur.

138 **J5 OLSZANICA**
SPÄTES 5. JT. V. CHR.
ORT: Polen
TYPUS: frühe Siedlung
Zentrum der Linienbandkeramik-Kultur, in dem 13 Langhäuser, Obsidianabschläge und Scherben ausgegraben wurden.

139 **K5 OBLAZOWA**
VOR 23000 JAHREN
ORT: Polen
TYPUS: Jäger und Sammler
Höhle mit einem Bumerang – der wahrscheinlich älteste der Welt – aus Mammutelfenbein, vielleicht eine Jagdwaffe. Außerdem fand man Schaber und Klingen.

140 **J6 KOSZIDER**
CA. 1700 V. CHR.
ORT: Ungarn
TYPUS: Grabhügel
Tumulus der Bronzezeit, der wertvolle Grabbeigaben enthielt, darunter verzierte Äxte und Schwerter, Armreifen, Fußspangen und andere Bronzen.

141 **J5 BODROKERESZTUR**
FRÜHES 4. JT. V. CHR.
ORT: Ungarn
TYPUS: jungsteinzeitlicher Friedhof
Überreste von mindestens 50 Menschen zusammen mit Beigaben (u. a. unverzierte Keramik und Kupferäxte).

142 **K5 TISZAPOLGAR**
SPÄTES 4. JT. V. CHR.
ORT: Ungarn
TYPUS: früher Friedhof
Friedhof der Kupferzeit mit 156 zumeist freigelegten Gräbern. Die Bestattungen folgten einer sozialen Rangordnung.

143 **I6 MAGDALENSKA GORA**
6.–3. JH. V. CHR.
ORT: Slowenien
TYPUS: befestigte Siedlung
Zentrum der Hallstatt-Zeit; ein ausgegrabener Friedhof gab *situlae* (eimerartige Behälter), Waffen, Rüstungen und andere Gegenstände frei.

144 **J7 SPLIT**
4. JH. N. CHR.
ORT: Kroatien
TYPUS: römische Stadt
Diokletianspalast; das Mausoleum Diokletians wurde im Mittelalter zum Dom ausgebaut.

145 **K6 VINCA**
5.–MITTE 4. JT. V. CHR.
ORT: Jugoslawien
TYPUS: jungsteinzeitliche Siedlung
Ein Hügel mit den Überresten kleiner Langhäuser und dunkler, polierter Keramik wurde ausgegraben.

146 **K6 LEPENSKI VIR**
7. JT. V. CHR.
ORT: Jugoslawien
TYPUS: frühe Siedlung
Dorf der Mittelsteinzeit mit trapezförmigen Häusern, Bestattungen und skulptierten Steinköpfen. Da man in der Nähe der Feuerstellen Fischskulpturen fand, dürften die Bewohner an eine Flußgottheit geglaubt haben (*siehe Seite 25*).

147 **K6 SARMIZEGETUSA**
1. JH. V. CHR.
ORT: Rumänien
TYPUS: frühe Siedlung
Befestigte Hauptstadt des dakischen Reiches, in der Heiligtümer, Werkstätten und Häuser ausgegraben wurden.

148 **L6 HISTRIA**
6. JH. V. CHR.–6. JH. N. CHR.
ORT: Rumänien
TYPUS: frühe Siedlung
Der Ort wurde erstmals im 6. Jahrhundert v. Chr. besiedelt; ein Zeustempel und ein Friedhof mit rund 1000 griechischen Gräbern wurden gefunden. Im 3. Jahrhundert n. Chr. von den Goten erobert; die meisten oberirdischen Reste stammen von einer christlichen Siedlung des 5. Jahrhunderts (Basilika und Wohnquartiere).

149 **L7 CALLATIS**
SPÄTES 6. JH. V. CHR.
ORT: Rumänien
TYPUS: frühe Stadt
Eine dorische Siedlung, die sich zum mächtigen Stadtstaat entwickelte. Grabungen unter Wasser deckten große Teile des versunkenen Hafens auf. Man grub Reste eines römischen Erdwalls, einer christlichen Basilika und Grabbeigaben aus.

150 **L7 BUKAREST**
15. JH. N. CHR.
ORT: Rumänien
TYPUS: mittelalterliche Stadt
Es gibt zwar gewisse Hinweise, daß der Ort schon vor 150000 Jahren besiedelt war, bekannt wurde er jedoch erst, als Vlad der Pfähler im 15. Jahrhundert dort seine Burg erbaute. Die Funde liegen im städtischen Museum.

151 **L7 VARNA**
5. JT. V. CHR.
ORT: Bulgarien
TYPUS: jungsteinzeitlicher Friedhof
Siehe Seiten 25, 33.

152 **L7 KARANOVO**
6. JT. V. CHR.
ORT: Bulgarien
TYPUS: jungsteinzeitliche Siedlung
Riesiger Hügel, auf dem eine Reihe von Siedlungen ausgegraben wurde; man fand Reste von bearbeitetem Kupfer und Gold.

153 **K7 STOBI**
1. JH. V. CHR.–6. JH. N. CHR.
ORT: Mazedonien
TYPUS: römische Siedlung
Kolonie mit Kirchenbauten, darunter eine geometrisch angelegte Basilika (4. Jahrhundert). In einem heidnischen Friedhof lagen Figurinen aus Terrakotta.

154 **K7 TREBENISTE**
7. JH. V. CHR.
ORT: Mazedonien
TYPUS: früher Friedhof
Keltische Bestattung der Hallstatt-Zeit mit goldenen Totenmasken und einigen frühen Importen aus Griechenland.

155 **K7 HERACLEA**
FRÜHES 1. JT. N. CHR.
ORT: Mazedonien
TYPUS: byzantinische Stadt
Im 3. Jahrhundert v. Chr. von Philipp II. von Mazedonien gegründet; zu den Funden aus jüngerer Zeit gehört eine Skulptur der Göttin Nemesis. Zwei christliche Basiliken.

156 **J8 APOLLONIA**
6. JH. V. CHR.
ORT: Albanien
TYPUS: griechische Stadt
Korinthische Küstenkolonie mit Überresten von Mauern, Brennöfen und Gräbern.

157 **K8 NEA NIKOMEDEIA**
CA. 6200 V. CHR.
ORT: Griechenland
TYPUS: jungsteinzeitliche Siedlung
Überreste von Lehmhäusern und Grabstätten; zu den Funden gehören Keramik, Froschskulpturen aus Grünstein, weibliche Figurinen und Steinäxte.

158 **K8 PETRALONA**
VOR 400000–200000 JAHREN
ORT: Griechenland
TYPUS: Jäger und Sammler
In einer Höhle fand man ein menschliches Skelett, eine Axt, Reste von Hirschen und Höhlenbären. Außerdem grub man Schaber und Chopper aus.

159 **K8 ARGISSA**
6. JT. V. CHR.
ORT: Griechenland
TYPUS: frühe Siedlung
Frühe bäuerliche Siedlung, die bis zur frühen Bronzezeit bewohnt war. Bei den Ausgrabungen kamen flach eingesenkte, zweiggedeckte Hütten zutage.

160 **K8 DELPHI**
6. JH. V. CHR.
ORT: Griechenland
TYPUS: antike griechische Stadt
Orakel und Heiligtum des Apollon sowie das Heiligtum der Artemis, ein Tempel, Häuser und eine früher von Löwen flankierte »Heilige Straße«.

161 **K8 OLYMPIA**
6. JH. V. CHR.
ORT: Griechenland
TYPUS: antikes griechisches Heiligtum
Panhellenisches Heiligtum. Ruinen des Zeustempels mit seiner Statue – eines der sieben Weltwunder der Antike. Die Werkstatt des Phidias, in dem die Statue entstand, wurde ausgegraben. Außerdem gibt es einen Heratempel, ein Schatzhaus mit Bronzesockeln für die Statuen und die Reste eines Stadions.

162 **K8 KORINTH**
5. JH. V. CHR.
ORT: Griechenland
TYPUS: antike griechische Stadt
Wirtschaftszentrum des antiken Griechenland mit zwei Häfen. Zu den Ruinen gehören ein Apollontempel, die Festung Akrokorinth und der Tempel der Aphrodite. Später eroberten die Römer die Stadt und hinterließen ein Forum, ein Theater und Thermen.

163 **K8 DAPHNI**
11. JH. N. CHR.
ORT: Griechenland
TYPUS: mittelalterliches Kloster
Wichtige byzantinische Stätte, erbaut

auf den Resten eines Apollonheiligtums. Die Mosaiken in der Kirche zeigen Heilige und Mönche; der Christos Pantocrator (»Allherrscher«) in der Kuppel ist ein Meisterwerk byzantinischer Kunst.

164 K8 MYKENE
2. JT. V. CHR.
ORT: Griechenland
TYPUS: antike Zitadelle
Hauptzentrum der mykenischen Kultur mit den Ruinen der zyklopischen Mauern und dem großen Löwentor. In einem Kornspeicher lagen verkohlter Weizen und Gerste. Eine Rampe führt zum Königspalast; erhalten blieben außerdem Gebäude aus Lehmziegeln und ein Thronsaal. Man grub ein großes kreisförmiges Schachtgrab aus, und neun Tholoi gaben Artefakte, wie Waffen, Schmuck und Masken (darunter die Maske des Agamemnon), preis.

165 K8 FRANCHTHI-HÖHLE
VOR 22 000 JAHREN
ORT: Griechenland
TYPUS: frühe Wohnstätte
Zu den Funden gehören altsteinzeitliche schmalrückige Klingen und Mikrolithe. In einer anderen Schicht lagen Siedlungsspuren und Bestattungen der Mittelsteinzeit. Die Höhle blieb bis in die Jungsteinzeit bewohnt; dann auch Anzeichen für frühe Haustierhaltung.

166 K8 MYSTRA
13. JH. N. CHR.
ORT: Griechenland
TYPUS: byzantinische Stadt
Einige gute Beispiele für byzantinische Kunst wurden zusammen mit Häusern, Kirchen und Fresken ausgegraben.

167 K9 EPIDAUROS
8. JH. V. CHR.
ORT: Griechenland
TYPUS: zeremonielles Zentrum
Tempelheiligtum für den Gott der Heilkunde (Asklepios) mit einer Tempelruine, dem Katagogeion (Heiligtum der Pilger), einem Speisesaal und einer Theaterruine.

168 K9 ANTIKYTHERA
70–80 V. CHR.
ORT: Griechenland
TYPUS: Schiffswrack
Die Statue eines jungen Mannes, der Kopf eines Philosophen, eine bronzene Lyra, ein Marmorstier und ein Diskuswerfer wurden geborgen. Obwohl viele der Artefakte aus Griechenland stammten, hält man das Schiff für römisch.

169 K8 ATHEN
5. JH. V. CHR.
ORT: Griechenland
TYPUS: antike griechische Stadt
Die Akropolis – mit großen Theatern, dem Parthenon und dem Erechtheion – war einst eine Stadt für sich. Um den Tempel des Hephaistos scharten sich Gießereien und Metallwerkstätten *(siehe Seite 69)*.

170 K8 LAURION
5.–4. JH. V. CHR.
ORT: Griechenland
TYPUS: antike griechische Stadt
Wichtiges Zentrum des Blei- und Silberbergbaus; es gibt reiche Überreste antiker Silberverarbeitung und einige lange Bergwerksschächte; erhalten blieben auch spätere Wassertanks, Kanäle und Zisternen.

171 L8 SALIAGOS
5.–4. JT. V. CHR.
ORT: Griechenland
TYPUS: jungsteinzeitliche Siedlung
Die in diesem Dorf ausgegrabenen Fischknochen lassen Fischfang als wirtschaftliche Basis vermuten; außerdem Hinweise auf Landwirtschaft.

172 L9 AKROTIRI
FRÜHES 2. JT. V. CHR.
ORT: Griechenland
TYPUS: bronzezeitliche Siedlung
Siehe Seiten 47, 57.

173 K9 IDÄISCHE GROTTE
2. JT. V. CHR.
ORT: Griechenland
TYPUS: zeremonielles Zentrum
Verehrt als der Geburtsort von Zeus; es gibt einen Altar, auf dem Bronzestatuen standen. Eine kleinere Höhle war angefüllt mit Votivfiguren, Bronzefigurinen, Lampen und Keramik.

174 K9 KNOSSOS
2. JT. V. CHR.
ORT: Griechenland
TYPUS: minoische Siedlung
Seit der Jungsteinzeit bewohnt; die meisten Reste stammen aus der minoischen Periode, von einem vielstöckigen Palast um einen zentralen Hof. Die Wände waren mit Fresken verziert, man fand Schreine mit Figurinen und Tafeln in den Linearschriften A und B. Außerdem gab es einen Aquädukt und einen Friedhof mit Kammergräbern *(siehe Seite 47)*.

175 L9 ARCHANES
16. JH. V. CHR.
ORT: Griechenland
TYPUS: minoische Siedlung
Wichtiges Zentrum; der Friedhof gab Opfergaben aus Gold, Elfenbein und Marmor preis.

176 L6 GOURNIA
3.–2. JT. V. CHR.
ORT: Griechenland
TYPUS: minoische Siedlung
Guterhaltenes Städtchen der Bronzezeit, in dem ein Schreinheiligtum mit Terrakottaaltar entdeckt wurde. Zu den Funden gehören die Figurine einer Schlangengöttin, Opferteller und rituelle Gefäße.

177 L9 PALAIOKASTRON
2. JT. V. CHR.
ORT: Griechenland
TYPUS: minoische Siedlung
Siehe Seiten 47, 48–51.

178 M9 PAPHOS
5. JH. V. CHR.
ORT: Zypern
TYPUS: frühe Siedlung
Stadt mit einem großen Aphroditeschrein. Erhalten blieben die Ruinen eines Tempels und ein Belagerungshügel aus der Perserzeit.

179 M9 SOTORI-TEPPES
SPÄTES 5. JT. V. CHR.
ORT: Zypern
TYPUS: jungsteinzeitliche Siedlung
Von einer Ringmauer aus Stein geschütztes Zentrum mit charakteristischer Kammkeramik. Die Ausgrabungen legten einen Friedhof mit Grubengräbern und Lehmziegelhäuser frei.

180 M9 ENKOMI (ALASIA)
17. JH. V. CHR.
ORT: Zypern
TYPUS: früher Hafen
Basierend auf dem Kupferhandel; das Erz wurde verhüttet und von hier exportiert. Später erbaute man den Ort neu (Gitternetzplan) und umgab ihn mit zyklopischen Verteidigungsmauern.

181 M9 SALAMIS
2. JT. V. CHR.
ORT: Zypern
TYPUS: bronzezeitliche Siedlung
Frühe Stadt mit späteren Kammergräbern (Eisenzeit), in denen die eingeäscherten Körper einer Elite lagen (sogenannte Königsgräber).

182 L6 NOWYJ RUSESHTI
4.–3. JT. V. CHR.
ORT: Moldawien
TYPUS: frühes Dorf
Zuerst besiedelt von den Linienbandkeramikern; ein Dorf der Cucuteni-Tripolje-Kultur mit einer Reihe von eindrucksvollen Schätzen und zahlreichen Kupferobjekten.

183 L5 KOLOMYSHSCHINA
4. JT. V. CHR.
ORT: Ukraine
TYPUS: frühe Siedlung
Dorf der Cucuteni-Tripolje-Kultur mit Spuren von 39 Bauten; die meisten standen in einem Kreis um einen Zentralbau. Viele enthielten einen Ofen, einige dürften jedoch als Schrein gedient haben.

184 M5 KIEW
10. JH. N. CHR.
ORT: Ukraine
TYPUS: mittelalterliche Stadt
Gegründet von Wikingerhändlern; Hinweise auf Keramikherstellung und Goldverarbeitung. Im europäischen Mittelalter war Kiew ein wichtiges Handelszentrum *(siehe Seite 81)*.

185 M5 DEREIVKA
MITTE 5.–MITTE 4. JT. V. CHR.
ORT: Ukraine
TYPUS: Steppensiedlung
Die Bewohner dieses Dorfes lebten in rechteckigen Häusern, in denen die bisher ältesten Knochen domestizierter Pferde gefunden wurden.

186 M5 MESHIRITSCH
VOR 18 000–12 000 JAHREN
ORT: Ukraine
TYPUS: Jäger und Sammler
Siehe Seiten 13, 21.

187 M6 OLBIA
7.–6. JH. V. CHR.
ORT: Ukraine
TYPUS: griechische Kolonie
Reste importierter Keramik belegen, daß der Ort seine Blütezeit im 6. Jahrhundert v. Chr. hatte. Später erneuerte man ihn – mit einem heiligen Bezirk (Altäre, Apollontempel), einer Werkstätte und einem Friedhof.

188 M6 NEAPOLIS
3. JH. N. CHR.
ORT: Ukraine
TYPUS: skythische Siedlung
Möglicherweise Hauptstadt der Skythen; in einem der ausgegrabenen Hügel fand man 1300 Goldobjekte.

189 M1 NOWGOROD
9.–10. JH. N. CHR.
ORT: Russische Föderation
TYPUS: mittelalterliche Stadt
Wahrscheinlich von den Wikingern gegründet; wichtige Stadt im mittelalterlichen Europa. Man grub Metallgegenstände, Leder, einige Fresken und Dokumente auf Birkenrinde aus *(siehe Seite 91)*.

190 M3 SMOLENSK
1596–1611 N. CHR.
ORT: Russische Föderation
TYPUS: Festung
Zu den Überresten gehört eine eindrucksvolle, 6 km lange, 15 m hohe und 5,5 m dicke Mauer. Die Königsbastion (ein Erdwall) wurde 1611 von den einfallenden Polen erbaut.

191 O7 MAIKOP
3. JT. V. CHR.
ORT: Russische Föderation
TYPUS: Grabhügel
Runde Gräber, sogenannte Kurgans, mit Fundstücken aus Kupfer, Silber und Gold.

192 O7 KOSTROMSKAJA
7.–6. JH. V. CHR.
ORT: Russische Föderation
TYPUS: Grabhügel in der Steppe
Wahrscheinlich wurde hier ein Häuptling begraben und in einer unterirdischen Kammer beigesetzt. Man grub 13 weitere menschliche Skelette, außerdem Pferdegebeine und einen Eisenschild, der mit einer Goldplatte verziert war, aus.

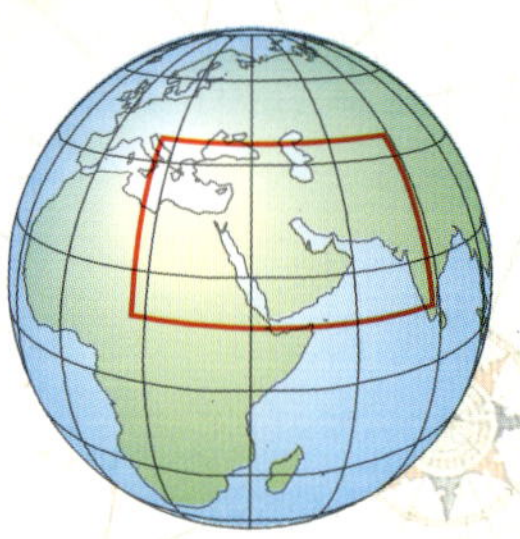

VORDERASIEN

Karte auf den Seiten 148–149

1 C1 KONSTANTINOPEL (ISTANBUL)
7. JH. V. CHR.–15. JH. N. CHR.
ORT: Türkei
TYPUS: frühe Hauptstadt
Istanbul war eine griechische Kolonie, aus der sich die byzantinische Stadt entwickelte. Im 4. Jahrhundert wurde sie als Konstantinopel neu erbaut; eine Reihe von Bauwerken blieb erhalten, darunter die eindrucksvolle Stadtmauer von Theodosius II. Die Kirche Hagia Sofia wurde zur Moschee und ist heute ein Museum.

2 D2 GORDION
8. JH. V. CHR.
ORT: Türkei
TYPUS: frühe Stadt
Hauptstadt der Phryger, von der einige Gebäudemauern um einen Innenhof erhalten blieben. Aus dem Friedhof wurden einige Beigaben geborgen.

3 C2 SARDES
3. JT. V. CHR.
ORT: Türkei
TYPUS: frühe Siedlung
Bewohnt bis zur Antike. Es gibt Reste einer ummauerten Siedlung und einer Akropolis; von dort aus wurde die Stadt während des lydischen Reiches regiert.

4 C2 TROJA
4.–2. JT. V. CHR.
ORT: Türkei
TYPUS: frühe Stadt
Zitadelle der Bronzezeit; ummauerte Stadt, die während sieben Phasen besiedelt war. Zu den Funden gehört der »Schatz des Priamos« mit kostbaren Steinen und Metallen. Außerdem wurde graue minoische und mykenische Töpferware gefunden.

5 C2 PERGAMON
3.–1. JH. V. CHR.
ORT: Türkei
TYPUS: frühe Stadt
Zu der Akropolis gehören Reste eines Aquäduktes, ein Theater und ein Dionysostempel. Den Zeusaltar umlief ein Relief, das einen Kampf der Götter zeigt. Außerdem gibt es ein römisches Trajaneum und ein Heiligtum des Asklepios.

6 C2 IZMIR (SMYRNA)
3. JT. V. CHR.
ORT: Türkei
TYPUS: frühe Siedlung
Siedlung der Bronzezeit, die später von Griechen und Römern bewohnt wurde. Ein Tempel der Athene wurde ausgegraben, daneben römische Agora und Basilika. Es gibt Reste von byzantinischen und osmanischen Aquädukten; noch immer stehen Tabakhäuser und Kornspeicher des 19. Jahrhunderts.

7 C2 EPHESOS
5. JH. V. CHR.
ORT: Türkei
TYPUS: frühe Stadt
Siehe Seiten 69, 76–77.

8 C3 PRIENE
4. JH. V. CHR.
ORT: Türkei
TYPUS: antike griechische Stadt
Küstenstadt auf einem Gitternetzplan, mit Resten von Wohnhäusern, Agora, Stadion und Athenetempel.

9 C3 MILET
4. JH. V. CHR.
ORT: Türkei
TYPUS: griechische Stadt
Ausgrabungen legten Verwaltungsgebäude, ein Theater und Löwenstatuen frei. Man grub griechische und Fikurella-Vasen aus. Später wurde Milet römische Stadt und ein früher Hafen.

10 C3 APHRODISIAS
9. JH. V. CHR.
ORT: Türkei
TYPUS: antike Stadt
Wichtiges Zentrum mit einem Aphroditetempel auf einem bronzezeitlichen Hügel. Unter byzantinischer Herrschaft wurde der Tempel in eine Kirche verwandelt. Auch Ruinen von Agora, Thermen und Odeion (Musiktheater).

11 D3 KAS
14. JH. V. CHR.
ORT: Türkei
TYPUS: Schiffswrack
Bronzewaffen und -werkzeuge, Kupfer-, Zinn- und Glasbarren, ägyptischer und ägäischer Schmuck sowie verschiedene Waren aus Zypern, Ägypten und dem alten Kanaan wurden geborgen.

12 D3 HACILAR
7. JT. V. CHR.
ORT: Türkei
TYPUS: jungsteinzeitliche Siedlung
Bauerndorf mit Überresten von rechteckigen Innenhöfen sowie Herden (Öfen). Man fand die Knochen von Rindern und Schafen sowie Nutzpflanzen (u. a. Gerste und Linsen), außerdem Keramik und Kupfer aus späteren Epochen.

13 D2 YAZILIKAYA
13. JH. V. CHR.
ORT: Türkei
TYPUS: zeremonielles Zentrum
Felsheiligtum der Hethiter mit monumentalen Toren und Tempeln. Es gibt 60 Reliefs, die kegelköpfige Götter zeigen.

14 D3 ÇATAL HÖYÜK
6. JT. V. CHR.
ORT: Türkei
TYPUS: jungsteinzeitliche Siedlung
Siehe Seiten 25, 26–29.

15 E2 BOGAZKALE
MITTE 2. JT. V. CHR.
ORT: Türkei
TYPUS: hethitische Stadt
Hauptstadt der Hethiter auf mehreren Hügeln; erstmals während der mittleren Bronzezeit besiedelt (damals mit Wehrmauern aus großen Steinen und Lehmziegeln, mit verzierten Toren). Vier Tempel wurden ausgegraben und mehr als 10 000 Tontafeln gefunden.

16 E2 KANISCH
2. JT. V. CHR.
ORT: Türkei
TYPUS: hethitische Stadt
Die hier ausgegrabenen Keilschrifttafeln sind die ältesten Zeugnisse türkischer Geschichte.

17 F2 CAYONU
9.–7. JT. V. CHR.
ORT: Türkei
TYPUS: jungsteinzeitliche Siedlung
Frühes ackerbauliches Zentrum – Getreideanbau. Weitere Funde schließen Steinbauten, ungebrannten Ton und gehämmertes natürliches Kupfer ein.

18 E3 ALALAH
3400–1200 V. CHR.
ORT: Türkei
TYPUS: bronzezeitliche Siedlung
Die Besiedlung erfolgte in 17 Phasen; Fund zweier bedeutender Archive.

19 E3 ANTIOCHIA
300 V. CHR.–600 N. CHR.
ORT: Türkei
TYPUS: römische Stadt
Eine der wichtigsten römischen Städte; Handelszentrum; die späteren byzantinischen Stadtmauern sind erhalten.

20 F1 ABCHASIEN
3.–2. JT. V. CHR.
ORT: Georgien
TYPUS: megalithisches Grab
Bestattungen der Novisobodnaja-Kultur mit Vorkammer oder einer Tür aus Steinplatten.

21 G2 METSAMOR
2. JT. V. CHR.
ORT: Armenien
TYPUS: bronzezeitliche Siedlung
Zu den Überresten gehören eine befestigte Zitadelle, ein Kultplatz, Gräber sowie Wohn- und Werkstattbereiche.

22 G2 KARMIR-BLUR
8.–7. JH. V. CHR.
ORT: Armenien
TYPUS: urartäische Festung
Befestigte Stadt mit einer Zitadelle; darin Wohnräume und darunterliegende Lagerräume.

23 G2 GARNI
1. JH. N. CHR.
ORT: Armenien
TYPUS: Tempel
Griechischer Tempel, der dem Gott Mithras geweiht war.

24 G2 LCHASHEN
2. JT. V. CHR.
ORT: Armenien
TYPUS: Steppensiedlung
Mehrere Grubengräber, darunter ein Friedhof mit Wagenbestattungen (große Scheibenräder; *siehe Seite 35*).

25 E3 UGARIT
2. JT. V. CHR.
ORT: Syrien
TYPUS: bronzezeitliche Stadt
Küstensiedlung, in der Tempel und ein prächtiger Palast ausgegraben wurden. Im Palast fand man Keilschrifttafeln.

26 E3 AMRIT
1. JT. V. CHR.
ORT: Syrien
TYPUS: frühe Stadt
Eine Siedlung mit Ruinen eines phönizischen Tempels, einem großen Platz und Grabtürmen (5. Jahrhundert v. Chr.).

27 E3 KRAK DES CHEVALIERS
12. JH. N. CHR.
ORT: Syrien
TYPUS: Kreuzritterburg
Siehe Seiten 91, 97.

28 E3 EBLA
2. JT. V. CHR.
ORT: Syrien
TYPUS: frühe Stadt
Einst ein mächtiger Staat; Palastruine mit Archiv (140 Jahre Stadtgeschichte).

29 F3 HURREIRA
7.–6. JT. V. CHR.
ORT: Syrien
TYPUS: jungsteinzeitliche Siedlung
Wichtiges Zentrum, an dem der Übergang von den Jäger-und-Sammler-Gesellschaften zu Ackerbau und Herdenhaltung deutlich wird. Es gibt Reste von Lehmziegelbauten mit bemalten Wänden, und man grub Steingefäße, Knochenwerkzeuge und Tonfigurinen aus (*siehe Seite 25*).

30 F3 PALMYRA
FRÜHES 1. JT. N. CHR.
ORT: Syrien
TYPUS: frühe Stadt
Die meisten Reste stammen aus der römischen Kolonialzeit. Es gibt einen Beltempel, von Säulen gesäumte Straßen und Grabtürme.

31 E4 JABRUD
VOR 150 000 JAHREN
ORT: Syrien
TYPUS: Jäger und Sammler
Drei Abris, namensgebend für eine

Form der Werkzeugherstellung (Schaber, Klingen und Beidseiter).

32 F3 TELL HALAF
1. JT. V. CHR.
ORT: Syrien
TYPUS: frühe Stadt
Aramäischer Palast mit Keramik der Halaf-Kultur und dunkler, polierter Keramik innerhalb der Fundamente. Später eine Hauptstadt des assyrischen Großreiches.

33 F3 MARI
3.–1. JT. V. CHR.
ORT: Syrien
TYPUS: frühe Stadt
Mesopotamische Siedlung; zu den Ruinen gehören ein Palast mit 300 bemalten Räumen und Tempel, die sich um zwei Höfe anordnen. In einem Archiv fand man über 15000 Tafeln.

34 E3 AL MINA
7.–5. JH. V. CHR.
ORT: Libanon
TYPUS: frühe Stadt
Hafensiedlung mit zehn Grabungsebenen; man fand griechische Keramik und Amphoren.

35 E4 BAALBEK
1. JH. V. CHR.
ORT: Libanon
TYPUS: römische Kolonie
Religiöses Zentrum; zu den Ruinen gehört ein großer, monumentaler Tempel.

36 E4 BYBLOS
3. JT. V. CHR.
ORT: Libanon
TYPUS: frühe Stadt
Befestigtes Handelszentrum; später von den Phöniziern und Achämeniden erobert; Ruinen mehrerer Tempel.

37 E4 SIDON
3.–2. JT. V. CHR.
ORT: Libanon
TYPUS: phönizische Stadt
Tempel und Nekropole wurden ausgegraben; man fand verzierte Sarkophage. Später römische Stadt; die Kreuzritter bauten zwei Burgen (heute Ruinen).

38 E4 TYROS
1. JT. V. CHR.
ORT: Libanon
TYPUS: frühe Stadt
Hier stand eine Hauptstadt der Phönizier – heute nur noch römische und byzantinische Reste: u. a. ein Aquädukt, eine Nekropole und ein U-förmiges Theater.

39 E4 HAZOR
18.–8. JH. V. CHR.
ORT: Israel
TYPUS: frühe Stadt
Wichtige Stadt der Kanaaniter, mit jüngeren Resten aus der Zeit König Salomos (circa 10. Jahrhundert v. Chr.), darunter ein sechskammeriger Torbau und ein Lagerhaus. Noch jünger sind ein Wasserschacht und eine Zitadelle.

40 E4 AKKO
12. JH. N. CHR.
ORT: Israel
TYPUS: mittelalterlicher Hafen
Stadt mit Stadtmauer und Hafen; zu den Ruinen gehören ein Speisesaal und das Khan-el Umdan – ein Haus, das teilweise Wirtshaus, teilweise Warenlager war.

41 E4 BERG KARMEL
VOR 60000–50000 JAHREN
ORT: Israel
TYPUS: Jäger und Sammmler
Siehe Seiten 13, 22.

42 E4 NAZARETH
11.–12. JH. N. CHR.
ORT: Israel
TYPUS: mittelalterliche Stadt
Ausgrabungen brachten die Verkündigungskirche zutage; sie war als Synagoge erbaut und später in eine byzantinische Kirche umgewandelt worden.

43 E4 MEGIDDO
1. JT. V. CHR.
ORT: Israel
TYPUS: frühe Stadt
Siedlung der Bronzezeit, die im 9. Jahrhundert v. Chr. zu einer befestigten königlichen Stadt ausgebaut wurde. Zu den Ruinen gehören ein Palast, ein mit Kalkmörtel gebauter Hof und ein sechskammeriger roter Torbau.

44 E4 CAESAREA
1. JH. V. CHR.
ORT: Israel
TYPUS: römische Stadt
Der Hafen wurde unter König Herodes erbaut und wird derzeit ausgegraben; man fand einige wichtige Texte. Es gibt jüngere Ruinen aus byzantinischer Zeit und dem Mittelalter.

45 E4 KEBARA-HÖHLE
60000 JAHRE ALT
ORT: Israel
TYPUS: Jäger und Sammler
Wohnplatz der Neandertaler mit Spuren von Asche und Feuerstellen; Gebeine eines männlichen Neandertalers.

46 E4 KETEF HINNOM
7. JH. V. CHR.
ORT: Israel
TYPUS: Höhlengrab
Innerhalb einer Reihe von Höhlen liegt eine hochgestellte Persönlichkeit begraben. Man hatte Knochen und Beigaben in eine Art Speicher gelegt.

47 E4 BEIT GUVRIN
1. JH. V. CHR.
ORT: Israel
TYPUS: frühe Siedlung
Die Ruinen reichen von römischer und byzantinischer Zeit bis zu den Kreuzrittern und Mamluken. Es wurden Häuser und Familiengräber (oft mit Fresken verziert) ausgegraben.

48 E4 LAKHISCH
2. JT. V. CHR.
ORT: Israel
TYPUS: frühe Stadt
Siedlung mit einer eindrucksvollen assyrischen Belagerungsrampe, Torkomplex und Ruinen kanaanitischer Tempel. Die lakhischen Inschriften – erste Form eines Alphabets – fand man auf einem Dolch und einigen Gefäßen.

49 E4 JERUSALEM
2. JT. V. CHR.
ORT: Israel
TYPUS: frühe Stadt
Zuerst von den Kanaanitern besiedelt, dann von den Israeliten erobert, die dort eine Stadt bauten. Salomon errichtete später einen Tempel, der von Herodes überbaut wurde. Die meisten Ausgrabungen konzentrieren sich auf die Zeit von Herodes und Hadrian sowie auf die spätere byzantinische Epoche.

50 E4 BOKER TACHTIT
VOR 45000 JAHREN
ORT: Israel
TYPUS: Jäger und Sammler
Werkplatz der Altsteinzeit (Levallois-Abschlagtechnik); man fand Pfeilspitzen, Klingen und Kernsteine.

51 E4 AVDAT
2. JH. V. CHR.
ORT: Israel
TYPUS: frühe Stadt
Strategisch günstige Siedlung der Nabatäer; später römische Stadt. Byzantinische Reste, u. a. mehrere Kirchen.

52 E4 MASADA
37 V. CHR.–73 N. CHR.
ORT: Israel
TYPUS: Palastfestung
Von Herodes als Rückzugsort erbaut; u. a. große Wasserzisternen, Paläste und Badehäuser. Die Festung war Bollwerk gegen die Römer; zu den Resten gehören eine Wehrmauer, acht Belagerungslager und eine große, von den Angreifern gebaute Rampe; gefunden wurden Schriftrollen und Ostraka (mit Namen versehene Keramik).

53 E4 ALA-SAFAT
4. JT. V. CHR.
ORT: Westjordanland
TYPUS: jungsteinzeitlicher Friedhof
Über 200 Bestattungen, davon 164 in Kammergräbern.

54 E4 HERODIUM
1. JH. V. CHR.
ORT: Westjordanland
TYPUS: römische Siedlung
Künstlicher Hügel, auf dem Paläste, Thermen und Verwaltungsgebäude ausgegraben wurden.

55 E4 QUMRAN
1. JH. N. CHR.
ORT: Westjordanland
TYPUS: Klostersiedlung
In einer Höhle wurden die 400 Schriftrollen des Toten Meeres entdeckt; sie enthalten fast das ganze Alte Testament, Rechtsdokumente und andere Schriften.

56 E4 JERICHO
10. JT. V. CHR.
ORT: Westjordanland
TYPUS: frühe Stadt
Die älteste Stadt der Welt, die zunächst von Menschen des Natoufien bewohnt wurde; sie bauten einräumige Häuser und pflanzten wahrscheinlich Getreide an. Später errichtete man eine Wehrmauer mit einem runden Turm und ein Heiligtum aus Stein. Zu den Funden gehören menschliche Schädel mit Muschelschalen in den Augenhöhlen und geringfügige Mengen einfacher, bemalter Keramik (*siehe Seite 24*).

57 E4 JERASH
1.–2. JH. N. CHR.
ORT: Jordanien
TYPUS: römische Stadt
Ausgrabungen legten die Grundmauern einer frühen hellenistischen Siedlung frei. Die meisten Ruinen sind römisch, z. B. die Säulenstraße und ein Forum.

58 E4 GHASSUL
4. JT. V. CHR.
ORT: Jordanien
TYPUS: frühe Siedlung
Dorf mit vier Siedlungsphasen; Häuser aus Lehmziegeln mit bemalten Wänden. Man fand Spuren von Kupferabbau und verzierte Keramik.

59 E4 ARAQ EL-AMIR
2. JH. V. CHR.
ORT: Jordanien
TYPUS: frühe Siedlung
Zu den Ruinen gehören ein großer Tell, ein Aquädukt und die Qasr al-Abid (Burg des Sklaven).

60 E4 KERAK VON MOAB
12. JH. N. CHR.
ORT: Jordanien
TYPUS: mittelalterliche Burg
Kreuzritterburg mit Gängen, Kammern, Lagerräumen und Kerkern. Außerdem gibt es tiefe Brunnen und Zisternen sowie die verfallene byzantinische Nazarethkirche.

61 E5 PETRA
5. JH. V. CHR.–2. JH. N. CHR.
ORT: Jordanien
TYPUS: Handelssiedlung
Hauptstadt der Nabatäer; zu den Überresten gehören in den Fels gehauene Gräber, öffentliche Gebäude und Tempel; außerdem eine römische Säulenstraße.

62 G3 NINIVE
7. JH. V. CHR.
ORT: Irak
TYPUS: frühe Stadt
Stadt der Achämeniden, Assyrer und Parther mit vielen Ruinen. Die meisten stammen aus assyrischer Zeit: Paläste, Reliefs, Keilschriften und geflügelte

Stiere. Zu den wichtigsten Funden gehören Tontafelbibliotheken, die in zwei Palästen gefunden wurden.

63 G3 KHORSABAD (DUR SCHARRUKIN)
8. JH. V. CHR.
ORT: Irak
TYPUS: frühe Stadt
Assyrische Hauptstadt, die über einem Dorf erbaut wurde; zwei Baukomplexe für ein Arsenal und einen Palast.

64 G3 ARPATSCHIYYA
CA. 3500 V. CHR.
ORT: Irak
TYPUS: frühe Siedlung
Ein Dorf aus kleinen Tonhütten und ein Friedhof mit 40 Gräbern, in denen Scherben der 'Ubaid-Keramik gefunden wurden.

65 G3 BALAWAT
9. JH. V. CHR.
ORT: Irak
TYPUS: frühe Stadt
Eine ummauerte Siedlung mit Tempelruinen und eindrucksvollen, mit Reliefs verzierten Bronzetoren.

66 G3 NIMRUD (KALACH)
9. JH. V. CHR.
ORT: Irak
TYPUS: frühe Stadt
150 Jahre lang Hauptstadt der Assyrer; angelegt um eine rechteckige Umwallung. In einem Palast fand man Reliefs und Torhüterplastiken. Es gab ein Arsenal mit Tempel, Palast und Verwaltungsgebäuden. Man fand geschnitztes Elfenbein, Keilschrifttexte und Goldschmuck.

67 G3 ZARZI
VOR 14 000 JAHREN
ORT: Irak
TYPUS: Jäger und Sammler
Höhle, in der Werkzeug hergestellt wurde; man fand breitrückige kleine Klingen, Mikrolithe und eingekerbte Klingen.

68 G3 ASSUR
2. JT. V. CHR.
ORT: Irak
TYPUS: assyrische Stadt
Altes Zentrum mit den Ruinen der Zikkurat von Enlil, dem Tempel des Assur und Stadtmauern; daneben drei weitere Zikkurats, 38 Tempel und zwei Paläste.

69 G3 JARMO
CA. 5800 V. CHR.
ORT: Irak
TYPUS: jungsteinzeitliche Siedlung
Bauerndorf; Spuren von Häusern mit tonausgekleideten Gruben; gefunden wurde u. a. Keramik – Steinkrüge und andere Tongefäße.

70 G4 KHEIT QASIM
3. JT. V. CHR.
ORT: Irak
TYPUS: frühe Siedlung
Zentrum mit einem Friedhof, einem Dorf und einem Wohnbereich der 'Ubaid-Kultur um eine T-förmige Halle.

71 G4 TELL ES-SAWWAN
6.–5. JT. V. CHR.
ORT: Irak
TYPUS: jungsteinzeitliche Siedlung
Wohnstätte mit drei Siedlungsschichten: Die erste wurde von einem rechteckigen Graben geschützt, die letzte besaß komplizierte Befestigungen. Straßen trennten T-förmige Häuser.

72 G4 SAMARRA
8.–10. JH. N. CHR.
ORT: Irak
TYPUS: islamische Stadt
Hauptstadt der Abbasiden, berühmt wegen Beispielen früher islamischer Architektur. In anderen Ausgrabungen fand man die charakteristische prähistorische Keramik, die als Samarra-Keramik bekannt wurde.

73 G4 TELL KHAFAJE
3. JT. V. CHR.
ORT: Irak
TYPUS: frühe Siedlung
Zentrum mit zwei sumerischen Tempeln, wo rituelle Gefäße ausgegraben wurden. In Gräbern unter den Böden der Häuser lagen Keramikgefäße.

74 G4 TELL AGRAB
3. JT. V. CHR.
ORT: Irak
TYPUS: mesopotamische Stadt
Ein Hügel mit Tempelruinen gab ein Heiligtum und zwei Nebenkammern frei. Zu den gefundenen Artefakten gehören Votivgaben, geschnitzte Amulette, Tausende von Perlen, Skulpturen aus Bronze und Stein sowie Köpfe von Streitkolben.

75 G4 TELL HARMAL
3. JT. V. CHR.
ORT: Irak
TYPUS: frühe Stadt
Zentrum der Eschnunna-Kultur mit Verwaltungs-, Ritus- und Wohngebäuden; man fand Texte und Terrakottalöwen.

76 G4 BABYLON
2.–1. JT. V. CHR.
ORT: Irak
TYPUS: mesopotamische Stadt
Die alte Hauptstadt wurde mehrmals zerstört und wieder aufgebaut. Zu den erhaltenen Bauten gehört das verzierte Ischtar-Tor. Weitere Ruinen sind eine Zikkurat, Tempel, Paläste, Befestigungen und ein Bauwerk, das als die »Hängenden Gärten« gedeutet wird *(siehe Seiten 47, 59)*.

77 G4 UCHAIDIR
8. JH. N. CHR.
ORT: Irak
TYPUS: islamische Siedlung
Hafen und Reste eines eindrucksvollen Palastes mit einer Reihe von Innenhöfen.

78 G4 KISCH
3. JT. V. CHR.
ORT: Irak
TYPUS: frühe mesopotamische Stadt
Stadtstaat mit den Überresten von Tempelplattformen der frühen Dynastie, einem Friedhof und zwei Zikkurats. Eine der Flächen wies drei Siedlungsschichten auf, die frühe Dynastie war durch Keramik, Gräber, drei Streitwagengräber und Beigaben wie Vasen, Waffen und Kupferartefakte vertreten.

79 G4 ABU SALABICH
3. JT. V. CHR.
ORT: Irak
TYPUS: frühe Stadt
Acht Hügel, die Keramik und die ältesten Formen sumerischer Literatur enthielten.

80 G4 AGADE
3. JT. V. CHR.
ORT: Irak
TYPUS: frühe mesopotamische Stadt
Unabhängiger Stadtstaat der Akkader-Dynastie; die Ausgrabungen legten einen erhöhten Tempel aus Lehmziegeln frei.

81 G4 NIPPUR
4. JT. V. CHR.
ORT: Irak
TYPUS: frühe sumerische Stadt
Reste eines befestigten religiösen Zentrums, einer Zikkurat und eines Tempels mit einigen Reliefs; man fand Keramik und Keilschrifttexte.

82 G4 URUK
4. JT. V. CHR.
ORT: Irak
TYPUS: mesopotamische Stadt
4000 Jahre lang besiedelt; eine Reihe aufeinanderfolgender Städte. Die Ausgrabung konzentrierte sich auf zwei sumerische Zikkurats. Man fand Objekte aus Silber, Kupfer und Gold.

83 H4 LAGASCH
3. JT. V. CHR.
ORT: Irak
TYPUS: frühe mesopotamische Stadt
Wichtige Stätte, wo 50 000 Keilschrifttexte gefunden wurden, die umfassende Informationen über die Kultur der Sumerer lieferten.

84 H4 TELL EL 'UBAID
6.–5. JT. V. CHR.
ORT: Irak
TYPUS: frühe Siedlung
Nach dieser Patenstätte wurden Siedlungen und Keramik dieser Epoche benannt; man grub einen sumerischen Tempel und andere Hügel aus.

85 H5 ERIDU
4. JT. V. CHR.
ORT: Irak
TYPUS: frühe Stadt
Siedlung; später eine sumerische Stadt; einige Tempel aus sonnengetrockneten Lehmziegeln und eine Zikkurat. Es gibt einen Friedhof mit Votivkeramik als Opfergaben. Eridu verfügt über die längste Chronologie von 'Ubaid-Keramik in der Region.

86 H5 UR
4.–1. JT. V. CHR.
ORT: Irak
TYPUS: mesopotamische Stadt
Sumerische Stadt mit zahlreichen Zikkurats sowie Religions- und Verwaltungsgebäuden. In königlichen Gräbern lagen Wagen mit Zugochsen, Diener und verzierte Figuren. Etwa 2500 weitere Gräber enthielten Keramik, Metallwaffen, Werkzeuge, Steingefäße und andere Beigaben *(siehe Seite 35)*.

87 F5 TAYMA
6. JH. V. CHR.
ORT: Saudi-Arabien
TYPUS: neubabylonische Stadt
Siedlung aus mehreren ummauerten Bezirken, jeder mit einem kleinen Hügel in der Mitte. Einige der gefundenen Stelen wiesen aramäische Inschriften auf.

88 H6 DOSARIYAH
5. JT. V. CHR.
ORT: Saudi-Arabien
TYPUS: frühe Siedlung
'Ubaid-Keramik und Steinabschläge in einer Siedlung, in der Schafe, Ziegen und Rinder domestiziert wurden.

89 G9 ZAFAR
11.–12. JH. N. CHR.
ORT: Jemen
TYPUS: islamische Stadt
Moscheeruine mit Kuppelgräbern im Innenhof und prachtvoll verzierten Decken.

90 H9 HAJJAR BIN HUMEID
1. JT. V. CHR.
ORT: Jemen
TYPUS: präislamische Siedlung
In einer kleinen Grube fand man Überreste einer Kultur, die 1500 Jahre existierte. Man grub Mauern, Teile von Häusern und Keramik (Typologie) aus.

91 H9 AL HURAIDA
7.–6. JH. V. CHR.
ORT: Jemen
TYPUS: zeremonielles Zentrum
Tempel aus behauenen Steinblöcken, der mehrfach umgebaut wurde; außerdem eine Gruppe kleiner Gräber.

92 K7 MAYSAR
SPÄTES 3. JT. V. CHR.
ORT: Oman
TYPUS: frühe Siedlung
Ein Zentrum mit Grabstätten, Siedlungen, Befestigungen und Fundstücken, die auf bronzezeitliche Kupferverhüttung hinweisen.

93 K6 QURUM
8. JT. V. CHR.
ORT: Oman
TYPUS: Jäger und Sammler
Einige Wohnplätze unter freiem Himmel, manche mit Friedhöfen.

94 J6 UMM AN NAR
SPÄTES 3. JT. V. CHR.
ORT: Vereinigte Arabische Emirate
TYPUS: frühe Siedlung
Zentrum der Bronzezeit mit Gräbern, deren Typus an der Südküste der Arabischen Halbinsel vorherrscht.

95 I6 BARBAR
SPÄTES 3.–MITTE 2. JT. V. CHR.
ORT: Bahrain
TYPUS: zeremonielles Zentrum
Quadratische Tempel auf ovalen Plattformen. Nach dieser Kultur wird eine Typologie von Keramik und Siegeln benannt.

96 I6 TUMULUSFELD VON BAHRAIN
3.–2. JT. V. CHR.
ORT: Bahrain
TYPUS: früher Friedhof
Tumuli mit einer oder mehreren Kammern und Steinkisten, die Anklänge an die Barbar-Kultur (Bronzezeit) aufweisen.

97 I6 BETH SHAN
4.–2. JT. V. CHR.
ORT: Bahrain
TYPUS: frühe Stadt
Riesiger Tell einer biblischen Stadt mit mehreren jüngeren ägyptischen Befestigungen.

98 G2 BASTAM
7. JH. V. CHR.
ORT: Iran
TYPUS: urartäische Siedlung
Ruinen von zwei Toren, Flankierungstürmen und einem turmförmigen Tempel. Verziertes Gold und rote, polierte Keramik wurde ebenfalls ausgegraben.

99 G3 HASANLU
6. JT. V. CHR.
ORT: Iran
TYPUS: frühe Siedlung
Prähistorisches Zentrum, das während der Eisenzeit zur befestigten Stadt ausgebaut wurde; mächtige Mauern, Straßen und Gebäude, viele davon innen mit glasierten Kacheln verziert. Zu den Artefakten gehören u. a. Löwennadeln aus Bronze und zylindrische Siegel sowie grauschwarze Keramik.

100 H3 GANJ DAREH
CA. 8450 V. CHR.
ORT: Iran
TYPUS: jungsteinzeitliche Siedlung
Dauerhafte Bauten aus sonnengetrockneten Lehmziegeln; wahrscheinlich Winterquartier. Man fand Werkzeuge und Keramik, Skelette, Tiere aus Ton und modellierte Venusfiguren.

101 H4 ASIAB
7. JT. V. CHR.
ORT: Iran
TYPUS: jungsteinzeitliche Siedlung
Die Gemeinschaft lebte in kleinen halbrunden Bauten.

102 H4 GODIN TEPE
4. JT. V. CHR.
ORT: Iran
TYPUS: frühe Siedlung
Frühe Stadt mit einer ovalen Umwallung; man grub Keramik und Tafeln aus. Eine bemalte Amphore enthielt vielleicht den ältesten Wein der Erde.

103 H4 ALI KOSH
CA. 7500 V. CHR.
ORT: Iran
TYPUS: jungsteinzeitliche Siedlung
Temporäres Lager mit Hinweisen auf Zubereitung von Nahrungsmitteln und domestizierte Tiere; man fand Feuerstein und Tonscherben.

104 H4 SUSA
1. JT. V. CHR.
ORT: Iran
TYPUS: achämenidische Stadt
Seit der Jungsteinzeit besiedelt; Höhepunkt der Entwicklung als Hauptstadt der Achämeniden. Sie besteht aus vier Hügeln, darin fand man die Stele von Naram-Sin und den Palast von König Dareios I. In den Hügeln liegen auch eine elamitische Stadt und Häuser der Armen.

105 I3 MARLIK
2.–1. JT. V. CHR.
ORT: Iran
TYPUS: königlicher Friedhof
Nekropole mit 53 Gräbern, manche mit Altären und Herden. Bronzewaffen, Figurinen aus Bronze und Terrakotta, Goldschmuck und Ornamente wurde ausgegraben.

106 H3 ROSTAMABAD
1. JT. V. CHR.
ORT: Iran
TYPUS: frühe Stadt
Ausgrabungen legten die steinernen Fundamente mehrerer Holzgebäude frei. In Gräbern fand man reiche Beigaben, darunter Gold- und Silbervasen.

107 I3 RAYY
8. JH. N. CHR.
ORT: Iran
TYPUS: islamische Stadt
Eine Stadt der Parther; später eine wichtige islamische Siedlung. Man grub Keramik und andere Kleingegenstände aus. Erhalten blieben der Turm von Toghril (1139 n. Chr.) und die Ruinen eines anderen Turmes.

108 H4 CHOGA ZAMBIL
13. JH. N. CHR.
ORT: Iran
TYPUS: frühe Stadt
Eindrucksvoller Fundort mit einer riesigen Zikkurat, die wahrscheinlich größte in Mesopotamien. Um die Zikkurat fand man die Reste von Tempeln.

109 J3 TURENG TEPE
4.–3. JT. V. CHR.
ORT: Iran
TYPUS: frühe Stadt
Riesiger Hügel mit Hinweisen auf Bauten der Sassaniden, Parther und der islamischen Periode. Die unterste Siedlungsschicht bestand aus sonnengetrockneten Lehmziegeln von bronzezeitlichen Bauten und kleinen Scherben einer alten Keramik. In einem Haus der Sassanidenzeit fand man ein kompliziertes Abwassersystem aus Terrakotta. Man grub glatte, graue Tonscherben und viele Perlen aus Lapislazuli aus.

110 I5 PERSEPOLIS
SPÄTES 6. JH. V. CHR.
ORT: Iran
TYPUS: achämenidischer Palast
Großer Komplex, zu dessen Bauten Audienzsäle und verzierte Empfangszimmer gehören. Königliche Wohnhäuser, ein ummauerter Jagdpark und ein Zierteich wurden ausgegraben.

111 I5 FIRUSABAD
3.–7. JH. N. CHR.
ORT: Iran
TYPUS: frühe Stadt
Stadt der Sassaniden mit ausgedehnten Ruinen, u. a. einem Palast.

112 I5 SIRAF
SPÄTES 1. JT. N. CHR.
ORT: Iran
TYPUS: islamischer Hafen
Verlassene, gut erhaltene, islamische Stadt mit einer großen Moschee, Palastwohnungen, Verteidigungs- und Militäranlagen, Lagerhäusern, Badehäusern (*hamam*), Privathäusern, Schrein eines Heiligen (*imamzedeh*) und einem monumentalen Friedhof. Unter einem Gebäude entdeckte man eine sassanidische Befestigung; außerdem große Mengen an Glas und importierte chinesische Keramik.

113 J5 SHAHDAD
3. JT. V. CHR.
ORT: Iran
TYPUS: frühe Siedlung
Drei ausgegrabene Friedhöfe lassen auf eine sozial geschichtete Gesellschaft schließen. Zu den freigelegten Bauten gehören Werkstätten zur Bearbeitung von Halbedelsteinen, Anlagen zur Kupferverhüttung und ein jüngerer Komplex mit Werkstätten und Brennöfen.

114 J2 DJEITUN
7.–6. JT. V. CHR.
ORT: Turkmenistan
TYPUS: jungsteinzeitliche Siedlung
Der älteste jungsteinzeitliche Wohnplatz der Region – Häuser aus Lehmziegeln und Keramik wurde ausgegraben. Die Einwohner lebten von Gerste, Weizen, Schafen, Ziegen und Rindern.

115 K3 ALTYN TEPE
5.–3. JT. V. CHR.
ORT: Turkmenistan
TYPUS: frühe Stadt
Ruinen der Stadtmauer, eine Zikkurat, Friedhöfe sowie Viertel mit Werkstätten von Töpfern und für Metallverarbeitung.

116 K2 YAZ DEPE
2.–1. JT. V. CHR.
ORT: Turkmenistan
TYPUS: eisenzeitliche Siedlung
Komplex mit vielen Siedlungsschichten; in der untersten Schicht fand man eine Zitadelle. Es gab ein ausgeklügeltes Bewässerungssystem; Keramikfunde.

117 K2 GONUR
SPÄTES 3.–MITTE 2. JT. V. CHR.
ORT: Turkmenistan
TYPUS: befestigte Siedlung
Im Zentrum liegt eine Befestigung mit Friedhof; Funde von Murgab-Siegelamuletten; die Ikonographie deutet auf Verbindungen zur Harappa-Kultur.

118 M2 TESCHIK TASCH
VOR 44 000 JAHREN
ORT: Usbekistan
TYPUS: Jäger und Sammler
Höhle der Altsteinzeit, in der ein bestattetes Kind (Neandertaler) ausgegraben wurde; auch Bearbeitungsplätze für Moustérien-Werkzeuge wurden freigelegt.

119 M2 SAMARKAND
11. JH. N. CHR.
ORT: Usbekistan
TYPUS: islamische Stadt
Im Altertum als Afrasiah bekannt; im wesentlichen im Mittelalter erbaut. Der Grundplan der Stadt blieb erhalten; die Straßen führen von den 10 km langen Mauern nach innen. Im Zentrum stehen einige der beeindruckendsten islamischen Bauten Vorderasiens mit großen, farbigen Kuppeln und Mausoleen.

120 M2 PENDSCHIKENT
6.–8. JH. N. CHR.
ORT: Usbekistan
TYPUS: Siedlung der Sogdiana
Der Fundort gab reiche Informationen über die Sogdiana-Kultur preis: Man fand u. a. eine Zitadelle, einen Palast, der über einen Damm mit der Unterstadt verbunden war, und Stadtmauern, die aus Lehmziegeln und festgestampfter Erde bestanden. Das tägliche Leben war in Fresken dargestellt.

121 M3 SAPALLI TEPE
SPÄTES 3.–FRÜHES 2. JT. V. CHR.
ORT: Usbekistan
TYPUS: frühe Siedlung
Die Siedlung erstreckte sich um ein zentrales Viereck, das während drei oder vier Phasen der Bronzezeit besiedelt war. In den Wohnbezirken fand man Grabstätten, vier davon mit Textilien.

122 M1 BEZEKLIK
8.–9. JH. N. CHR.
ORT: Kasachstan
TYPUS: buddhistische Siedlung
Hier fand man ausgedehnte Reste einer buddhistischen Siedlung.

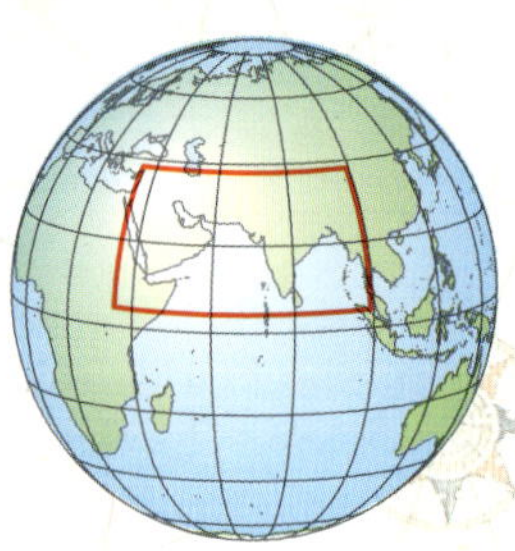

ZENTRALASIEN

Karte auf den Seiten 150–151

1 I1 TILLYA-DEPE
FRÜHES 1. JT. V. CHR.
ORT: Afghanistan
TYPUS: eisenzeitliche Siedlung
Befestigter Komplex mit einigen Gräbern, aus denen Goldgefäße und Schmuck ausgegraben wurden (siehe Seite 59).

2 I1 DASHLY
SPÄTES 3. JT. V. CHR.
ORT: Afghanistan
TYPUS: frühe Stadt
Eine Reihe von Siedlungen aus der Bronzezeit, von den Achämeniden und der Antike. Zu den Bauten gehören quadratische Befestigungen mit runden Türmen und ein Palast mit mehreren Innenräumen. In den Wohnbezirken gab es zahlreiche Brennöfen und ein Viertel mit metallverarbeitenden Werkstätten.

3 I1 BALKH
9. JH. N. CHR.
ORT: Afghanistan
TYPUS: islamische Stadt
Ruinen einer Siedlung: Stadtmauern und eine alte Moschee mit neun Kuppeln und einem Gebetsraum.

4 I1 DIL' BERGINE
3. JH. V. CHR.
ORT: Afghanistan
TYPUS: frühe Stadt
Eine kleine, griechisch-baktrische Stadt mit einer runden Zitadelle, erbaut auf den Resten einer achämenidischen Stadt. Zu den Ruinen gehören ein Tempel, ein buddhistisches Heiligtum und zwei große Häuser.

5 I2 BAMJAN
6. JH. N. CHR.
ORT: Afghanistan
TYPUS: buddhistische Siedlung
Wirtschafts- und Handelszentrum um zwei eindrucksvolle aus dem Fels gehauene Buddhastatuen; einige künstliche Höhlen und spätere – islamische – Ruinen.

6. J1 AL KHANUM
3. JH. V. CHR.
ORT: Afghanistan
TYPUS: hellenistische Stadt
Siedlung mit öffentlichen Gebäuden im Zentrum, darunter ein großer Palast, Tempel, Mausoleum, Arsenal, Theater und Wohnviertel.

7 J1 SHORTUGHAI
3.–2. JT. V. CHR.
ORT: Afghanistan
TYPUS: frühe Siedlung
Prähistorische Handelssiedlung; die beiden untersten ergrabenen Siedlungsschichten brachten Material der Harappa-Kultur zutage; jüngere Schichten gehören der Beschkent-Kultur an.

8 J2 BEGRAM
2. JH. V. CHR.
ORT: Afghanistan
TYPUS: griechische Kolonie
Eine hellenistische Stadt, von ähnlicher Bedeutung wie Al Khanum.

9 I2 GHAZNI
11. JH. N. CHR.
ORT: Afghanistan
TYPUS: islamische Stadt
Erhalten blieben u. a. der Palast von Sultan Masud II. und das »Haus der Leuchter« – hier fand man glänzende, bemalte Keramik. Aus der Keramik ließ sich einiges über die Ghasnawiden- und Ghoriden-Reiche schließen.

10 I2 MUNDIGAK
5. JT. V. CHR.
ORT: Afghanistan
TYPUS: frühe Siedlung
Bewohnt bis zur Eisenzeit; aus dem frühen Bauerndorf wurde eine ummauerte Zitadelle mit einem säulengeschmückten Palast. Man fand eingeritzte und bemalte Keramik.

11 H3 LASHKARI BAZAR
11. JH. N. CHR.
ORT: Afghanistan
TYPUS: islamische Stadt
Die Siedlung lag um einen reichverzierten Palast. Man fand Tonscherben, die wichtige Beispiele islamischer Keramik darstellen.

12 J2 KATELAI
1. JT. V. CHR.
ORT: Pakistan
TYPUS: früher Friedhof
Grabstätten der Gandhara-Kultur; man fand zahlreiche Grabbeigaben.

13 J2 CHARSADA
1. JT. V. CHR.
ORT: Pakistan
TYPUS: achämenidische Stadt
Ruinen einer alten Hauptstadt; ausgegraben wurden die Verteidigungsanlagen. Es gibt eine indisch-griechische Siedlung (2. Jahrhundert v. Chr.).

14 J2 TAXILA
1. JT. V. CHR.
ORT: Pakistan
TYPUS: frühe Stadt
Drei wichtige Besiedlungsphasen – zwei achämenidische und eine indisch-griechische Stadt – wurden entdeckt. Bhir, die erste Stadt, war ummauert; die zweite Stadt, Sirkab, wurde auf einem Gitternetzplan angelegt und enthielt Klöster, Tempel, Stupas und einen Palast. Man fand Keramik, Bronzeschmuck und Kupfer, Werkzeuge und Siegel. Aus der letzten Stadt, Sirsukh, grub man einen Zarathustra-Feuertempel und eine Reihe von Münzen aus.

15 K2 BURZAHOM
3.–2. JT. V. CHR.
ORT: Pakistan
TYPUS: Bauerndorf
Bewohnt während vier Perioden; Grubenhäuser mit Pfostenlöchern und Vorratsgruben wurden freigelegt. Man fand polierte Keramik und Werkplätze für Steinbearbeitung. Lehmziegelbauten und ein Steinkreis mit Funden roter Keramik stammen aus späteren Perioden.

16 J2 RAHMAN DEHRI
4.–3. JT. V. CHR.
ORT: Pakistan
TYPUS: Harappa-Siedlung
Diese Stadt gilt als Prototyp der Harappa-Hochkultur; später befestigt.

17 J3 HARAPPA
3. JT. V. CHR.
ORT: Pakistan
TYPUS: frühe Stadt
Alte Stadt mit monumentaler Architektur, einem Zitadellenhügel und einem Wohnbezirk mit Häusern und Kornspeichern. Aus Friedhöfen wurde verzierte Keramik geborgen *(siehe Seite 47)*.

18 I3 MEHRGARH
7.–3. JT. V. CHR.
ORT: Pakistan
TYPUS: frühe Siedlung
Siedlung der Jung- und Kupfersteinzeit; es wurden Ruinen von Lehmziegelarchitektur und eine Begräbnisplattform ausgegraben. Man baute u. a. Weizen und Gerste an *(siehe Seite 25)*.

19 I3 PIRAK
2.–1. JT. V. CHR.
ORT: Pakistan
TYPUS: frühe Stadt
Siedlung aus Lehmziegelhäusern, kleiner als die meisten Städte der Harappa-Kultur. Es gab große Kornspeicher und geometrisch geformte Keramik. Außerdem gibt es Hinweise auf den Anbau von Hirse und Reis.

20 I4 JHUKAR
2. JT. V. CHR.
ORT: Pakistan
TYPUS: Harappa-Siedlung
Hier fand man zahlreiche Keramiken und Metallgegenstände, darunter Kupfernadeln und eine Axtschneide mit Loch für den Schaft.

21 I4 SOHR DAMB
3. JT. V. CHR.
ORT: Pakistan
TYPUS: frühe Siedlung
In einem Tell wurden flache Kupferäxte und Meißel entdeckt. Außerdem gab es einen Felsenfriedhof, der Skelette und Keramik enthielt.

22 I4 MOHENJO-DARO
3.–2. JT. V. CHR.
ORT: Pakistan
TYPUS: frühe Stadt
Siehe Seiten 47, 54–55.

23 I4 KOT DIJI
3. JT. V. CHR.
ORT: Pakistan
TYPUS: frühe Harappa-Siedlung
Befestigte Siedlung aus Lehmziegeln; man fand Keramik, großteils verziert.

24 I4 CHANHU-DARO
2. JT. V. CHR.
ORT: Pakistan
TYPUS: Harappa-Siedlung
Ein Tell der späten Harappa-Zeit, besonders wichtig, weil hier Handwerksbetriebe ausgegraben wurden.

25 I4 AMRI
SPÄTES 4. JT. V. CHR.
ORT: Pakistan
TYPUS: frühes Dorf
In den Ruinen von Lehmziegelhäusern fand man eine Reihe bemalter Keramiken – hohe Becher aus lederfarbenem Ton – und Werkzeuge aus Hornstein und Kupfer.

26 I4 ALLAHDINO
3. JT. V. CHR.
ORT: Pakistan
TYPUS: Harappa-Siedlung
Kleines Dorf; aus den Ausgrabungen erfuhr man viel über den Ackerbau der Harappa-Hochkultur.

27 K3 BANAWALI
3.–2. JT. V. CHR.
ORT: Indien
TYPUS: Harappa-Siedlung
In der frühesten Siedlungsschicht lagen Tonscherben. Aus einer späteren Periode stammen Spuren einer typischen Stadt der Harappa-Hochkultur. In der letzten Periode fand man die sogenannte Bara-Keramik.

28 K3 KALIBANGAN
2750–2150 V. CHR.
ORT: Indien
TYPUS: Harappa-Siedlung
Dorf mit Spuren alter Landwirtschaft. In einem Friedhof gab es Hinweise auf die Begräbnisriten der Harappa-Kultur und etwas charakteristische Keramik.

29 K3 MITATHAL
3. JT. V. CHR.
ORT: Indien
TYPUS: frühe Siedlung
Doppelhügel; zunächst eine Siedlung der Indus-Kultur, später von der Harappa-Kultur übernommen. Man fand Keramik und andere Artefakte.

30 K3 HASTINAPURA
1. JT. V. CHR.
ORT: Indien
TYPUS: frühe Siedlung
Es wurden Reste von Lehmziegelarchitektur ausgegraben, die die Entwicklung hin zu einer städtischen Lebensweise dokumentieren. Diese alte buddhistische Stadt wird im Mahabharata-Epos erwähnt und war bis ins Mittelalter bewohnt. In allen Siedlungsschichten fand sich Keramik.

31 L3 ALAMGIRPUR
3. JT. V. CHR.
ORT: Indien
TYPUS: frühe Stadt
Eine Siedlung mit Bauten aus Ziegeln und lehmverschmiertem Flechtwerk; die ausgegrabene Keramik und andere Artefakte stellen eine lokale Spielart der Harappa-Hochkultur dar.

32 L4 AHICHCHATRA
500 V. CHR.–1100 N. CHR.
ORT: Indien
TYPUS: frühe Stadt
Alte Stadt mit den Überresten eines Verteidigungswalls (5,5 km Durchmesser). Man grub unterschiedliche Keramik aus, darunter bemalte graue sowie schwarze, polierte Töpferware aus dem Norden.

33 J4 JAISALMER
9. JH. N. CHR.
ORT: Indien
TYPUS: Hindusiedlung
Wüstenfestung mit vielen Bauten, darunter Paläste und eine Reihe von Hindutempeln.

34 K4 FATEHPUR SIKRI
16. JH. N. CHR.
ORT: Indien
TYPUS: islamischer Palast
Palaststadt mit hinduistischer und islamischer Architektur; Ort des Herrscherhofes. Es gibt eine Große Moschee, eine private Audienzhalle mit mehreren Bädern und Wassertanks. Der Ort wurde wegen Wassermangels verlassen.

35 K4 RANTHAMBHOR
13. JH. N. CHR.
ORT: Indien
TYPUS: islamische Siedlung
Ruinen einer Festung mit Palästen, Kasernen, Tempeln, Moscheen und einem islamischen Grab.

36 K5 CHITTOGARH
8.–9. JH. N. CHR.
ORT: Indien
TYPUS: Hindufestung
Eine Siedlung mit verfallenen Pavillons und Tempeln, 152 m oberhalb einer Ebene. Die Mauern gehören zu den besten Verteidigungsbauten der Hindus. Es gibt einen versunkenen Palast und einen neunstöckigen Siegesturm (Jayastambha).

37 J4 KUMBHALGARH
MITTE 16. JH. N. CHR.
ORT: Indien
TYPUS: Hindufestung
Festung, deren mächtige Mauern einen großen Palast und 365 Tempel umschließen.

38 J5 AHAR
3.–2. JT. V. CHR.
ORT: Indien
TYPUS: frühe Siedlung
Große Stein- und Lehmziegelhäuser; Ausgrabungen ergaben, daß die Bewohner Viehherden hielten, Ackerbau betrieben und Kupfer verhütteten.

39 J5 DEVNI MORI
3. JH. N. CHR.
ORT: Indien
TYPUS: buddhistische Siedlung
Eine mit Terrakottafiguren verzierte Stupa und ein Kloster belegen, daß sich griechisch-buddhistische Einflüsse ausdehnten.

40 J5 LOTHAL
3. JT. V. CHR.
ORT: Indien
TYPUS: Harappa-Siedlung
Befestigter Hafen, zu dessen Lehmziegelbauten eine Zitadelle und ein Kornspeicher gehörten. Wahrscheinlich stand der Ort in Handelsverbindung zum Persischen Golf.

41 K5 NAGDA
8.–6. JH. V. CHR.
ORT: Indien
TYPUS: eisenzeitliche Siedlung
Es wurden etwa 60 Objekte ausgegraben, darunter ein Dolch, eine Axt, Pfeil- und Speerspitzen.

42 L4 GWALIOR
6. JH. N. CHR.
ORT: Indien
TYPUS: Hindufestung
Große Festung mit einer Moschee, acht Wassertanks, sechs Tempeln und jüngeren, hinduistischen Bauten aus dem 11. Jahrhundert.

43 K5 KAYATHA
3.–2. JT. V. CHR.
ORT: Indien
TYPUS: Harappa-Siedlung
In der untersten Siedlungsschicht fand man charakteristische mit braunem Glanzton überzogene Keramik. Die Ausgrabungen legten Spuren kleiner Hütten sowie Stein- und Kupferwerkzeuge frei. In späteren Schichten fand man andere Keramik.

44 L5 KHAJURAHO
9. JH. N. CHR.
ORT: Indien
TYPUS: Hindustadt
Hauptstadt der Candella-Kultur mit prächtig verzierten Tempelruinen und Wassertanks der Hindu und Jinisten (auch Jainisten); darunter der Kandariya-Mahadeva-Tempel.

45 L4 KALINJAR
10. JH. N. CHR.
ORT: Indien
TYPUS: Hindufestung
Alte Festung mit den Ruinen eines Tempels, Toren und hinduistischen Felsritzungen. Es gibt einen Königspalast, in dem eine Reihe kostbarer Artefakte gefunden wurden.

46 L5 AJAIGARH
9. JH. N. CHR.
ORT: Indien
TYPUS: Hindufestung
Eine Siedlung der Candella-Kultur; eine riesige Klippe ist übersät mit hinduistischen Felsritzungen. In den Wällen der Festung lagen große Bastionen und Wasserzisternen.

47 L4 KAUSAMBI
1500 V. CHR.–MITTE 1. JT. N. CHR.
ORT: Indien
TYPUS: frühe Stadt
In den ältesten Siedlungsschichten fand man ockerfarbene Keramik, während ein Palastkomplex und eine Lehmziegelmauer auf das 5. Jahrhundert v. Chr. datiert werden. Hier stand eines der ersten buddhistischen Klöster *(siehe Seite 59)*.

48 L5 BHARHUT
2. JH. V. CHR.
ORT: Indien
TYPUS: buddhistischer Tempel
Die Ruinen einer buddhistischen Stupa aus Ziegeln mit prachtvollen Reliefs und Steintoren an den vier Kardinalpunkten.

49 M4 RAJGHAT
800 V. CHR.–MITTE 2. JT. N. CHR.
ORT: Indien
TYPUS: frühe Stadt
Eine Reihe von Tonwaren unterschiedlicher Typen, die alle Epochen abdecken. Gebäudespuren reichen bis 200 v. Chr. zurück. Diese Stadt entwickelte sich gänzlich anders als die übrigen Gangessiedlungen.

50 M4 SARNATH
1. JT. V. CHR.
ORT: Indien
TYPUS: buddhistische Siedlung
In dieser Stadt soll Buddha seine erste Predigt gehalten haben; der Herrscher Aschoka errichtete hier im 3. Jahrhundert v. Chr. eine Stupa und eine Säule.

51 M4 CHIRAND
3. JT. V. CHR.
ORT: Indien
TYPUS: frühe Siedlung
Die Siedlung bestand von der Kupfersteinzeit bis ins Mittelalter. Die ersten Siedlungsspuren belegen ein Dorf aus Bambushütten, in dem Steinwerkzeuge und rote und graue, polierte Keramik hergestellt wurde. Zu den jüngeren Funden gehören Kupferobjekte und einige Lehmziegelbauten.

52 M4 VAISALI
5. JH. V. CHR.
ORT: Indien
TYPUS: frühe Stadt
Zwei teilweise ausgegrabene Hügel gaben die Hauptstadt der Republik Licchavi frei. Man fand vorbuddhistische schwarze und rote Keramik, dazu aus einer späteren Epoche buddhistische schwarze, polierte Töpferware aus dem Norden. Einstmals sollen drei Mauern mit Toren und Wachtürmen die Stadt umgeben haben.

53 M4 LAURIJA NANDANGARH
242 V. CHR.
ORT: Indien
TYPUS: monumentale Säule
Die besterhaltene Ediktsäule des Maurja-Herrschers Aschoka. Auf der Spitze sitzt ein Löwe auf einem Sandsteinschaft.

54 M4 LOMAS RISHI
3. JH. V. CHR.
ORT: Indien
TYPUS: Felsenkammer
Die Kammern mit faßförmigem Gewölbe innerhalb einer Höhle sehen aus, als seien sie aus Holz gebaut worden.

55 M4 PATALIPUTRA
5. JH. V. CHR.
ORT: Indien
TYPUS: frühe Stadt
Wichtiges Handelszentrum, das weitgehend ausgegraben wurde. Es war die Hauptstadt der Reiche Maurja und Gupta. Zu den Funden gehören ein Kapitell aus lederfarbenem Sandstein und Steinsäulen, die vielleicht zu einer Halle mit 1000 Säulen gehörten.

56 N4 ANTICHAK
9.–13. JH. N. CHR.
ORT: Indien
TYPUS: mittelalterliche Siedlung
Ein zentraler Ziegelhügel wies allseitig eingebaute Kammern auf; in einem Kloster fand man 200 Mönchszellen. Zu den gefundenen Artefakten gehören buddhistische und hinduistische Terrakotta- und Steinobjekte, einige buddhistische Bronzen und etwas Keramik.

57 N4 GAUR
14. JH. N. CHR.
ORT: Indien
TYPUS: befestigte Siedlung
Eine eindrucksvolle Lehmfestung, dreiseitig von Wällen geschützt. Erhalten blieben u. a. das Dakhil-Darwaza-Tor und eine Moschee.

58 K5 SANCHI
3. JH. V. CHR.–12. JH. N. CHR.
ORT: Indien
TYPUS: buddhistischer Komplex
Eine eindrucksvolle Ansammlung von Stupas, Tempeln und Klöstern – das bedeutendste Bauwerk ist die von Aschoka errichtete Große Stupa. Viele der Funde gehören ins frühe 1. Jahrtausend n. Chr.

59 L5 BHIMBETKA
VOR 40 000 JAHREN
ORT: Indien
TYPUS: Jäger und Sammler
Stratifizierter Fundort mit Felsenkunst der Altsteinzeit und jüngeren Epochen in sieben Abris. Man fand mehrere Steinwerkzeuge vom Acheuléen-Typ, darunter Faust- und Schneidenkeile.

60 L5 JABALPUR
4. JT. V. CHR.
ORT: Indien
TYPUS: jungsteinzeitliche Wohnplätze
In dieser Region wurden mehrere Wohnplätze mit Abschlägen, Klingen und anderen Resten gefunden.

61 K5 UJJAIN
5. JH. V. CHR.
ORT: Indien
TYPUS: frühe Stadt
Heilige indische Stadt, in der schwarzrote und bemalte graue Keramik ausgegraben wurde. Die Stadt war von einem 12 m hohen Lehmwall umgeben.

62 K5 MANDU
14.–15. JH. N. CHR.
ORT: Indien
TYPUS: befestigte Siedlung
Erstmals im 6. Jahrhundert n. Chr. besiedelt, die meisten Gebäude stammen jedoch aus dem 15. Jahrhundert (nach einer Invasion von Timur). Viele Bauten, darunter ein Königspalast, blieben erhalten.

63 K5 NAVDATOLI
2. JT. V. CHR.
ORT: Indien
TYPUS: frühe Siedlung
Bewohnt von der Altsteinzeit bis zum Mittelalter; besonders gut wurde die Epoche des Chalkolithikums untersucht. Die Keramikfunde lassen sich in vier Phasen untergliedern. Aus späterer Zeit stammen Ruinen monumentaler Architektur.

64 K5 AJANTA-HÖHLEN
FRÜHES 1. JT. N. CHR.
ORT: Indien
TYPUS: Felsentempel
Klöster und Tempel, die zu den eindrucksvollsten buddhistischen Zeugnissen Indiens zählen; viele davon sind an den Wänden mit Reliefs verziert. In den Klöstern findet man Hallen mit Pfeilern, Säulengänge und Veranden.

65 L6 SIRPUR
6.–8. JH. N. CHR.
ORT: Indien
TYPUS: frühe Stadt
Frühere Hauptstadt, u. a. mit Ruinen eines Hindutempels und buddhistischen Klöstern und Tempeln. Man fand Bronze- und Steinskulpturen, die das Pantheon das Mahajana-Buddhismus darstellen.

66 K6 JORWE
SPÄTES 2. JT. V. CHR.
ORT: Indien
TYPUS: frühe Siedlung
Kulturelle Patenstätte, zu deren Merkmalen schöne rote Keramik und eine umfassende Kupferverarbeitung zählen. Hinweise lassen darauf schließen, daß die Bewohner jagten sowie Rinder, Wasserbüffel, Schafe und Ziegen hielten und Gerste, Weizen und Hülsenfrüchte anbauten.

67 K6 DAIMABAD
3.–2. JT. V. CHR.
ORT: Indien
TYPUS: frühe Siedlung
Töpferware der Kulturen Harappa, Malwa und Jorwe wurde ausgegraben. Man fand Plattformen, die vielleicht für Rituale verwendet wurden, und einen Kupferschatz, darunter Tierfiguren mit Rädern und ein Streitwagen.

68 K6 NEVASA
VOR 40 000 JAHREN
ORT: Indien
TYPUS: Jäger und Sammler
Wohnplatz unter freiem Himmel an einem Fluß; Hinweise auf Werkzeugherstellung der Nevasa. In einer jüngeren Schicht lag Jorwe-Keramik. Man fand daneben auch Doppelurnengrabstätten und Häuser mit verputzten Böden.

69 K6 INAMGOAN
2. JT. V. CHR.
ORT: Indien
TYPUS: frühe Siedlung
Bäuerliche Siedlung, ausgerichtet nach einer sozialen Hierarchie. Die Häuser aus lehmverschmiertem Flechtwerk besaßen runde Plattformen; gefunden wurden Vorratsgefäße.

70 K6 KARLI
2. JH. N. CHR.
ORT: Indien
TYPUS: Felsentempel
Hervorragendes Beispiel für eine heilige aus dem Fels gehauene Halle (*chaitya*) mit vielen hervorragenden Reliefs und Säulen.

71 K6 PIKLIHAL
CA. 2100 V. CHR.
ORT: Indien
TYPUS: jungsteinzeitliche Siedlung
Über eine lange Zeitspanne besiedelte Wohnstätte mit Resten von runden, gestampften Böden, die von Steinringen umgeben waren. Die Keramik weist Ähnlichkeiten mit der von Jorwe auf.

72 J7 RATNAGIRI
8. JH. N. CHR.
ORT: Indien
TYPUS: Tempelkomplex
Buddhistische Siedlung; zum Komplex gehören eine große, sternförmige Stupa, einige kleinere Stupas, zwei Klöster und rechteckige Schreine.

73 K7 TEKKALAKOTA
2. JT. V. CHR.
ORT: Indien
TYPUS: frühe Siedlung
Die ältere der beiden Siedlungsschichten enthielt runde Hütten mit Stein- und Lehmböden; in der Umgebung der Siedlung fand man Grabstätten, manchmal Urnen; dazu Kupferwerkzeuge und Haushaltsgegenstände.

74 L7 AMARAVATI
1.–2. JH. N. CHR.
ORT: Indien
TYPUS: buddhistische Stadt
Alte Hauptstadt, zu deren Überresten eine reliefierte Stupa des Andhra-Königreiches gehört.

75 L7 NAGARJUNAKONDA
1.–2. JH. N. CHR.
ORT: Indien
TYPUS: buddhistisches Monument
Fundstätte einer megalithischen Kultur mit mehreren Steinkistengräbern und steinernen Umwallungen. Zu den Beigaben gehören rote und schwarze Keramik sowie Eisenwerkzeuge. Die meisten Überreste sind buddhistisch, darunter zwei Schreine mit Apsis. Hier stehen auch die Ruinen des einzigen bekannten Stadions in Indien.

76 L7 UTNUR
3. JT. V. CHR.
ORT: Indien
TYPUS: saisonales Lager
»Aschenhügel«, die in Wirklichkeit aus Rinderdung bestanden; diese wurden während der saisonalen Nutzung des Lagers verbrannt.

77 K7 HALLUR
2.–1. JT. V. CHR.
ORT: Indien
TYPUS: frühe Siedlung
Stratifizierte Fundstätte; zu den Funden gehören runde Bauten, Kupfer- und Eisenwerkzeuge sowie megalithische Gräber.

78 K7 ALT-GOA
16. JH. N. CHR.
ORT: Indien
TYPUS: Kolonialsiedlung
Ruinen einer alten portugiesischen Stadt mit einer Reihe eleganter Gebäude (16.–18. Jahrhundert).

79 K7 MADRAS
17. JH. N. CHR.
ORT: Indien
TYPUS: Kolonialsiedlung
Einst der wichtigste englische Stützpunkt an der Ostküste des indischen Subkontinents; nachträglich befestigt (*siehe Seite 101*).

80 L8 ARIKAMEDU
1. JH. V. CHR.
ORT: Indien
TYPUS: früher Hafen
Überreste einer alten Stadt und Lagerhäuser; Hinweise auf den Handel mit dem Römischen Reich. Zu den Funden gehören arretinische Keramik, Amphoren und römische Münzen.

81 L8 KARAIKADU
1. JH. N. CHR.
ORT: Indien
TYPUS: frühe Stadt
Wie Keramik, Glasperlen, Scherben von Amphoren und Krüge belegen, bestanden Handelsverbindungen mit Rom.

82 K8 COCHIN
17. JH. N. CHR.
ORT: Indien
TYPUS: Kolonialsiedlung
Im 16. Jahrhundert von den Portugiesen gegründet; die Festung steht noch immer. Auffällige europäische Bauten in der Stadt; in der Festung die Kirche des hl. Franziskus (1510 n. Chr.; *siehe Seite 101*).

83 L9 POMPARIPPU
3. JH. V. CHR.
ORT: Sri Lanka
TYPUS: Bestattungskomplex
Auf dem Friedhof wurden Terrakottaurnen gefunden, die kleinere schwarze und rote Töpfe, Bronzen, Eisenklingen und zahlreiche Perlen enthielten.

84 L9 ANURADHAPURA
4. JH. V. CHR.
ORT: Sri Lanka
TYPUS: frühe Stadt
Buddhistisches Zentrum mit mehreren Überresten, darunter Tempel, Skulpturen und Bewässerungsbecken.

85 L9 MIHINTALE
1. JH. V. CHR.
ORT: Sri Lanka
TYPUS: buddhistische Stadt
Plattformen mit einigen der ältesten buddhistischen Skulpturen in Sri Lanka.

86 L9 POLONNARUWA
3. JH. N. CHR.
ORT: Sri Lanka
TYPUS: alte Stadt
Hauptstadt des alten Ceylon, zu deren Ruinen Tempel und andere buddhistische Bauten gehören; viele stammen aus dem 12. Jahrhundert n. Chr.

87 L9 SIGIRYA
3.–2. JH. V. CHR.
ORT: Sri Lanka
TYPUS: befestigter Palast
Fast uneinnehmbare Hauptstadt mit Resten eines Palastes, eines Klosters und eines Zierteiches, der von einem Kanalsystem gespeist wurde.

88 L9 BELLAN BANDI
1. JT. V. CHR.
ORT: Sri Lanka
TYPUS: frühe Siedlung
Siedlung der Balangoda-Kultur; die Toten wurden paarweise bestattet.

OSTASIEN

Karte auf den Seiten 152–153

1 C1 KOKOREVO
VOR 16 000–13 000 JAHREN
ORT: Sibirien, Russische Föderation
TYPUS: Jäger und Sammler
Sechs Fundstätten im Freien (nicht unter einem Abri oder in einer Höhle), mit Verbindungen zu den Kulturen Kokorewo und Afontowa; in alluvialen Schichten lagen keilförmige Klingen, Schaber und Tierreste.

2 C1 ABAKAN
3.–2. JT. V. CHR.
ORT: Sibirien, Russische Föderation
TYPUS: frühe Siedlung
Wohnplatz einer alten Gemeinschaft mit Grabhügeln und Steinidolen.

3 D1 PAZYRYK
5.–3. JH. V. CHR.
ORT: Sibirien, Russische Föderation
TYPUS: Hügelgrab
Guterhaltene gefrorene Grabstätten mit Hinweisen auf ein nomadisches Reitervolk. Zu den Überresten gehörten Feuerschalen aus Bronze, gefüllt mit Holzkohle. Zusammen mit den Toten begrub man hölzerne Wagen *(siehe Seite 59)*.

4 B2 HÖHLE VON DENISOWA
VOR 25 000–14 000 JAHREN
ORT: Sibirien, Russische Föderation
TYPUS: Jäger und Sammler
Diese Stätte wurde erst jüngst entdeckt; aus der obersten Siedlungsschicht hat man Schaber und Stichel ausgegraben.

5 F2 TOLBAGA
VOR 35 000–27 000 JAHREN
ORT: Sibirien, Russische Föderation
TYPUS: Jäger und Sammler
Stätte im Freien (nicht unter einem Abri oder in einer Höhle); ausgegraben wurden Reste von Tieren und Artefakten, darunter Stichel, retuschierte Klingen und Schaber.

6 K4 HÖHLE DER GEOGRAPHISCHEN GESELLSCHAFT
VOR 32 500 JAHREN
ORT: Sibirien, Russische Föderation
TYPUS: Jäger und Sammler
Ausgrabung einer altsteinzeitlichen Stätte; gefunden wurden Kernsteine, Abschläge und Tierreste (etwa von Mammut, Bär und Nashorn).

7 F2 NOIN ULA
2. JH. V. CHR.–2. JH. N. CHR.
ORT: Mongolei
TYPUS: Hügelgrab
Gräber der nomadischen Hsiung-nu-Leute; wahrscheinlich handelt es sich um Königsgräber; gefunden wurden u. a. bronzene Platten und Gürtelverzierungen.

8 A6 THOLING
15.–16. JH. N. CHR.
ORT: Tibet, China
TYPUS: buddhistische Stadt
Ruinen der früheren Hauptstadt des Königreiches Guge mit den Resten eines bedeutenden Klosters. Verblieben sind nur drei Tempel, daneben allerdings auch mehrere, gut erhaltene Wandgemälde.

9 A6 TSAPARANG
16. JH. N. CHR.
ORT: Tibet, China
TYPUS: tibetische Stadt
Verfallene Hauptstadt der Guge mit einigen Ruinen buddhistischer Bauten; viele guterhaltene tantrisch inspirierte Wandbilder.

10 C4 FLUSS KONGQUE
2. JT. V. CHR.
ORT: China
TYPUS: Hügelgrab
Alte Gräber, die Figurinen von Göttinnen enthielten – viele der Toten hielten glatte Steine, vielleicht eine Form von Talisman, in den Händen. Außerdem fand man konzentrische Kreise aus Holzstangen.

11 C4 LOULAN
FRÜHES 1. JT. N. CHR.
ORT: China
TYPUS: buddhistisches Zentrum
Blühendes, befestigtes Zentrum an der Seidenstraße; einst mit Post, Krankenhaus, Schulen und einer eigenen Regierung. In der Wüste blieben die Artefakte gut erhalten: u. a. eine Mumie, Stoffe, Holzgeräte und hölzerne Tafeln und Papiere (Briefe und Rechtspapiere).

12 D4 MOGAO-HÖHLEN
4. JH. N. CHR.
ORT: China
TYPUS: Höhlenkunst
Buddhistische Höhlen mit der besterhaltenen Höhlenkunst Chinas. In einer Höhle lag ein Exemplar des ältesten bisher bekannten gedruckten Buches der Erde.

13 E4 JIAYU-PASS
14. JH. N. CHR.
ORT: China
TYPUS: befestigte Siedlung
Die Festung sollte das Westende der Chinesischen Mauer schützen. Sie wurde 1988 restauriert und enthält innerhalb der Mauern einen Pavillon, einen Tempel und ein Freilichttheater.

14 E5 DUNHUANG
4.–14. JH. N. CHR.
ORT: China
TYPUS: Felsentempel
Fast 500 buddhistische Höhlentempel (in eine Kalksteinklippe gehauen), mit Fresken verziert. Man fand Malereien und Manuskripte.

15 F5 HÖHLEN VON BINGLINGSI
7.–10. JH. N. CHR.
ORT: China
TYPUS: Felsentempel
Buddhistische Höhlentempel mit Fresken und Tausenden von Tonskulpturen und Tonstatuen.

16 G5 SHUIDONGGOU
VOR 50 000–10 000 JAHREN
ORT: China
TYPUS: Jäger und Sammler
Stätte der späten Altsteinzeit mit Überresten von Bisons, Klingen, Retuschierabschlägen und Werkzeugen von Geröllstein.

17 F6 SHIZHAO
4.–3. JT. V. CHR.
ORT: China
TYPUS: frühe Siedlung
Zentrum der Maijayao mit elegant bemalter Keramik (geometrische und spiralige Muster).

18 F6 FENGHUANGSHAN
2. JH. V. CHR.
ORT: China
TYPUS: Chou-Grabstätte
Holzgrab einer edlen Dame mit 100 Lackobjekten, darunter große Eßgeschirre, Weinkaraffen und hölzerne Dienerfiguren. Desweiteren befanden sich unter den Grabbeigaben Seidenstoffe, Bambustassen, Spiegel aus Bronze und Keramik. Der gesamte Inhalt war auf 74 Holzstreifen inventarisiert.

19 F6 SANXINGDUI
3.–2. JT. V. CHR.
ORT: China
TYPUS: frühe Stadt
Siehe Seiten 47, 56.

20 F6 XINJIN
1.–3. JH. N. CHR.
ORT: China
TYPUS: östliches Han-Grab
Aus dem Fels gehauenes Grab mit vier Grabkammern, in denen sechs Särge und 156 Objekte lagen, darunter das Modell eines Bauern und eines Reisfeldes.

21 E8 SHIZHAISHAN
SPÄTES 1. JT. V. CHR.
ORT: China
TYPUS: Chou-Friedhof
Grabstätte mit charakteristischen Dian-Bronzen, eisernen Waffen, Menschen- und Tiermotiven, Bronzebehältern für Kaurischnecken und Trommeln.

22 F8 HUASHAN
2. JH. V. CHR.
ORT: China
TYPUS: Felsenkunst
Im »Berg der Blumen« findet man Felsenkunst, die menschliche Figuren, Bronzetrommeln und Schwerter mit ringförmigen Griffen darstellt. Insgesamt gibt es 1819 Figuren.

23 G8 KANTON (GUANGZHOU)
16. JH. N. CHR.
ORT: China
TYPUS: Kolonialsiedlung
Eine der ältesten Städte in China; später Handelsstadt. Hier bauten Jesuiten und englische Kolonisten Handelshäuser für Seide und Tee *(siehe Seite 101)*.

24 G7 MAWANGDUI
1. JH. V. CHR.
ORT: China
TYPUS: Grabhügel
Gräber der westlichen Han, 20 m tief unter der Erdoberfläche. Wandgemälde zeigen Szenen des täglichen Lebens, in den Gräbern fand man Gold-, Bronze- und Jadeobjekte.

25 F6 BEISHOULING
5.–4. JT. V. CHR.
ORT: China
TYPUS: jungsteinzeitliche Siedlung
Dorf der Yangshao-Kultur mit Resten von Häusern, dazu einige Funde von Keramik und Steingeräten.

26 F6 ZHANGJIAPO
10.–9. JH. V. CHR.
ORT: China
TYPUS: Friedhof
Die Gräber der westlichen Chou enthielten Schnitzereien, Anhänger und Bronzegefäße, außerdem fand man Jadeobjekte der jungsteinzeitlichen Shijiahe-Kultur, die vielleicht von Generation zu Generation weitergereicht wurden.

27 F6 LANGJIAGOU
2. JH. V. CHR.
ORT: China
TYPUS: Grabhügel
Stätte der westlichen Han; in der Nähe der Dienergräber fand man die Terrakottaarmee. Die 1000 Figuren standen in Schlachtordnung, waren vollständig bekleidet und trugen Schilde.

28 G6 BANPO
FRÜHES 4. JT. V. CHR.
ORT: China
TYPUS: jungsteinzeitliche Siedlung
Befestigte Siedlung der Yangshao-Kultur, bemerkenswert wegen des Brandrodungsfeldbaus. Es gab Spuren von 46 Häusern, 90 Herden und 200 Vorratsgruben. Zu den Funden gehören Tongefäße, Stoffabdrücke, Gebrauchsgegenstände, Ornamente und einige eindrucksvolle Keramiken. Die Bewohner betrieben Landwirtschaft, sie bauten Hirse an und hielten Schweine und Hunde.

29 G6 LINTONG
2. JH. V. CHR.
ORT: China
TYPUS: Hügelgrab
Grabstätte des ersten Kaisers von China (Qin Shi Huangdi), einstmals mit allen Arten von Schätzen. Hier steht eine Terrakottaarmee aus 7000 Soldaten und Pferden, daneben vermutet man ein maßstabsgerechtes Modell des Palastes. Viele der Krieger tragen Bronzewaffen.

30 G6 LANTIAN
VOR 700 000 JAHREN
ORT: China
TYPUS: Jäger und Sammler
Wohnplatz der frühen Altsteinzeit mit Kernsteinen und Überresten von *Homo erectus*.

31 G5 FAMEN-TEMPEL
3. JH. N. CHR.
ORT: China
TYPUS: buddhistischer Tempel
Erbaut als Schrein für die heiligen Gebeine des Sakyamuni; der Tempel wurde durch einen Erdrutsch verschüttet; alte Gruft mit zahlreichen Artefakten: 2400 goldene und silberne Objekte, glasiertes Steingut, Porzellan und Keramik, Schmuck und Textilien.

32 G5 TAOSI
MITTE 3. JT. V. CHR.
ORT: China
TYPUS: Friedhof
In diesen Grabstätten der Longshan-Kultur fand man verschiedene Artefakte, u. a. eine große, flache Schale, in deren Fläche ein Schlangenwesen gemalt war (Darstellung eines in China verehrten Drachen). Nur wenige Gräber enthielten Beigaben. In einem fand man jedoch 200 Gegenstände, darunter 14 Keramikgefäße.

33 G6 ERLITOU
2. JT. V. CHR.
ORT: China
TYPUS: frühe Stadt
Zwei Palastkomplexe, in denen vier Bronzegefäße (Jue) für Wein gefunden wurden. Sie stammen aus dem frühen 2. Jahrtausend v. Chr.

34 G6 HÖHLEN VON LONGMEN
6.–7. JH. N. CHR.
ORT: China
TYPUS: Felsentempel
Höhlen mit über 100 000 Bildern, die meisten zeigen Buddha und seine Jünger.

35 G6 JINGU PARK
2.–3. JH. N. CHR.
ORT: China
TYPUS: Grabstätte
Großes Doppelkammergrab aus Ziegeln der späten östlichen Han-Epoche mit vielen Artefakten, darunter ein mit Schriftzeichen versehener Spiegel.

36 G6 JIANGXI XILIHE
2. JH. N. CHR.
ORT: China
TYPUS: Han-Grab
T-förmiges Grab aus Ziegeln mit einer Reihe von Nebenräumen. Zu den Artefakten gehört eine große baumförmige Lampe mit mehreren Figuren.

37 G6 XICHUAN
6. JH. V. CHR.
ORT: China
TYPUS: früher Friedhof
Ein großes Hauptgrab, das von unbedeutenderen Nebengräbern (enthielten Bronzgegenstände) umgeben ist. Andere Artefakte belegen, daß die Grabstätte wichtigen Mitgliedern des Chou-Staates vorbehalten war. In einer Grube fand man die Reste von 19 Pferden und sechs Streitwagen. Ein anderes Grab enthielt mehr als 500 Bronzegegenstände, darunter 26 Glocken.

38 G6 LEIGUDUN
CA. 433 V. CHR.
ORT: China
TYPUS: dynastische Grabstätte
Ein Grab enthielt die Gebeine von Fürst Yi des Zeng-Staates. Das Holzgrab hatte vier Kammern und einen großen Zentralraum. Zu den Beigaben gehörten eine große Sammlung von Glocken und 70 rituelle Bronzen, neun Dreibeine (*shin ding*), acht rituelle Gefäße (*gui*), ein geschnitzter Vogel und eine bemalte Kleidertruhe.

39 H7 TONGLUSHAN
1. JT. V. CHR.
ORT: China
TYPUS: Kupferbergwerk
Kupfer wurde vorwiegend während der Chou-Dynastie abgebaut. Man fand Bronzeäxte sowie hölzerne Hämmer und Schaufeln in den Schächten.

40 G5 HUIXIAN
2. JT. V. CHR.
ORT: China
TYPUS: frühe Stadt
Diese frühe Stadt war während der Shang-Dynastie von großer Bedeutung. Ausgrabungen brachten 27 intakte Gräber zu Tage. Man fand die Überreste einiger Streitwagen mit Speichenrädern – 2000 Jahre älter als ähnliche Funde in Europa.

41 G5 LIULIHE
11.–10. JH. V. CHR.
ORT: China
TYPUS: frühe Stadt
Zentrum des Yan-Staates, in dem ein großer Friedhof ausgegraben wurde. Zu den Artefakten gehören mit Schriftzeichen versehene Chou-Bronzen und menschenähnliche Bronzemasken.

42 G6 ZHENGZHOU
17.–11. JH. V. CHR.
ORT: China
TYPUS: frühe Stadt
Hauptstadt der Shang-Dynastie; ein ummauerter Palast mit ritueller Fläche, umgeben von Häusern und Werkstätten. Die Friedhöfe lagen außerhalb der Stadtmauern *(siehe Seite 47)*.

43 G5 CISHAN
6. JT. V. CHR.
ORT: China
TYPUS: jungsteinzeitliche Siedlung
Dorf mit deutlichen Hinweisen auf Brandrodungsfeldbau; Vorratsgruben, Grubenhäuser und Grabstätten wurden ausgegraben, wobei man Mahlsteine, geschliffene Steinsicheln, Dreibeine sowie Angelgeräte aus Knochen und Stein fand. In der Siedlung kannte man auch domestizierte Schweine und Hunde.

44 G5 ANYANG
13. JH. V. CHR.
ORT: China
TYPUS: frühe Stadt
Große Königsstadt der Shang-Dynastie und zeremonielles Zentrum, das aus Shang-Texten bekannt war; darin die mächtige Stadt Yin, die von 24 km^2 Siedlungen, Werkstätten und Friedhöfen umgeben war. Die königlichen Paläste und die Stadt lagen südlich des Flusses Huan, der königliche Friedhof im Norden. Man fand Weiler, Bauernhöfe und Hinweise auf Bronze- und Knochenbearbeitung, dazu Gräber mit wertvollen verzierten Bronzen und Seide *(siehe Seiten 35, 47)*.

45 G5 XIAOTUN
SPÄTES 2. JT. V. CHR.
ORT: China
TYPUS: frühe Stadt
Ein Palastkomplex aus mehreren Gebäudegruppen mit Wachtürmen, Altären und Hallen zur Ahnenverehrung wurde ausgegraben. Die Bestattungsspuren, die man in Fundamenten von Plattformen fand, werden als Menschenopfer gedeutet.

46 H5 XIBEIGANG
FRÜHES 2. JT. V. CHR.
ORT: China
TYPUS: Bestattungskomplex
Der eindrucksvollste Friedhof der Shang-Dynastie mit dem Grab von Fu Hao, elf Schachtgräbern und mehr als 2000 kleinen Gräbern. Die Funde belegen Kaurischnecken als übliches Zahlungsmittel der Zeit. Außerdem fand man Streitäxte mit Tiergesichtern.

47 G4 YUNGANG
5. JH. N. CHR.
ORT: China
TYPUS: buddhistische Höhle
Höhlen mit einer Reihe buddhistischer Monumente, in der zahlreiche ausländische Gegenstände gefunden wurden, darunter persische und byzantinische Waffen. Die Wände sind mit hervorragenden, buddhistischen Reliefs verziert, außerdem fand man große Buddhastatuen.

48 G5 SHIYU
VOR 30 000 JAHREN
ORT: China
TYPUS: Jäger und Sammler
Bei Ausgrabungen an diesem Ort fand man menschliche Gebeine, Kernsteine für Mikrolithe und Klingen sowie die Überreste von 14 Tierarten.

49 H5 LINGSHOU
5.–3. JT. V. CHR.
ORT: China
TYPUS: frühe Stadt
Hauptstadt des Zhongshan-Staates; 30 Grabstätten wurden ausgegraben, über 2000 Bronzeobjekte geborgen. Im Grabhügel von König Cuo (323–311 v. Ch.) lagen die Königin, Lehnsmänner, Pferde, Streitwagen und Boote neben dem Leichnam des Königs. Auf einer Bronzeplatte war der Plan des Grabes aufgezeichnet, das unter einigen Totentempeln lag.

50 H5 YANXIADU
4. JH. V. CHR.
ORT: China
TYPUS: frühe Stadt
Hauptstadt der Yan, in der ein Grab eines späten Kriegerstaates ausgegraben wurde. Man fand eiserne Rüstungen und Waffen. Die Ausgrabungen zeigten, daß man zur Herstellung von Waffen stark kohlenstoffhaltigen Stahl erzeugen konnte.

51 H4 ZHOUKOUZEN (CHOU-KOU-TIEN)
VOR 700 000–200 000 JAHREN
ORT: China
TYPUS: Jäger und Sammler
In dieser Höhle wurden die Gebeine eines *Homo erectus* (Pekingmensch) ausgegraben. Von einer späteren Siedlungsphase (circa 7500 v. Chr.) stammen einige der ältesten persönlichen Schmuckstücke, hergestellt aus Tiger-, Leoparden-, Bär- und Hirschknochen. Sie waren geschnitzt und zu Anhängern, Halsketten und Ohrringen zusammengefügt *(siehe Seite 13)*.

52 G4 CHINESISCHE MAUER
2. JH. V. CHR.
ORT: China
TYPUS: Befestigung
Der Bau der 5000 km langen Mauer begann in der Qin-Dynastie; sie sollte die Mauern einzelner Königreiche miteinander verbinden. In Badaling, in der Nähe von Peking, wurde die Mauer besonders gut restauriert *(siehe Seite 59)*.

53 H4 MANCHENG
CA. 100 V. CHR.
ORT: China
TYPUS: dynastische Grabstätte
Felsengrab von Liu Sheng und Du Wan, die in Totenkleidern aus Jade bestattet wurden. Das Grab war mit Holz und Kacheln ausgekleidet und mit Bronze-, Silber- und Goldgegenständen gefüllt.

54 H4 DINGLING
CA. 1583 N. CHR.
ORT: China
TYPUS: Ming-Grab
Grabkomplex, der für den Ming-Kaiser Wanli erbaut wurde. Er besteht aus unterirdischen Gewölben und oberirdischen rituellen Gebäuden. Das Grab enthält Throne aus Marmor, Schatztruhen und einen großen Silberschatz. Wanli wurde zusammen mit zwei Frauen und Beigaben bestattet, darunter goldene und silberne Gebrauchsgegenstände und die »Phoenix-Krone« der Kaiserin.

55 H4 NIUHELIANG
MITTE 4. JT. V. CHR.
ORT: China
TYPUS: rituelles Zentrum
Tempelkomplex, in dem Gräber und weibliche Tonfigurinen gefunden wurden. Unter einigen Tumuli lagen vier steinverkleidete Gräber mit Jade- und anderen Objekten.

56 H4 HONGSHAN
SPÄTES 4. JT. V. CHR.
ORT: China
TYPUS: jungsteinzeitliche Siedlung
Patenstätte mit umfangreichen Überresten; z. B. Steineinfassungen und ein Tempel. Man fand Artefakte aus Jade und lebensgroße weibliche Statuen.

57 H4 XINGLONGWA
6. JT. V. CHR.
ORT: China
TYPUS: jungsteinzeitliche Siedlung
Frühes Dorf; die Ausgrabungen brachten verschiedene Artefakte, u.a. die Steinstatue einer knienden menschlichen Figur, zutage.

58 I4 XINLE
SPÄTES 6. JT. V. CHR.
ORT: China
TYPUS: jungsteinzeitliche Siedlung
Frühes Dorf der Jungsteinzeit, gekennzeichnet durch Hirseanbau, Abfall von Schalentieren und Keramik, die der koreanischen Chulmun-Tradition nahekommt.

59 H5 SUFUTUN
2. JT. V. CHR.
ORT: China
TYPUS: Bestattungskomplex
Bestattungsgrube der Shang-Epoche mit einem Hauptgrab sowie Menschenopfern und Hunden. Zu den Grabbeigaben gehören zwei große Bronzeäxte, Jade, Keramik und Kaurischnecken.

60 H6 YINGPASHAN
FRÜHES 3. JT. V. CHR.
ORT: China
TYPUS: früher Friedhof
Grabkomplex der Jungsteinzeit mit menschlichen Gesichtern aus Ton sowie Kopf- und Halsschmuck aus Jade.

61 I6 FANSHAN
3. JT. V. CHR.
ORT: China
TYPUS: frühe Siedlung
Ein Zentrum der Liangshu, in dem zahlreiche Gräber freigelegt wurden. Man fand zwei rituelle Jadeobjekte (*congs*); deren Ecken sind mit Gesichtern verziert, die gefiederten Kopfschmuck tragen. Andere Fundstücke waren u. a. Scheiben, Keramik, Steinäxte und Jadeobjekte, jeweils eines pro Bestattung.

62 I7 HEMEDU
FRÜHES 6.–SPÄTES 5. JT. V. CHR.
ORT: China
TYPUS: frühe Siedlung
Dorf der Jungsteinzeit, dessen Einwohner Häuser auf Holzpfählen bauten. Es gab Überreste von Tieren sowie Reis- und Strohvorräten. Wahrscheinlich waren Hunde, Schweine und Wasserbüffel domestiziert.

63 J5 LOLANG
1. JH. V. CHR.–5. JH. N. CHR.
ORT: Nordkorea
TYPUS: frühe Siedlung
Kolonie der Han-Dynastie; eine große Zahl von Verwaltungsgebäuden und Hunderte von Gräbern blieben erhalten. Die Ausgrabungen brachten Beigaben wie Keramik und eine Reihe von Metallgegenständen zu Tage.

64 J4 KULP'O-RI
VOR 50 000 JAHREN
ORT: Nordkorea
TYPUS: Jäger und Sammler
Man entdeckte einen Felsen, der wahrscheinlich eine Art von Hütte stützte; erster Hinweis auf die Besiedlung der Region.

65 J5 AMSA-DONG
5.–2. JT. V. CHR.
ORT: Südkorea
TYPUS: frühe Siedlung
Dorf der Chulmun-Kultur (Kammkeramiker); zwölf Grubenhäuser wurden ausgegraben. Man fand Mahlsteine und Netzgewichte für den Fischfang.

66 J5 MONGCHOON
3.–5. JH. N. CHR.
ORT: Südkorea
TYPUS: frühe Siedlung
Wahrscheinlich ein wichtiges Zentrum des Paekche-Reiches. Grubenhäuser, Vorratsgruben, eiserne Pferdegeschirre und Rüstungen aus Knochenplatten wurden ausgegraben.

67 J5 MURYONG
FRÜHES 6. JH. N. CHR.
ORT: Südkorea
TYPUS: Grabhügel
Ein Grab der Paekche-Epoche mit einem Eßbesteck (Stäbchen und Löffel) aus Bronze, Toilettengarnituren und einer mit Schriftzeichen versehenen Platte.

68 J5 SINAN
14. JH. N. CHR.
ORT: Südkorea
TYPUS: Schiffswrack
Wrack eines Handelsschiffes; bei der Bergung fand man über 17 000 Keramiken, 18,3 Tonnen Münzen und Gegenstände aus Stein, Lack und Metall.

69 J6 SONGGUK
5. JH. V. CHR.
ORT: Südkorea
TYPUS: bäuerliche Siedlung
Bauerndorf, in dem zwei Grubenhäuser und ein Steinkistengrab freigelegt wurden.

70 J6 WANDO
11. JH. N. CHR.
ORT: Südkorea
TYPUS: Schiffswrack
Im Wrack eines traditionellen koreanischen Schiffes lagen über 30 000 Seladongefäße.

71 J5 OSAN-NI
7. JT. V. CHR.
ORT: Südkorea
TYPUS: jungsteinzeitliche Siedlung
Frühes Dorf, in dem einige der ältesten Beispiele von Chulmun-Keramik gefunden wurden.

72 J5 ANAP-CHI
7. JH. N. CHR.
ORT: Südkorea
TYPUS: Palastkomplex
Großer Palast des Silla-Königreiches. Bei Ausgrabungen des Gartenteiches kamen buddhistische Bildnisse, Einbäume, Keramik, Holzgefäße, mit Schriftzeichen versehene Holztafeln und Kacheln zutage.

73 J5 GRAB DES HIMMLISCHEN PFERDES
5. JH. N. CHR.
ORT: Südkorea
TYPUS: Grabhügel
Ein Silla-Grab, das aus einer inneren Holzkammer bestand, die mit Erde und Kies überdeckt wurde. Es enthielt den Sarg eines Mannes, der eine Goldkrone und einen Gürtel mit verzierten Perlen trug. Zu den Beigaben gehörten Pferdegeschirre, Lackwaren, Glastassen und Stierhörner.

74 M4 SHIRATAKI
VOR 13 000 JAHREN
ORT: Japan
TYPUS: Jäger und Sammler
Patenstätte der Yubetsu-Kultur; Herstellung von Mikrolithen, die nach Westen bis in die Mongolei und nach Norden bis Alaska gefunden wurden.

75 L4 KAMEGAOKA
10.–4. JH. V. CHR.
ORT: Japan
TYPUS: frühe Siedlung
Jomon-Dorf mit lackierten Holzgefäßen, Steinornamenten und Figurinen aus Keramik.

76 L4 BABADAN
VOR 70 000–50 000 JAHREN
ORT: Japan
TYPUS: Jäger und Sammler
Die Ausgrabungen riefen Kontroversen hervor, denn die Funde von Steinwerkzeugen legen nahe, daß Japan weitaus früher von Menschen bewohnt war, als man ursprünglich annahm.

77 L5 FUDODO
3. JT. V. CHR.
ORT: Japan
TYPUS: frühe Siedlung
Dorf der mittleren Jomon-Kultur; man fand 16 Pfostenlöcher eines großen ovalen Gebäudes und vier steinverkleidete Herde.

78 L5 IWAJUKU
VOR 22 000–17 000 JAHREN
ORT: Japan
TYPUS: Jäger und Sammler
Altsteinzeitliche Wohnstätte mit Klingen, Schabern und Choppern.

79 L5 UBAYAMA
3. JT. V. CHR.
ORT: Japan
TYPUS: frühe Siedlung
Hügel aus Schalen von Weichtieren, der sechs unterschiedliche Grubenformen preisgab – offensichtlich gab es verschiedene Haustypen. In einer Grube lagen fünf Skelette. Nach diesem Ort wird eine Form der Jomon-Keramik benannt.

80 L5 KAMIHONGO-HÜGEL
SPÄTES 4. JT. V. CHR.
ORT: Japan
TYPUS: frühe Siedlung
Neun Hügel, in denen Ubayama-Keramik gefunden wurde.

81 L5 KASORI
5. JT. V. CHR.
ORT: Japan
TYPUS: frühe Siedlung
Riesiger Abfallhaufen mit wechselnden Lagen von Weichtierschalen und Asche; wahrscheinlich war hier ein saisonales Lager einer von Fischfang abhängigen Gesellschaft. Man grub rund 50 Grubenhäuser aus.

82 L5 IDOJIRI
3. JH. V. CHR.
ORT: Japan
TYPUS: frühe Siedlung
50 verstreute Fundorte, charakteristisch für die mittlere Jomon-Epoche; man fand zahlreiche Mahlsteine und Reste von Nahrung.

83 K5 TORIHAMA
7.–5. JT. V. CHR.
ORT: Japan
TYPUS: frühe Siedlung
Feuchtbodenfund; erhalten blieben Hinweise auf Gartenanbau und Artefakte aus Knochen und Holz, darunter Kanus, Paddel, Jagdbögen, Werkzeugstiele und Schalen.

84 K6 KARAKO
SPÄTES 1. JT. V. CHR.
ORT: Japan
TYPUS: bäuerliche Siedlung
Die Ausgrabungen zeigten, daß es sich um ein Dorf der Yayoi handelte, die Reis anbauten. Es war von einem doppelten Wassergraben umgeben. Einige Vorratsgruben wurden freigelegt.

85 K6 HORYU-JI
7. JH. N. CHR.
ORT: Japan
TYPUS: Klostersiedlung
Kloster auf einer Insel mit starken Einflüssen vom Festland. Es brannte 670 n. Chr. nieder und wurde 711 neu gebaut.

86 K6 HEIJO
8. JH. N. CHR.
ORT: Japan
TYPUS: frühe Stadt
Palast und Hauptstadt des Ritsuryo-Staates mit vielen alten buddhistischen Bauten, darunter ein fünfstöckiger Kofukutempel, eine große Bronzestatue und der Große Shintoschrein von Kasuga. In einem Blockhausspeicher erhielten sich viele Artefakte über 1000 Jahre lang.

87 K6 TAKAMATSU
SPÄTES 7. JH. N. CHR.
ORT: Japan
TYPUS: Grabhügel
Hügelförmiges Grab der Kofu; darin eine Steinkammer mit chinesisch beeinflußten Wandgemälden.

88 K6 FUJINOKI
7. JH. N. CHR.
ORT: Japan
TYPUS: Grabhügel
Hügelförmiges Grab mit einen Steinsarkophag, der zahlreiche Pferdegeschirre und Bronzeornamente enthielt.

89 K6 ASUKA
6.–7. JH. N. CHR.
ORT: Japan
TYPUS: Palastkomplex
Große Anlage der Yamato, zu deren Gebäuden auch der älteste buddhistische Tempel Japans zählt, der Asuka-dera.

90 K6 FUJIWARA
7. JH. N. CHR.
ORT: Japan
TYPUS: frühe Stadt
Eine Hauptstadt, die nach dem Vorbild der chinesischen Stadt Chang-an erbaut, aber schon nach 20 Jahren wieder verlassen wurde.

91 K6 NINTOKU
5. JH. N. CHR.
ORT: Japan
TYPUS: Grabhügel
Großer, schlüssellochförmiger Schrein (485 m lang), der die Gebeine des Kaisers Nintoku enthält.

92 K6 KAMIKUROIWA
9. JT. V. CHR.
ORT: Japan
TYPUS: frühe Siedlung
Abri der Jomon; man fand frühe Keramik und transportable Kunstobjekte, die weibliche Figuren darstellen.

93 J6 DAZAIFU
8. JH. N. CHR.
ORT: Japan
TYPUS: Verwaltungszentrum
Verwaltungszentrum des Risuryo-Staates; die Fundamente einiger Gebäude wurden ausgegraben.

94 J6 FUKUI
VOR 12 700 JAHREN
ORT: Japan
TYPUS: Jäger und Sammler
Höhle mit der ältesten Keramik der Erde, die mit der Jomon-Kultur in Verbindung steht; außerdem wurden Obsidian-Mikrolithe mit Einkerbungen ausgegraben.

95 J6 YOSHINOGARI
1. JH. V. CHR.
ORT: Japan
TYPUS: Siedlung
Dorf der Yayoi, in dem Wachtürme, Reste von Grubenhäusern und Vorratsgruben entdeckt wurden. In den Friedhöfen lagen 2000 Krüge, und in einem der Gräber fand man einen Bronzedolch und Perlen.

96 K6 SAITOBARU
5.–6. JH. N. CHR.
ORT: Japan
TYPUS: Friedhof
Der Friedhof bedeckt insgesamt eine Fläche von mehreren Quadratkilometern; viele der großen Grabhügel haben die Form eines Schlüsselloches.

97 I8 DAPENKENG
6.–5. JT. V. CHR.
ORT: Taiwan
TYPUS: frühe Siedlung
Dorf, in dem verzierte Keramik gefunden wurde. Die Ausgrabungen erbrachten Hinweise, daß man zur Dekoration der Töpferware und zur Herstellung von Fischernetzen Pflanzenfasern verwendete.

98 I8 FENGBITOU
2400–1800 V. CHR.
ORT: Taiwan
TYPUS: jungsteinzeitliche Siedlung
Ein ausgegrabenes Zentrum der jungsteinzeitlichen Kultur Fengbitou.

99 G8 MACAO
16. JH. N. CHR.
ORT: Macao
TYPUS: Kolonialsiedlung
Portugiesische Handelsstadt, in der bis heute frühe Architektur erhalten blieb, darunter die Ruinen von São Paulo und eine Hügelfestung *(siehe Seite 101)*.

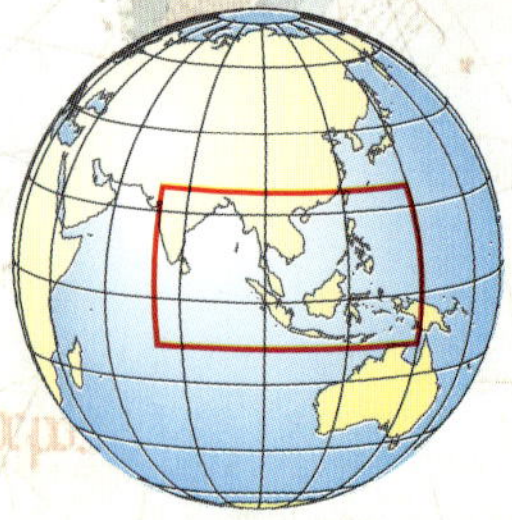

SÜDOSTASIEN
Karte auf den Seiten 154–155

1 F1 HALIN
1. JH. N. CHR.
ORT: Myanmar (Burma)
TYPUS: frühe Stadt
Alte Stadt mit Befestigungsmauern, die von einem Wassergraben umgeben war; sie beherbergt Überreste buddhistischer und brahmanistischer Religionskultur.

2 F2 PAGAN
9. JH. N. CHR.
ORT: Myanmar (Burma)
TYPUS: frühe Stadt
Buddhistisches Zentrum mit rund 5000 Tempeln und Stupas – heute zumeist in Ruinen. Die ältesten erhaltenen Gebäude sind einige *nat*-Schreine; die Klosterbücher werden in einer Bibliothek des 11. Jahrhunderts aufbewahrt.

3 F2 PEIKTHANO
1.–5. JH. N. CHR.
ORT: Myanmar (Burma)
TYPUS: buddhistische Siedlung
Ein frühes buddhistisches Zentrum mit den Überresten von über 100 Ziegelbauten, die von einer Mauer aus Lehmziegeln umgeben sind; Es gibt Hügel mit Ziegelgrüften, die eine Reihe von Graburnen enthielten. In der Nähe fand man auch die Ruinen eines Klosters.

4 F2 SRI KSETRA
7. JH. N. CHR.
ORT: Myanmar (Burma)
TYPUS: frühe Stadt
Alte Hauptstadt und religiöses Zentrum mit rundem Grundriß; darin die Shwe-Sandaw-Pagode, die von 83 weiteren Tempeln umgeben war.

5 F2 PADAH LIN
VOR 13 000 JAHREN
ORT: Myanmar (Burma)
TYPUS: Jäger und Sammler
Höhle, die zahlreiche Funde freigab, darunter mehrere der Hoa-binh-Kultur.

6 F3 PEGU
9. JH. N. CHR.
ORT: Myanmar (Burma)
TYPUS: frühe Stadt
Frühere Hauptstadt des Königreiches Mon; zu den Ruinen gehören eine alte Mauer und ein Wassergraben.

7 F3 THATON
FRÜHES 1. JT. N. CHR.
ORT: Myanmar (Burma)
TYPUS: frühe Stadt
Hafen, der unter indischem Einfluß stand; später buddhistisches Zentrum.

8 G2 WAT PADEANG
15. JH. N. CHR.
ORT: Thailand
TYPUS: Tempelkomplex
Religiöse Stätte mit 25 Ruinenhügeln zerfallener Monumente. Es gibt vier Verteidigungslinien (Erdwälle).

9 G2 GEISTERHÖHLE
10. JT. V. CHR.
ORT: Thailand
TYPUS: Jäger und Sammler
Früher Wohnplatz; die Menschen lebten von Schalentieren und Fischen, Mandeln und Nüssen. Die Funde deuten auf den Anbau von Nutzpflanzen hin, zu den Artefakten gehören Steinwerkzeuge und Keramik *(siehe Seite 13)*.

10 G3 SUKHOTHAI
13. JH. N. CHR.
ORT: Thailand
TYPUS: buddhistisches Zentrum
Hauptstadt des ersten Thai-Königreiches, zu deren Überresten mehrere Tempel, buddhistische Bilder und glasierte Steingutgefäße gehören.

11 G3 U-THONG
12. JH. N. CHR.
ORT: Thailand
TYPUS: buddhistisches Zentrum
Große Siedlung mit Wassergraben an einer Handelsstraße; mehrere hinduistische und buddhistische Ruinen. Nach dem Ort wird ein buddhistischer Kunststil benannt.

12 G3 BAN KAO
9. JT. V. CHR.
ORT: Thailand
TYPUS: jungsteinzeitlicher Friedhof
Wichtige Bestattungen; 44 Gräber mit polierten Steindechseln und Keramik wurden ausgegraben *(siehe Seite 25)*.

13 G4 NAKHON PATHOM
7.–10. JH. N. CHR.
ORT: Thailand
TYPUS: buddhistisches Zentrum
Große Siedlung mit Wassergraben und umfangreichen buddhistischen Monumenten; möglicherweise eine Hauptstadt des Dvaravati-Staates. Man fand Bronzen, darunter einen Armleuchter, Glocken und Zimbeln.

14 G3 PHO NOI
2. JT. V. CHR.
ORT: Thailand
TYPUS: früher Friedhof
In drei ausgegrabenen Bereichen fand man 26 Grabstätten mit Keramikgefäßen, polierten Steindechseln sowie Perlen aus Stein und Muschelschalen.

15 G3 LOPBURI
2. JT. V. CHR.
ORT: Thailand
TYPUS: frühe Siedlung
In der Nähe dieses Fundortes wurden Gegenstände aus Kupfer und Bronze hergestellt. Vom 11.–13. Jahrhundert entstand hier ein wichtiges kulturelles Zentrum.

16 G3 PORTUGIESISCHES LAGER
16. JH. N. CHR.
ORT: Thailand
TYPUS: Kolonialsiedlung
Portugiesische Gemeinschaft in der damaligen Hauptstadt; drei Kirchen sowie Artefakte – etwa Perlen, Münzen, Keramik und ein Kreuz.

17 G4 KOHK PHNOM DI
2. JT. V. CHR.
ORT: Thailand
TYPUS: frühe Siedlung
Ein Hügel mit Hinweisen auf Reisanbau und domestizierte Tiere. Zu den Funden gehören Keramik, Schalen von Schalentieren, Perlen, polierte Dechsel, Ambosse und Grabstätten für mehr als 150 Menschen.

18 G4 KO CHANG
16. JH. N. CHR.
ORT: Thailand
TYPUS: Schiffswrack
Bei der Bergung kamen Überreste des Schiffes, Steingut, chinesische Keramik, Bronzeobjekte und Fragmente von Lackarbeiten zu Tage.

19 H2 BAN CHIANG
3. JT. V. CHR.
ORT: Thailand
TYPUS: frühe Siedlung
Der Platz war während mehrerer Phasen besiedelt; man fand Bronzeartefakte, die mit Hilfe hochentwickelter Techniken der Metallverarbeitung hergestellt worden waren sowie verzierte Keramik (u. a. Rot-auf-Lederfarben und schwarzes Steingut mit Ritzverzierung).

20 H3 BAN NA DI
1500 V. CHR.–200 N. CHR.
ORT: Thailand
TYPUS: frühe Siedlung
Auf einem Hügel erbautes Dorf mit einer Reihe von Grabstätten. In einem Grab lag ein Mann neben einem Gefäß mit Fischknochen und Figurinen aus Ton *(siehe Seite 35)*.

21 G3 NON PRAW
10.–6. JH. V. CHR.
ORT: Thailand
TYPUS: früher Friedhof
Ein Friedhof der Bronzezeit mit 25 Grabstätten in vier Schichten. Als Grabbeigaben fand man u. a. Keramikgefäße, Armbänder aus Muschelschalen und Scheibenperlen. In den jüngeren Gräbern lagen Bronzegegenstände, vor allem Armreife und Tüllenbeile.

22 H3 NON NOK THA
2. JT. V. CHR.
ORT: Thailand
TYPUS: früher Friedhof
Gräber von 217 Menschen; in neun fand man Hinweise auf Bronzeverarbeitung. Zu den Beigaben gehörten Keramik, Tüllenbeile aus Bronze, Schweineknochen, Steindechsel und Mahlsteine.

23 H3 PHIMAI
2. JH. V. CHR.
ORT: Thailand
TYPUS: frühe Siedlung
Von einem Wassergraben umgebenes Zentrum des Handels und der Eisenverarbeitung; man fand große Mengen von Keramik. Später (11.–13. Jahrhundert n. Chr.) entstand hier ein bedeutender Hauptort der Khmer.

24 H3 BURIRAM
FRÜHES 1. JT. V. CHR.
ORT: Thailand
TYPUS: frühe Stadt
Zentrum mit zahlreichen buddhistischen und brahmanistischen Überresten.

25 G5 TAKUAPA
FRÜHES 2. JT. N. CHR.
ORT: Thailand
TYPUS: buddhistisches Zentrum
Siedlung und religiöses Zentrum mit Verbindungen nach Südindien. Man fand ein Dokument in tamilischer Schrift. Zu den erhaltenen Bauten gehören u. a. der Prasat-Thom-Tempel und ein Wasserspeicher.

26 H4 KOH KER
FRÜHES 10. JH. N. CHR.
ORT: Kambodscha
TYPUS: frühes Zentrum
Hauptstadt von Jayavarman IV.; im Stadtzentrum stand einst eine große Pyramide als Zeichen königlicher Macht.

27 H4 ANGKOR
9.–13. JH. N. CHR.
ORT: Kambodscha
TYPUS: Tempelkomplex
Die Hauptstadt der Khmer gehört zu den eindrucksvollsten Monumentalstätten in Asien. Die gigantischen Tempel atmen sowohl hinduistischen wie buddhistischen Einfluß. Die meisten erhaltenen Bauten stammen aus dem 12. Jahrhundert und zeichnen sich durch kunstvolle Aufbauten und Reliefs aus.

28 H4 SAMBOR PREI KUK
7.–8. JH. N. CHR.
ORT: Kambodscha
TYPUS: frühe Stadt
Hauptstadt des Staates Isanapura mit rund 100 Bauten, die um drei zentrale Plätze angeordnet waren. Die Tempel wurden ausgegraben, unter den Artefakten befand sich auch eine Katze aus Stein.

29 H4 LAANG SPEAN
7.–1. JT. V. CHR.
ORT: Kambodscha
TYPUS: Jäger und Sammler
Prähistorische Höhle, in der Keramik und Steinherstellung der Hoa-binh-Kultur gefunden wurde.

30 H4 SAMRONG SEN
SPÄTES 2. JT. V. CHR.
ORT: Kambodscha
TYPUS: frühe Siedlung
Ort mit einigen Grabstätten, die den Übergang von der Stein- zur Bronzezeit markieren. Zu den Artefakten gehören Steindechsel, Formen für Bronzesicheln, Äxte, Angelhaken und Glocken.

31 H2 XIANG KHOUANG
300 V. CHR.–300 N. CHR.
ORT: Laos
TYPUS: frühe Siedlung
Die »Ebene der Tonkrüge« mit zahlreichen rituellen Stätten und Bestattungen in Steinkrügen; zu den Beigaben gehören Glasperlen, Bronzeschmuck, Pfeil- und Speerspitzen sowie Kaurischnecken.

32 H2 SON VI
VOR 20 000–11 000 JAHREN
ORT: Vietnam
TYPUS: Jäger und Sammler
Nach dieser Stätte wird eine Form der Werkzeugherstellung vor der Hoa-binh-Kultur benannt. Sie ist gekennzeichnet durch abgeschlagene Geröllsteine, Chopper, einschneidige Schaber und rundschneidige Kiesel.

33 H2 PHUNG NGUYEN
MITTE 3.–MITTE 2. JT. V. CHR.
ORT: Vietnam
TYPUS: frühe Siedlung
Ort, der den Übergang von der Jungsteinzeit zur Bronzezeit verdeutlicht. Typisch sind die polierten Steindechsel und Bronzespuren.

34 H2 CO LOA
1. JT. V. CHR.
ORT: Vietnam
TYPUS: frühe Stadt
Große Siedlung, vielleicht die Hauptstadt des frühen Staates Au Lac. Man fand zwei Wassergräben und drei gestaffelte Erdwälle; eine große Bronzetrommel wurde ausgegraben.

35 H2 DONG DAU
15.–13. JH. V. CHR.
ORT: Vietnam
TYPUS: bronzezeitliche Siedlung
Nach diesem Ort wird eine frühe Phase der Bronzeverarbeitung benannt; mehrere Bronzegegenstände und einige steinerne Modeln zur Herstellung von Werkzeugen oder Waffen wurden gefunden.

36 H2 HOA-BINH
10.–3. JT. V. CHR.
ORT: Vietnam
TYPUS: Jäger und Sammler
In dieser Höhle wurden Steinwerkzeuge hergestellt; nach ihr werden die in der Region vorherrschenden Artefakte Hoa-binh-Kultur genannt.

37 I3 TRA KIEU
3. JH. N. CHR.
ORT: Vietnam
TYPUS: frühe Stadt
Verfallenes Zentrum des Königreiches Champa mit mehreren religiösen Gebäuden. Die Skulpturen stammen vom Beginn des 10. Jahrhunderts und sind gute Beispiele für die Kunst der Cham.

38 I3 SA HUYNH
600 V. CHR.–100 N. CHR.
ORT: Vietnam
TYPUS: frühe Stadt
Handelssiedlung an der Küste; in einem Urnenfeld fand man Krugbestattungen mit Artefakten, u. a. Ohrringe und Anhänger aus Jade (doppelköpfige Tiere).

39 I4 KAUTHARA
8.–9. JH. N. CHR.
ORT: Vietnam
TYPUS: frühe Stadt
Siedlung der Cham, die sich um sechs Heiligtümer anordnete.

40 H4 OC EO
2.–7. JH. N. CHR.
ORT: Vietnam
TYPUS: Handelssiedlung
Hafen des Staates Fukan. Die Stadt war von fünf rechteckigen Wällen und vier Wassergräben umgeben, die über Kanäle mit anderen Orten in Verbindung standen. Man fand u. a. chinesische Bronzen, römische Medaillons, indische Perlen, Siegel und weiteren Schmuck.

41 G5 GUNUNG JERAI
SPÄTES 1. JT. N. CHR.
ORT: Malaysia
TYPUS: Palastkomplex
Ein Palast mit einem Heiligtum; eine breite Treppe führte zu Terrassen und Tempelumfriedungen hinauf.

42 G5 KEDAH
5. JH. N. CHR.
ORT: Malaysia
TYPUS: früher Hafen
Die Siedlung war ursprünglich ein Handelsposten; einige Schreine entlang dem Fluß.

43 G6 GUA CHA
8. JT. V. CHR.
ORT: Malaysia
TYPUS: Jäger und Sammler
Abri, genutzt für Bestattungen; eine Reihe von Werkzeugen wurde ausgegraben.

44 H6 PONTIAN
FRÜHES 1. JT. V. CHR.
ORT: Malaysia
TYPUS: Grabhügel
Bootsbegräbnis, dessen Keramik sich durch dekorative Motive, ähnlich jenen von Oc Eo, auszeichnet.

45 G6 KAMPONG SUNGEI
CA. 3000 V. CHR.
ORT: Malaysia
TYPUS: frühe Siedlung
Temporäre Siedlung; die Ausgrabungen brachten ein Bootsgrab zutage. Man fand u. a. zwei Bronzetrommeln *(Dong Son)* und Eisenobjekte.

46 G6 MALAKKA
16. JH. N. CHR.
ORT: Malaysia
TYPUS: Kolonialsiedlung
Früheres südostasiatisches Handelszentrum mit einigen Resten der Niederländer und Portugiesen. Das *Stadthuys* (Regierungsgebäude) enthält einige Zeugnisse. Von der portugiesischen Festung blieb nur die Porta de Santiago erhalten *(siehe Seite 101)*.

47 J6 SANTUBONG
10.–13. JH. N. CHR.
ORT: Malaysia
TYPUS: Handelssiedlung
Ruinen eines wichtigen Hafens mit Eisenindustrie; Exportgüter waren Gold und Waldprodukte, es wurde aber auch Keramik hergestellt.

48 J6 NIAH-HÖHLEN
VOR 40 000 JAHREN
ORT: Malaysia
TYPUS: Jäger und Sammler
Wichtige prähistorische Fundstätte menschlicher Überreste, hier lag einer der ältesten Schädel von *Homo sapiens*. Weitere Grabstätten von 12 000–5000 v. Chr.; später Bestattungen mit Holzsärgen, Krugbestattungen und Einäscherungen (1500 v. Chr.–1000 n. Chr.).

49 J6 KOTA BATU
10.–15. JH. N. CHR.
ORT: Malaysia
TYPUS: Handelssiedlung
Alter Hafenstandort, der nach Santubong *(siehe Nr. 47)* zum wichtigsten Hafen wurde.

50 K6 TINGKAYU
VOR 28 000–17 000 JAHREN
ORT: Malaysia
TYPUS: Jäger und Sammler
An einem See gelegene Produktionsstätte für Werkzeuge. Die Endprodukte aus Geröll und Abschlägen zeichnen sich durch beidseitig abgeschlagene Messer und große, flache Beidseiter aus.

51 K6 BATURONG-HÖHLEN
VOR 19 000–14 000 JAHREN
ORT: Malaysia
TYPUS: Jäger und Sammler
Abri, in dem Steinwerkzeuge hergestellt wurden; charakteristisch sind lange, blattförmige Messer.

52 K6 MADAI-HÖHLEN
9. JT. V. CHR.
ORT: Malaysia
TYPUS: Jäger und Sammler
Prähistorische Höhlen, in denen Abschläge und Geröllsteinwerkzeuge entdeckt wurden; daneben fand man Werkzeuge aus Steinabschlägen sowie Keramik.

53 F6 LOBO TUWA
11.–12. JH. N. CHR.
ORT: Indonesien
TYPUS: Handelssiedlung
Ruinen eines Hafens des Reiches Sriwidjaja, in dem chinesisches Steingut und Glas aus dem Nahen Osten gefunden wurde.

54 G6 PADANG LAWAS
12.–14. JH. N. CHR.
ORT: Indonesien
TYPUS: buddhistisches Zentrum
Eine Gruppe buddhistischer Tempel, die wahrscheinlich dem Handelsimperium der Sriwidjaja zuzuordnen sind.

55 G7 TIANGKO PANJANG
9. JT. V. CHR.
ORT: Indonesien
TYPUS: Jäger und Sammler
Höhle, in der Mikrolithe aus Obsidian hergestellt wurden; in den obersten Schichten Tonscherben.

56 H7 MAURA JAMBI
10.–13. JH. N. CHR.
ORT: Indonesien
TYPUS: Handelssiedlung
Größter Hafen des Reiches Sriwidjaja mit einer Reihe von Tempelruinen. Bei Ausgrabungen kamen chinesische Keramik und Münzen zutage.

57 H8 PALEMBANG
7. JH. N. CHR.
ORT: Indonesien
TYPUS: Handelssiedlung
Wichtiges Handelszentrum und Hauptstadt des Reiches Sriwidjaja; man fand Inschriften des 7. Jahrhunderts.

58 H8 HOCHLAND VON PASEMAH
1. JH. N. CHR.
ORT: Indonesien
TYPUS: Grabkomplex
Figürliche, megalithische Statuen, die u. a. kauernde Menschen und Tiere darstellen. In der Nähe einige Steingräber mit Resten von Zeichnungen (Krieger und Wasserbüffel).

59 H8 PUGUNGRAHARJO
9. JH. N. CHR.
ORT: Indonesien
TYPUS: megalithischer Komplex
Einige Menhire mit buddhistischen und hinduistischen Einflüssen. Die Gegend war bis zum 16. Jahrhundert besiedelt.

60 I8 BATAVIA (JAKARTA)
17. JH. N. CHR.
ORT: Indonesien
TYPUS: Kolonialsiedlung
Die Holländer bauten hier, auf den Ruinen des alten Jakarta, eine Kolonie und befestigten den Platz, der später zum Zentrum der niederländischen Ostindienkompanie wurde.

61 I8 BUNI
FRÜHES 1. JT. N. CHR.
ORT: Indonesien
TYPUS: Handelssiedlung
Früher Gewürzhafen; die freigelegten Grabstätten gaben Hinweise auf Bronzeverarbeitung, man fand auf der Töpferscheibe hergestellte Keramik und Schmelztiegel.

62 I9 DIENG
8.–9. JH. N. CHR.
ORT: Indonesien
TYPUS: zeremonielles Zentrum
Großer hinduistischer Tempelkomplex.

63 I9 SANGIRAN
VOR 700 000 JAHREN
ORT: Indonesien
TYPUS: Jäger und Sammler
Kleines Zentrum der Abschlagherstellung; Schlüsselstätte zum Studium der Evolution von Mensch und Tier.

64 I9 BOROBUDUR
8.–9. JH. N. CHR.
ORT: Indonesien
TYPUS: Tempelkomplex
Der größte buddhistische Tempel der Welt in Form einer Stupa mit 432 Buddhastatuen. Er enthält Wandreliefs von über 5 km Länge.

65 I9 PRAMBANAN
8.–9. JH. N. CHR.
ORT: Indonesien
TYPUS: zeremonielles Zentrum
Hinduistischer und buddhistischer Tempelkomplex, ähnlich wie Borobudur *(siehe Nr. 64)*. Im äußeren Hof stehen die Ruinen von 224 Tempeln.

66 J9 TRINIL
VOR 1 MILLION–500 000 JAHREN
ORT: Indonesien
TYPUS: Jäger und Sammler
Außerordentlich wichtiger Fundort: erster Schädel von *Homo erectus* – das älteste, jemals gefundene Exemplar dieses frühen Hominiden.

67 J9 MOJOKERTO
VOR 1 MILLION JAHREN
ORT: Indonesien
TYPUS: Jäger und Sammler
Hier grub man die Gebeine eines Kindes von *Homo erectus* aus.

68 J9 GILIMANUK
3. JT. V. CHR.
ORT: Indonesien
TYPUS: frühe Siedlung
Zuerst in der Altsteinzeit besiedelt; Doppelkrug-Bestattungen – Objekte aus Bronze, Eisen, Gold, Schalen von Schalentieren und Glas – daneben gebackener Ton. Außerdem fand man Keramik und Perlen.

69 K9 SEMBIRAN
1.–12. JH. N. CHR.
ORT: Indonesien
TYPUS: früher Hafen
Handelszentrum, dessen Bedeutung als Hafen für den Gewürzhandel zunahm. Hier wurden verschiedene Güter hergestellt, etwa auf der Töpferscheibe gedrehte Keramik und Glasperlen.

70 L8 ULU LEANG
8.–7. JT. V. CHR.
ORT: Indonesien
TYPUS: frühe Siedlung
Höhle mit Hinweisen auf Werkzeug- und Klingenherstellung; außerdem charakteristische Keramik.

71 L7 KALUMPANG
CA. 3000 V. CHR.
ORT: Indonesien
TYPUS: jungsteinzeitliche Siedlung
Frühes Dorf mit Funden von Keramik.

72 M6 PASO
7. JT. V. CHR.
ORT: Indonesien
TYPUS: Schalenhaufen
Dieser Abfallhaufen aus Schalen von Schalentieren liegt am Ufer eines Sees; man fand Abschlagwerkzeuge aus Obsidian und Pfeilspitzen aus Knochen.

73 K5 TABON-HÖHLEN
VOR 24 000 JAHREN
ORT: Philippinen
TYPUS: Jäger und Sammler
Höhlen mit sehr alten Gebeinresten; in den oberen Schichten fand man Krugbestattungen aus dem 1. Jahrtausend v. Chr.

74 L4 KALANAY
1. JT. V. CHR.
ORT: Philippinen
TYPUS: frühe Grabstätte
In einer Höhle wurden Krugbestattungen ausgegraben. Nach dieser Stätte wird eine Keramik benannt, die zwischen 400 v. Chr. und 1500 n. Chr. hergestellt wurde.

75 L4 BATUNGAN-HÖHLEN
10.–MITTE 8. JH. V. CHR.
ORT: Philippinen
TYPUS: frühe Siedlung
Eines der frühesten Vorkommen verzierter Keramik in dieser Region; ähnlich der Lapita-Ware aus Mikronesien.

76 L3 MUSANG-HÖHLE
10 000–3500 V. CHR.
ORT: Philippinen
TYPUS: Jäger und Sammler
Höhle mit charakteristischen Abschlagwerkzeugen. Jüngere Funde stammen aus der späten Jungsteinzeit (3500 v. Chr.).

77 L3 DIMOLIT
CA. 2500 V. CHR.
ORT: Philippinen
TYPUS: frühe Siedlung
Siedlungsplatz im Freien; Keramik, ähnlich jener aus der Musang-Höhle *(siehe Nr. 76)*.

PAZIFIK & AUSTRALASIEN

Karte auf den Seiten 156–157

1 A6 MANDU MANDU CREEK
VOR 34 000–19 000 JAHREN
ORT: Australien
TYPUS: Jäger und Sammler
Abri, in dem mehr als 5000 Artefakte gefunden wurden, darunter solche aus Weichtiergehäusen und Knochenstücken von Meeres- und Landtieren. Die Stätte ist der älteste Beweis für die menschliche Nutzung von Meeresressourcen.

2 A7 VERGULDE DRAECK
1656 N. CHR.
ORT: Australien
TYPUS: Schiffswrack
Obwohl das Kolonialschiff in seine Einzelteile zerfallen war, konnten viele Artefakte geborgen werden, darunter 50 Steingutkrüge, Tonpfeifen, eine vollständig bestückte Werkzeugkiste, Ballastziegel, Stoßzähne afrikanischer Elefanten, acht Kisten mit Silbermünzen, 14 Kanonen, sechs Anker und zwei Bronzemörser.

3 A7 OBERER SWAN RIVER
VOR 38 000 JAHREN
ORT: Australien
TYPUS: Jäger und Sammler
Ausgedehnter Lagerplatz unter freiem Himmel; man fand Abschläge von Hornstein (z. T. mit Fossilien) und kleine Schaber aus Quarz.

4 A7 DEVIL'S LAIR
VOR 32 000–10 000 JAHREN
ORT: Australien
TYPUS: Jäger und Sammler
Die Besiedlungsdauer dieser Höhle zählt zu den längsten in Australien. Die Ausgrabungen brachten deutlich abgegrenzte Feuerstellen, retuschierte Abschläge sowie Abschläge von Hornstein- und Quarzdechseln, Artefakte aus Kalkstein, Pfeilspitzen aus Knochen sowie Perlen zu Tage.

5 B6 WILGIE MIA
11. JH. N. CHR.
ORT: Australien
TYPUS: Jäger und Sammler
Bergwerk der australischen Ureinwohner, in dem der hochgeschätzte Ocker abgebaut wurde; sie brachen den Fels mit Steinen auf und kratzten den Ocker mit Stöcken heraus.

6 B6 PURRITJARRA
VOR 27 000–6000 JAHREN
ORT: Australien
TYPUS: Jäger und Sammler
Abri aus rotem Sandstein mit Handabdrücken und Ockermalereien. Außerdem wurden einige Steinabschläge ausgegraben.

7 C7 KOONDALDA
VOR 24 000–15 000 JAHREN
ORT: Australien
TYPUS: Jäger und Sammler
Höhle in einem Kalkeinbruch, in der Feuerstein abgebaut wurde. Ausgrabungen legten Feuerstellen, Holzkohle und Überreste der Steinbrucharbeiten frei.

8 C5 FORT DUNDAS
1824–1829 N. CHR.
ORT: Australien
TYPUS: Kolonialsiedlung
Kurzlebige Befestigung; erhalten blieben u. a. ein Damm, Spuren eines Landungssteges, ein Lagerhaus, Abfallgruben und Baracken für die Sträflinge.

9 C5 MALANGANGERR
VOR 23 000 JAHREN
ORT: Australien
TYPUS: Jäger und Sammler
Tiefer Abri mit Felszeichnungen. Zu den Artefakten gehören Werkzeuge aus abgeschlagenen Steinkernen, spitz zulaufende Schaber, gebrauchte Abschläge und kleine Äxte mit geschliffenen Schneiden.

10 C5 MALAKANANJA II
VOR 52 000–18 000 JAHREN
ORT: Australien
TYPUS: Jäger und Sammler
Flacher Abri mit Spuren der ältesten Besiedlung Australiens. Aus der untersten Siedlungsschicht wurden über 15 000 Artefakte geborgen, darunter Schaber aus Steinkernen, Abschläge, Quarz und Quarzit sowie roter und gelber Ocker.

11 C5 NAUWALABILA
VOR 55 000–20 000 JAHREN
ORT: Australien
TYPUS: Jäger und Sammler
Unterschlupf aus herabgefallenen, massiven Felsblöcken. Die ausgegrabenen Speerspitzen belegen eine kontinuierliche Besiedlung während der letzten Eiszeit.

12 C5 ANURU BAY
18. JH. N. CHR.
ORT: Australien
TYPUS: präkoloniale Siedlung
Siedlung der Makassaren, die hier Trepang verarbeiteten (Trepang wird aus Seegurken hergestellt). Mehrere Abdrücke zeigen die Stellen der früheren Räucherkammern. Es gibt ein Doppelgrab mit zwei männlichen Makassaren, der zweite ist in islamischer Art begraben (der Körper blickt nach Westen gen Mekka). Außerdem wurden Tonscherben aus dem südlichen Celébes, glasierte Keramik, Glas von holländischen Geneverflaschen und Angelhaken aus Metall ausgegraben.

13 C5 LYABO
SPÄTES 18. JH. N. CHR.
ORT: Australien
TYPUS: präkoloniale Siedlung
Siedlung der Makassaren mit 15 Steinreihen, Gruben für Trepang und den Resten von Räucherkammern. Zu den Artefakten gehören eine Musketenkugel, ein Senkblei und eine Münze der niederländischen Ostasienkompanie.

14 D6 KENNIFF-HÖHLE
VOR 19 000 JAHREN
ORT: Australien
TYPUS: Jäger und Sammler
Große Höhle mit roten, weißen und gelben Handabdrücken. Man fand mehr als 800 Artefakte und 22 000 Abschläge. Die Höhle ist besonders wichtig, da sie die unterschiedlichsten Artefakte und fast alle australischen Werkzeugtypen enthielt *(siehe Seite 13)*.

15 C7 GAWLER
19. JH. N. CHR.
ORT: Australien
TYPUS: Industriekomplex
Reste einer Fabrik, in der Bergwerkszubehör und Lokomotiven hergestellt wurden. Erhalten blieben eine Mühle, eine Gießerei, ein Gaswerk, eine Ziegelei und Kalkbrennereien.

16 D7 ROONKA FLATS
5.–3. JT. V. CHR.
ORT: Australien
TYPUS: frühe Grabstätten
Bestattung auf einem ehemaligen Lagerplatz; man versenkte die Leichen senkrecht in einen Schacht und legte Beigaben ins Grab. Bei einem der Skelette fand man einen Knochendolch, ein anderes trug ein Stirnband mit zwei Reihen von Wallabyzähnen.

17 D7 NITCHIESEE
CA. 6800 V. CHR.
ORT: Australien
TYPUS: frühe Grabstätte
Grab eines Mannes; darin eine Halskette aus 178 durchbohrten Zähnen des Tasmanischen Teufels.

18 D7 MUNGOSEE
VOR 36 000–26 000 JAHREN
ORT: Australien
TYPUS: frühe Grabstätte
Hier wurde eine der ältesten Feuerbestattungen der Erde nachgewiesen; außerdem fand man das Grab eines Mannes, der mit rotem Ocker bedeckt war, sowie Abfallhaufen aus Süßwassermuschelschalen, Klingen, Mikrolithe, Abschläge und breitrückige Klingen *(siehe Seite 13)*.

19 D7 KOW-SUMPF
VOR 13 000–9500 JAHREN
ORT: Australien
TYPUS: frühe Grabstätte
Man hatte etwa 40 Menschen in weichem Schlick bestattet. Zu den Beigaben gehörten Ocker, Muschelschalen und Quarz. Ein Körper lag auf einem Bett aus Muschelschalen, ein anderer trug ein Band aus Känguruhzähnen um seinen Kopf.

20 E7 CRANEBROOK TERRACE
VOR 40 000 JAHREN
ORT: Australien
TYPUS: Jäger und Sammler
Ein Lagerplatz, an dem Holzstämme auf einer Kiesfläche verbrannt wurden; als Artefakte fand man Chopper und spitz zulaufende Schaber.

21 E7 SYDNEY COVE
19. JH. N. CHR.
ORT: Australien
TYPUS: Kolonialsiedlung
Siehe Seiten 101, 109.

22 E7 PARRAMATTA
CA. 1790 N. CHR.
ORT: Australien
TYPUS: Kolonialsiedlung
Geringfügige Überreste einer der ersten Kolonialsiedlungen. Sie war zunächst von Sträflingen bewohnt, schließlich zogen nach und nach Siedler zu. Man findet die Überreste einer Sträflingshütte mit Pfostenlöchern, Gruben und flachen Absenkungen. Andere Spuren könnten auf eine Scheune hindeuten. Zu den Artefakten gehören Eisennägel, Glasstücke und importiertes Porzellan.

23 E7 BURRILLSEE
VOR 20 000 JAHREN
ORT: Australien
TYPUS: Jäger und Sammler
Großer Abri aus Sandstein; die Steinwerkzeuge gleichen denen aus der Kenniff-Höhle *(siehe Nr. 14)*.

24 D8 CLOGGS-HÖHLE
VOR 17 000 JAHREN
ORT: Australien
TYPUS: Jäger und Sammler
Abri, dessen Decke durch die Feuer vieler Jahrhunderte schwarz gefärbt war. Ein Felsvorsprung diente zur Herstellung von Steinwerkzeugen, man fand breitrückige Klingen und Schaber (aus den letzten 1000 Jahren). Weiterhin gab es Überreste viel älterer Feuerstellen (8000–17 000 Jahre alt) und im Boden versenkte Öfen, in denen man Essen mit Hilfe von heißen Steinen kochte.

25 D5 CAVE-BAY-BUCHT
VOR 23 000 JAHREN
ORT: Australien
TYPUS: Jäger und Sammler
Lager mit Schalen von Schalentieren, Tierknochen und anderen Resten saisonaler Jagdgemeinschaften.

26 D8 ABFALLHAUFEN VON WEST POINT
5. JH. V. CHR.
ORT: Australien
TYPUS: Jäger und Sammler
Hier lagerten jeden Sommer mehrere Monate lang Gruppen von Menschen in

kuppelförmigen Hütten; sie lebten von Robben und Schalentieren.

27 D8 MOUNT CAMERON WEST
7.–11. JH. N. CHR.
ORT: Australien
TYPUS: Felsenkunst
Petroglyphen auf der Wand einer Felsenklippe, die als Unterschlupf diente. Sie zeigen geometrische Formen wie Kreise, Kreuze sowie eine Reihe von Löchern; daneben einige zugespitzte Werkzeuge.

28 D8 KUTIKINI-HÖHLE
VOR 20 000 JAHREN
ORT: Australien
TYPUS: Jäger und Sammler
Riesige Höhle; in nur einem Kubikmeter Ablagerungen wurden 250 000 Tierknochen und 37 000 Steinabschläge gefunden. Außerdem fand man Spuren von Feuerstellen und Schneidewerkzeuge aus Glas, das bei einem Meteoriteneinschlag entstand.

29 D8 PORT ARTHUR
19. JH. N. CHR.
ORT: Australien
TYPUS: Kolonialsiedlung
Strafkolonie mit Baracken, Werkstätten (Bäckerei, Tischlerei, Schmiede, Werft) und einer großen, vierstöckigen Mühle. Bei Ausgrabungen in den Baracken kamen viele Tonpfeifen, vorwiegend in Glasgow (Schottland) hergestellt, zutage.

30 D8 RISDON CAVE
19. JH. N. CHR.
ORT: Australien
TYPUS: Kolonialsiedlung
Der Versuch, hier 1803 eine Kolonie zu gründen, scheiterte; bislang wurden drei Gebäude ausgegraben. Die Lagerhäuser wurden nach einem Brand aufgegeben. Das Mountgarret House aus tonverschmiertem Flechtwerk besaß eine Feuerstelle aus gestampfter Erde und einen Kamin. Unter den Fundstücken befanden sich Marineknöpfe, die Knochenschnitzerei eines Seemannes, Gewehre, Bleikugeln und eine Kanonenkugel.

31 F7 KINGSTON
1810–1856 N. CHR.
ORT: Australien
TYPUS: Kolonialsiedlung
Strafkolonie auf einer abgelegenen Insel; Steingebäude und andere Stätten blieben erhalten. Zu den Bauten gehören das Haus des Gouverneurs, Wohnungen der Beamten, ein Laden, unterirdische Speicher, eine Windmühle, Kalkbrennereien und die Grundmauern eines großen Gefängnisses. Im »Mörderhügel« begrub man nach einem Aufstand die Leichen von zwölf Sträflingen.

32 D4 KUK
7. JT. N. CHR.
ORT: Papua-Neuguinea
TYPUS: frühe Siedlung
Trockengelegter Sumpf; man fand Hinweise auf die ackerbauliche Entwicklung der Region.

33 D4 KIOWA ABRI
9.–3. JT. V. CHR.
ORT: Papua-Neuguinea
TYPUS: Jäger und Sammler
Aus einem Lager wurden Werkzeuge aus Geröllsteinen und Abschlägen ausgegraben. Die oberste Siedlungsschicht (um 3000 v. Chr.) enthielt polierte Dechselklingen und unverzierte Tonscherben.

34 D4 KAFIAVANA
CA. 8700 V. CHR.
ORT: Papua-Neuguinea
TYPUS: Jäger und Sammler
Abri, unter dem Steinwerkzeuge aus Abschlägen hergestellt wurden; man fand Werkzeuge aus Geröll, Abschläge und Bruchstücke von geschliffenen Dechselklingen.

35 D5 MOTUPORE
16.–18. JH. N. CHR.
ORT: Papua-Neuguinea
TYPUS: Handelssiedlung
Handelszentrum an der Küste; hier wurden Schmuckstücke aus Weichtierschalen und Keramik hergestellt.

36 D5 KOSIPE
VOR 24 000 JAHREN
ORT: Papua-Neuguinea
TYPUS: Jäger und Sammler
Die älteste Wohnstätte im Land; man fand weggeworfene Klingen und in der obersten Schicht (ca. 8000 v. Chr.) eine geschliffene Axtklinge.

37 E5 INSEL MAILU
2.–16. JH. N. CHR.
ORT: Papua-Neuguinea
TYPUS: Handelssiedlung
Handelssiedlung auf einer kleinen Insel; sie hatte das örtliche Monopol für die Herstellung von Keramik, außerdem stellte man hier Schmuck aus Schalen von Weichtieren her.

38 E5 NUMATA
11. JH. N. CHR.
ORT: Papua-Neuguinea
TYPUS: befestigte Siedlung
Ruinen einer Festung, die von einem Wassergraben umgeben war; Spuren von 13 Häusern mit runden und ovalen Fundamenten und Steinfassaden. Man fand Keramik mit in den Ton eingedrückten Verzierungen und den runden Henkel eines Wassertopfes.

39 G8 GREAT-MERCURY-INSEL
FRÜHES 2. JT. N. CHR.
ORT: Neuseeland
TYPUS: frühe Siedlung
Eine Reihe zusammenhängender Fundorte mit Grabstätten, Resten von Weilern und Abfallhaufen. Am sogenannten Stingray Point wurden Vorratsgruben mit kompliziert angeordneten Pfostenlöchern entdeckt.

40 G8 OTAKANINI
15.–17. JH. N. CHR.
ORT: Neuseeland
TYPUS: Hügelfestung der Maori
Ein wichtiger *pa* mit drei Phasen der Befestigung; einige Vorratsgruben für Süßkartoffeln wurden freigelegt.

41 G8 WAIONEKE
17. JH. N. CHR.
ORT: Neuseeland
TYPUS: Hügelfestung der Maori
Zweimal befestigter *pa* mit einer Vorratsgrube; man fand die Überreste mehrerer tödlich verletzter Körper – vielleicht die letzten Bewohner des Ortes.

42 G8 SARAH'S GULLY
14.–17. JH. N. CHR.
ORT: Neuseeland
TYPUS: Hügelfestung der Maori
Zwei benachbarte Fundstätten: eine Landzunge als Wohn- und Vorratsbereich; an der anderen fand man einen stratifizierten Abfallhaufen, einen Arbeitsbereich und einen Friedhof. Es gibt Überreste von Pfostenlöchern, Öfen und Gruben.

43 G8 MOUNT WELLINGTON
14. JH. N. CHR.
ORT: Neuseeland
TYPUS: Hügelfestung der Maori
Ein *pa* mit Graben und Wall, einst mit Palisaden; im Innern Vorratsgruben und Terrassen für die Häuser.

44 G8 ONE TREE HILL
11.–15. JH. N. CHR.
ORT: Neuseeland
TYPUS: Hügelfestung der Maori
Ein *pa*, der auf einem terrassierten Hang erbaut wurde. Viele solcher befestigten Siedlungen standen auf den Hängen erloschener Vulkane.

45 G8 KAURI POINT
16. JH. N. CHR.
ORT: Neuseeland
TYPUS: Maorisiedlung
Siedlung ohne Befestigungen; Spuren von Vorratsgruben, ein Abfallhaufen und Häuser. Auf einer Klippe in der Nähe steht ein *pa*, der drei Besiedlungsschichten aufweist. Aus tiefergelegenen Sümpfen barg man Kämme und andere hölzerne Artefakte.

46 G8 AOTEA
16.–17. JH. N. CHR.
ORT: Neuseeland
TYPUS: Hügelfestung der Maori
Ein *pa* mit Überresten von Terrassen, Vorratsgruben, einem Abfallhaufen und Kochbereichen.

47 G8 TE AWANGA
FRÜHES 2. JT. N. CHR.
ORT: Neuseeland
TYPUS: Hügelfestung der Maori
Befestigter *pa* mit den Resten von Häusern und Vorratsgruben für Süßkartoffeln.

48 G8 PAREMATA
16.–19. JH. N. CHR.
ORT: Neuseeland
TYPUS: frühe Siedlung
Abfallhaufen einer prähistorischen Besiedlung; man entdeckte die Überreste von Moas (flugunfähige, heute ausgestorbene Vögel), polynesische Artefakte sowie einen *pa* aus dem 19. Jahrhundert.

49 G8 MAKOTUKUTUKU
14.–16. JH. N. CHR.
ORT: Neuseeland
TYPUS: Maorisiedlung
In einer Felsspalte wurden mehrere Grabstätten entdeckt. An der Stelle eines Hauses grub man Steinmauern und Hügel aus.

50 G8 PARARAKI NORTH
13.–14. JH. N. CHR.
ORT: Neuseeland
TYPUS: Hügelfestung der Maori
Eine *pa*-Siedlung, die während dreier Phasen besiedelt war.

51 G8 WAIRAU BAR
12. JH. N. CHR.
ORT: Neuseeland
TYPUS: Maorilager
Jagdlager von Moajägern (Moa = ausgestorbener, flugunfähiger Vogel), das einige der besten Grabbeigaben des Landes enthielt – man entdeckte hier Spulen aus Moaknochen, Haifischzähne, Steindechsel, Angelhaken und Knochenharpunen.

52 G8 FLUSSMÜNDUNG DES CLARENCE
12.–16. JH. N. CHR.
ORT: Neuseeland
TYPUS: Maorisiedlung
Frühe Gärten, Abfallhaufen und ein *pa* wurden ausgegraben.

53 G8 PA-BUCHT
FRÜHES 19. JH. N. CHR.
ORT: Neuseeland
TYPUS: Maorisiedlung
Wohnstätte mit den Überresten mehrerer Häuser.

54 G9 FLUSSMÜNDUNG DES WAITAKI
15. JH. N. CHR.
ORT: Neuseeland
TYPUS: Maorisiedlung
Wohnstätte an einem Fluß; man fand hier die Überreste von Moas (flugunfähige, heute ausgestorbene Vögel), Öfen und Artefakte, darunter Steindechseln.

55 C3 BADRULCHAU
12. JH. N. CHR.
ORT: Palau
TYPUS: frühe Siedlung
Eine große Erdpyramide, 52 Megalithen und ein *bai* – Gemeinschaftshaus der Männer auf der Insel – wurden ausgegraben.

56 C3 IRRAI
15. JH. N. CHR.
ORT: Palau
TYPUS: frühes Dorf
Prähistorische Siedlung mit den Resten von 43 rechteckigen Steinplattformen (acht in der Form von Pyramiden, 18 enthalten Gräber), terrassierten Hängen und drei *bais*. Der zentrale *bai* enthielt zwei Feuergruben *(chab)*.

57 D3 MOMNA BAY
14.–17. JH. N. CHR.
ORT: Guam, Mikronesien
TYPUS: frühe Siedlung
Dorf aus 17 *latte* – große Bauten mit megalithischen Fundamenten. Fünf Feuergruben mit großen Mengen von Keramik, Steinen und tierischen Resten; steinerne Mörser zum Zerstampfen der Nahrung und Bestattungen unter den *latte* wurden ausgegraben.

58 D3 FLUSS TALOFOFO
3. JH. V. CHR.
ORT: Guam, Mikronesien
TYPUS: frühe Siedlung
Dorf mit einer *latte*, den Fundamenten von neun Häusern und zwei Abris; einer davon mit einer Grabstätte (sie enthielt Keramik und Steinwerkzeuge).

59 D3 TACHOGNYA
FRÜHES 2. JT. N. CHR.
ORT: Guam, Mikronesien
TYPUS: frühe Siedlung
Die fast vollständig erhaltenen Reste eines prähistorischen Dorfes mit zehn *latte*. In der Nähe wurden Schalen von Schalentieren und Tonscherben ausgegraben.

60 E3 SAPWTAKAI
14. JH. N. CHR.
ORT: Pohnpei, Mikronesien
TYPUS: frühe Siedlung
Altes Verwaltungszentrum auf einem Berggipfel mit vielen Steingräbern, Plattformen und Umwallungen.

61 E3 NAN MADOL
1.–16. JH. N. CHR.
ORT: Pohnpei, Mikronesien
TYPUS: frühe Siedlung
Über einen sehr langen Zeitraum besiedelt, doch die meisten der megalithischen Bauten entstanden im 12.–13. Jahrhundert. Aus Basaltwällen gebaute künstliche Inseln dienten zu Wohnzwecken oder als Grabstätten (dann mit einem zentralen Gewölbe und vier Basaltmauern). In der Mitte der Hausfundamente lagen häufig Feuergruben. Es gibt Überreste großer Versammlungshäuser (*nah*) und Umwallungen, die wohl zeremoniellen Zwecken dienten.

62 E3 PANPEI
14. JH. N. CHR.
ORT: Pohnpei, Mikronesien
TYPUS: Bestattungskomplex
Vier Grüfte innerhalb einer großen Bestattungsplattform; die Konstruktion besteht vorwiegend aus Basaltblöcken.

63 F3 LELA-RUINEN
13.–19. JH. N. CHR.
ORT: Kosrae, Mikronesien
TYPUS: zeremonielle Siedlung
Ruinen einer alten Inselstadt; früher Verwaltungs- und Zeremonienzentrum der Insel, das aus zwei Bezirken bestand. Im 15.–17. Jahrhundert entstanden eindrucksvolle Mauern, und es gibt einen heiligen Bezirk sowie einen königlichen Grabkomplex.

64 F5 NENUMBO
12. JH. V. CHR.
ORT: Salomonen
TYPUS: frühe Siedlung
Lapita-Stätte, an der Hinweise auf unterschiedliche Tätigkeiten entdeckt wurden. Man fand auch Reste von Schweinen, Hühnern, Fischen und Meeresschildkröten.

65 F6 ROY-MATA-GRAB
13. JH. N. CHR.
ORT: Vanuatu
TYPUS: königliche Bestattung
Wichtige Grabstätte der Elite; König Roy Mata wurde im Tod von geopferten Menschen begleitet – die Gebeine von 35 Menschen, 22 davon Männer, liegen nebeneinander. Die Frauen lagen so, daß sie die Partner umarmten. Man fand abgenagte Menschen- und Schweineknochen, außerdem Grabbeigaben (Halsbänder und Dechsel aus Weichtierschalen, Armbänder und Kaurischnecken).

66 F6 VATCHA
1. JT. V. CHR.
ORT: Neukaledonien
TYPUS: frühe Siedlung
Lapita-Stätte, die während zweier Perioden besiedelt war.

67 G6 NATUNUKU
13. JH. V. CHR.
ORT: Fidschi
TYPUS: frühe Siedlung
Wichtige, frühe Lapita-Stätte mit mehreren Funden aufwendig verzierter Keramik.

68 H5 PULEMELEI
FRÜHES 2. JT. N. CHR.
ORT: Samoa
TYPUS: zeremonieller Hügel
12 m hoher zeremonieller Hügel mit einer Rampe, die auf die Spitze führt. Wie Pfostenlöcher und Steine belegen, stand hier ein Haus für rituelle Zwecke. Der Hügel wird von kleineren Hügeln umgeben. Eine genaue Datierung der Anlage ist nicht möglich, sie stammt aber wahrscheinlich aus der Zeit zwischen dem 11. und 15. Jahrhundert.

69 H5 'AOA
1. JT. V. CHR.
ORT: Amerikanisch-Samoa
TYPUS: zeremonieller Hügel
40 erhöhte sternförmige Plattformen mit vorspringenden Steinen.

70 H6 HA' AMONGA-A-MAUI
12. JH. N. CHR.
ORT: Tonga
TYPUS: zeremonielle Monumente
Ein Trilith (zwei senkrechte Steine mit Deckstein), erbaut als Symbol für die beiden Söhne des Herrschers Tu'i Tonga.

71 H6 MU'A
15.–16. JH. N. CHR.
ORT: Tonga
TYPUS: Grabhügel
Grabhügel eines Häuptlings mit Fassaden aus behauenen Korallenplatten.

72 H6 PAEPAE'O TELE'A
16. JH. N. CHR.
ORT: Tonga
TYPUS: Grabhügel
Pyramidenähnliche Struktur, exemplarisch für den Bestattungsstil der polynesischen Inselbewohner.

73 H6 NAMOALA
FRÜHES 2. JT. N. CHR.
ORT: Tonga
TYPUS: Grabhügel
Dreistöckige Pyramide mit einem steinernen Grabgewölbe auf der Spitze.

74 I2 NECKERINSEL
11.–15. JH. N. CHR.
ORT: Hawaii-Inseln
TYPUS: frühe Siedlung
Kleine, isolierte Insel mit Häuserruinen, 33 *heiau* (Resten von Steintempeln) und Anbauterrassen. In den *heiau* fand man eine Reihe von Reliefs und Statuen, die Männer darstellen.

75 I2 WAILAU
12. JH. N. CHR.
ORT: Hawaii-Inseln
TYPUS: zeremonielles Zentrum
Hawaiianische *heiau* (Reste von Steintempeln) und eine Reihe von Petroglyphen.

76 I2 BELLOWS BEACH
7.–10. JH. N. CHR.
ORT: Hawaii-Inseln
TYPUS: frühe Siedlung
Eine der ältesten Siedlungen auf den Hawaii-Inseln; die Ausgrabungen brachten Angelhaken, Dechsel und andere Artefakte zu Tage.

77 J2 HALAWA-TAL
7.–12. JH. N. CHR.
ORT: Hawaii-Inseln
TYPUS: frühe Siedlung
Dorf mit Kantensteinen (wahrscheinlich Fundamente für Häuser mit runden Anbauten); zu den ausgegrabenen Artefakten gehören basaltisches Glas, Dechsel und Angelhaken.

78 J2 FORT ELIZABETH
19. JH. N. CHR.
ORT: Hawaii-Inseln
TYPUS: Kolonialsiedlung
Nur kurzfristig genutzte russische Festung; eine Reihe von Überresten, darunter die Offiziersquartiere und inneren Mauern mit den Standorten der Kanonen.

79 J2 MAUNA KEA
FRÜHES 2. JT. N. CHR.
ORT: Hawaii-Inseln
TYPUS: frühe Siedlung
Großer Steinbruch für Dechsel, in dem man auch zahlreiche Werkplätze und Schreine fand.

80 J5 MAUPITI
9.–12. JH. N. CHR.
ORT: Französisch-Polynesien (Gesellschaftsinseln)
TYPUS: frühe Siedlung
Großer Grabkomplex; zu den Funden gehören Angelhaken, Dechsel und Verzierungen.

81 J5 TAPUTAPAUTEA
17. JH. N. CHR.
ORT: Französisch-Polynesien
TYPUS: zeremonielles Zentrum
Religiöser Komplex, an dem früher Gott Oro verehrt wurde. Dort steht noch immer ein *marae* (polynesische Tempelstätte).

82 J5 VAITOOTIA
8–9. JH. N. CHR.
ORT: Französisch-Polynesien
TYPUS: frühe Siedlung
An diesem Wohnplatz wurden *patus* gefunden (Keulen aus Holz und Walknochen). Es gibt Überreste eines erhöhten, hölzernen Speichers und einen Basaltpfeiler – vielleicht Bestandteil eines frühen Tempels.

83 J5 MAEVA
SPÄTES 1. JT. N. CHR.
ORT: Französisch-Polynesien (Gesellschaftsinseln)
TYPUS: zeremonielles Zentrum
Mehrere *marae*; die aufrechten Korallensteine sollten vermutlich die Priester symbolisieren.

84 N7 OSTERINSEL
5.–17. JH. N. CHR.
ORT: Osterinsel
TYPUS: frühe Siedlung
Es gibt drei Hauptphasen der Besiedlung. Die früheste (400–1100 n. Chr.) wird durch die *ahu* – rechteckige Steinplattformen – gekennzeichnet (etwa 300 blieben erhalten). Später setzte man eindrucksvolle megalithische Steinstatuen darauf *(moai)*, häufig reliefiert oder mit Haarknoten versehen. Die meisten wurden im Steinbruch von Rano Raraku behauen, wo noch einige unfertige Statuen liegen. Im Dorf Orongo findet man die Überreste bootsförmiger Häuser. Es gibt einige *tupa* (Kammern mit falschem Gewölbe). U. a. fand man Basaltmesser, Dechsel, Angelhaken aus Knochen und Stein sowie Obsidianabschläge.

GLOSSAR

A

ABFALLHAUFEN
Für Archäologen aufschlußreiche Ansammlung von Abfall, etwa aus Nahrungsresten und Tierabfällen.

ABRI
Vorübergehend oder dauerhaft genutzte, prähistorische Wohnstätte unter Felsvorsprüngen.

ABSCHLAG
Ein Stück Stein oder Feuerstein; entweder als Abfall verworfen oder bewußt als Abschlagwerkzeug von einem Kernstein abgeschlagen.

ACHÄMENIDEN
Königliche Dynastie des persischen Reiches (6.–4. Jahrhundert v. Chr.); 330 v. Chr. von Alexander dem Großen besiegt. Sie hinterließ einige eindrucksvolle monumentale Bauten.

ACHEULÉEN
Weitverbreitete Herstellungstechnik von Steinwerkzeugen in der Altsteinzeit; typisch sind retuschierte Faustkeile.

ADOBE
Sonnengetrocknete (d. h. nicht gebrannte) Lehmziegel; daraus wurden im vorkolonialen Amerika Bauwerke errichtet.

AGORA
Offener Platz in antiken griechischen Städten; diente als Markt oder Versammlungsplatz.

AHU
Polynesische Tempelplattform aus Stein.

ALTSTEINZEIT
Früheste Phase der menschlichen Entwicklung mit typischen Jäger-und-Sammler-Gesellschaften. Man untergliedert sie in die untere Altsteinzeit (erste Menschen tauchen auf), mittlere Altsteinzeit (Neandertaler und Abschlagwerkzeuge) und obere Altsteinzeit (moderner Mensch, Klingenherstellung und frühe Kunst).

ARCHAISCH
Frühstadium der ägyptischen und griechischen Zivilisation. In Nordamerika wird damit die Entwicklungsstufe bezeichnet, die dem Jäger-und-Sammler-Stadium zugeordnet ist.

ARTEFAKT
Jegliche Art von künstlich, also von Menschen, hergestelltem Objekt. Artefakte dienen dazu, Fundstätten zeitlich und kulturell einzuordnen.

ASSYRIEN
Reich in Vorderasien (2. und 1. Jahrtausend v. Chr). mit den Hauptstädten Nimrud und Ninive. Es hinterließ zahlreiche wichtige Zeugnisse und eine umfangreiche Monumentalarchitektur.

B

BABYLONIEN
Vorderasiatisches Reich des 2. Jahrtausends v. Chr. im fruchtbaren Zweistromland von Mesopotamien (Hauptstadt Babylon), das ständig mit Assyrien und Persien Krieg führte.

BAI
Gemeinschaftshaus der Männer auf Palau.

BALLSPIELPLATZ
Zeremonielle Fläche für rituelle Ballspiele in den Städten der mesoamerikanischen Kulturen.

BASILIKA
Großes, in Schiffe gegliedertes Bauwerk des römischen Kulturkreises, das urspünglich als öffentlicher Versammlungsplatz diente. Später Form der frühen christlichen Kirchen.

BECHERKULTUR
Kultur der Bronzezeit, charakterisiert durch eine typische Keramik mit geometrischen Mustern. Bestattungen der Becherkultur und ihre Artefakte wurden überall in Europa ausgegraben.

BEIDSEITER (nach franz. *biface*)
Beidseitig abgeschlagene Steinwerkzeuge, so daß zwei Flächen und eine scharfe Schnittkante entstehen.

BRANDRODUNGSFELDBAU
Bei dieser Ackerbauform werden Waldstücke gerodet, verbrannt und bepflanzt, bis der Boden erschöpft ist. Dann wird eine neue Parzelle gerodet, und der Prozeß wiederholt sich.

BROCH
Befestigter Wohnsitz der Eisenzeit im Norden Schottlands; Rundturm mit doppelter Mauer.

BRONZEZEIT
Zweiter Teil des Drei-Zeitalter-Systems der Vorgeschichte; typisch ist die Verarbeitung von Bronze, die im Zusammenhang mit aufkommenden Städten steht. Die »Erfindung« von Bronze läßt sich an verschiedenen Stellen der Erde ab dem 4. Jahrtausend v. Chr. nachvollziehen. In einigen Regionen, z. B. Amerika, fehlt die Bronzezeit jedoch. Man kann die Epoche dreifach untergliedern: frühe Bronzezeit (ca. 3200–1900 v. Chr.), mittlere Bronzezeit (ca. 1900–1500 v. Chr.) und späte Bronzezeit (ca. 1500–1200 v. Chr.).

C

CAIRN
Steinhügel; meist über Grabstätten.

CHOPPER
Steinwerkzeug zum Schneiden; meist wird der Begriff auf frühe Werkzeuge aus Geröllstein angewandt.

D

DECHSEL
Werkzeug zum Zerkleinern; ähnlich einer Axt, die Schneide verläuft jedoch rechtwinklig zum Stiel (»Querbeil«).

DENDROCHRONOLOGIE
Durch den Vergleich der Jahresringe von Bäumen können Archäologen Holz von Fundstätten datieren.

DOLMEN
Grab, bei dem ein großer, flacher Deckstein auf aufrechte Tragsteine gelegt wurde.

DREI-ZEITALTER-SYSTEM
(auch Dreiperiodensystem)
Damit bezeichnet man die Hauptepochen der Vorgeschichte – Stein-, Bronze- und Eisenzeit – mit ihren entscheidenden Veränderungen in der Technologie.

DYNASTIE
Blutsverwandte Königsgeschlechter; man benutzt den Ausdruck vorwiegend im Zusammenhang mit dem alten Ägypten, Mesopotamien und dem alten China.

E

EISENZEIT
Letzter Teil des Drei-Zeitalter-Systems der Vorgeschichte; in dieser Epoche wurde das Eisen zum vorherrschenden Metall für Waffen und Werkzeuge.
Oft ersetzte es die Bronze, in einigen Regionen (z. B. Afrika und Amerika) war es jedoch das erste verwendete Metall.

ELEKTRONEN-SPIN-RESONANZ
Datierungstechnik für Zähne, Knochen, Hornstein, Feuerstein, Keramik und andere Gegenstände, die auf den unterschiedlichen Energieniveaus von bestrahlten Elektronen beruht.

F

FALSCHES GEWÖLBE (Kraggewölbe)
Gewölbeform; dabei werden Steinlagen übereinandergetürmt, die jeweils etwas weiter nach innen ragen, bis sich die letzten im Scheitel berühren.

FAYENCE
Aus Sand hergestelltes, verglastes Material, das wie Ton gebrannt wird. Daraus wurden Perlen und dekorative Gegenstände hergestellt.

FELDBEGEHUNG
Technik, um alle Arten von Artefakten an der Erdoberfläche eines archäologisch interessanten Bereiches zu entdecken, z. B. Scherben und Feuersteine.

FIBEL
Damit bezeichnen Archäologen eine Brosche oder Nadel, mit der Kleidungsstücke zusammengehalten wurden.

FRESKO
Wandmalerei, die auf den noch feuchten Verputz aufgetragen wird.

G

GEOMETRISCH
Gleichmäßig angeordnete Linien und Formen, die auf Oberflächen geritzt werden. Damit beschreibt man vor allem die linienhaften Verzierungen und Formen von Keramik.

GEOPHYSIKALISCHE SONDIERUNG
Wissenschaftliche Methode (Widerstandsmessung, Magnetometrie), mit der ohne Ausgrabung unterirdische Strukturen aufgespürt werden.

GETRIEBENE VERZIERUNG (Ziselierung)
Dabei werden mit einem Hammer und Punzen Motive in Metall gehämmert.

GLANZTON
Überzug von Keramik mit geschlämmtem Ton, um eine bestimmte Farbe oder eine feinkörnige Oberfläche zu erzielen.

GLASUR
Glas- oder Mineralschicht auf der Oberfläche von Keramik; entweder zur Verzierung oder als wasserabweisende Schutzschicht.

GLYPHE
Bildhaftes Symbol in frühen Formen der Schrift oder als Verzierung.

H

HELLENISTISCH
Diese Periode ordnen Archäologen der Zeit nach dem Tod Alexanders des Großen (323 v. Chr.) bis zum Beginn des Römischen Reiches (1. Jahrhundert v. Chr.) zu.

HENGE
Prähistorisches Monument in Großbritannien; kreisförmig, aus Holz oder Steinen.

HETHITER
Ein Reich, das während des 2. Jahrtausends v. Chr. in Kappadokien (Türkei) herrschte.

HOA-BINH-KULTUR
Benannt nach Hoa-binh in Vietnam; damit wird eine weitverbreitete prähistorische Werkzeugherstellung bezeichnet (zwischen 10000 und 2000 v. Chr.).

HOLOZÄN (postglazial)
Heute herrschende Klimaepoche, charakterisiert durch warmes Wetter; begann vor rund 10000 Jahren.

HOMINID, HOMINIDEN
Bezieht sich auf Hominidae, die Familie der Stammesgeschichte, zu der moderne Menschen und ihre Vorfahren gehören.

HOMO ERECTUS
Heute ausgestorbene frühe Menschenform, die vor etwa 500000 Jahren lebte.

HOMO HABILIS
Frühe Menschenform; unterscheidet sich vom modernen Menschen durch größeres Gehirn und eine typische Schädelform.

Homo sapiens
Name des modernen Menschen, der erstmals vor 35000 Jahren auftauchte.

Hopewell-Kultur
Nordamerikanische Kultur, die um die Großen Seen entstand. Sie herrschte von 100 v. Chr. bis 500 n. Chr. Die Hopewell betrieben Landwirtschaft und Handel.

Huaca
Peruanisches Wort für einen Tempel; wird meist auf Bauten der Inka angewandt.

Hügelgrab
Hügel über einem prähistorischen Grab. Es gibt runde und langgestreckte Hügelgräber in vielen Kulturen.

Hypokaustum
Römisches Heizungssystem; warme Luft wurde unter die Fußböden und durch die Wände geleitet.

I

Idol
Götzenbild aus Ton, Holz oder Stein.

Insulae
Häuserblock bzw. Wohnquartiere in römischen Städten; ähnlich dem Gitternetzsystem in modernen amerikanischen Städten.

Inuit
Diesen Namen gaben sich die Kulturen der arktischen Regionen von Nordamerika und Grönland selbst; wörtlich »die Menschen«.

Ionisch
Griechischer Architekturstil; typisch sind Säulen mit eingerollten Kapitellen.

J

Jäger und Sammler
Kulturstufe, die auf dem Jagen von Tieren und dem Sammeln von Pflanzen und Früchten basiert.

Jungsteinzeit
Kennzeichnend ist der Übergang zur seßhaften Lebensweise und der Anbau von Nutzpflanzen; im wesentlichen vom 9. bis zum 2. Jahrtausend v. Chr.

K

Keilschrift
Frühe Form der Schrift in Mesopotamien (3.–1. Jahrtausend v. Chr.); mit einem keilförmig gespitzten Schilfrohr wurden Symbole in feuchten Ton gedrückt.

Kiva
Zeremonielle Räume in den Pueblo-Siedlungen der südwestlichen Vereinigten Staaten.

Klassische Periode
Damit werden die Epochen der mesoamerikanischen Geschichte beschrieben, die sich durch besonders große räumliche Ausdehnung und hohe kulturelle Entwicklung auszeichnen (z. B. Kulturen wie die der Maya), vom 3. Jahrhundert n. Chr. bis zum Zusammenbruch gegen Ende des 9. Jahrhunderts. In der vorangehenden Epoche, der Vorklassik, entstanden Ackerbau und seßhafte Lebensweise (ab dem 2. Jahrtausend v. Chr.). Die Nachklassik beginnt mit dem Ende der klassischen Periode, umfaßt die Reiche der Mixteken und Azteken und dauert bis zur Ankunft der Spanier im 16. Jahrhundert.

Koloss
Überlebensgroße Statue von Menschen oder Lebewesen.

L

Lapita
Kultur, die durch eine charakteristisch verzierte Keramik (Eindrücke im Ton) gekennzeichnet ist. Sie herrschte auf den melanesischen Inseln des Pazifik, von Teilen Indonesiens und Neuguineas bis zu den Fidschi-Inseln.

La-Tène-Stil
Ein Kunststil der Bronzezeit und der frühen Eisenzeit (benannt nach dem Schweizer Fundort La Tène); typisch sind die zierlichen spiraligen und geometrischen Muster der Metallgegenstände. Sie ist ein Vorläufer des dekorativen keltischen Stils.

Latte
Große Bauwerke auf megalithischen Monumenten in Guam (Mikronesien).

Levallois
Methode zur Herstellung von Feuersteinwerkzeugen. Dabei wird ein Kernstein genau zugerichtet, um Form und Größe des Abschlages festzulegen.

Linear A
Schriftform der minoischen Kultur auf Kreta (1700–1450 v. Chr.). Sie bestand aus Piktogrammen und wird häufig auf Tontafeln und anderen Gegenständen gefunden.

Linear B
Diese Schrift ersetzte Linear A zwischen 1450 und 1200 v. Chr. Nachdem sie entziffert wurde, erkannte man in ihr eine Vorform des Griechischen.

M

Magdalénien
Eine Kultur der oberen Altsteinzeit in Europa – aus dieser Zeit stammen viele Höhlenmalereien. Sie wird auf ein Alter von 18000–12000 Jahren datiert.

Magnetometrie
Mit dieser Methode werden Strukturen unter der Erdoberfläche sondiert; Grundlage sind die magnetischen Eigenschaften von Boden und anderen Materialien.

Marae
Polynesische Tempelstätte.

Massenspektrometrie
Neue Methode zur Radiokarbondatierung; damit können unterschiedlichste, kleinere Proben in relativ kurzer Zeit analysiert werden. Siehe Radiokarbondatierung.

Mausoleum
Grabmonument oberhalb des Erdbodens; meist stilistisch besonders ausgestaltet. Der Begriff wird häufig auf entsprechende antike und islamische Bauten angewandt.

Megalith
Großer Stein, der entweder frei steht oder Bestandteil eines Bauwerks, etwa eines Grabes, ist.

Megalithisches Grab
Grab aus Megalithen, die zu Gängen oder Grabkammern aufgetürmt wurden.

Menhir
Maen-hir (keltisch) heißt »langer Stein«; meist als Grabmal aufgestellt.

Mesoamerika
Mit diesem Begriff wird das Gebiet von Mexiko und Guatemala vor dem Eintreffen der Spanier im 16. Jahrhundert bezeichnet sowie auch die dominierenden Kulturen dieser Region (ab circa 2000 v. Chr.) – Tolteken, Maya, die Bewohner von Teotihuacán und Azteken, die alle mehr Gemeinsamkeiten als Unterschiede aufweisen.

Mikrokern
Ein Stück Stein oder Feuerstein, von dem Abschläge entfernt wurden; es verbleibt ein Kernstein mit mehreren Facetten.

Mikrolithe
Sehr kleines Steinwerkzeug, häufig zu zusammengesetzten Werkzeugen verarbeitet. Vorwiegend in der Mittelsteinzeit verwendet.

Minoisch
Kultur der Bronzezeit auf Kreta, gekennzeichnet durch Paläste und Städte, die vom Handel im Mittelmeer abhängig war.

Mittelsteinzeit
Übergangsperiode zwischen der Altsteinzeit und dem Aufkommen des Ackerbauerntums; typisch sind sehr kleine Steinwerkzeuge und wohldurchdachte Jagdtechniken.

Mittlere Mississippi-Kultur
Wichtige Stufe dieser Kultur im Mississippi-Tal, vom 7. bis zum 17. Jahrhundert n. Chr. Kennzeichnend sind eindrucksvolle zeremonielle Zentren und die Abhängigkeit von Mais, Kürbis und Bohnen.

Mosaik
Vor allem zur Römerzeit üblicher Bodenschmuck; die Muster wurden aus kleinen Tonstückchen und Steinchen (sog. *tesserae*) zusammengestellt.

Motte
Frühe Burganlage auf einem künstlich aufgeschütteten Hügel. Auf dem Hügel standen ursprünglich hölzerne turmartige Bauten, die später häufig durch Steinbauten ersetzt wurden. (Siehe auch normannische Motte.)

Mykenisch
Kultur des spätbronzezeitlichen Griechenland mit einheitlicher Sprache, Glaube und Handel. Der Name bezieht sich auf eine alte Zitadelle in Griechenland (Mykene).

N

Nazca
Wichtige Kultur der peruanischen Küste; berühmt für bemalte Keramik und die Nazca-Linien (große geometrische Zeichnungen in der Wüste).

Natoufien (Natuf-Kultur)
Wichtige Kulturstufe der Altsteinzeit (in der Levante); sie lieferte Hinweise auf die Entwicklung des frühen Menschen.

Neandertaler
Früher Hominide in Europa und Asien, angepaßt an kaltes Klima. Die Neandertaler starben vor rund 37000 Jahren aus.

Nekropole
Bestattungsbereich; wörtlich übersetzt »Stadt der Toten«.

Neues Reich
Dynastische Epoche des alten Ägypten, von der 18. bis zur. 20. Dynastie.

Normannische Motte
Normannische Burg aus einem Erdhügel (Motte) in Verbindung mit einer größeren Fläche (Vorburg), umgeben von einem Graben.

Nuraghen
Befestigter Rundturm auf Sardinien; ab dem 2. Jahrtausend v. Chr.

O

Ocker
Gelbroter Farbstoff (Pigment) aus Lehm und Eisenoxiden, der von vielen prähistorischen Gruppen bei rituellen Bestattungen oder zur Dekoration von Wänden verwendet wurde.

Ökosystem
Biologische Lebensgemeinschaft aus voneinander abhängigen Pflanzen und Tieren sowie ihrer physikalischen Umgebung.

Olduvai
Bezieht sich auf die Olduvai-Schlucht in Tansania und bezeichnet Steinwerkzeuge und andere Funde in Süd- und Ostafrika.

Oppidum
Große, befestigte Siedlung und regionales Zentrum; meist auf römische und keltische Siedlungen angewandt, die zu den ersten Städten des nördlichen Europa wurden.

P

Pa
Hügelfestung der Maori.

Paläo-Indianer
Jäger-und-Sammler-Gesellschaften Nordamerikas; vor etwa 5000 Jahren.

Papyrus
Schreibstoff im alten Ägypten, der aus den Stengeln einer schilfartigen Wasserpflanze hergestellt wurde.

Patenstätte
Ein Fundort, der besonders typisch und oft namensgebend für eine bestimmte Epoche ist. Man verwendet seine Artefakte als Leitlinie zur Einordnung der Funde späterer Ausgrabungen.

Petroglyphen
Jede Art von Ritzungen auf Fels oder Steinen; insbesondere aus der Vorgeschichte.

Pikten
Ein schottischer Stamm der Eisenzeit.

Pfostenloch
Ein Loch, das gegraben wurde, um einen senkrechten Pfosten für ein Bauwerk oder eine andere Struktur aufzunehmen. Beim Verrotten des Balkens bleiben Spuren des Originalbaus im Boden erhalten. Pfostenlöcher helfen Archäologen dabei, Siedlungen und ihren Aufbau zu untersuchen.

Plattformhügel
Oben abgeflachter Erdhügel im alten Nordamerika; auf der Fläche stand ursprünglich ein rituelles Bauwerk, das als Anziehungspunkt für die örtlichen Gemeinschaften diente.

Plaza
Offener Platz in einer Siedlung; meist Treffpunkt oder Versammlungsort.

Pleistozän
Klimaperiode vor dem Holozän; kennzeichnend ist der Wechsel von Warm- und Kaltzeiten (vor 1,8 Millionen Jahren bis circa 8000 v. Chr.).

Polieren
Archäologen beschreiben damit eine Form der Tonbehandlung. Das Gefäß wird gerieben, bis eine glänzende, wasserdichte Oberfläche entsteht.

Prähistorisch (vorgeschichtlich)
Alle Epochen vor dem Aufkommen der Schrift; die genaue Zeit ist abhängig von der Region.

Pueblo
Wohnstätte aus Steinen oder Ziegeln im Südwesten Nordamerikas; häufig mit drei oder vier Räumen.

R

Radiokarbondatierung
Eine Methode zur Datierung archäologischer Funde; sie basiert auf dem Zerfall radioaktiven Kohlenstoffs, der in jedem organischen Material enthalten ist.

Randsteine
Damit bezeichnen Archäologen Steinsetzungen, die die Grenzen eines Fundes, z. B. eines Hauses, Herdes oder Grabhügels, kennzeichnen.

Retuschieren
Technik, um Stücke von einem Steinwerkzeug abzubrechen; entweder mit einem weichen Geweih oder einem Knochen (unter Druck), oder durch vorsichtige, gezielte Steinschläge.

Ringwall
Befestigte Siedlung, meist aus der späten Bronze- oder frühen Eisenzeit; zur Verteidigung wurden Erdwälle aufgetürmt.

Runen
Erstmals im 3. Jahrhundert n. Chr. gebrauchte Symbole; von den Wikingern übernommen, die Runen auf Schmuck und Runensteinen (Denkmalsteine) anbrachten.

S

Satellitenortung
Technik, mit deren Hilfe Oberflächen analysiert und genaue, sehr präzise Karten von archäologischen Fundstätten erstellt werden können.

Schaber (auch Kratzer)
Geformtes Werkzeug der Jäger und Sammler, um Tierhäute sauber zu kratzen und Holz zu schnitzen.

Schachtgrab
Vor allem im alten China gebräuchlich; diese Grabstätten bestanden aus sehr tiefen Schächten mit einer hölzernen Grabkammer am Boden.

Schneidenkeil
Schweres schneidendes Steinwerkzeug mit gerader Schnittkante.

Spondylus
Eine Muschel *(Spondylus gaederopus)* aus dem Mittelmeer; daraus machte man Armbänder, die während der Jungsteinzeit im ganzen Mittelmeerraum gehandelt wurden.

Steinabfälle
Bei der Herstellung von Steinwerkzeugen entstehen Splitter und Abschläge. Durch ihre Untersuchung zieht man Rückschlüsse auf die Art der Abschlagtechnik.

Steinkiste
Grabkammer aus Steinen; z. B. solche unter einem Hügelgrab.

Steinzeit
Während dieser Epoche taucht zum ersten Mal der Mensch auf. Sie ist in Alt-, Mittel- und Jungsteinzeit untergliedert. Der Begriff wird weltweit verwendet und kann auch auf entsprechende vor kurzem noch existierende Kulturen angewandt werden.

Stele
Aufrechte Steinplatte, häufig reliefiert oder bemalt; vor allem als Gedenkstein oder für Rituale verwendet.

Stichel
Bohrwerkzeug, um Löcher und Schnitte in Leder, Knochen und anderen Werkstoffen herzustellen; gilt als typisches Artefakt der Altsteinzeit.

Stratigraphie
Entscheidende archäologische Theorie: Sie geht davon aus, daß die jeweils unterste Schicht menschlicher und natürlicher Ablagerungen auch die älteste ist. Durch die Analyse der Schichten einer Grabung läßt sich die zeitliche Entwicklung eines Fundortes rekonstruieren.

Stupa
Buddhistischer Schrein in Form eines Hügels oder einer Kuppel; oft auch glockenförmig.

T

Tell
Ruinenhügel, entstanden durch Übereinanderschichtung von Trümmern an lang bewohnten Siedlungsplätzen.

Terra sigillata
In Massenproduktion hergestellte, römische Keramik; rotes Geschirr von hoher Qualität, das in Westeuropa verbreitet war.

Thermen
Öffentliche römische Bäder mit Warm- und Kaltwasserbecken, Hypokaustum und Ruheräumen.

Thermolumineszenz
Mit dieser Methode kann gebranntes, archäologisches Material untersucht werden. Fundstücke, die in bestimmten Böden lagern, werden einer Strahlung ausgesetzt, die auf dem Zerfall radioaktiver Isotope beruht. Die freiwerdende Energie wird in Form der Elektronen im Kristallgitter der Probe gespeichert. Durch Erhitzen (Thermo-) oder Belichtung der Probe werden die Elektronen wieder frei und geben die Energie als Licht ab (-lumineszenz).

Tholos
Rundes Grab (auch Bienenkorbgrab) mit einem rechteckigen Eingang; im antiken Griechenland.

Tonwulst-Technik
Methode zur Herstellung von Tongefäßen; lange Wülste werden aufeinandergeschichtet und geglättet.

Trilith
Ein Monument aus zwei senkrechten Steinen mit einem daraufliegenden Deckstein; z. B. in Stonehenge.

Typologie
Gruppierung von Artefakten, etwa Keramik oder Äxte, und Zusammenstellung in Typenreihen, die Veränderungen über die Zeit (Chronologie) deutlich machen. Damit erhält man nicht nur eine Referenz-Sammlung typischer Gegenstände, die man benutzt, um unbekannte Objekte zu identifizieren, sondern kann auch die Veränderung einer Kultur dokumentieren.

U

'Ubaid-Kultur
Wichtige mesopotamische Kultur (6.–5. Jahrtausend v. Chr.); sie steht im Zusammenhang mit der Entwicklung des Ackerbaus in dieser Region und ist durch eine typische Keramik gekennzeichnet.

V

Venusfigurinen
Eine Form von Skulpturen, die man in der gesamten prähistorischen Welt gefunden hat. Sie zeigt eine Muttergottheit und steht wahrscheinlich im Zusammenhang mit Fruchtbarkeitsritualen.

Verkohlung
Wird organisches Material, z. B. Holz oder Getreide, durch Hitze in Kohlenstoff verwandelt (es »verkohlt«), läßt es sich später mit der Radiokarbonmethode datieren.

Vorkeramisch
Epoche in Südamerika, mit der die Zeit zwischen den ersten menschlichen Siedlungen und dem Aufkommen der Keramik bezeichnet wird; meist zwischen 9000 und 2000 v. Chr. angesetzt.

W

Wachsausschmelzverfahren (Guß in verlorener Form)
Eine Methode zum Guß metallischer Gegenstände. Dabei wird ein Wachskern mit einer Tonform umgeben – das Wachs schmilzt beim Brennen des Tons und hinterläßt eine Hohlform, die mit Metall ausgegossen wird.

Wilton-Kultur
Wichtige südafrikanische Kulturstufe; danach werden eine Mikrolithenherstellung (Steinzeit) und eine spätere Keramik benannt.

Z

Zikkurat
Stufenpyramide oder -tempel in Vorderasien.

Zusammengesetztes Werkzeug
Aus mehreren kleinen Steinen oder Feuersteinklingen zusammengesetztes Werkzeug, etwa eine Harpune; typisch für die Mittelsteinzeit.

Zyklopisch
Bauweise mit großen, unbehauenen Steinblöcken; meist auf mykenische Bauten angewandt.

Bibliographie

Aikens, C. M. *The Prehistory of Japan*, Academic Press, 1982
Bahn, P. (Hrsg.) *Dictionary of Archaeology*, HarperCollins, 1992
Bahn, P.; Renfrew, C. *Archaeology: Theories, Methods and Practice* (2. überarb. Ausg.), Thames & Hudson, 1996
Barker, G. *Prehistoric Farming in Europe*, C.U.P., 1985
Bass, G. *Archaeology Under Water*, Thames & Hudson, 1966
Bellwood, P. *The Polynesians*, Thames & Hudson, 1978
Bellwood, P. *Man's Conquest of the Pacific*, Collins, 1978
Bellwood, P. *Prehistory of the Indo-Malaysian Archipelago*, Academic Press, 1985
Blunden, C.; Elvin, M. *China, Weltatlas der Kulturen*, Christian, 1993
Boardman, J. *Kolonien und Handel der Griechen*, Beck, 1986
Boethius, A. *Etruscan and Early Roman Architecture*, Penguin, 1978
Bordes, F. *The Old Stone Age*, Weidenfeld & Nicholson, 1968
Bowdler, S. (Hrsg.) *Coastal Archaeology in Eastern Australia*, Department of Prehistory, 1982
Boxer, C. R. *Fort Jesus and the Portuguese in Mombasa 1593–1729*, Thames & Hudson, 1960
Branigan, K. (Hrsg.) *Großer Bildatlas der Archäologie in Farbe*, Reich, 1987
Bray, W.; Trump, D. *The Penguin Dictionary of Archaeology*, Penguin, 1982
British School at Athens, *The Annuals of the Excavations at Palaikastro*, 1979, 1982, 1983, 1984, 1986, 1987, 1988, 1989, 1991, 1992
Burton, A. *Industrial Achaeological Sites of Britain*, Weidenfeld & Nicholson, 1977
Chang, K. *Archaeology of Ancient China*, Yale University Press, 1986
Charles-Picard, G. (Hrsg.) *The Larousse Encyclopedia of Archaeology*, Hamlyn, 1972
Childe, V. G. *Skara Brae: A Pictish Village in Orkney*, Kegan Paul, 1931
Clarke, H. *Archaeology of Medieval England*, Blackwell, 1986
Coe, M. *Mexico*, Thames & Hudson, 1984
Collis, J. *The European Iron Age*, Batsford, 1984
Connah, G. *African Civilization: Precolonial Cities and States in Tropical Africa*, C.U.P., 1987
Cronyn, J. M. *The Elements of Archaeological Conservation*, Routledge, 1990
Cunliffe, B. *Illustrierte Vor- und Frühgeschichte Europas*, Campus, 1996
Daniel, G. *Enzyklopädie der Archäologie*, Weltbild, 1990
Davidson, J. *The Prehistory of New Zealand*, Longman, 1984
Fagan, B. *People of the Earth: An Introduction to World Prehistory*, HarperCollins, 1992
Fagan, B. *Ancient Africa*, Thames & Hudson, 1994
Fagan, B. *Das frühe Nordamerika*, Beck, 1993
Fagan, B. *Kingdoms of Gold, Kingdoms of Jade: The Americas Before Columbus*, Thames & Hudson, 1992
Fisher, R. E. *Buddhist Art and Architecture*, Thames & Hudson, 1993
Flood, J. *Archaeology of the Dreamtime: The Story of Prehistoric Australia and its People*, Collins, 1983
Frank, S. *Glass and Archaeology*, London Academic Press, 1982
Garlake, P. *Great Zimbabwe*, Thames & Hudson, 1973
Glob, P. V. *The Bog People: A Man Preserved*, Faber & Faber, 1969
Grant, M. *Pompeji, Herculaneum*, Gondrom, 1988
Gupta, S. P. *Archaeology of Soviet Central Asia and the Indian Borderlands*, B.R. Publishing, 1979
Hawkes, J. *Atlas of Ancient Archaeology*, Michael O'Mara Books Ltd., 1994
Hayden, B. *Archaeology – The Science of Once and Future Things*, W. H. Freeman and Company, 1993
Higham, C. *The Archaeology of Mainland Southeast Asia*, C.U.P., 1989
Higham, C. *The Bronze Age of Southeast Asia*, C.U.P., 1996
Hood, S. *The Minoans: Crete in the Bronze Age*, Thames & Hudson, 1998
Hudson, K. *Guide to the Industrial Archaeology of Europe*, Adam & D., 1971
Hudson, K. *Industrial Archaeology: A New Introduction* (3. Aufl.), Baker, 1976
Kenyon, K. *Archaeology of the Holy Land*, Benn, 1980
Kirch, P. V. *Feathered Gods and Fishhooks: An Introduction to Hawaiian Archaeology and Prehistory*, University of Hawaii Press, 1985
Lawrence, T. E. *Crusader Castles*, Immel, 1992
MacGillivray, J. A.; Sackett, L. H. et al. *An Arachaeological Survey of the Roussolakos at Palaiokastro*, BSA number 79, 1984
Malone, C. *English Heritage Book of Avebury*, Batsford, 1989
Mellaart, J. *Neolithic of the Near East*, Thames & Hudson, 1988
Miller, M. E. *The Art of Mesoamerica: From Olmec to Aztec*, Thames & Hudson, 1991
Mohen, J. *Le monde des mégalithes*, Castermann, 1989
Morgan, W. N. *Prehistoric Architecture in Micronesia*, University of Texas Press, 1988
Moseley, M. E. *The Incas and Their Ancestors: The Archaeology of Peru*, Thames & Hudson, 1992
Mughan, T. *Chronologies in New World Archaeology*, Academic Press, 1978
Mulvaney, D. *The Prehistory of Australia*, Thames & Hudson, 1969
Mulvaney, D.; Golson, J. *Aboriginal Man and the Environment*, Australian National University Press, 1971
Neave, R. *Making Faces*, British Museum Publications, 1997
Phillipson, D. W. *African Archaeology*, C.U.P., 1993
Price, T. D.; Brown, J. A. *Prehistoric Hunter-gatherers: The Emergence of Cultural Complexity*, Academic Press, 1985
Rawson, J. *Ancient China: Art and Archaeology*, British Museum Publications Ltd., 1980
Rowlands, M. J. *The Production and Distribution of Metalwork in the Middle Bronze Age in Southern Britain*, British Archaeological Reports 3(i), 1976
Rudenko, S. *Frozen Tombs of Siberia: the Pazyryk Burials of Iron Age Horsemen*, Dent, 1970
Scarre, C. *Ancient France: Neolithic Societies and Their Landscapes 6000–2000 BC*, Edinburgh University Press, 1983
Scarre, C. *Weltatlas der Archäologie*, Südwest, 1990
Sear, F. *Roman Architecture*, Batsford, 1982
Srejovic, D. *Europe's First Monumental Sculpture: New Discoveries At Lepenski Vir*, Thames & Hudson, 1972
Stuart, G. E. & G. S. *Lost Kingdoms of the Maya*, National Geographic Society, 1992
Talbot Rice, T. *The Scythians*, Thames & Hudson, 1957
Throckmorton, P. *History from the Sea: Shipwrecks and Archaeology*, Mitchell Beazley, 1987
Tylecote, R. F. *A History of Metallurgy*, London Institute of Materials, 1992
Ucko, P. et al. *Avebury Reconsidered: From the 1660s to the 1990s*, University College London Press, 1991
Warren, P. *The Aegean Civilizations*, Phaidon, 1989
West, S. *West Stow, The Anglo-Saxon Village*, East Anglia Archaeology Report 24, Suffolk Archaeology Unit, 1985
Wheeler, M. *The Indus Civilization* (3. Aufl.), C.U.P., 1968
Willey, G.; Sabloff, J. *A History of American Archaeology*, W.H. Freeman, 1980

Register

A

B

C

D

Danksagung

Dorling Kindersley möchte folgenden Personen danken: Dem gesamten Team, darunter Joanna Warwick, David Williams und Paul Greenleaf, besonders jedoch Joanne Mitchell, die es geschafft hat, die gestalterische Seite des Projektes allein, fachkundig und mit guter Laune abzuschließen. Jenni Butterworth, ohne die dieses Buch nicht möglich gewesen wäre, Victoria Batten, Suzanne Lavery, Steve Speake, Steve Breeze, Robin Piercy, Hugh Sacket, Mark Moak, Dr. Alex MacGillivray, Theya Molleson, Rita Maclean, Nicholas Kingsley, George Demidowich, Janet Bell, James and Arlette Mellaart, Phil Harding, Beric Morley, Dr. Rosamund Cleal, Chris Lynn, Rowena Gale, Ciaran Lyons, Danny Sutherland, Malcolm Fry, Dr. Christopher Scarre, Dr. Mark Horton, Dr. John Gater, Geophysical Surveys of Bradford, Stewart Ainsworth and Bernard Thomason of RCHME, Dr. Kate Scott, Helena Cave-Penny, Tony Corey, James Finnigan, Nick Pearson at BSS, Gail Boyle, Sue Giles, Sarah Ashun and Carinne Allinson.

Mitarbeiter beim Layout:
Heather McCarry, Dooty Williams, Ngaio Ballard, Richard Sinclair, Tracy Timson, Jo Long

Mitarbeiter bei der Herausgabe:
Jo Marceau, Susannah Steel

Dorling Kindersley dankt folgenden Personen und Institutionen für die Reproduktionserlaubnis:
l = links, r = rechts, o = oben, u = unten, m = Mitte

AKG: 24ul, 76m, 86ul, 120ul; Alexis Rosenfeld: 5mr, 127ul, 127ur; Ancient Art and Architecture Collection: 12ul, 33m, 50ul, 99ur; Architectural Association: Paul Simpson 68um; Ashmolean Museum, Oxford: 109or; Birmingham City Museum: 46ur; Bridgeman Art Library, London: Hereford Cathedral 91or; British Library, London 100ul; Museo Conde, Chantilly, France/Lauros-Giraudon 90ul, Museo e Gallerie Nazionali di Capodimonte Neapel/Giraudon 69or; National Museum of India, Neu-Delhi 35ur; British Museum: 10–11, 35um, 40ul, 40um, 43ur, 46or, 47or, 52um, 53ur, 53ul, 53um, 59ol, 63m, 69mr, 74um, 75ul, 90or, 91ml, 104or, 116–117, 128ol, 128or, 129ol, 129or, 131ul; Chelmsford Museum Service: Paul Strarr 75um; Christie's Images: 119mr, CM Dixon: 21um, 29or, 57mr, 59or, 68ul; Conseil General des Vosges: Laurenson 79ul, 79um; Department of Arts, Culture and the Gaeltacht, Irland: 67ol; English Heritage Photographic Library: 7u, 9ul, 36ul; E.T. Archive: 58ul, 81or, 109ul; Giraudon: 33om, 66um; Grand Hornu Images: 121ul, 121ur, 121or; Hulton Getty: 118ur; Hutchison Library 31or; Images Colour Library: 43or, 43mr, 118ol; Institute of Archaeology Cultural Relics Bureau, Sichuan Province, China: 1m, 56ul, 56ol, 56or, 56mr; Instituto Nacional de Antropologia e Historia, Mexico: Michael Zabe 34mr; Institute of Archaeology, University College London: 27um, 131mr; Joe Cornish Photographer: 42or, 42ul; La Belle Aurore: Juliette Coombe 45or; MacQuitty International Photographic Collection: 4ur, 54ml; Mary Evans Picture Library: 105or, 106um, 110or, 111ul; Maryland Historical Society, Museum and Library of Maryland History: 102ul (24.7.1 Landing of Leonard Calvert and the First Maryland Colonists, Künstler: DA Woodward, Öl auf Leinwand); Michael Holford: 46ul; Musee des Tumulus de Bougon, Conseil General des Deux-Sevres, Frankreich: 32mr, 32ul, 32ol; Musee d'art et d'histoire de Troyes: Jean Marie Protte: 87mr; Musee du Chatillonais, Chatillon-sur-Seine: 66or, 66ul; Museo del Duomo di Monza: 89ol; Museum of London: Dave King 25ur, 25or, 73om,100mr; Museum of the City of New York: 106ml, 107; Nationalmuseum Dänemark: 80or; National Museum of Ireland, Dublin: 58ml, 63or: National Museums of Scotland: 31um, 63om; National Trust: 39or, 73um, 73or; Natural History Museum, London: 13m, 20ol, 21mr, 40ol; Novosti (London): 21or; Oseberg Schiffsmuseum, Oseberg: 86or; Parks Canada: 87or; Photo Editions Gaud: 42um, 96or; Pictor International: 119o; RCHME (c) Crown Copyright: 35m; Robert Estall: 34ul; Robert Harding Picture Library: 20ul, 22ul, 30ul, 30mr, 45ur, 54or, 55or, 55ul, 55ur, 64ol, 65om; Teresa Black 67um, 96ul, 97ur, 99ml; Robert O'Dea: 78ur, 79ol; Scala: Museum für Archäologie, Belgrad 3m; Irakisches Museum, Bagdad 47um, 69um; Museum für Archäologie, Florenz 81ur; Bargello, Florenz 87ur, 88; S. Apollinaire Nuovo, Ravenna 89ur; Biblioteca Estense, Modena 132–197; Science Museum, London: Dave King 101om, 114ul; Science Photo Library: John Reader 6om; James King Holmes 126ur; Smithsonian Institution: Mark Gulezian 12m; Sonia Halliday: 76ul, 80ul; Jane Taylor 97mr, 97or; Studio Kontos: 57or; The Image Bank: 8ul, 77; mit Erlaubnis des Tyne and Wear Museum Archaeology Department: 93ul, 95om; The Metropolitan Museum of Art, New York: 35 or; Tony Stone Images: 65ul, 76or, 106or, 109ur; Trip: T. Bognar 44; W. Jacobs 65or; Photos mit Erlaubnis der Trustees of the Imperial War Museum: 120 or, 120um; abgedruckt mit Erlaubnis der Trustees, The National Gallery, London: 95mr; University College Dublin: 67mr; Utah Museum of Natural History: 23um, 23or; Vladimir Vitanov: 33or, 33ur; Werner Forman Archive: 23ml, 64ml, 87ol; Zev Radovan: 22or, 22ur.

Unser besonderer Dank gilt:
Alexander Keiller Museum, Avebury: 37mr, 37ur, 37or, 37om, 38or, 40um; Mick Aston: 60um, 60ml, 82ml, 83ol, 83m, 92m, ul, 93ol, 93m, 93ur, 102m, 103ol, 103om, 112ml, 113ol, 113om; abgedruckt von den Birmingham City Archives/Birmingham Library Services: 112–113mu, mr; Bristol City Museum and Art Gallery: 40ul, 40ur, 41ul, 41um, 41ur, 83ur; The British School at Athens: 49r; der Umriß der Coca-Cola Flasche wurde mit freundlicher Genehmigung der Coca-Cola Company abgedruckt, »Coca-Cola«, Coke und das Design der Flasche sind geschützte Warenzeichen der Coca-Cola Company; Creative TV Facilities:14m, 70mu, 70ml; Environment and Heritage Service, Belfast: 60m; Rowena Gale: 16or; Geophysical Surveys of Bradford: 14ml, 38ul, 82–82, 92–93; Phil Harding: 4om, 18–19; INA: 108or, 108ml, 108um; INAH: 34mr; Arlette Mellaart: 26ml, 26ul, 27ol, 27ml, 27om, 27or, 28ml; Ó Mark Moak: 51or; Museo Archeological di Napoli: 78ol; The Navan Centre: 60ur, 61m, 61ol, 61r, 61um; Schiffsmuseum Oslo: 86um; Hugh Sackett: 48ml, 48ul, 49ol, 49ml, 49ul, 49om, 49um, 49ul, 51um; Salisbury and South Wiltshire Museum: 4ml, 9or, 13ol, 18–19, 37m, 40um, 41um, 41ur, 52ur, 62ul, 71om, 72ul, 81ul, 83or, 83ur, 84ul, 84or, 85or, 85ol, 93om, 93or, 94or, 99ol; Soho House Museum: 111ol, 113mr, 113ul, 113 um, 113mr; Time Team: 5ul, 6ul, 14ml, 15m, 17or, 102ur, 103ur, 103mr, 103m, 103or, 103ul.

Wir danken den Illustratoren:
Nick Hewetson: 5ol, 12–13, 16–17, 16mr, 24–25, 28–29, 34–35, 46–47, 62–63, 68–69, 80–81, 84–85, 90–91, 100–101, 104–105, 110–111;
Richard Draper; 72–73, 94–95, 114–115;
Stephen Conlin: 38–39, 50–51;
Royston Knipe: 19or, 41or, 53or, 75or, 117or.

Weitere Spezialphotos:
DK © sp James Finnigan, 60ur, 61m, 61ol, 61r, 61um.

Photos von Dorling Kindersley:
13mr, 25mr, 41ul, 101mr, 101ul, 16ul, 21ur, 24om, 24um; Peter Anderson: 86um; M. Dunning: 11or, Andreas Einsedel: 14ul; Christi Graham/Nick Nicholls: 69ur; Peter Hayman: 35ul; Dave King: 12or, 59ur, 104m, 14ul; James Stevenson: 2m, 78ol; Michel Zabé: 34mr.

Wir haben jede Anstrengung unternommen, die jeweiligen Halter des Copyrights aufzufinden. Dorling Kindersley entschuldigt sich für etwaige nicht beabsichtigte Fehler und würde in einem solchen Fall die fehlende Angabe in einer späteren Auflage nachtragen.